終わりなき愛

Love Without End

イエスが語った奇跡の真実

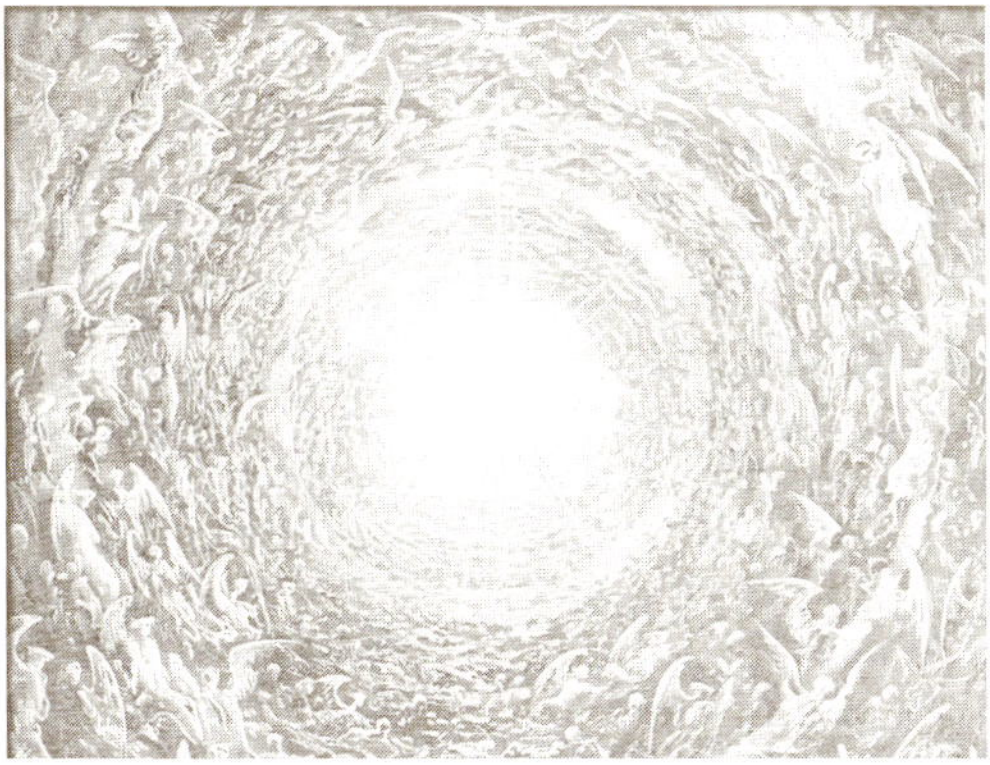

グレンダ・グリーン＝著
GLENDA GREEN
大内 博＝訳

太陽出版

終わりなき愛

LOVE WITHOUT END, JESUS SPEAKS

by Glenda Green

献辞

無邪気にして無垢なる私たちの父よ、
あなたの名前の神聖なることを祝福します。
愛が存在のすべてであると見ることができますように。
地球を天と同じものと見ることができますように
どうぞこの一日を、あなたの豊かさで満たしてください、
あなたの豊かさを受け取る権利を他の人と分かち合い
私たちが受け取ることをお許しください。
幻想の危険から私たちを立ちなおらせてください、
そして真理についての知覚を新たなるものにしてください。
なぜなら、真理こそ王国であり
愛こそが力であり
あなたの栄光こそが永遠の栄光なのですから。

序文

あなたがこの道を来たならば
どの道を来たとしても
どこから来たとしても
常に変わることなく
感覚と概念は停止しなければならない。
あなたがここにいるのは
証明するためでもなければ
自らに教えるためでもなく
好奇心を満たすためでもなく
報告をもたらすためでもない。
祈りがふさわしいこの場所において
ただひざまずくためにあなたはここにいる〔1〕。

T・S・エリオット

神秘は周囲のいたるところに存在します。人生最大の神秘、最も不思議な神秘は解決するべきものではなく、楽しんで味わうべきものなのかもしれません。おそらく、近代科学の最も驚くべき発見は、存在するものの九九パーセントは感覚や科学機器で見ることができないばかりか、質量もなく形態もないという事実なのかもしれません。これは謙虚な気持ちにならざるをえないような発見です。物質的な宇宙を形成する一パーセントが固体であるというわけですが、それすらもエネルギーの形態が比較的安定しているというだけの理由なのです。ニールス・ボーア、マックス・プランク、ヴェルナー・ハイゼンベルクをはじめとする偉大な科学者たちの間では、合理的な宇宙の中に理解不可能な不思議な現象の余地があるということが認められています。アルバート・アインシュタインは次のように語っています。「人間が体験できる最も美しい感情は神秘的な感情である。それこそが真の芸術と科学の力である。この感情とは無縁で不可思議な思いに打たれることもなく畏敬の念に思わずたたずむことのない人は死んだも同然である。私たちに理解不可能なことが実際に存在し、最も高遠な叡智として、最も輝かしく美しいものとして顕現していると知ること。この知識、この感情が真の敬虔さの核心にある。しかし、人間の鈍い感覚では、最も原始的な形でしかそれを理解することはできない」〔2〕

私たちの知覚はたいていの場合、見ることができ、聞くことができ、触ることができる存在の一パーセントに向けられています。残りの九九パーセントはどうでしょうか？　見ることも、聞くことも、触ることもできないものとどのようにかかわればよいのでしょうか？　おそらくは、まだ確認されていない感覚を通してなされるのかもしれません。あるいは、ほとんどの人間において未発達の感覚を通してなされるのかもしれません。にもかかわらず、私たちは当然のように限りない宇宙とかかわっています。「自我」と呼ばれるフィルターをちょっと横に置いてくつろがせ、遊び、奉仕、会話、分かち合い、想像力、瞑想、祈り、勉強、睡眠といった行動に没頭するたびに、生存競争の状態から無限の可能性とのつながりという、より大きなパターンへと心の焦点をシフトさせます。多くの場合、無限なるものとのつながりは、どこか遠く離れたところにある天国へと神秘的な上昇を遂げるというものではありません。それは静かな自分だけの救世主の顕現とでもいうべき体験で、神秘的なものも世俗的なものも、実は一つであり同じものだと実感した瞬間にやってきます。そのようなとき、すべてのものが目の前にあり、知覚の転換を待っているだけだということがはっきりと分かるのです。マルセル・プルーストは次のように言っています。「発見という真の行為は新しい大陸の発見ではなく、物事を新しい目で見ることである」〔3〕

人間の意識の探検が最後の偉大なる辺境であることに疑いはありません。二千年前、人類の科学の進歩に先立ってイエスが生きた人生と教えは、人間の意識の拡大を促し、それは今も果てしなく続いています。イエスは超常的な生命力をさまざまな形で実演して見せることによって意識の拡大に点火しました。しかし、このような奇跡の背後にある力、また奇跡の理由は、そのような奇跡はイエスにとっては超常的なものではなく、実際に彼の意識・愛・知覚・力のレベルからするとまったく〝ノーマル〟であるという確信だったのです。そしてイエスは約束しました。スピリチュアルな達成を遂げ、神と人を愛し、意識を上昇させることによって、「こうしたことのすべて、そしてさらに多くのことをあなた方もなすことができるでしょう」。イエスが起こした奇跡が人間に理解できない神秘的な能力を用いて、見ている人びとを驚嘆させるためにだけ行われたのであれば、永続的な価値をもつことはなかったでしょう。イエスの生涯の価値は、彼をして人類から区別した（あるいは彼を人類よりも高いところに置いた）ものにあったのではなく、彼を人類とつないだものにあったのです。それと同じように読者のあなたが、なぜグレンダ・グリーンがこのような特別な体験をするべく選ばれたのかを受け容れることに困難を感じるとすれば、つまり、いったいいかなる美徳や奇妙な特性によって私が他の人びとから区別されたのだろうというように考えるとすれば、本書の価値を見逃がすことになるでしょう。私の価値は読者のあなたと私が共有することの中にあるのであって、あなたと私を隔てるものの中にあるのではありません。本書の中にある価値、明晰な思考、インスピレーション、真実は、人間の魂の内部に存在し、誰でもアクセスすることができる力に対する証言です。

あなたが今お読みになろうとしている物語は、実際、私に起こったことです。この物語を語るうえでの唯一の困難は、この稀有にして異常な出来事を既存の慣れ親しんだ現実という窓から言葉を使って伝えるには、言葉がどうしても不十分であるということです。そういうわけですから、読者のあなたが先入観をすべて一時停止して、私は非常に高い意識の波にたまたま遭遇したと考えていただければ、私としては最高に幸せです（あなたもそれによって恩恵を受けることでしょう）。私がたまたま遭遇した高い意識の波が、たとえばロゼッタストーンに出合い、人間のスピリットにとって平凡であると同時に精神性を高めてくれる真実を明らかにしてくれたと考えていただければありがたいと思います。

本書の目的は信念体系を押し売りすることでもなければ、既存の価値体系を強化し、変えることでもありません。実際にイエスが私の前に姿を現わしたことを理性的に理解しようとすれば、本書のメッセージを楽しみ、インスピレーションを得ることが著しく妨げられることになるでしょう。スピリチュアルな資質と価値体系の性質について二つの重要な事実を考えておくことが賢明なのかもしれません。一つは、真実を伝える媒体がリアルであろうとフィクションであろうと、真実は常に真実を提示する経緯を凌駕するということです。現実的な問題として、人類の歴史全体において最も偉大な真実や哲学的な命題のすべては、想像力に富んだプレゼンテーション（提示）によって意識のレベルへと引き上げられたのです。そういうわけですから、本書で述べる出来事を信じなければならないと考える必要はありません。物語の中にある真実を発見するために物語を信じる必要はありません。二つ目に、個人的かつ主観的な価値体系の力は、客観的な価値体系よりもずっと強力であるということがあります。人は自分自身の価値体系を形成しますが、それは個々人の性質に応じて形成されます。それでよいのです。

本書のイエスのメッセージから何を得るかは、読者のあなたが何を聞き取るかにかかっています。イエスが私に教えてくれたことすべての根底に無邪気な知覚という教えがあります。「見えるように目を開きなさい。聞こえるように耳を開きなさい。なぜならば、隠されていて露わにされないものは何ひとつなく、秘密にされていて明らかにされないものは何ひとつないのですから」〔4〕

最終的には、聞いたことについて結論を下すでしょう。しかし、心を開いて受け取る気持ちで耳を傾けなければ、あるいは、熱望する心をもって耳を傾けなければ、ほとんど何も見えず、何も聞こえることはないでしょう。

本書に提示されている会話は、その経緯よりもはるかに重要です。しかし、明確な理解を得るために、そして歴史をしるすために、それらの会話がどのように誕生したかを切り離すことはできません。私は教育者であり、二つの著名な大学で教鞭をとった経験があります。さらに国際的な評価を得ている肖像画家でもあります。イエスが現われたことの目的は、私の才能を使って新しい肖像画を創作することであるとイエスは言いました。本書に織り込まれている絵模様とそれを織った織機は、いまや世界中に知られている芸術作品を描いた私の体験です。それは"The Lamb and The Lion"（子羊とライオン）と呼ばれている作品です。しかし、時が経過するなかで、それ以上のことが意図されていたことが明らかになってきました。

一九九一年十一月二十三日、イエスは生身の人間と同じくらいリアルに私の前に姿を現わしました。それは普通、現実と呼ばれている限定されたマトリックスを超越した世界からの顕現でした。それから、肖像画が一九九二年三月十二日に完成するまで、イエスは私の前に頻繁に現われました。この間、大小さまざまな事柄について話し合いました。友達として話し合ったのです。話をした日は大量のノートをとりました。時には話をしている最中にノートをとることもありましたが、ほとんどの場合、夜ひとりになってからでした。しかしながら、ノートをとることの唯一の目的は、いただいた叡智を私の将来のためにとっておきたいと思ったからでした。このようにしてノートをとっていたとき、これらの会話を公開することになるなどとは思ってもみませんでした。そういうわけですから、神学的な問題のすべての側面をカバーしようと学術的な勤勉さで取り組むなどということはまったくありませんでした。

私たちの会話は来るべき理想の世界やヴィジョンに関するものではありませんでした。イエスのメッセージは私たち人間の毎日の生活についてのものであり、今この瞬間に私たち一人ひとりの中にある幸福の可能性についてでした。イエスの言葉は限りなく実用的であり、普遍的で時を超えたものであり、私たちがもっている最も進化した知識と新鮮な形で呼応していました。そのメッセージはこの上なく明確であり、それ以上のいかなるサポートも説明も要するものではありません。読者の便宜をはかるために、マスター・イエスの言葉はゴシック体にしてあります。こうすることでメッセージを会話から切り離し、独立したものとして味わうことができると考えました。

非常に個人的な体験であったと同時に、私が通常〝自分〟と見なしているものの外での体験でもありました。目の前に肉体をもった存在が現われて、肉眼で見ることができ、しかも美しい声が聞こえ、その声に対して私自身の声で答えていたのです。この体験のすべてを実存的に説明するためには私の展望には十分な視野がないために、この体験がどのように起こったのか、なぜ起こったのかについて数多くの可能性を包括することはできません。

イエスの人生についてさまざまな考えがありますが、この二千年の間の人類の出来事に彼ほどの影響を与えた人物はいないという歴史的な現実は厳然として存在します。彼の教えを信じようと信じまいと、彼が人類のすべてに影響を及ぼしてきたことは事実であり、それは人類にとっての遺産であるということもできるでしょう。宗教的な信念をイエスの上に築いている大勢の人がいるだけでなく、彼の名において築かれた組織的な宗教に関心がないにもかかわらず、彼の影響力・叡智・愛・美徳を深く尊敬している人びとも限りなく存在します。これは個人的な信仰ないしは集団的な信仰という区別を超越した現実です。

この事実にかんがみて、この資料を神学的な準拠体系を離れてイエスが私と分かち合った高次元の叡智の中立地帯を守ることを私自身に、そしてマスターに誓いました。これがやや行き過ぎてしまう可能性もあり、それは前もって謝っておきたいと思います。イエスに対して私が感じている畏敬の念や、彼が私に示した大いなる愛を考慮に入れると、それがまるですべての人にとって当たり前であるかのように、彼に対する私自身の尊敬の思いを微妙に表現してしまう可能性があります。たとえば、本書の初版ではイエスに言及する代名詞はすべて大文字にしていました。それはひとえに私自身の彼に対する尊敬の表われでした。ところがある日のこと、私は何気なく『新約聖書』を調べているとイエスに言及する題名はどれ一つとして大文字にはなっていないことに突然気がついたのでした。『聖書』における標準的な規定が（三つの分派的な版を除いて）イエスに関する代名詞を大文字にしていないということは、私はそうすることによって大げさな神学的モードに陥ってしまったことを意味します。そういうわけで、本書においてはその部分は修正してあります。二千年に及ぶ宗教的条件づけのあとで〝ゼロ地点〟を見つけるのは思っているよりも難しいことですが、その方向に向けてあらゆる努力をしてきました。

イエスが初めて私の前に姿を現わしてから、私の視野は拡大され、一人の人間としての成長も遂げてきたように思います。私にとってとても嬉しいことでしたが、イエスによる啓示はそれからも続き、イエスが適切であると判断したときには私の前に姿を現わしてくれました。正直に言えば、これらの最初の出会いの中で提示されたことのすべてを理解する目も、聞き取る耳も私にはありませんでした。しかし、イエスのメッセージをより完全に受け取る準備ができていくにつれて、イエスの言葉の時を超えた価値が明らかになっていきました。私は答えを探すために心の中を深く見つめ、当初の文脈を越えて考えなければなりませんでした。理解が深まるにつれて、イエスの教えに関して他の人や私自身が抱いた数多くの疑問に対する答えが分かるようになりました。一つの重要な出来事の中にだけ体験を閉じ込めて、それによって導かれるより大きな（単純な）文脈の中で答えを模索しなければ間違いをおかすことになったでしょう。こうした探求を通してさまざまなことが明らかになり、私の二冊目の本である、"The Keys of Jeshua"（イェシュアの鍵）の土台となりましたが、きっと今後も続いてさらなる本が生まれることになると思います。しかし、その後も継続している啓示の多くは一九九二年に起こった会話の同一線上にあるもので、それをさらに明確にして敷衍するというすばらしい機会を提供してくれました。その機会を初版の本を読んでくださった方々にも提供できればと思っている次第です。改訂版では内容を変えることなく書き方を変えるだけで多くのことが達成できるのではないかと思いました。さらなる情報と説明を付け加えるだけでも、はっきりしていなかったことがより明確になるでしょう。中身が濃く延々と続く会話や凝縮した情報が詰まった複雑な文章に悩まされながら、本書を別の言語に翻訳していた人たちにも歓迎してもらえるのではないかとも考えています。

イエスのメッセージをとても大切に感じていましたから、彼のメッセージは、私が感じる深い畏敬の念によって守られていたと言えるかもしれません。しかしながら、イエスと私の間で長々と続いた会話は、冗長な文章という結果につながったかもしれません。イエスのメッセージを聴衆に向かって私の言葉で伝えるとき、イエスが直接私に向かって発した言葉をそのまま繰り返さなくとも、メッセージの真実性を伝えられることを学びました。異なった言語や現実に翻訳するにあたってさまざまな調整をすることは必要であり、イエスとの会話の中で提示された内なる真実を傷つけることはないと思うのです。翻訳者の方々がこの物語を他の言語に翻訳するときに直面する困難は、この事実をさらに明確にしてくれたのでした。数多くの人を通して数多くの人とコミュニケーションを図るというプロセスによって、提示の仕方がよりスムーズにかつ明確になり、より広いレベルの理解が可能となりました。言葉をより平易にし文章を短くして、もっと普遍的な隠喩を使えば、優しさの中でより大きな活力を感じてもらうこともできるかもしれません。同時に、私の個人的な物語をより普遍的なものに昇華したいと強く感じました。初版と第二版では私自身の受け止め方を強調しすぎたために、想像以上に限定されたフィルターがかかってしまったと思うのです。

本書がさまざまな文化の断面に接し、イエスについての数多くの信念体系と触れていくなかで、答えることが難しい数多くの質問に直面しなければなりませんでした。そのような質問のどれをとっても、私の個人的な物語から答えることができるものはありませんでした。答えはイエスの物語の中にしか見出すことができないものです。また人間の歴史の遺産ないしは宇宙の自然にかかわる事実の中にしか見出すことはできないでしょう。

驚いたことに、私個人としては驚いてはいないのですが、イエスが私に語ってくれたことのすべては体験的に、また事実的に真実であることが判明しました。彼が言葉の真実性の確認は、より大きな文脈の中に飛び込んで、より深い理解を得ることによってのみ可能となり享受することができるものです。このことに気づいたとき、新しい展望が私の前に広がりはじめました。私たちの出会いとイエスの教えを人びとと分かち合ってほしいという彼の要請に初めて同意したとき、個人的な体験として日記という形で分かち合いたいと言い、イエスはそれに同意してくれました。しかし、そういう条件を課した結果どういうことになるかを予期していませんでした。具体的に言えば、そういう本は本質的に私の物語ということになり、イエスのメッセージにまつわるさまざまなエピソードや私の心の葛藤について書くことになります。そのような形で物語を提示することによって、数多くの愛すべき要素と人間的な魅力が顕現され、大勢の読者がそのことを好意的に語ってくれました。率直に言えば、私の物語はこの体験と切り離すことはできないものであり、それはそのまま残すことになります。しかしながら、それよりも大きな歴史が展開していて、私の物語はその歴史の中に位置づけられるべきだと思いました。一つの壮大な叙事詩の中に私の個人的な体験を位置づけること、それが改訂版である本書の中で試みたことです。第二版でも小さな改訂はありましたが、本書では飛躍的な改訂が行われています。新しい見解を分かりやすくするために、初版の「はじめに」と「おわりに」は割愛し、新しい「はじめに」が加えられました。全部で新しく八十八頁が本書全体を縫うように加えられ、それによって内容がさらに明確なものとなり、必要な説明も提供されて初版のテキストより完全なものになったのではないかと思っています。

この増補版を作ることが必要であると自覚はしていましたが、最初、ひとりでこのプロジェクトに取り組むことにはためらいを感じていました。メッセージを最初に書きとめたのは確かに私でしたが、イエスの言葉を強調するために付け加える言葉は適切なものでなければならず、基本的な意味を変えるものであってはなりません。このプロジェクトに取りかかろうとしていたとき、再びイエスがスピリチュアルなヴェールの彼方の世界から姿を現わし、「**一緒にやりましょう！**」と言ってくれたのです。増補版である本書がそのあと何が起こったかを明らかにしてくれると思います。

私たちは十カ月の間、一緒にこのプロジェクトに取り組みました。プロジェクトのさなかに、私は『子羊とライオン』を創作していたときの喜びを懐かしく思い出していました。イエスは応えてくれました。「**この増補版を作っている間にもう一枚の絵を作りましょう。あなたは私を一人の友人として、また一人の先生として見るようになりました。つまり、いかなる宗教的な文脈も超越しながら人生を分かち合い、あなたの人生に触れる人として私を見るようになりました。他の人たちもそれと同じことを求めているのですよ**」。そして私たちは新たなるプロジェクトを開始し、その結果が本書のカバー裏にある『イェシュア』（Jeshua）の絵です。

初版の中で書いた物語がなくなってしまったことを残念に思う読者もいるかもしれませんが心配はいりません。

『子羊とライオン』にまつわる物語や、その他の絵画や奇跡的な体験についてのあまたの不可思議な物語は新しい著書“When Heaven Touches Earth„（天が地に触れるとき）の中で分かち合われています。

本書の目的はより大きな展望を開くことで、遥か昔にイエスが生きた歴史とイエスが世界全体に対してもち続ける影響力とをつなげ、イエスの永遠の真実を語り、彼の奇跡の人生はすべての人のものでもあることを伝えることにあります。私たちの人生は何に同意し、何に同意しないかによって規定されていくと言えるかもしれません。しかし、一つのことを心に銘記すべきかもしれません。どのような出来事についてであれ、異なった人びとがまったく同じ観点をもつことは不可能であるという事実です。より高い真実を探求することによって初めて人間のワンネス（一体性）が達成されます。私たちは人生で起こるすべてのことに関して独自の知覚を体験し、独自の考えを抱いています。しかし、二つのことに関しては同意できるであろうことを私は願っています。一つ、愛がなければどんなことも重要ではない。二つ、勇気を奮い起こしてこの不可思議な宇宙の未踏の可能性の前に立ち、畏敬と驚嘆の思いの中に浸るとき、私たちは生命の核心に触れ、生命の中に占める自分の位置が明らかにされる。

はじめに

霧に包まれた時の彼方から

ガリラヤ湖にイースターの朝が訪れようとしています。朝の最初の光がまるで誘導されたレーザー光線のように湖面を渡り、丘陵の斜面を照らします。それはまるで永遠の時間の中の特定された一点を探しているかのようです。暗い洞窟の中から移動する石の重々しい音だけが聞こえます。突然、この重々しい音は墓穴をふさいでいた石が転がっている音だと気づきます。一条の朝の燭光がわずかに開いた入り口から中に入っていきます。その光は、暗闇の中でわずかに見える横たわった身体を優しく抱擁するに十分な光です。突如として、あたかも核融合が起こったかのように、陽光と〝生命の光〟が爆発して目がくらむような輝きになります。それは方向性を持たない光で、影をつくらない光です。この〝爆発〟によって墓穴をふさいでいた石は完全に入り口を離れ、陽光よりも明るい光が墓の内部から注ぎ出てきます。そしてイェシュアが現われます。イェシュアの身体には半透明の輝きがあり、高次元の物質に変容したことを物語っています。

血が滲(にじ)んでいる死衣をまとったイェシュアは、ほとんど空中を滑るかのように、庭師があとに残していったかもしれない衣服を探すために墓地の物置小屋のほうに歩いていきます。イェシュアが墓地を離れようとしたとき、墓地に向かって歩いているマグダラのマリアを見かけます。安息日(サバス)のあと、夜が明けるのを待って、彼の体のケアをするためにやってきたのです。マグダラのマリアは墓穴をふさいでいた石が転がり出て、死体がなくなっているのを見て愕然とします。イェシュアを庭師と間違えたマリアは聞きます。「誰が私の主を移したのですか?」。

それから、その人物は庭師の衣服を着たイェシュアであることに気づいたマリアはさらに愕然とします。彼を抱擁しようとしてためらいます。彼女のためらいは彼の言葉によって確認されます。「私に触れることはできません。しかし、どうぞ他の人たちに私は生きているという良いニュースを伝えてください」。彼女は大いなる喜びを感じながらその場を去ります。

その日、さらに時間がたってから、彼はエマオに向かって歩いていた二人の男性の前に〝どこからともなく〟姿を現わします。イェシュアは二人の男性と一緒に歩いていき、彼らの家を訪問し、食事を共にします。ついに二人がイェシュアの正体に気づいた瞬間、彼はあっという間に〝どことも知れぬところへ〟姿を消します。

それから数日にわたって、イェシュアは使徒の前に姿を現わし、食べ物を食べ、トーマスに傷口に触らせて物質としての肉体が元に戻ったという証拠を見せます。復活の奇跡やその他もろもろの〝不可思議〟な出来事を使徒に教えたあと、それらの出来事については聖書でさえ決して記録されたことはないと書いているのですが、イェシュアは天国へと上昇（超越）していきます。それを目撃した人には、イェシュアは天国へと上昇するように見えますが、イェシュアにとってそれは無限への上昇です。イェシュアは自分と同じ世代の人びとが生存している間、その後四十年にわたって信仰心の篤い人たちを訪れます。「使徒行伝」の中にはイェシュアが現われたことについての記事が数多くあります。一度はアナニアの前に姿を現わしています。なかでも、最もドラマチックなのはダマスカスに向かう道を歩いていたサウロ（のちのパウロ）の前に目もくらむような光で現われたときでした。これはサウロにユダヤ人の迫害をやめるように忠告したときのことです。あとでイェシュアはコリントに現われてパウロに警告し、エルサレムにも一度姿を見せます。イェシュアはパウロの信仰を支えるために「彼の傍らに立った」と記されています。聖書外典の中では、イェシュアは母の死の瞬間に姿を現わし、彼女を天国へと誘ったと記されています。

この他にも似たような現象があり、それがイェシュアだったとは確認はできませんが、千年紀のはじめに偉大な白人の預言者がやってきて人びとを癒し、教えをもたらしたという伝説があらゆる人種の中に存在します。ポリネシアから南アメリカ、北アメリカにいたるまで、昔の部族に伝えられている物語は、文字通り船で世界を旅していた驚くべき人物について報告しています。あるいは、人間のような姿の神がどこからともなく姿を現わし、なすべき仕事が終わると、どこへともなく姿を消したという話も残っています。

イェシュアを個人的に知っていた最初の世代は、復活後に姿を現わしたという超常的な現象にとくに問題は感じなかったようでした。それどころか神秘的な形でイェシュアと再び出会うことによってインスピレーションが喚起され、多くの場合、偉大な信仰の行為へとつながったのです。初期のキリスト教の文献にはそのような体験や考えが浸透していますが、時代を下るにつれてこの主題は神学者にとって受け容れがたいものになっていきます。最初にこの問題を取り上げたのは聖アウグスティヌスでした。〝Literal Meaning of Genesis〟（創世記の文字通りの意味）の中で、彼は身体的ヴィジョン、想像的ヴィジョン、知的ヴィジョンという三種類のヴィジョンについて論じています。身体的なヴィジョンは正常な感覚のすべてがキリストの身体的な存在を認知したときのものです。こうした出来事はかなりの頻度で起こっていたために否定することは不可能でした。聖アウグスティヌスは、想像的なヴィジョンと知的なヴィジョンの原因は神聖なものであったとしても、主観的なものであると定義しました。

イェシュアの神秘的な出現はキリスト教徒の体験の中で最も論議を呼んできた問題であり、同時に多くの場合、抑圧されてきた問題でした。信じない人はまったく懐疑的であり、信じる人の多くも報告されるイェシュアの出現と〝キリストの再来〟をどう結びつければよいのか困難を覚えるのです。私の個人的な意見を謙虚に言わせてもらえば、人類全体に約束されたイェシュアの帰還と、それまでの間に個々人を訪れることに混乱を感じる必要はないと思うのです。私としてはイェシュアが私の前に姿を現わしたことを否定する気持ちはありません。

人びとの議論はさておいて、これまでの歴史全体を通してイェシュアは物乞いからローマ法王にいたるまで、さまざまな人びとの前に自由に姿を見せてきました。これらの出来事はあらゆる教条を超越し、スピリットを不屈の精神をもって注意深く探求するプロセスで直面する限界を飛び越えて、私たちにはコントロールすることはおろか、想像することすらできない無限なるものとのより崇高な関係を明らかにしてくれます。

非凡な出来事は制限された現実の向こう側を見て、例外的なものをより多く探求するようにと導いてくれます。聖アントニウスは、砂漠で邪悪なスピリットに大いに苦しんだ人ですが彼の書いた記事の中に、拷問に耐えて勝利を収めたとき、「私たちの救い主イェシュアが嬉しそうに姿を現わされた」とあります。そこでアントニウスは聞きました。「私があなたを必要としていたとき、どこにおられたのですか?」。するとイェシュアは答えます。「今ここにいるのと同じようにここにいましたよ。しかし、あなたがどれほど堅固な信仰をもっているかを目撃する喜びを体験したいと思ったのですよ」

もしかすると、これらの尋常ではない訪問は、私たちの問題を解決することを意図するものではないのかもしれません。私たちがマスターしなければならない人生の場面に介入することを意図しているのではないのかもしれません。それよりもむしろ、無限の宇宙についての非凡な証拠が提供され、それによって私たちの問題が新しい展望を開くのかもしれません。聖フランシスコ、聖ジャーメイン、キプリアヌス大司教の前にイェシュアが姿を現わした結果、それが起こったことは確かで、彼らは皆、超越的な知覚を得て非常に高いレベルの奉仕の道を歩むことになったのです。

歴史の記録は長い間にわたってイエスが人前に姿を現わしたことを記述していますが、その中にはローマ教皇・聖グレゴリウス、アビラの聖テレジア、ロヨラの聖イグナチオ、近代になってからは、ジョン・ウェスリー、ジョセフ・スミス、チャールズ・フィニー、ウィリアム・ブースなどのヴィジョナリーが体験しています。多くの場合、イエスは目もくらむような光とともに現われました。多くの場合、慈悲の心が示された人びとの面前に現われました。場合によっては、信仰の承認としてイェシュアが訪れたこともありましたが、必ずしもそうではありません。サウロの場合のようにそうでないこともありました。当時、信仰心を持っていなかったサウロがキリストの光に迎えられたことがあったのです。多くの場合、訪問は共感への贈り物で、まったく何のことか分からない人たちに無条件に与えられたのでした。

私の大好きな話の一つはスコットランド教会の雑誌に発表された「白衣を着た同志」という話です。彼は第一次世界大戦中、アルゴンヌの戦場にしばしば姿を現わしたというのです〔5〕。ウェールズ南東部にあるスワンジー病院の外科部長が語った注目すべき話もあります。この医師はまったく手足を動かすことができずベッドに寝たきりの三十五歳の女性が完治するのを目撃したのです。イェシュアの訪問を受けたあと、彼女はほとんど何の介助の必要もなく普通の生活を送ることができたのでした。医学的にこれを説明することは不可能です。このような話は数え切れないほどあります。それはまるで、私たちが現実であると考えていることは制限された信念体系という鎖の反映にすぎないことを思い出させようとしているかのようです。

金持ちであろうが貧しかろうが、文字が読めようが読めまいが、健康であろうが病気であろうが、悩みを抱えていようが幸せであろうが、神を信じようが信じまいが、イェシュアのヴィジョンを受け取った人には何の条件もつけられないように思われます。そして特別な理由は何もないように見えます。ただ人は枠組みや条件づけの制限をはるかに越えた存在であることを、ヴィジョンの受け取り手に思い出させようとしているということはあるかもしれません。自由・和・愛の仮借なき追求、それこそイェシュアの人生のあらゆる次元において最も特徴的なことであると私は感じています。

歴史的に知られているイエスのアラム語の名前はイエシュアでしたが、復活したキリストは数多くの言語の中で数多くの名前で知られています。長い時の流れの中で、それはギリシャ語のイーソスとなり、ラテン語ではイエススとなり、最終的に、英語にJという硬音が導入されて十六世紀に「ジーザス」となります。おそらく、イェシュアほど見事に多彩な自分の呼び名を楽しんでいる人はいないかもしれません。彼と一緒にいたとき、私は彼を「ジーザス」と呼んでいましたが、それはこれまでの私の理解に基づいたものでした。しかし、この「はじめに」ではアラム語の名前を使うことにしました。というのは、アラム語の名前は彼の古代の歴史、そして永遠の存在である彼とより深くつながっていると感じるからです。

イェシュアは私を訪問したとき、まだ語られたことのない幼少期の話をしてくれました。彼がありとあらゆる方法で来るべきことのための準備を整えたかを私が理解できるように配慮されたからだと思います。いわゆる「失われた歳月」について質問したとき、彼は次のように答えてくれました。

――少年時代、そしてバル・ミツバーの儀式が終わったあとの一年間、大工として父と一緒に働きました。十四歳になったとき、叔父のヨセフとともにエジプトに帰る機会がありました。両親は私の教育のためにエジプトに行くことを勧めましたが、それはまた故国で混乱が増大する状況の中で安全な場所に行かせるという意味もありました。この旅のあと、叔父とともに働き続けました。叔父は老齢に達しつつありましたが広範囲にわたって貿易の事業を展開し、それはヒマラヤ山脈の麓から現在のイギリスにまで及んでいました。

長年にわたる旅で数多くの他の文化や慣習に慣れ親しむ機会を与えられました。この経験はイスラエルの政治的復活というヴィジョンをはるかに超越した、世界の統一というヴィジョンを強化してくれました。このような多様な体験は、将来ユダヤの人びとが難民となったときの移転地の発見に加えて、私の運命に向けた準備に豊かな機会を提供してくれました。

現代の歴史ではほとんど知られていないことですが、イスラエル人のネットワークは古代世界全体に広く及んでいたのです。紀元前七二二年と七二一年にアッシリアがイスラエル王国の北部部族のうち十部族を征服したのち、多くのイスラエル人は離散しました。彼らはすべてメソポタミアとメディアの北部に追放されましたが、彼らの捕獲者が権力を求める他の競争者によって挑戦を受けることとなったとき、新しい未開地へと移住しました。これらの十の部族は失われた部族と言われてきましたが、実際はそうではありません。それからほぼ二百年後にエルサレムはバビロンによって破壊され、その結果、再び多くの人びとが逃走することになります。多くのイスラエル人は捕虜となりましたが、多くの人びとは故国を逃れ、当時知られていた全世界にわたってコミュニティーを築き、彼らに先行していた人びとに加わってビジネスと貿易の少数集団を形成したのです。六百年以上にわたって彼らのコミュニティーは成長を続け繁栄しました。彼らは新しいやり方を取り入れてはいましたが、エルサレムが再び政治的な権力を樹立した暁には、支援を提供するための肥沃な土壌を提供するだけの言語的、文化的な継続性が保たれていました。エルサレムの復権がなされなかったとしても、これらのコミュニティーは将来、抑圧者の手を逃れようとするイスラエル人の避難所になりえるものでした。

若者であった私はこれらの僻遠(へきえん)の地にあるコミュニティーを貪欲に訪れ、イスラエルが国際的な社会へと拡大する機会がやってくるその時に備えて将来有効となりえる絆を復活させ、イスラエル人の和を復活させるべく努力したのです。イスラエルの拡大計画はローマのそれと似ていないこともありませんでした。もちろん、イスラエルには軍事的な目的や征服願望はまったくありませんでした。ローマの力はそのような希望を打ち砕くに十分で、それは歴史の記録通りです。しかしながら、エルサレムが西暦七〇年にローマによって破壊されたとき、ローマの指導者たちは多数のイスラエル人が効率的に撤退し、快く受け容れる地に移住していったことに非常に驚きました。植民地にするための場所を私が探索していたことは私が生きている間、いや、死後ですら報告することはできませんでした。なぜなら、ローマは暴動教唆の罪で市民を迫害することになったでしょうから。

私が二十五歳になったとき、父は死の時を迎えていました。それで私は一家の主として、あとを継ぐべく家に戻りました。父は母に多数の羊と小さなブドウ畑と果物とオリーブの果樹園を残しましたが、他の人たちにその世話を任せるまで私がそれらの面倒をみたのでした。私はできるだけ早く自由の身になって聖職者としての仕事を開始する必要がありました。既存の体制に反抗する傾向のあるガリラヤ人とナザレ人、そして神秘主義者であるエッセネ派の信徒の間に相当な関心をもっていました。数多くの社会的に見捨てられた人びとが招集されました。というのは、彼らの改善を求める要求には決然としたものがあったからです。ガリラヤ湖畔の人びとはとくに真実に心を開いていました。それは海に対する彼らの愛の思いが心を自由へと向けさせたのでした。

「結婚したことはありますか?」

――いいえ、結婚はしませんでした。人間体験のあらゆる局面の豊かさを楽しんだ私としては、結婚しないという選択は不運な体験でした。同時に、独身男性という語彙すら存在しない文化においては過激な選択でした。しかし、何のためらいもなく決然と結婚できるという状況でなければ結婚はしなかったでしょう。より大きな目的と優先事項という点からしても、私が良い夫になること、良い父親になることは不可能でした。私がやがて犠牲になることによって妻や子どもにもたらされたであろう悲しみや苦難は言うまでもありません。復活したのち、私の肉体の生物的なマトリックスは変貌してスピリチュアルなエッセンスになりました。したがって、いかなる人であれ肉体的な関係にかかわることは適切ではなかったのです。私は完全に目に見える状態で地上に存在し、必要な場合には体を完全に実体のあるものにすることもできましたが、高遠な目的にかかわり続けたのです。

実際に、私が子どもをもたないことを選択した最も重要な理由は、私が自らの人生にもたらした愛の強さと純粋性の結果、私の肉体のＤＮＡが変化したということがあります。生物学的な意味において新しい人種として開始するのは私の望むところではありませんでしたし、神と交わした約束でもありませんでした。私は神によって創造された人類をそのままで愛していますし、人類が自らの真の性質に目覚め、神と再び結ばれることによって内部から変わることができると固く信じています。それを達成することが神との神聖な約束でした。その約束を新しい生物学的な系列によって近道をして踏みにじることはできません。私が自分の家族を残したと信じている人びとは誤解しているか、あるいは、権力や特別な地位を求めるポーズをとっているかのいずれかです。それには現実的な根拠は何もありません。私の他の家族や使徒の家族から発した子孫は数多くいます。彼らはエルサレムが崩壊したのち、主にフランスとイギリスに移住しました。

「マグダラのマリアはどのような人だったのですか？」

——彼女は並はずれた女性でした。私は使徒の中でも彼女に特別な場所を与えましたが、それもまた過激な選択でした。それに至った物語を話すことにしましょう。マグダラのマリアは私より十歳年上で、初めて会ったときは寡婦でした。当時、夫が亡くなると夫の家族の誰かと結婚するのがしきたりでしたが、彼女の夫の家族には男性がいませんでした。そして彼女は安全に子どもを産める年齢を過ぎていました。二人の息子がいましたが、この二人はローマの兵士との小競り合いで殺され、それにサラという名前の幼い娘がいました。サラは非常に母親に似ていて、マリアに対して深い友情を感じていた私にとって、サラは養女のような存在でした。サラは数多くの伝説が誤って私と結びつけた血族の母です。

マグダラのマリアがマグダラのかなり広い土地を夫の遺産として受け取ることができたことは幸いでした。彼女には二人の姉妹がいて、一人はエルサレムに住んでいました。多くの女性の友達が親切にも仲間として受け容れサポートしてくれました。私が彼女と初めて会ったとき、彼女はそのような女性たちと一緒でしたが、マグダラのマリアが夫を失ったことで深いトラウマをもっていることに気づきました。感情的な苦しみに加えて体の病気も患っていて、彼女の生命力は厳しい状態にありました。

私は彼女のスピリットの病を追い出し、彼女の体を癒しました。その瞬間、私たちの出会いは運命によって選ばれたものであることを二人とも気づいたのです。彼女は最後まで私とともにいることになるのでした。彼女の人生はまさにその目的のために準備されていたのです。現代の人びとが信じているフィクションやロマンチックな憶測とは異なり、彼女は私の妻でもなければ、ロマンチックな友達でもありませんでした。彼女の誠実さを裏切るようなことは、二人の間ではまったく起こっていないのです。しかしながら、彼女は私に優しさと心のサポートと慈愛を幾度も与えてくれ、それが妻をもたない私の心のむなしさを埋めてくれたのでした。彼女の娘のサラは常に私の喜びであり、特別な能力と意識を極めて若い魂の中に養う機会を提供してくれました。

マグダラのマリアは非常に聡明な女性でした。知性と人間の性質に対する洞察力という自然な才能に加えて、学者であった夫からもらった特別な贈り物にも恵まれていました。当時、女性は学ぶことを禁じられ、聖典を読むことを禁じられていました。しかしながら、彼女の夫はひそかにすべてのことを彼女と分かち合ったのでした。彼女は読み書きができるだけでなく、たいていの男性よりも多くの知識をもっていました。夫とともにエジプトに旅をして、エジプトの歴史とエジプト文明の教えを学んだこともあったのです。

マグダラのマリアは演じることになっている役割に対して十分な準備ができていました。彼女は等しい叡智をもって男性とともに肩を並べて立ち、彼女の光は多くの男性の光を凌駕したのです。さらに彼女には自然なヒーリング能力が備わっていて、薬草、香料、塗油についてもしっかりとした教育を受けていました。おそらく、私の信奉者および私に対する彼女の最大の贈り物は、共感に満ちたハートと過去に体験した艱難辛苦（かんなんしんく）によってどのようにして怖れを超越するかを彼女が知っていたことでしょう。私が十字架刑に処される前の日々、またその後の日々において、彼女の導きは私たちすべてにとってこの上なく貴重なものだったのです。

マグダラのマリアが論議の的にされ、ひいては、一部の人によって非難され否定されることになった原因は、私が彼女を女性の相談相手になる使徒に任命したことにありました。当時、男性は結婚によって結ばれていない女性に対してある種の知識を開示することはできませんでした。心の秘密すら開示することはできなかったのです。これは現代の作家や彼女について憶測をめぐらす人びとが見逃している点を指摘しています。もしもマグダラのマリアが私の妻であったならば、まったく何の論争にもならなかっただろうということです。それよりも重要なこととしては、彼女が私の妻になっていたならば、イスラエル人の広いコミュニティーの中で彼女の役割は、すべての女性を高める役割を果たせなかったでしょう。

私は男性たちに彼女を使徒として受け容れるように依頼しました。彼らはいやいや承知しましたが、彼女が彼らの一員となることはありませんでした。私が十字架刑にかけられたのち、マグダラのマリアは女性たちの中に姿をひそめ、自分を無にして女性たちに教え、信仰の厚い者たちの強い同盟をつくるようにと力づけ、彼女たちは正統な道筋から外れたところで安全に集うことができたのです。男たちが教条の要点に関して口論を重ね、リーダーになろうとして競争し、たえず迫り来る暴力の兆しを撥ね退けようと闘っている間、マグダラのマリアはコミュニティーを築き、癒しの方法を教え、怖れの病を超越できるように援助の手を差しのべていたのです。

晩年、彼女はサラ、そして私の家族の一部と寡婦の一群とともにフランスに移住します。それは、やがてやってくることになるエルサレムの大量の難民を受け容れる準備をするためでした。この女性のコミュニティーは女子修道院のさきがけとなるものでしたが、当時の女子修道院は祈りや聖域のためというよりもコミュニティーに奉仕することに重きを置いていました。マグダラのマリアは相当な量の日記や体験記を書き、続々と生まれつつあった新しいコミュニティーあてに指示の手紙を書きました。残念なことに彼女は、書いたものが横取りされて信仰深い者たちによってさえ葬られるかもしれないことを怖れてそのほとんどに署名しませんでした。当時の慣習は女性がものを書き教えることを禁じていたのです。書いた原稿の一部を死ぬまで手元に置いていただろうということは疑いの余地がありません。ことによると彼女の書いた原稿がいつか姿を現わすかもしれません。彼女はかなり高齢になるまで生き、フランスの南西部で羊飼いの井戸の近くで安らかに息を引き取りました。

自由世界の女性たちはマグダラのマリアに負うところが大いにあります。彼女はスピリチュアルな自由のたいまつを掲げて人生を生き、その灯りはその後の数多くの時代を通して明るく輝いたのですから。彼女はほとんどの人には想像もつかないほどに大胆で論議を巻き起こした人であり、その理由たるやほとんどの人には想像もつかないようなものだったのです。彼女の勇気に満ちた人生は愛と尊厳と自由の力に対する壮大なる賛辞そのものだったのです。

イェシュアはマグダラのマリアを通して男女の平等を宣言しました。それが実を結ぶまでには何世紀もの時間が必要でした。彼女の物語がこれまで強い抑圧を受けてきたのもこれで納得できるというものです。イェシュアと彼の信奉者たちは、それまで考えられたこともない男女の和と自由と平等のヴィジョンを掲げたのです。このヴィジョンを掲げて道を進んでいくにはどれほどの勇気と深いコミットメンと信頼が必要だったことでしょう！ ありとあらゆる反対に直面しながら超然とあり続けるには、深い同情の思いが必要だったに違いありません。イェシュアの聖なる人生は、最初から最後まで人類に完全性と和と安らぎをもたらすために捧げられました。私たちの中に存在しつづけるイェシュアという存在を特徴づける言葉は、勇気、愛、超然、そして崇高です。あなたが今お読みになろうとしている物語は、今も続くイェシュアの壮大な叙事詩に加わる新たなる一章です。

目次

子羊とライオン
——The Lamb and The Lion——

1 光あれ

その光の明るさは強烈でした。光が部屋を完全に満たしているために影はすべて消え去ってしまいました。部屋の天井を見るとシャンデリアのあかりは消えたままです。そのことには驚きませんでした。というのは、すべてを包み込んでいるこの光の白く柔らかな輝きには人工的な感じはまったくなかったからです。まるで天国から降りてきた雲のようでした。新雪が降ったときのような静けさに、家全体が包まれていました。

静かで荘厳な空間を通して銀色の光の糸が流れ込み、エネルギーが漣（さざなみ）のように脈打ち、部屋の空気は炎のために膨張したかのように波打っていました。波は四方八方に流れていますが、その源はほとんど目もくらむような強烈な冷光のスポットから発していました。この光の輝きは太陽に似ていましたが、炎のような感じではありません。強烈な同質の光がいたるところにあるといったほうが正確でしょうか。その特別な光明はまばゆいばかりの明るさであり、銀色と金色の目もくらむような模様であり、それに乳白色とラヴェンダーとブルーとバラ色が火花のようにちりばめられているのです。

光の中心をほんの一秒くらい見ることができましたが、その光のために目は涙でいっぱいになってしまうのです。あっけにとられた私は目をそらさなければなりませんでしたが、その瞬間に音が聞こえてきました。その音はそれまでに聞いたことのない言葉でしたが、言語のパターンとリズムを形成していました。それらの〝言葉〟が私のマインドの中で意味を形成していくとき、メッセージが伝わってきました。「こんにちは、グレンダ！」

この存在には言葉で言い表わすことのできない神聖さがありました。もしも光に歌を歌うことができたなら、天国の歌を歌っていたことでしょう。もしも光に香りがあるとしたら、高い山の清浄な空気を発していたことでしょう。もう一度、向きを変えてその存在の方を見ようとしましたが、光があまりにも強すぎます。私は目を閉じて光から目を守ると同時に泣いていました。私が自分の内面へと逃げ込んだ瞬間に、その存在が私の眉間に一条のエネルギーを彼の内部から放ちました。私は眉間が押されたような感覚を覚えて、それを確かめようと両目を開けました。すると一筋のエネルギーが流れ込んでいるのが見えたのです。目を閉じて心の目に戻ると、一枚の絵が私の意識に刻み込まれるのが見えました。それはおよそ五秒かかりました。そのヴィジョンは私の視神経に植えつけられたようでした。それは静止していて、見たいときにはいつでも見ることができます。

その美しさにうっとりとした私は、それからの二〇分か三〇分、心の目で完璧に三次元的で立体的なイエス・キリストのヴィジョンを見続けました。彼は堂々とした姿で、緑生い茂る渓谷を見下ろす丘の上に立っていました。絵を描くための素材としてこれよりも生き生きとしたリアルな絵を望むことはできません。イエスに実際に座ってもらうのが最善だとすれば、それに次ぐくらいに最高のものです。しかし、興味深いことに、それは私の先入観が想像していたものとは違っていました。多くの西洋のキリスト教徒と同様にユダヤ人の画一的なイメージに条件づけられていた私は、黄褐色の髪の毛に縁取られた深い緑色を帯びた青い目を見て驚きました。

ついに目を開いて意識を外に向けたとき、輝かしい存在の姿はなく、すべては普通の状態に戻っていました。しかし、私は後戻りのできない変化を体験したことを自覚していました。この直感はその後、正しいことが証明されます。というのは、この神聖な瞬間を体験したのちに、私の人生のすべてが変わってしまったのですから。

あの輝きに満ちた光は私の魂に永遠に刻まれて存在しつづけるでしょう。あるいは、あの光は心臓の永遠の一鼓動の中で私のハートと一体になったのかもしれません。今、私の内部で光の火花が点火され、この火花が大いなる意識と生命の拡大の入り口になってくれることでしょう。

この出会いの意味について心が十分に落ち着き、実際に絵を描きはじめるまでに四〇日が経過しました。私は毎朝、尊敬に満ちた承認と瞑想を通してあのヴィジョンとの意識的なかかわりに再び火をともそうと熱心に努力しました。あのヴィジョンのニュアンスの一つひとつを精査し、それを生命の気のように私の存在の内部へと吸い込んだのです。日がたつにつれて、そのヴィジョンはさらに完璧になり、イエスの存在はより生き生きとしたものになっていきました。これだけでも、過去の視覚的なインスピレーションや夢の体験と異なっていました。それまでは、そのようなヴィジョンは何度も繰り返し思い出すなかで強さは薄れていくのが普通でした。

最初、このヴィジョンを見たときの感覚は透き通った窓ガラス越しに見ている感じで、窓の外から見返している友達に挨拶をしているような感じでした。注意して凝視せざるをえない彼の美しい目がやがて私たちを隔てている〝ガラス〟の境界線を溶かして、まるで磁石で吸い寄せられるように彼の世界に入っていくのでした。それが起こるとき、彼の存在はより強力でダイナミックになります。それはまるで感覚の豊かな世界に入ったようで、叙事詩的な夢のように生き生きして完璧なものでした。しかし、その〝夢〟はこれまでに見たどの夢よりも目覚めた状態の夢でした。別なたとえを使って言えば、眠っているときに見る夢は暗闇から入っていくものですが、ヴィジョンを通してイエスを訪問するときには触れることができ、息づいている輝かしい光の小さな穴を通って入っていくのでした。

十一月二十三日から一月一日までの間は創造的な準備と、自分にとっての現実の探求と知的思索を重ねた豊穣な日々でした。現実についての知的思索が突如として大きな飛躍を遂げて、宇宙的な蓋然性と無限の蓋然性の世界に飛び込んでいくことになったのですから。大学の教授であった時代に思いを馳せたのも興味深いことでした。中世のキリスト教美術の学者であった私は、イエスやマリアについての超自然的なヴィジョンが数多く記録に残り、しばしば絵に描かれていることをよく知っていました。このような神聖な訪問を受けた人は多くの場合、長期間にわたる試練や監禁生活を体験しなければならなかったことに思いを馳せ、最初は私自身の健康について多少不安を感じたものです。しかし、健康そのものだった私の体はそういう不安を一掃し、私の関心はもう一つ別な学術的な背景へと向けられることになります。光と物理学の研究でした。こうした背景をもつ私が神秘的な体験をするという類まれな機会を与えられ、しかもすべての感覚で生き生きとそれを体験したのです。そして〝正常な世界〟と〝超自然的な世界〟をつなぐ洞察と架け橋を提供するに十分な宇宙についての情報が存在する現代という時代にこれを体験したのです。

プリブラムという名前が心に浮かびました。彼は人間の脳のホログラフィックな機能について重要な研究をした人です。物を〝見るとき〟、視覚皮質（視覚上の刺激を受け処理する大脳皮質の部位）は光・闇・色のパターンに反応するのではなく、さまざまな波の形の周波数に反応し、ホログラフィーと同じ数学を使って波型の周波数が人間の感覚に入ったあとで識別可能なイメージに変えるということは、すでに他の学者によって証明されていました。プリブラムはさらにもう一歩この理論を進めて論理的な結論を導き出し、客観的な現実、すなわち、物質・構造物・物の世界は私たちが知覚しているような形では存在していないかもしれないという理論を提示したのです。彼は次のように語っています。「外見上の世界が間違いであるというわけではありません。ホログラフィックなシステムを使って宇宙に入り込み宇宙を見てみるならば、異なった見解や異なった現実に到達するということなのです。そして他の現実は、これまで科学的に説明不可能だった事柄、すなわち、超常的な現象、共時性、明らかに意味のある偶然の一致などの現象を説明することができるのです」。ホログラフィックな脳という理論を補完しながら、さらに驚くべき主張をしたのがデヴィッド・ボームでした。彼は接触可能な現実のすべてが一種のホログラムで、全体のどの部分も広大な第一レベルの中に発見することができるだけでなく、その現実レベルから無限に複製することが可能であると主張したのです〔6〕。

これらの概念は熟考に値する素晴らしい概念ですが、現実の体験と関連づけて考えられたことは一度もありませんでした。それがいかに関連しているかは、将来の出来事の中で確認されていくことでしょう。しかし、私に関して言えば、もし仮に私の芸術的な努力が実を結んだ場合、世界に公表することになる神聖な主題についてためらいと不安がありました。〝もしも〟という言葉がときどき心をよぎったものです。この問題について話をするたびに、何か確証となるしるしを探したものでした。イエスのヴィジョンについて、また青々とした草原と羊のヴィジョンについて夫に話しました。すると夫は一つの提案をしてくれたのですが、それは説得力のある結果と〝地に足をつける〟効果をもたらしてくれました。彼の提案は、生きている羊に直接会ってスケッチをするなり写真を撮ってみたらどうだろうというものでした。そうすることによって肖像画のための具体的な参照点ができるのではないかというわけです。

三つの郡内のすべての羊の牧場を詳細に調べ上げましたが、十一月末に子羊が生まれる可能性は少ないことを知って失望しました。それでもめげることなく、土曜日に私の故郷の町の農業経営者の市場に行くことにしました。土曜日の未明、カメラを手にした私たちは子羊探しに出発です。少なくとも子羊を抱いてそれを写真に収めれば多少の進歩を遂げたことになると思いました。

市場に到着した私たちは家畜が売られている場所に直行しましたが、またまたがっかりしてしまいました。子羊が二頭いたけれど、二頭とも朝八時半には売れてしまったというのです。ついてないし、天国もサポートしてくれないじゃないと感じながら、私は家に帰るしかないと思っていました。その時、もう一本の道があってその道の奥の方で、白髪まじりの年老いた商人が異なった種類の不揃いな羊の群れを売っているのが目に入ったのです。それはあまり見栄えのしない、汚れてずんぐりした羊毛生産用の羊の一群でした。そちらに行きかけていた私が向きを変えようとした瞬間、突然この羊の群れの背後から一頭の真っ白な雌羊が姿を現わし、私の方に向かって歩いてきたのです。羊の体を覆っている短い純白な羊毛、長い首、そして王者のような顔、こんな羊を私は見たことがありませんでした。羊の堂々とした外見は、妊娠を暗示させるものがありました。

私はその場で童謡にちなんで「メリー」という名前を彼女につけました。なぜなら、彼女の毛はまさに〝雪のように白い〟ものだったのですから。彼女と私は一瞬のうちに心が通い合い、彼女を家に連れて行きたいという思いに圧倒されました。まもなく子羊が生まれるということは、メリーを購入すれば母親の羊と子羊の両方のモデルが手に入ります。さらなる偶然の一致は、私たちが改築した農家の家は町の中に位置しているにもかかわらず、敷地は農業用地として区画されていたのです。こうして都市在住の新米の二人の羊飼いは、メリーをキャデラックの後部座席に積み込んだのです。メリーは自然な環境から離れてもきらきらと輝いていました。そんなメリーを見て品種をディーラーから聞いておこうと思いました。「ムフロンですよ」と私の小切手を受け取りながら彼は答えました。ムフロンという名前は私にとってとくに何の意味もなく話はそれっきりで、私たちは市場をあとにしました。

車の後部座席の乗客を見た人たちがあっけにとられ笑っているのを見て、私たちはまるで子羊のように少し恥ずかしく思いました。しかし、彼らに何が分かるというのでしょう。ブライアンと私は恥ずかしさを紛らわすためにメリーに優しく話しかけ、彼女のための小屋の計画を練りました。その時、突然疑問が浮かびました。「ムフロンて何だろう?」。その名前はなんとなく聞いたことがあるような気もしましたが、ことによると、イエスが地上にいたとき存在していない新しく交配された種の羊を買ってしまったのではないかという恐怖に突然凍りついてしまいました。私は子どものとき、叔父の羊の牧場を何度も訪れたことがありましたがメリーのような羊は見たことがなかったのです。考えれば考えるほど気になって仕方がありません。なぜなら、イエスの肖像画に現代的な要素が入ってしまえば絵の完成度に妥協の要素が入ることは確実なのですから。

メリーが自分の場所に落ち着いたあと、この質問の答えを探すべく図書館に向かいました。探している答えはすぐに百科事典で見つけることができました。驚きのあまり信じられない私は、さらに二つの情報源で答えを確認しました。ムフロンはヨーロッパで最も古くから家畜化された羊と認められており、家畜化されたすべての羊の祖先であると考えられていると書かれていたのです。**さらにムフロンは、二千年前に中東で一般的に飼われていた羊であるというのです。**

私はこれらの文言が記憶に焼きつくまで何度も読み返しました。そしてひそかに喜びをかみしめながら思ったものです。これほどに完璧な出来事が実現するために、どれほどの数のジグソーパズルのピースが準備されていたか、その奇跡に思いを馳せたのでした。中東に旅をしてベドウィン族と物々交換の交渉でもしなければ、肖像画のモデルにメリーよりも適切なモデルを見つけることは不可能だったでしょう。私の故郷の町でメリーを発見する確率は想像しただけでも途方もないものです。子どものときに遊んでいたその地でまさにメリーを見つけることができたのです。いったいどれほど昔にこの肖像画は描かれるべき運命を与えられたのだろうと思わずにはいられませんでした。

メリーを見つけたことには一つの皮肉が隠されていました。メリーを見つけたことは、この肖像画の運命は確実なものであると私は受け止めたのでしたが、実はさらなる偉大な数々の奇跡の序章にすぎなかったのです。著名な量子物理学者のデヴィッド・ボームはかって次のように言いました。「物質とは凍結した光である」。彼の次の言葉は私たちの宇宙の究極の逆説を要約していると言えるかもしれません。「私たちの目前で展開していることは、私たちの想像を超えたデザインと輝きの中に包まれていたものである」

クリスマスが近づいているので、クリスマス休暇中のさまざまな計画を考慮して一月のはじめに肖像画にとりかかることに決めました。それに一月ならば準備段階でのいくつかの決断をする時間を取ることができ、キャンバスを準備することもできます。最初に決めなければならないのは絵の大きさでした。そこでヴィジョンを見ながらイエスにガイダンスを求めました。ヴィジョンを会話の手段と見なすなんて、それまでは考えたこともありませんでした。答えは言葉では語られませんでしたがテレパシーではっきりと与えられました。キャンバスの大きさは縦横ともに一・二二メートルということでした。

この年の十二月は落ち着かない一カ月でした。私はまるでゲートが開くのを待ち受ける競馬馬のように感じたものです。心の目でヴィジョンを頻繁に確認しましたがヴィジョンは非常にはっきりとしたままで、新しい世界の誕生を暗示しているかのようでした。その絵が息づいていることは明らかで、私は驚嘆の思いで絵を見つめました。ヴィジョンはイエスの大いなる生命力を提示し拡大していった結果、単なるヴィジュアルなイメージだったものが「イエスがそこにいる」という感覚を生み出すまでになっていたのです。

毎日が長く感じられ緊張していましたがイエスと私の間には強い一体感があり、期待に胸を弾ませる私に訪れる沈黙は、まだ語られていない言葉で満たされていました。

一月二日の金曜日、私は不安の代わりに安らかな気持ちでスタジオに入りました。その安らぎは、運命がいま目の前にしっかりと存在していることを私の体が認めざるをえないところから生まれたものでした。部屋には神聖なお香ではなく亜麻仁油とテレビン油（種々の松の材を水蒸気蒸留して得られる揮発性の精油）の香りが立ち込めていましたが、寺院の雰囲気が何気なく漂っていました。ことによると、私の気持ちがそのような雰囲気を期待してつくっていたのかもしれません。あるいは、私が来る前にスピリットがやってきて、いま始まろうとしている創造のための場所を準備してくれたのかもしれません。いずれにしても私の感覚は明確で明晰でした。まるでこの世界に新しく生まれてきたような感じでした。窓枠の埃、やや斜めに並べられた絵筆、私の前に立っているイーゼル、すべての詳細な事実がこの瞬間に彩を添えていました。私はこのシーンを一生忘れることはないでしょう。部屋は自然の陽光で満たされていましたがその光には、私が以前に体験したことのある神聖な光の感じがありました。その光線を通り抜けるとき、私の体は別な時間の枠組みの中に入ったかのようにスローモーションで動いていました。この瞬間の静寂に満ちた必然性に圧倒される思いでした。それはまるですべてのものが時空間で一時停止したかのようでした。千の目が私に注がれているような感じがして、私は〝観察者〟を見つけようとして心の内外を探しました。この静けさがスタジオのドアの外から聞こえてきた「ニャーン」という鳴き声で破られました。私が飼っている美しいヒマラヤンのガンナーがスタジオ内で起こっている出来事に参加したいと言っているのです。私はためらいを感じながらもドアのほうに歩いていきドアを開けました。ガンナー以外の誰かがいることを予期したのですが、〝小さなブルーの目〟がきらきらと私を見上げているだけなのを知って何かほっとしました。ガンナーはさっと部屋に駆け込んで入りましたが、いま見逃してはならないことが始まろうとしていてそれを始める絶好のタイミングが今だよと言っているかのようです。それから、ガンナーは私が瞑想と祈りをするときに使う二つの白い枕の一つに急いで走っていきました。

私はイーゼルの上に置かれた大きな真っ白なキャンバスに目をやりましたが、さあ始めようという気持ちになることができません。それで私もガンナーを見習っていつものように心の中の光の一点に思いの焦点を絞り、イエスと波長を合わせるという瞑想を開始しました。とくに今日はヴィジョンの詳細をできるだけ詳しく見ようと思いました。というのは、ヴィジョンから目を離してキャンバスに目を向けると、私の注意力のすべてが創造的なプロセスに向けられるからです。突然、ガンナーが「ニャーン」と鳴くと、一陣の優しい風が部屋を通り抜け私の頬をなでました。私の心の中にある絵を照らしていた内なる光が、いま外からまぶたを通して入ってきました。人生で体験したこともないような確信をもって目を開くと、イエスが私の目の前に立っています。座っている私の目前にそびえるように立っていたのです。

ゆっくりと注意して尊敬の念を抱きながら、私は立ち上がって椅子に座り、キャンバスに絵を描きはじめました。ヴィジョンを見ながら同時に絵を描くという問題はこうして解決されました。どのような神秘的で荘厳な力を使ってそれがなされたのか、私には知る由もありません。

何の言葉も交わされませんでした。しかし、イエスの存在を純白なキャンバスに転写しながら、微笑まずにはいられませんでした。それからというもの、イーゼルで彼の肖像画を描くときには、必ず彼は私の目の前に三次元的な現実性をもった存在として姿を見せたのです。それから日を重ねるごとに、彼はヴィジョン以上の存在になりました。彼はしっかりとそこにいて、私たちは肖像画を創作するためのチームになったのです。

スケッチを完成するのに二、三日かかりましたから、色を塗りはじめるのは次の週になりました。絵の具の最初の彩色をしたあとで少し休憩を取るつもりでいました。油絵は乾くまでに非常に長い時間がかかるために、そのように仕事を進めなければならないのです。それが油絵という媒体の時間のかかる側面の一つなのです。幸いなことに、色の中に他の色に比べて乾きが早いものがあり、普通はキャンバスの一部に比較的早く乾いている場所があり、そこに色を塗ることができるのです。しかし、それでも少なくともまる一日は待たなければならないのが普通です。翌朝、スタジオに入ってキャンバスをチェックするとすべてが乾いていました。完全に乾いています！　私はショックを受けました。私はドライヤーやシンナーは決して使いません。絵の具の性質や寿命に問題が生じる可能性があるからです。それにしてもいったい何が起こっているのでしょうか。私には理解できませんでしたが、事実としてこのプロジェクトに取り組んでいる間、絵の具は常に数時間（数日ではありません）で乾いたのです。これは肖像画の完成時期に大きな影響を与えました。

日曜日を除いて毎日、肖像画は何の障害もなく進展しました。すべてのタイミングは完璧で言うことがなく、必要なものはすべて与えられました。

たいていの創造的なプロジェクトの典型的な要素の一つに、アーチストが「ジャングルタイム」と呼んでいるものがあります。これは本能や創意、そして創造的な才能によって〝答え〟を見つけようとして、さまざまな選択肢や問題の中で道に迷ってしまうプロセスのことです。ジャングルタイムは創造的探求の魅力の一つでもあります。というのは、ジャングルタイムの中でアーチストは自らの独自性を探求し、自分だけにしかできない解決策を発見して再び姿を現わすからです。人生で初めてこのプロセスが私にとって何の魅力もなく、関係もないと感じられました。何の問題もなく、何の期待ももたずにプロジェクトを進めていくことに私は満足していました。しかし、そのように身を宇宙にゆだねながらも、自分は単なるイラストレーターにすぎないという感じはありません。というのは、より高次な創造形態が独自のダイナミックな展開によって私に驚きを与え続けたのです。

ごく日常的なプロセスで毎日奇跡が起こるなかで、私はやがて人生の可能性に関して新しい期待を抱くようになりました。人生における抵抗、問題、困難といったものは、物質・エネルギー・時間・状況に関して一定のレベルの困難を信じていることと直接的に比例しているのではないかと観察して思うようになったのです。人類は自らの信念や条件づけや合意に導かれるなか、必要以上に争いや抵抗に満ちた世界に入っているのではないかと観察できるのです。また現実が拡大し昇華されてより大きな可能性が生まれると、知覚可能な光の磁場が付随して生まれ、その向こうには目に見えない輝きがあるのではないかと観察できるようになりました。意識の拡大から光を連想し、困難から暗闇を連想するのは偶然ではありません。

私がヴィジョンに疑いの思いを抱いたことが一度だけありました。それは来るべきことについての微妙な予感だったのかもしれません。肖像画の中心から左の方に一本の樫の木があります。ヴィジョンではその樫の木は二股に分かれていて、私はそれに関してイエスに質問しました。「一般的に樫の木は強さの象徴です。樫の木を二股にしてよいのでしょうか？」

イエスは私を見つめ、私の理性的思考を受け容れましたが同意はしませんでした。静かな権威をもって質問を投げ返してきました。「ヴィジョンの中で樫の木はどうなっていますか？」

「二股に分かれています」と私は答えました。

「それでは、そうでなければなりません」。イエスのこの答の意味をすべて知り、理解するまでに数カ月を要することになります。

それからは、仕事は何の問題もなく進行しました。しかし、完成二週間前に驚くべきことが起こりました。午後のコーヒーブレークのために立ち上がって部屋を出るとき、いつものように作品をチェックするために振り返って作品を見ました。するとその時、作品がまるで私をチェックするかのように振り返ったのです！　立体的に投影された作品全体が私の方を向いているのです。私は思わず立ち尽くし息が止まりそうです。それから、絵の反対側に走って行きました。しかし、部屋のどこに行っても肖像画はすべての角度から私の方を向き続けたのです。（写実的描写の絵画においては三次元的な描写は作品の優秀さの基準となるものです。しかし、ホログラフィックな投影と三次元的幻想には違いがあります。昔の名画は三次元的幻想があらゆる方向に説得力をもって投影されることが知られています。そのような肖像画においては肖像画の目が〝鑑賞者を追いかける〟ことがしばしばあるかもしれません。しかし、それは幻想がキャンバスの前面に飛び出して画像の全体が見る人を取り囲むように投影されることはありません。ホログラフィーの立体投影においては複雑な形が再整列して知覚の角度の変化に応じて再投影するのです）。それが絵画の中で起こるのを目撃するというのは、本当に驚くべき体験でした。ガンナーは驚きながらも静かに、いったい何が起こっているのだろうと思っているようでした。

私は朝食に関してすら奇跡を期待するようになっていましたから、もう一つ奇跡が起こってもそれほど驚くにはあたりません。それにしてもこの奇跡の驚くべき点は、光の奇跡を保証したことかもしれません。別な言い方をすれば、光は「奇跡地帯」であるというより大きな意味合いを保証したことかもしれません。しかしながら、物理学者も神秘主義者も物質が燃焼したとき光子が解放されるだけでなく、それよりもはるかに根源的な現象が起こるということを確認しています。目に見える光はエネルギーのスペクトルのごく小さな一部にすぎず、光子はそのスペクトルの一側面なのです。科学的な測定によって目に見えない放射線には数多くの形があることが知られています。たとえば、電波は遥か離れた銀河系でもひろうことができます。宇宙全体にある宇宙放射能は「ビッグバン」で生まれた時代遅れの光である可能性も大なのです。

しかしながら、物理学と奇跡のより蓋然性の高いつながりは、光の「波動関数」と光子の粒子間に起こる事象の中に見出すことができます。アルバート・アインシュタインは、光は波であり、同時に粒子であるという実に興味深い光の性質を明らかにしました。これは必要な区別でした。なぜなら、波動関数は確率分布として空間に広げることは可能ですが、光は厳密にはどこにあるかを知ることはできないからです。光が放射能を放出するとき、初めて光の場所を特定することができます。行動を起こした瞬間に波の確率分布は崩壊して一つの点になります。これらの二つの部分からなる光の性質は、光がほとんど心臓の鼓動のようなものであることを明らかにしてくれます。ことによると宇宙の鼓動そのものが光のリズムであり、波動関数から一点になり、点から波動関数に戻るという動きをしているのかもしれません。それだけではありません。時間と動きのすべては、それ以外の物質やエネルギーが〝光の速度〟に近づくか〝光の速度〟になると存在停止の状態になるというのです。その状態においては抵抗による制限はすべて除去されます。また光の恒常性は引力のエネルギーの形成に基本的な役目を果たす引き寄せ場（アトラクタフィールド）を提供すると信じられています。

光だけでなく、生命体もまた私たちの通常の知覚よりも流動的です。人生の出来事が近づいたかと思えば終焉して姿を消していくわけですが、空間はそのときの目的のニーズに合わせて変わり、時間は接続と次元の糸を織る織機です。出来事がやってきたかと思うと一瞬のうちに終わります。光は時間と空間と物質の通常の変容や奇跡的な変容が起こるための道具であるかもしれないのです。それを引き起こしているものは神聖なものであるかもしれませんが、イエスの言葉を借りて言えば「わたしが道であり、真理であり、光である」のです。

肖像画は一九九二年三月十二日に完成しました。その日、ほとんど何もすることはなく、私は詳細な部分に磨きをかけていました。イエスの髪に一筆か二筆加えたいと思いました。髪の毛は風に吹かれていましたので、髪の束を分けてそこを軽やかな風が吹き抜けているところを見せたいと思いました。一つひとつ、最後の仕上げをしていきました。ふと見上げると、ヴィジョンが溶けてきらきらと光る光の雲になっているのが見えてびっくりしました。ほとんどパニック状態の私は心の中に入り、ヴィジョンが私の意識とつながっていたポイントを見つめました。しかし、その〝コード〟はすでに切断されていました。筆を置いた私はにっこりと微笑みました。それからさらに大きく微笑みました。喜びを抑えることができませんでした。ヴィジョンの出発を見つめながら、同時に一つのはじまりを目撃しました。というのは、視覚的なイメージが薄れていったとき、ヴィジョンの本質である愛とエネルギーがキャンバスに固定されたのです。肖像画は描き終えましたが、その生命は今まさに始まったのです。

しかしながら、私が生命ある肖像画という祝福の意味を理解するためには未踏の道を歩むなか、相当なチャレンジを体験しなければなりませんでした。肖像画が完成して満足感と充足感を味わったあと、私はさらなる未知の世界へと投げ出されることになります。肖像画が完成してまだ数日しかたっていなかったある日のこと、私は肖像画の前に座り、イエスとともにいたときの喜びを畏敬の念に打たれながら思い出していると、自然に涙が流れ、微笑が顔に浮かんだのです。しかし、主に感じたことは混乱と不安でした。それはおなじみの感情でしたが、イエスが私を訪れて以来感じていませんでした。「どうして？どういう目的でこの絵が私のところにやってきたのかしら？」

イエスの愛は清浄な山の空気のようにいたるところに漂っていましたが、私はイエスと一緒にいることができないことに深い悲しみを感じました。しかし、それから数日たつと、私のハートは再び慰めに満ちた周波数を感じて共振しました。それがイエスの存在であると私には分かりました。私たちの関係に新しい次元が生まれ、彼とのコミュニケーションには新しくより深遠な手段も使われるようになったのです。言葉を語ることなく私の問いに対する答えが来るようになりました。

イエスが間違いようのない明確さで**「それを私の人びとに与えなさい」**と言ったと私は感じました。

イエスは私の質問に答えてくれましたが、どのようにし

てそれを実行するかに関しては何の手がかりも与えてくれません。それに彼の要請を実現するのは口で言うほど簡単なことではありません。彼の人びとはあらゆるところにいるのですから。あらゆる肌の色とあらゆる国籍とあらゆる種類の歴史的遺産をもっているのが彼の人びとなのです。キリスト教社会の中だけでも数え切れないほどの教義があり、何百という宗派があります。イエスの最も献身的な学徒や使徒は既成宗教の活動にはまったく参加していません。キリスト教と呼ばれる境界線をはるかに超越して、イエスの教えは世界中の人びとに影響を与えているのです。

どこから始めればよいというのでしょうか？　答えは明らかです。どこから始めてもよいのです。単純で伝染性のある情熱をもって噂が広がりはじめました。まもなくアメリカ中のさまざまな場所から見知らぬ人たちが前触れもなく私たちの家にやってきて、イエスの絵を見せてほしいということになったのです。そのためにどれほど多くの障壁が取り除かれ、どれほど多くの心の抑制を取りはずさなければならなかったか想像しただけでも大変なことです。人びとはイエスの肖像画を見て彼の存在を求めそれを体験するなかで、自らが生きた奇跡となりました。これらの訪問者が家に帰って興奮を抑え切れない報告をするにつれて、イエスの肖像画を展示してほしいという依頼が数多く舞い込みはじめました。それから、二年の間にイエスの肖像画は五つの州の八十以上の教会に旅して、ほとんどすべての宗派の人びとの目に触れたのです。既成宗教とは関係のない数多くの場で公開されたことは言うまでもありません。教会に支配された壁を乗り越えて、私たちは呼ばれればどこにでも行きました。

あらゆる年齢・信条・肌の色の人びとがイエスの肖像画を見にやってきて、祈り、瞑想し、静かにイエスの祝福を受けました。この肖像画の象徴的な意味がどのようなものなのか、私には何も言えません。というのは、それは私の意識の所産でもなければ、私自身の意図の結果でもないのですから。多くの人びとにとって、肖像画のもっている要素が個人的なメッセージや癒しの触媒となりました。イエスの外見の性質には流動性とでもいうべきものがあります。まるで万華鏡のようにさまざまな表情、さまざまな顔の形、人格的な資質をもっているように見えるのです。私はこの肖像画は一見して明らかに見えるものよりもずっと多くの可能性を含んだ普遍的な青写真に基づいて創造されたと考えるのが好きです。

この現象の最も適切な説明は、おそらくは奇跡を解剖することによって得られるのではないでしょうか。さまざまな体験を経て、私は奇跡とは成長の力にすぎないのではないかと実感するようになりました。愛と生命力がそれまで彼らを抑えつけていた幻想のヴェールを突き破って芽を出す、それが奇跡なのではないかと実感するようになったのです。愛の力と成長の意欲を付与されている生命こそ創造の原動力そのものです。この力をコントロールして利用するのは、大海原の圧倒的な力にハーネス（馬具）をつけるよりもずっと厳しい挑戦であることは確かです。奇跡を現実化する愛の影響力と能力に心の焦点を定めて生きるならば、奇跡は日常生活の一部になることでしょう。愛と生命のより偉大な力を否定する枠組みに心の焦点を合わせて生きるならば、潜伏している奇跡が突然爆発し、多くの場合、その奇跡にはほろ苦い味が伴うかもしれません。奇跡を前にしてただ微笑むことに慣れている私たちは、その奇跡は危険やトラウマの要素によって端緒を開かれたということを見落としがちです。そのような真実の理解は、「禍福は糾（あざな）える縄の如し」という警句に似た人生のホリスティックな性質に思いを馳せ、心の安らぎを感じて初めて達成できるのではないでしょうか。

人生の力を考えるとき、そしてまた人生に方向を与えるイエスの能力を思うとき、自己満足、遠慮、保守主義といった言葉が心に浮かぶことはありません。肖像画が完成したあとに訪れた発見と成長の日々の中でのイエスと私の関係、そして人生と私の関係に変容をもたらす恩寵が次々とやってきました。春になるとチューリップが大地を突き破って芽吹くように、毎日毎日が真実についてのさらなる達成をもたらし、その真実を人生の中に組み入れ応用するという日々でした。

おそらく、より高遠な目的を有する特別な世界からやってきて、私たちの人生に金糸の縁取りをつけてくれる奇跡という主題ほど、つかみどころのないものはないかもしれません。人生を一変させる奇跡を人が期待することはまれです。なぜなら、奇跡というのは最も喜ばしい驚きとしてやってくるのが普通なのですから。イエスが彼の肖像画を通して残してくれた奇跡のあとを振り返って、そのような思い出がもたらしてくれる静かな喜びに浸ることは、今の私には容易なことです。しかし、奇跡の誕生は多くの場合、子どもの誕生と同じように陣痛を伴うものです。なぜなら、新しい生命が自らの存在を宣言するためには、既存の構造のヴェールを突き破らなければならないからです。

一九九二年の夏、奇跡という主題に関してさらなる授業を受けることになります。七月二十日のあの朝、私は難題に直面していました。この問題の答えを発見するためであれば、どんなに高い授業料でも払ったことでしょう。その日の予定を心静かに予期しながら朝食を楽しむことができるはずでした。しかし、衝撃的な驚きに身がすくみ、心は乱れたまま凍りついていました。今まさに生まれようとしている奇跡の陣痛を体験しているなどとは知る由もなかったのです。奇跡に満ちた物語が始まってからさまざまな奇跡を体験していましたが、これは私にとってとくに意義深いものでした。それは前日の衝撃的な出来事から始まりました。

一九九二年七月十九日は私たちにとって典型的な日曜日でした。肖像画を展示して私が話をすることになっていました。この日曜日はテキサス州のウイローパークにあるアッシジの聖フランシスコの聖公会教会に行くことになっていました。主任司祭のハーマン神父が『子羊とライオン』のことを耳にして教区の人びとに肖像画を見せ、そのエピソードを話してほしいと依頼してきたのです。

教会に到着すると、ハーマン神父をはじめ信者さんたちの数人が出迎えてくださり、肖像画を友好ホールで展示する手伝いをしてくれました。肖像画を設置した直後に悲劇が起こりました。高い三脚台から投光機が落下してキャンバスに倒れ込んだのです。それから投光機が床に転がっていくのを数人がなすすべもなく見ていました。ジュディー・フーバーという女性が重い機材がキャンバスに与える衝撃を和らげようと床に身を投げ出しましたが間に合いませんでした。投光機は肖像画の左側に倒れ込み、樫の木が二股に分かれているまさにその部分にぶつかったのです。

私は肖像画を持ち上げイーゼルの上に位置を変えて立て直しました。その場にいる誰の目にも損傷がどの程度のものかはっきりと見えました。キャンバスが一〇センチほどへこみ、その中心部には二・五センチの亀裂が入っていました。裂け目からは指を通すことができました。美術史の専門家であり美術館のスタッフとして働いた経験のある私には、これほどの損傷がある絵画を修復する選択肢がどのようなものか分かっていました。へこみの部分は突き出た感じが残り、裂け目は修復して色を塗り直すことができても、その傷を探す人の目にはそれと分かることでしょう。残念なことに、裂傷のあるキャンバスは完全に修復することはできないのです。修復はできても完全に元通りにすることはできません。

「もうだめだ」という言葉しか心に浮かばないようなとき、あきらめずに続ける力はいったいどういう場所からやってくるのでしょうか。幸いなことに、人間はそういう危機に直面すると、火事場の馬鹿力のような別の次元の力を発揮するようです。あの日曜日、私も自分の中にあるそういう力を発見したのでした。教会に集まった人たちは肖像画からかなり離れた場所に座っていましたから、悲劇的な事件について話をする必要はありません。両手はぶるぶると震え、呼吸も浅い状態で私は話しはじめました。私の話は午前中のミサの前に一回と午後には誰でも参加できる話し合いという形で予定されていました。ともかく私はその日一日、何とか責任を果たすことができました。ショッキングな出来事の一つの救いは、あまりにも衝撃が大きなために神経が麻痺してしまうことかもしれません。

教会での話も終わり、肖像画をこれ以上損傷しないように細心の注意を払ってケースに入れ、重い沈黙の中で家路についたのでした。祈りたいと思いましたが、感じていることを言葉にしようとどんなに努力しても言葉になりません。

次の日の朝、私は恐怖心におののきながら目を覚ましました。不可避的なことを延ばし延ばしにしている瞬間のすべてが地獄のように感じられました。この朝はポットいっぱいのコーヒーが私には必要でした。一人で座って、居間の壁に立て掛けられた肖像画が入っている大きなケースを見ないようにしていました。さまざまな出来事が思い出され、その朝までに体験したさまざまな奇跡の思い出が走馬灯のように心に浮かびました。泣きながら、私は自問していました。「いったい、どうして?」。その答えが来るまであまり時間はかかりませんでした。

覚悟が出来次第、まず果たさなければならない義務は、肖像画を調べ損傷を査定することでした。それから、その情報に基づいて修復を専門とする工房に電話をしなければなりません。人間がどのような手段を使っても元通りにすることは不可能ですが、表面的な手直しをすることで一応見苦しくないものにすることはできます。それに専門家に修復してもらえば、裂け目がこれ以上拡大することはありません。

肖像画をケースから注意深く滑らせて出した私には、そのとき起ころうとしていることに対する心の準備はまったくできていませんでした。**損傷が跡形もなく消えています!** 私は細心の注意を払いながら肖像画の表面を指でなぞり、昨日裂け目ができた場所を注意深く調べてみました。**すべてが完璧でした。へこみもなく、裂け目もなく、色もまったく落ちていません!** 絵を裏返してみると、キャンバスの織り目は伸ばした当日と同じくらいに締まっていて頑丈に見えます。

絵を窓にかざしてみても、光が漏れる小さな穴もなく、絵の具もまったく欠落していません。拡大レンズで絵の裏側を調べても、一本の繊維も切れていません。その時、私は最初に絵が損傷したときと同じくらいの混乱を体験しました。予期していたことがすべてばらばらに解体されたのです。物事の構造が、幻想としての性質をあらわにしたとき、私の存在の根底が揺らぎました。言葉にならないさまざまな感情を体験しながら、謙虚な驚きをもって二股に分かれている樫の木を見ていました。そして、そのように樫の木を二股に分けて描かなければならないのかとイエスに質問した日のことを思い出していました。

興奮がショックにとって代わり、誰かに話したいという圧倒的な衝動を感じました。すぐに教会の友人のジュディー・フーバーに電話しました。二人でこの二日間の出来事を一つひとつたどり、肖像画の損傷についての体験を確認しました。奇跡に対する称賛と喜びを金切り声のコーラスで表現し終えたあと、ジュディーはハーマン神父にこの出来事を伝えました。予期していたというような静かな声で彼は言いました。「私は驚きません。一晩中お祈りをしていたのですよ」

それから、ほぼ一週間後に肖像画の損傷を目撃した人たちと肖像画を調べ、奇跡的な癒しのお祝いをするために教会で会いました。それぞれが自分の目で見た肖像画の損傷について書いた記事を持ってきました。これらの証言の文書は今も聖フランシスコ教会に保存されています。七月十九日に教会で起こったことの紛れもない証言として保存されています。これらの証言があるということはありがたいことです。肖像画には何の形跡も残っていないのですから。どんなに強烈な拡大鏡で見ても、へこんだあとや、擦り傷、裂傷などは見えません。ましてや最近補修されたなどという形跡はまったくないのです。

それからの数週間、いや、数カ月間、この出来事についてのさらなる理解を得ることによって、自分にとってこの体験が何を意味するのかを明確にする必要に迫られました。というのも、この出来事についての問い合わせがひっきりなしに寄せられたのです。

とはいえ、奇跡というものは通常のアプローチで〝理解できるもの〟ではありません。なぜなら、私たちが現実を説明するために使う論理は、原因と結果の予知可能なパターンによって限りなく条件づけられているのですから。そのような思考法によって奇跡を理解することはできません。ましてや説明することなど不可能です。

肖像画の損傷という出来事についての私の記憶には奇妙なことが一つあります。まるで二つの体験があってそれが二つの異なった次元の現実として対称的に存在し、とても薄いヴェールでかろうじて分離されているような感じなのです。ヴェールの一方の側の体験は身体的な知覚によって裏づけられたもので、日曜日に起こったあの衝撃的な事件の詳細を、一つひとつ時間を追って説明することができます。私が覚えている事件の詳細は他の証人の人たちが覚えているものとほぼ同じであることは疑いありません。しかしながら、ヴェールのもう一方の側には、拡大された意識とでもいうべきものが存在していて、この意識の中では肖像画は投光器に襲われたにもかかわらず完璧であるというイメージが保たれているのです。

まるで私の通常の現実認識は水平線のように伸びていて、その水平線に高次元の真実と力の垂直な線が交錯したかのようなのです。そんなことを考えるなかで私は思ったものです。ことによると宇宙の現実はすべて時間を超越した瞬間が交錯するなかで、果てしない創造を行っているのではないか。そして、そのような瞬間においては、水平線的な可能性が上昇する意識または下降する意識にとっての垂直な可能性と完璧な調和を保ちながら交錯しているのではないか。

ホログラフィーと光を研究する科学者は、もう一つの興味ある説明を提供してくれます。いかなる全体像もそのどの部分からも完璧に無限に再生できるのがホログラムの特徴の一つであるというのです。

私たちが人生を構築する土台となっている二元性は、ことによると、構造の低次元的性質によってのみ持続可能なものなのでしょうか？　地上におけるイエスの使命は、二元性は肖像画の中の二股に分かれた樫の木のように確かに存在するが、二元性を単なる幻想にしてしまうより偉大な完全性というものが存在することを私たちに示すことにあるのでしょうか？　人間の人生には誰にでも最高の瞬間もあれば、困難なときもあります。誰でも苦しみを体験しますが、同時に苦しみとともに完璧な瞬間が共存していることも事実です。私の人生を振り返ってみると、この種の複雑な性質が存在するのは確かであるとしても、同時に非常な単純性と全体性があると思うのです。

私の人生のこの部分では人生もこれで終わりかなという感覚がありましたが、孤独は感じませんでした。イエスがずっと昔に「私は常にあなたとともにいます」〔7〕と言って約束してくれたことを初めて信じただけでなく、全体がもつ力と未分割の宇宙がもつ接続的な力を目のあたりにする特権を与えられたのです。全体性と未分割の宇宙においてはそのようなことが可能なのです。

それはいまや全人類の願望であり、高まりつつある願望です。不完全性に支配的な影響力を与えることを許さないという決断をついに下す瞬間がいつか突然やってくるのでしょうか。それとも、私たちに知覚を変える気持ちさえあれば、完全性以外のいかなるものも世界を支配することはできないということなのでしょうか。ことによると、それがイエスのメッセージの鍵であり、神秘なのかもしれません。あるいは、おそらく私たちは自分の内部にある真実が神秘の束縛からの解放を断固として要求するまで探求を続けるのかもしれません。

この可能性はT・S・エリオットの不滅の言葉の中にいみじくも表現されています〔8〕。

私たちは探求をやめることはない

そしてあらゆる探求の終焉は

はじまったところに到着すること
そして初めてその場所を知ること。
未知でありながらも想起されることを通じて
地球で発見されるべき最後のことは
すべてが開始されたときに存在したもの
果てしなく長い川の源にあったもの
隠れて見えない瀑布の音
リンゴの木に登っている子どもたちのさざめき
それは探し求められなかったがために知られざるもの
二つの波間の静けさの中でそれは聞こえ
いや、半ば聞こえている。
急ごう、ここだ、今だ、そしてそれは常にある
完璧に単純な状態（すべてのものを代償にして）
めらめらと燃える炎の舌が
たたまれて炎の冠となり
バラの花と一つになるその時に。

2 イエスは語った

イエスの光に輝く存在と優秀な叡智は言葉で表現することはできません。しかし、その同じ人物の中に人間らしい温かみと優しさ、そしてユーモアの感覚まであるのです。四カ月以上に及んだイエスの訪問のユニークで素晴らしい点は、個人的な分かち合いをするための十分な時間があり、友人としてお互いを知る十分な時間があったということです。この意識をもちながら愛情を込めて行われたコミュニケーションの中で、大小さまざまな事柄について数多くの会話が交わされたのでした。

イエスの訪問はしばらくの間、私には咀嚼(そしゃく)しきれないものでした。その体験について突っ込んで話をすることすらできなかったのです。そういうわけで、私たちのコミュニオン（神聖な一体感）はイエスからの個人的な贈り物であると考えていました。誰かがこの体験についてもっと詳しく深い話を聞きたがったときなどは、「要するに愛についての話よ」とだけ答えていたものです。

時々さりげなく、イエスとちょっとした会話をしていることを話すことはありました。そのことは他の人たちも期待していたようでした。結局のところ、スピリチュアルな存在が〝肖像画のモデルとして座る〟ことができるとすれば、そのコミュニオンの一部を言葉に翻訳できるのではないかと考えても当然なのですから。その論理は私には好都合でした。そういうわけで、あまり多くを語らず、イエスと私が一緒にいる間、非常に広範にわたる話をしていたという事実に沈黙の毛布をかけてそっとしておきたいと思っていたのです。一度、門を開けば流れ出てくる洪水のような質問を止めることは不可能でしょう。とくに「彼はなんて言ったの?」という質問です。

しかし、一九九六年の春、イエスが再び私の前に現われ、この体験について語るようにと依頼されたのです。イエスの説得によって私のそれまでの抵抗は征服されたのでした。

イエスの言葉を伝えるというとてつもなく重い責任に加えて、彼のメッセージを公のものにすることをためらう個人的な理由もありました。まず彼のメッセージは、私の質問、個人的な問題や探求に対する主観的な応答として提示されたものでした。私の質問は多くの点において私の魂を鏡のように映し出すものであり、イエスの答えは多くの場合、私の存在の核心に向けられたものでした。彼のメッセージの私に対する主観的な影響という観点を離れて、客観的に無執着の気持ちで彼の言葉を考え、私以外の人たちに対しても普遍的な意味をもっているかもしれないと考えるまでには四年の年月が必要でした。

イエス・キリストとして知られている人物を理解するにあたって、他の人のためのフィルターになりたいと思ったことは一度もなく、それは今も変わりません。私は自分が神学者だとは思っていません。イエスの私に対するメッセージをきびきびとした言葉で生き生きと伝えたい、そして読者のあなたもその場にいたと感じてもらえたら、というのが私の願いです。あなたに自由に解釈してほしいと思います。私の体験は、読者のイエスについての理解とイエスとの関係に応じて、読者のハートとマインドに触れることができると思うのです。そういうわけでイエスの言葉はすべてゴシック体にするという選択をしました。こうすることで読者はイエスの言葉を当初の文脈で理解することもできますし、もし望まれるならば、私が会話の中で投げかけたニュアンスや意味合いから切り離して考えられると思ったわけです。

何よりもまずこのメッセージはハートを通して受け止めてください。そして思い出していただきたいのですが、これは論文ではなく会話です。イエスは友人に向かって話しかけていたのであり、そこで語られたことは私たち二人にとって意味のあるものでした。すべての会話がそうであるように、私たちの会話もさまざまな話題へと飛んでいきました。会話の流れに身を任せ、ハートの赴(おもむ)くままに一つの話からいくつもの関連する事柄へと移っていきました。私たちの関係が深まっていくなかで会話のもつ力、長さ、集中の度合いも高まっていきました。私はこの会話の収穫として数々の宝石をいただきました。それらの真珠をきれいなネックレスにして提示することができて、イエスの言葉が読者であるあなただけのかけがえのないメッセージになることを願っています。

もしもイエスに何かを依頼したことがあるとすれば、それは尊敬を込めた抑制のもとになされました。イエスが私に示された好意に、たまたま一緒にいるということを利用してさらに甘えたくありませんでした。存在していないかもしれない権利を自分のものと考えたりしないように努め、探求すべき主題や知識について詮索しないようにしました。このような点を考慮して、すべての会話はイエスによって始められるのを待っていました。

最初の挨拶を除けば、イエスが私に言った意味のある言葉は、彼が初めて身体をもって現われたときに発せられました。このパワフルな存在が私の前に立ったとき、私は驚きのあまりぐらついてしまった身体を立て直さなければなりませんでした。そしていったいどのようにして、この説明不可能な現象の一部に自分がなることができたのだろうと思いました。愛情に満ちた言葉がイエスの口からあふれ出て私の不安は一掃されました。**「グレンダ、あなたは愛なのですよ」**。その瞬間、彼のこの言葉がどれほど重要なものであるか何も分かっていませんでした。またその言葉は彼がそれから語るすべての事柄の中心になるであろうこともまったく分かりませんでした。私は彼の声を聞いて驚くと同時に満足していたのです。彼の声はバリトンで朗々と響き、男らしいものでした。彼の声の響きは深い癒しと満足をもたらし、私はまるで『聖書』の中に登場する〝井戸端の女〟のように感じたものです。イエスの言葉の澄みきった水が私の渇きを癒してくれました。声を聞くだけで十分でした。どんなに読んでもどんなに聞いても心の渇きを癒すことができず、さらに求めるという体験は誰にでもあるかと思います。しかし、イエスが一言語れば、私はそれで満足でした。彼のメッセージを理解するために他の何かを読む必要はなく、果てしなく質問を続ける必要もなかったのです。彼の前で自分を子どものように感じることはありましたが、何でも聞いてくれるけれども、子どもっぽい好奇心にうんざりするかもしれない〝パパ〟と感じることはありませんでした。あなたはこう考えているかもしれません。「グレンダ、宇宙の神秘について聞いてみればよかったのに」。それについては、ある段階で質問をしました。しかし、全体的に言えば、宇宙をマスターした存在を知るだけで十分でした。何を質問する必要があったというのでしょうか？ 彼の存在は素晴らしい静けさと満足感をもたらし、私はいつも安らかな気持ちでいることができたのですから。

最初、イエスが目の前にいたら、絵を描くことができないのではないかと心配でした。彼が目の前にいるのにスタジオでのいつもの仕事に心を集中することができないのではないかと思ったのです。芸術活動は創造的な混乱に〝自分を失う〟とき、一番うまくいくプロセスです。正直に言って、アーチストの環境の物理的な側面はあまり整理整頓されたものではありません。イエスのために〝赤いじゅうたんを敷いてあげながら〟、同時にいつもの創造的でだらしない自分でいることができるだろうかということです。

奇跡的にもイエスはそれを可能にしてくれました。肖像画を描くという私に依頼した仕事ができるように、私の気持ちを楽にさせることを第一の仕事と考えたのかもしれません。私がいつものようなやり方で絵を描くことが必要で、彼はその責任を引き受けてくれたのでした。

イエスは私が楽しむことに喜びを見出し、私のコーヒーブレークにも寛容で、私の仕事の進め方をおもしろいと思い、こうすればよいかもしれないといった提案もよくしてくれました。私はだいたいいつもジーンズをはきスウェットシャツを着て、顔にはお化粧の代わりに油絵の絵の具がつき、バラの香りではなくテレビン油の臭いがしていましたが、美しいと感じさせてくれました。イエスは完璧な紳士で、親切で思いやりがあり、いつもゆったりとしていました。彼と一緒にいて自分に何か足りないことがあると感じたことは一度もありません。同時に彼は私の知覚、理解、インスピレーションを数日前には考えることもできなかったような高みへと引き上げてくれたのです。

最初に会ったときから、イエスが小さなことから大きなことまでいかにマスターしているかということに驚きました。最も些細に思えること、単純な礼儀、ほんの小さな気づき、すべてが彼にとっては重要でした。

私たちの最初の会話は一つの小さな観察から始まりましたが、それは私にはとても恥ずかしいものでした。最初の日、私はスケッチをしていましたが、視力は完全とは言えないためキャンバスに非常に近いところに座っていました（たぶん三〇センチくらいだったでしょう）。この数年の間に、私は近視になっていたのですが、それを認めたくありませんでした。メガネなしでできるだけやっていこうと決めていたのです。というのは視覚的な美に対する私の愛はあまりにも純粋で、人工的なレンズを通して見ることに耐えられなかったのです。もしもメガネをかけずに運転免許証の更新が認められたら、困ったことになっていたでしょう。しかし、イエスは私が目を細めて見ているのに気づいて聞いてきました。

――グレンダ、目に何か問題があるの？

私は直接答えたくなかったので、質問をそらそうとしました。それで次のように言いました。「最近、緊張のせいで目が少し疲れているのです。昨夜は興奮などもあって、あまりよく眠れなかったのですよ」

その夜遅く、私の目について親切で思いやりのあるイエスの質問に正直に答えなかったことに罪の意識を感じている自分に気づきました。見えすいた理由を思いつきで言いましたが、明日も同じ問題に直面するわけで、この緊張感を隠すことはとてもできません。

「イエスと顔を合わせられない」と思いました。それで次の日の朝、絵を描く代わりにメガネ屋さんに行きメガネを作ってもらいました。私の視力が再び話題になることはありませんでした。しかし、私が初めてメガネをかけたとき、イエスは優しいまなざしで私を見つめて微笑み、私たちは仕事に取りかかったのでした。

その日、仕事を終えてしばらくしてから、初めて奇跡が起こったことに気づきました。机を整理しているといろいろなものの下にまるで捨てられたようにあのメガネがあったのです。メガネは一度か二度かけたかもしれませんが、イエスと一緒にいる間に近視が治っていたのです。その瞬間まで気づかなかった理由は、イエスと一緒にいるとき、すべてが完璧だったからです。イエスはうまくいっていないことに心の焦点を合わせることはしませんでした。ただそのことに気づき、すべてが完璧にできている高次元の世界に注意力を向け続けたのです。

それから二、三週間して、運転免許証の更新に行って視力検査を受けると、メガネなしで満点でした。それからというもの、メガネをかけたことはありません。沈黙の感謝の表現で十分のようでした。イエスはそのひそかな祝福をついに私が発見したことを知っていました。

イエスのメッセージで最も大切な教えは何かと聞かれれば、ハートがすべてを支配するべきです、という教えでしょう。**「思い出してね、グレンダ。あなたは愛なのです」**と彼は何度も私に思い出させようとしたものです。それは最初のレッスンであり、何度も続いたレッスンでした。それからその真実に立って、ハートがいかに重要であるかを説明してくれたのでした。

肖像画を描きはじめてまだ二、三日しかたっていないときでしたが、私はイエスとおしゃべりをしようとしていました。基本的には自分の気持ちを落ち着かせるためでした。長年、肖像画を描く体験の中で、モデルの人が座っていることをあまり意識しないようにするためには居心地の良い環境をつくることが大切だということを学びました。しかし、尊敬をすべきこの客人には、つまらないおしゃべりをすることはまったく不適切であるように思われました。そこで緊張した私は、逆のモードを選択して彼に良い印象を与える努力することにしたのです。そういうわけで、私がデザインした色の車輪のことをイエスに話しました。大学で教鞭をとっていたとき、カリキュラムを拡大して美術の中に物理学も取り入れました。それは光学という主題を探求するなかで、色を光としてより深く理解するためでした。この探求を通じて先進的な色彩論を発展させ、それによって専門家として少し優位的地位を手に入れることができるようになりました。この方式は肖像画を描くときに役立ち、私の絵にユニークな味つけをしてくれたのです。そのことを知っている人たちはそれを評価し、理解できない人たちは沈黙するか、少し防御的な態度をとったものです。イエスはただ私を見ただけでした。それも同情の気持ちを込めて見たのでした。私は彼の沈黙に愕然としました。羽根の壁に対してどう反応すればいいの？　何の抵抗もないものにどう反応すればいいの？

しばらくして彼が聞きました。

――色の何を怖れているのですか？

それはまるで一本の矢がヴェールを貫いて私の胸に突き刺さったかのようでした。私が自信満々であると感じていた主題に関する私の弱点を見抜いた人は誰もいませんでした。私の堅固な防御を打ち破って貫いた人はいませんでした。私はほとんど泣き出しそうになりながら、ただそこに座っていました。なぜなら、私という人間が誰であるかを明確に理解してもらえたからです。私は言葉を探しながら聞きました。「どうしてそういう質問をするのですか？」

――それは明らかに快適でないと感じていることを埋め合わせるために、あなたのマインドが一生懸命に努力しているからですよ。色を知るために色の法則を知る必要はありません。なぜなら、愛こそ力なのですから。

弱点をさらされた私は、イエスの教えに一生懸命ついていこうとしました。「私は色と光をとても愛しています。色と光の本来の美しさを描ききれないのです。この宇宙の美しさは、本当に私の存在を揺るがすほどの感動をもたらしてくれるのに、その前に立つ私にはそれを描く十分な能力がないと感じます」

マインドの働きを使って補足していくことよりも、ハートの情熱を表現することによって、さらに多くのことを私は達成したとイエスは保証してくれました。彼はハートの傷つきやすさはマインドがハートを支配する絶好の理由になるとも説明してくれました。

——マインドはハートの悩みを相殺しようと積極的に働きかけます。あるいは、ハートの悩みを搾取しようとします。しかし、ハートの悩みを取り除こうとか治癒させようとすることは決してありません。というのは、ハートの絶望はマインドが権力を奪う機会だからです。

「マインドはいつもそうなのですか?」と私は質問しました。

——多くの場合はそうです。しかし、実際にはマインドは非常に素晴らしい召使になることもできます。あなたがそれを許せばです。マインド自体には力がないということを理解し、しっかりとその理解をもち続けなければなりません。マインドは体験を統合するか、体験から投影するかのいずれかです。そうでなければ、マインドはハートと魂の力に奉仕し、説明し、実行するための論理的なマトリックスを発達させます。ハートが人生に対して何かネガティブな志向性をもっていると深刻な問題が生じる可能性があります。なぜなら、ハートがマインドに不十分・不安定・怖れ・怒りなどのネガティブな衝動を与えると、マインドは論理らしきもので反応しますが、それは良い人生と逆方向に向かわせるものです。

「ハートは純粋なのに、どうしてそういうことが起こるのでしょうか?」

——内なるハートは、その純粋性においては快適な行動を教唆することはしません。しかし、ハートはそれが抱擁するすべてのものの和をサポートします。それには主として生き残りを探求する肉体も含まれ、また自己と他者との共感的なつながりも含まれます。共感的なつながりは多くの場合、自分のものか他者のものかの区別が困難です。ハートは共感の思いを行使することによって他者の苦痛や苦しみを、混乱のあまり自分のものとして受け容れることがよくあります。そのような感情からハートは罪悪感、悔恨、怖れ、悲しみを発達させる可能性があります。しかし、そのような不幸な状況は人生の間違った行為や自己によって生じたものであり、ハートによって生じたものではありません。究極的な明晰性は魂にあります。魂は「ありてある我れ」としての自分を知っているのです。ハートの力は肉体と魂とのつながり方の中で修正されます。これは高遠な論理であり、マインドには考えることができないものです。

「私はこの世界にいるがこの世界のものではいない」と言いましたが、これは私のハートの力を最大限に活用する方法に言及したのです。これを達成するための鍵は、完璧さだけを知っているハートの真の喜びの中にいながら、この世界の苦しみを感じることです。自らのハートを効果的に管理し、その純粋性を保つのはそれぞれの魂の責任です。神聖なセンターに浸透したネガティブな感情は、ネガティブな信念や態度を生み出すかもしれません。

信念と態度はハートとマインドをつなぐものです。希望を実現したいと思うならば、その希望の土台になっているものにしっかりと注意を払わなければなりません。ハートは命令を実行するための信念を形成します。マインドもまたマインドにとって混乱を生じさせるハートの中身を説明するために信念を生み出すことができます。これは行動や魅惑につながりますが、多くの場合、無意識な動機に基づいていて機能不全性が高いものです。

誰でもそのようなパターンは見たことがあります。しかし、そのときの私は具体例を思いつくことができなかったので、イエスに聞いてみました。

――最も明らかな例は未知のものでしょう。実質性のある神秘です。マインドはコントロールを失うまいとして自分が発明した説明によって補足しようとします。

しかし、ここでは次の問題を考えてみましょう。人のハートが不足と波長を合わせていると、その人のマインドはお金をつくるための手段や方法を必死になって生み出そうとします。生存競争のプレッシャーに照らしてみればこれは確かに論理的ですが問題を解決することはなく、基本的な信念も変わることはありません。その人はただなんとか対処して切り抜けるか、金持ちになって自分自身の中にある貧困意識や他人の中にある貧困意識を強化して永続化させることになります。そういうわけで、自分の人生を支配する一種の物質的な豊かさをサポートするために過度に働きますが、深遠で真実の意味での豊かさを得ることはできません。マインドの努力を通して彼が獲得したのは欠如の補足にすぎません。というのは、マインドは論理やバランスの問題しか解決することはできず、人生の問題を解決することは決してないからです。

この人間の貧困意識は、人生の豊かさに対して数多くの目隠しをしたために、やがて不足を信じるようになり不足に投資するようになった結果生じたのです。さて、これとは対照的に不可思議なこの宇宙を畏敬の念をもって見とれ、宇宙の無限の供給に対して感謝の気持ちを表現した人がいるとします。この人は自らのマインドにポジティブな衝動を与えたのです。したがって彼のマインドはその豊かさを彼の人生で実現するための方策を探求することになるでしょう。

この場合、少ない努力でより大きな豊かさを達成することができます。同じことが肉体の健康についても言えます。病気を信じている人は生涯を通じてもがきながら暮らします。その人のマインドは病気を予防し癒すためのさまざまな方法を提供しますが、問題の根源を取り除くことはしません。それに対して健康と完全性を信じる人はマインドを行使してそれを実現するためのポジティブな奉仕に役立たせるでしょう。ネガティブな信念や衝動を与えられれば、マインドは機能不全に陥るでしょう。そこには完璧な論理があるかもしれませんが、その論理は問題を解決するためではなく、問題を補足するために逆モードで使われているのです。

「逆モードについて説明していただけますか？」

――論理は基本的には結果ないしは派生的なパターンを決定するか予言するものです。論理がポジティブなインプットで開始されれば、その方向に進み続け、意味のあるポジティブな結論を出すことになります。しかし、論理が「ブロッコリーは大嫌い」といったネガティブなインプットで開始されれば、その方向に進んでいってその態度を考え直すか、少なくともブロッコリーの代替物を考える機会が提供される代わりに、ブロッコリーを嫌って当然という理由が数多く提供されることになります。論理がネガティブな衝動を正当化するとき、論理は人生のポジティブな論理を逆まわしにします。人生は良いことが起こるように配線されています。しかし、マインドが支配すると、まったく逆のように見えるのです。

それからイエスは驚嘆するかのように周囲を見回して言いました。

――私の父の宇宙は無限であり、限りなく豊かです。この豊かさを見てそれを信じることによってマインドは豊かさをもたらすために、まっすぐに適切な方法で仕事を開始します。ネガティブな衝動を与えられれば、マインドは人生のより偉大な論理とは逆方向に動きます。論理はより大きな全体像を見ることは決してしません。ただ、無限を目撃してください。そして無限に継続する創造に畏敬の思いを抱いてください。

そう言うとイエスは『新約聖書』の中の私の大好きな一節を読み上げました。

――野のユリを見なさい。彼らは働くこともなければ紡ぐこともない。しかし、美しく歌い上げるソロモンの言葉ですら一本の百合の花には及びません。日々、無限性を見つめなさい。そうすれば、あなたが求めるものはすべて与えられるでしょう。

イエスのこの言葉を聞いたとき、この一節の中にこれまで感じたことのない美しさを感じたものでした。

イエスは極めて寛大にこの情報を与えてくれましたが。彼が行ったことをさらによく理解するために一つの質問をしなければなりませんでした。そこで私は勇気をもって聞きました。「マインドは魂とどのように関係しているのでしょうか？」

――魂はあなたの不滅性を形成する愛・自覚・体験・能力・記憶・感情・可能性の総体です。マインドはレコーダーであり管理者です。この能力においてマインドはあなたという存在にとって有用で重要な財産です。マインドは知性を発達させ活用するために美しくデザインされた道具です。しかし、指令者としてつくられたものではありません。ましてやマインドはあなたの知性の源ではありません。マインドにはそれ独自の力はなく、基本的な状況を変える力はありません。

魂の中心に聖心があります。これはあなたが神と一つになっているポイントです。ハートは内面の無限性と外面の無限性を見ます。ハートには完璧性を凝視する能力があります。ハートは状況の源を突き止めそれを変えることができます。ハートはあなたのより高次な知性です。あなたのハートは創造主によって確立された無限の視点に中心があります。このようにしてハートはあなたの独自性を尊重し、神のワンネス（一体性）を尊重し、ありてあるものすべてが統合された和を尊重します。

日の出と日没のときにできる楽しみを知りたいですか？

「もちろん、知りたいです」

――まず日の出か日没を見ることができる場所を探してください。太陽が地平線の端に当たるまで、あるいは、大地の先端に接する大気圏の靄（もや）でフィルターがかかるまで太陽を直視しないように気をつけます。太陽がオレンジ色に変わって見やすくなったら、その中心に無限点を見つけます。この無限点はあなた自身の魂の中にある無限点と共鳴します。こうすることによって、あなたはたくさんの滋養とポジティブな自覚を与えられるでしょう。生物的な滋養すら与えられることでしょう。これによってビタミンの生成が実際に促進され、ミネラルの活用が促進されます。

これを聞いた私は原始時代の人びとが太陽を崇拝していたこと、太陽を神格化していたことすらあるのを思い出しました。イエスの反応は要点を得たものでした。

――原始時代の人びとは太陽の生命をもたらす力を認識していました。それをどのように考えるべきかについては理解していませんでしたが、太陽を崇拝することは間違いです。何であれ創造されたものを崇拝することは間違いです。しかし、創造物の中に無限性が存在していることを認めるのは間違いではありません。太陽は無限性を強烈に示しています。もう一つの無限性のインスピレーションに満ちた表現は星が輝く夜空でしょう。あるいは、広大に広がる大海原でしょう。

イエスは何度も言いました。

――毎日、無限性について考えてください。内的な無限性、外的な無限性について考えてください。

ある日、私は聞いてみました。「無限性について内的に考えるにはどうすればよいのでしょうか?」

――無限は広大な空間に限定された主題ではありません。あるいは、計り知れないほど小さな空間に限定された主題でもありません。無限性とは量ではありません。実際のところ、無限性とは性質なのです。あなたのハートについてお話をさせてください。

これは出会った最初の頃の話でしたが、それからイエスが教えてくれた数多くの事柄の土台となるものでした。

――私が話しているハートは身体器官の心臓のことではありません。確かに身体器官としての心臓は本当のハートのための適切な道具ではあります。なぜなら、心臓はあらゆる瞬間において生命源である血液によって体に滋養を与えているからです。私が話しているハートはあなたの魂の中心にある焦点です。ハートは言うなればレンズであって、このレンズを通して魂はあなたの地上的な感情と神聖な自覚のすべてを統合して、無限の可能性の焦点へと収斂するのです。このポイントは身体的な存在の境界線にあります。具体的に言うと身体器官の心臓の後ろでやや下に位置しています。

それからイエスは言いました。

――この場所を突き止めて感じてみてください。

言われた通りにしたとき、まるで私の体全体が振動し、エネルギーで脈打っているように感じました。私の内部に生命の感覚があり、そのポイントに移動するのに何も考える必要はありませんでした。ただそのポイントに心の焦点を絞り、その存在を自覚するだけで十分だったのです。

――これこそ創造主があなたのマインドではなくあなたの内部に確立した力の根源です。あなたのマインドは召使であり、ポジティブな刺激を与えられれば行儀よく振舞います。ネガティブな刺激を与えれば行儀が悪くなります。ハートは高次元の共感に満ちた感情だけでなく、地上的な感情のすべてを生み出します。しかし、ハートは単なる感情よりもずっと大きな存在です。ハートは無限の自覚であり、あなたが今後、同化するすべての高次元意識の土台となります。あなたの存在の中心にあるこの力から、あなたの人生の脚本のすべてが書かれるのです。ハートの中で生きて人生の脚本を実現するか、あるいは、人生の脚本を書き直してください。マインドの中で生きるのではありません。マインドには人生の脚本を実現し書き直す力はありません。しかし、あなたのハートが望むことはすべて実現するでしょう。

イエスはそれから、たとえ話だったのかもしれませんが、歴史的な事件ともいうべきことを話してくれました。それはなんともいえませんが、どちらでもよいことです。

――ハートが生命に絶望してぐるぐると自分の内面に向かって回転し、そこで生じた矛盾や混沌でマインドをいっぱいにしてしまったことがあります。召使であるマインドはマスターであるハートに対して謀反を試みました。なぜなら、マインドは少なくとも論理的であり、生命は生き残ることを要求したからです。ハートは自らの反動的な葛藤のためにコントロールを失いつつありました。そういうわけで、マインドは自らが不合理であると知覚したものを奪い支配することは完全に正当化されたと感じました。マインドは自らの現実を生成することによってハートを征服しようとしました。マインド自らが創造した現実において、マインドは知性の精妙な道具という本来の自分ではなく、知性の源として自らを提示しようとしました。

最も良い状態においてはマインドは論理的です。マインドは論理を探求するなかで理解不可能な状況を避けようとします。あるいは、その状況が何らかの理由に屈するまで支配しようとします。マインドの観点からすると、**支配と理解は一つのことであり同じことです。**マインドは自分が支配しているものは何であれ理解していると考えます。そして多くの場合、支配を探求するなかでマインドは自らが意味をなすと考えるもので現実の一部を創造するか、ギャップを満たそうとします。これがマインドによって支配された人ないしは世界における関係です。すなわち、問題のポイントです。これこそが、マインドは知性の源ではなく、知性を発達させ活用するための道具として奉仕させることが必要な最も重要な理由なのです。とくにマインドは人間の本質ではないと理解することが重要です。

イエスは今日も言ったのですが、この逆転は多くの人びとの人生で起こっています。

――悩めるハートを追い出すことでは答えになりません。理解する代わりに支配しようとすれば、あなたの人生は枯渇し、豊かさ、力、意味を失うことになります。人生を癒す答えはあなたのハートの内なる強さの中に見出すことができるでしょう。正しく理解することによって初めてこれを達成することが可能になります。そのためには、問題の本質を直視してしっかりと取り組むことが必要です。

イエスは次の三つのことを毎日実践するようにと提案してくれました。

——三つのプロセスを差し上げましょう。最初に、毎日感謝と賛美を通してポジティブな感情を強化します。第二に、毎日ゆるしを通してネガティブな感情の力を少なくします。三番目のプロセスは、他の二つのことよりもう少し一生懸命に取り組む必要があります。グレンダ、あなたにとっては普通の人よりも少しやさしいかもしれません。というのは、あなたはアーチストとして毎日これを実践しているからです。私が言おうとしていることは無邪気な知覚のことです。

「それはどういう意味ですか?」

——それじゃあ窓の外を見てください。今度は私を見てください。そしていま見たことを私に話してください。

「五本の木の枝が見えました。壁に四羽鳥がとまっていました。窓の枠に二本の小枝がありましたが、すぐそばに鳥の糞が見えました」

——いいですねえ。それが無邪気な知覚です。あなたはいま見たことを子どものように話してくれました。子どもはこれがとても上手です。子どもはただ知覚して、先入観抜きで反応します。あなたも子どものときはそうでした。そしてあなたは他の人よりもその能力を上手に保っています。さて私の質問にマインドが応じたとしたら、マインドはおそらくコントロールしようとして少しの間、ためらったことでしょう。ためらいを隠れ蓑にして見たものを消し、次のように答えたかもしれません。「まあ、十二本の木の枝と、六本の小枝と、三羽の鳥、それから、何もない窓枠を見たのではないかと思います」。マインドは一定の枠組みの中にあるとき、そして論理的に話を進めていくとき、最も居心地が良いために人工的な秩序を強制する傾向があります。

別な言葉で言えば、あなたのマインドは〝改善するために〟脚本を書き直し、自らの先入観に新しい知覚を調和させようとします。そうすることで、マインドは自分独自のデザインを試み、現実のデザインを変えるのです。複雑で洗練されたマインドは、常にこれを起こす傾向があります。マインドは存在に強制可能な理想化されたパターンを探し、それを神聖なものと呼びます。しかし、この宇宙を神聖にするために何もする必要はありません。あなたがしなければならないことと言えば、すでにそこに存在するものを知覚し、それを尊敬の目で見ることです。ただ見つめ、感謝し、理解できなかったことや支配できなかったことをゆるすのです。なぜなら、人生は神聖だからです。人生は完璧です。そして当然のことながら、人生は創造主の意志を顕現します。

この実に美しい人生に対する祝福の言葉で、私は再び子どもに戻ったように感じました。生き生きとした期待に胸を弾ませている私がいました。その瞬間、イエスがいるその場所において、すべてのものが本来の無邪気な状態の中で光り輝いていました。自分の現実を生み出そうとするマインドが、私の人生に暴虐をつくしてきたこと、この世界に対して暴虐をつくしてきたことが理解できました。

また別なときに、同じような理解をさらに強烈に深める説明をしてくれたことがありました。

――論理は構造的な組織として外的に顕現されます。マインドと同じように、枠組みは秩序だった人生の生き方をもたらしてくれますが、それはあくまでも枠組みが支配的で抑圧的な権威をもたなければ、という条件つきです。この世界であなた方が体験する抑圧的な枠組みのすべてはマインドがつくり出した概念で、コントロールすることは少し難しいかもしれないとしても、すでに存在する自然で偉大な完璧性に構造的な完全性を強制しようとします。マインドはよく物事を破壊しますが、それは代価を払わせて修復する状況をつくるためであり、自分が支配できる状況をつくり出すためです。これには人生を壊すこと、ハートを壊すこと、魂を壊すこと、人間関係を壊すこと、意志をくじくことなどが含まれます。そして、それはマインドが発明した枠組みを使って支配するためです。その枠組みを〝解決策〟として提示するのです。

マインドと抑圧的な枠組みに支配されたそのような世界の中で、人生を耐えられるものにするためにハートは自ら進んで召使となりました。共感と知性についてハートがもっている予備の蓄えは非常に大量であったために、マインドが生成した現実が認めた愛のない障害物や抑圧的な方式すべての欠点を補うことができました。ハートがこのように譲歩することによって、逆転は完全なものとなりました。マインドがリードし、ハートがそのあとについていく世界では、ハートの偉大な尊厳は忘れられ、ハートは監獄に入れられ、そこから出ることを禁じられてしまったのです。そのような世界ではハートは女性的であり、順応性があって感傷的なものであると見なされました。人の感情的・創造的なニーズに奉仕する意識の中心点であると見なされました。言うなれば、マインドの〝妻〟でそれ以上のものではないと見なされたのです。

これは逆さまの私たちの世界の悲劇であり、ハートを本来の地位に戻し復権されるためにイエスはやってきたのであり、それが彼の選ばれた任務であると説明してくれました。

――ハートが本来の地位についているとき、マインドは真の意味で奉仕することが可能となり、皮肉なことに、そのとき初めてマインドは素晴らしい能力を発揮して至福の状態を得ることができます。マインドとハートが正しく組み合わされると、マインドの教育レベルとは無関係に天才的なひらめきが訪れることでしょう。

何かに奉仕するための道具がすべてそうであるように、マインドは確立され制限された範囲の中において最善の能力を発揮します。マインドの抹消不可能な特徴の一つとして、マインドが働くためには二つの固定された参照点が必要であるということがあります。したがってマインドは無限に対処することはできません。それとは対照的に、ハートは無限の観点にその中心があります。ハートはこの中心点から人生に深遠な形で対処するための力を引き出すのです。マインドがハートに奉仕するとき、何でも可能になります。それに対して、ハートがマインドに奉仕すると、絶えず制限がついてくることになります。感情的なエネルギーが煮えくり返って不安な状況に陥ります。

この問題を観察するのは簡単です。世界の状況を考えてみれば、この問題をいたるところに見ることができます。しかし、私には理解したいことがもう一つありました。「ハートについては非常に明確に説明してくださいましたが、マインドについても具体的な定義をしていただけませんか？」

――マインドは基本的に二つの部分からなっています。第一の部分は統合し伝える道具としての機能で、これは複雑なＤＮＡのコンピューターといってもよいでしょう。マインドは脳と神経組織の中にその中心がありますが、実際には体のすべての細胞と関係しています。第二の部分は電磁波の磁場で、これはあなたの体に浸透し、また体を取り囲んでいます。これはあなたの意識的な体験と統合された思考を収集し、貯蔵し、検索できるシステムです。マインドの中にあるデータのすべては数学的にコード化されていて、＋（プラス）、－（マイナス）のアクセスないしはエントリーの刺激によって反応します。マインドがハートによって管理されないと二元的に機能する理由はここにあります。マインドが支配するときは両極性が標準的な参照点になります。

マインドについてのこの会話において、またその後の数多くの会話の中で、マインドという言葉を意識のすべてのレベルにアクセスし統合する〝偉大なマインド〟の意味で使っていないことは明らかです。彼の教えは常に次のようなものでした。原因と結果を記録し、統合し、促進するという実用的で日常的な機能を超越したより高次の意識は聖心にその中心があり、聖心は意図によって方向を与え、愛を通して力づけるのです。ハートとマインドの役割が逆転した事例が数多くあり、それは数多くの社会的な問題を引き起こしました。たとえば、貧しい人びとと分かち合い援助するという社会的な必要性について考えてみましょう。

――マインドが支配している世界においては、慈善行為は枠組みに支配された組織的な探求でなければなりません。これが行われると人間の兄弟たちは、自分の力を奪われるという悲劇的な状態に置かれることになります。

しかし、ハートが神と適切な関係をもっていると、慈善行為は自然な分かち合いとして起こります。

イエスはここで内省するようにひと休みしてさらに続けました。

――このポイントをユダに分かってもらおうと一生懸命努力したのですが、彼は枠組みを信じる人で耳を傾けようとしなかったのです。

ユダについてのイエスの言葉に応じて、私は勇気をもって聞いてみました。「この質問が失礼に当たるものであれば、どうぞおゆるしください。ユダがあなたを裏切ると知っていたとすれば、どうして彼が神聖なサークルに入ることを許されたのですか？」。これに対してイエスは、私に分かち合った中で最も温かで兄弟愛に満ちた話の一つを語ってくれました。

――ユダのサークルにおける地位は私が選んだのではなく、私の父が選んだのです。実際のところ、ユダの物語には、まだ語られたことのない話がたくさんあります。ユダが裏切りをはたらいて自殺したあと、彼はすべての人に憎まれ忌避されました。誰のハートも彼をゆるす準備ができていませんでした。私は最初からユダを理解していました。彼がどのように私を裏切るかは知りませんでした。どのような手段を用いるかも知りませんでした。しかし、それが避けられないことを知っていました。また、なぜ父が私たちを一緒にしたのかも知っていました。実際の話ですが、彼と私は一緒に成長したのです。どこかに探しに出かけて彼を選んでサークルに入れたというわけではありません。子どものとき、彼は私の親友でした。非常に影響力があり、教育熱心な家庭に生まれたユダは、富と教育がもたらすあらゆる恩恵に恵まれていました。彼の家族は当時入手可能だった枠組みの特権や恩恵のすべてを彼に与えました。そのため、彼は枠組みの従順な召使になるべく運命づけられていたのです。さらに彼のマインドは学問的・知的な探求によって強化され、彼のハートはマインドによって影が薄い存在にされていました。子どもだった私たちは一緒に水が透明な川や泥で淀んだ川で泳いだものです。しかし、私は彼を愛していました。彼も私を愛していました。子どもだった私たちは、よく一緒に遊んだものです。〝カウボーイとインディアンごっこ〟と同じように、ユダヤ人とローマ人ごっこをして遊びました。よくかくれんぼもしました。私は常に彼を見つけることができましたが、もちろん、彼は私を一度も見つけることができませんでした。彼を探すのは簡単でした。いちばん大きな構造物の後ろを探せば、必ず彼はそこに隠れていたのです。しかし、私が野原の真ん中に座っていても、まるで透明人間であるかのように彼は私を見つけることができず横を通り過ぎていったものです。それでも、私たちは人生を一緒に楽しみました。私はまだ幼く男の子らしいいたずらも大好きだったので、彼に私の能力を見せびらかしました。幼い少年で、まだ誰も私が起こす奇跡に気づいていなかったとき、私はユダのために姿を消し、枯れた枝に生命を吹き込んで生き返らせるというようなことをしていました。ただ見せびらかすためにそういうことをしていたのです。それはまだ幼かった少年の気まぐれのようなものでした。

しかし、ユダは非常に感動し、最初から私が救世主であることを知っていました。彼は全身全霊でそれを信じていました。もちろんのことですが、彼が考える救世主はモーセやダビデ王と同じような存在で、僧侶にして王となり、征服という奇跡を起こし、王の中の王が今イスラエルをよみがえらせるためにやってきたと世界に言わしめるような存在でした。救世主についての預言は主として政治的な権力を取り戻すという方向で考えられていたのです。ユダはモーセがファラオのところに行き杖が大蛇になるように命じたのと同じように、私が神の力でローマを驚嘆させるだろうと考えていました。私がローマを跪（ひざまず）かせ、ローマ軍をイスラエルから撤退させ、ユダヤ人のために再び祖国を取り戻すことを期待していたのです。ユダは私の高遠な役割や目的、私という存在がまったく理解できませんでした。彼の理解は歴史的な預言と政治的な条件づけに完全に制限されていたのです。

一緒に成長していく過程で、ユダは私にとっては常に挑戦でした。どのような特定の状況であれ起こりうる誤解の程度がどの程度のものであるかを彼が常に知らせてくれたのでした。それによって私は他の誰かにも存在するだろう誤解の程度に対処することができたのです。私たちはまったく正反対だったので、彼は反対意見の良い反響版でした。悪い意味で言っているのではありません。彼は彼の役割を選び、それを立派に演じたのです。彼の行動が引き起こした苦しみについて、私はずっと昔に彼をゆるしました。なぜなら、それがなかったら奇跡は不可能だったのですから。ユダはさまざまに非難されてきましたが、彼はお金のために私を裏切ったのでは絶対にありません。また彼としては裏切っているとは思っていなかったのです。ユダは誇り高く裕福な家族の一員であり、お金をもらったならば慈善的な目的のために寄付するかシナゴーグに寄付していたであろうことは疑いありません。ユダは私が神に献身的であったのと同じように枠組みに対して献身的でした。

あの運命の夜、ユダが夕食の部屋から出て行ったとき、彼が具体的に何をするか私は知りませんでした。しかし、彼が自分のなすべきことをするだろうことは知っていました。ユダは彼の運命を顕現するために出て行ったのです。それは私が私の運命を顕現する覚悟ができていたのと同じように、彼も確信をもってそうしたのです。ユダは枠組みの息子であり、私は神の息子でした。あの日の夜が明ける前に土壇場がやってくることは確実でした。その時点まで、私たちはお互いに補い合いながら兄弟のように共存してきたのでしたが、今ドラマがすべて演じられる時が来たのです。彼と私の思考経路は異なっていましたが、彼の意図を推論すれば次のように説明することができるでしょう。彼は私の政治抜きの教えに苛立ちを覚えていた。そこで私を強制して二元性を信じさせ、ローマと対決させようとした。私に権力の座につかせるという計画を彼がもっていたことは疑いがありません。その権力は彼が考えている意味での権力ですが、ローマ人の兵士たちのところに行って私のことを話したとき、ローマの兵士たちが私を逮捕するだろうことを彼は知っていました。私がいかにすごい力をもっているかをローマ人の兵士たちに強く印象づけたに違いありません。というのは、彼らはレギオンの歩兵軍団（三百から七百の騎兵と三千から六千の兵員からなる）を連れてやってきたからです。ローマの兵士に取り囲まれた瞬間に、私が何らかの手段を使って彼らを圧倒するだろうとユダは期待していたのだと思います。ことによると、皆の見ている前で姿を消すか、兵士たちを石柱か木に変えることを期待されていたのかもしれません。あるいは、私が鳩に姿を変えて飛び去ることを期待されていたのかもしれません。ユダは何か奇跡的なことが起こることを期待していました。そして、奇跡は起こったのです。しかし、その奇跡はあまりにも大きな奇跡であったために、ユダには想像することすらできないものでした。というのは、そこで起こった奇跡は私がただ降伏したということだったからです。

これを見ていちばん衝撃を受けたのはユダでした。彼がその後、自殺したのは罪の意識からではなく、彼が計画したことのすべてが惨めにも失敗したと理解した結果だと私は確信しています。私の降伏を彼はまったく予測していなかったのです。なぜなら、支配欲に取りつかれているマインドは、降伏は敗北であると見なすからです。それに対してハートはその不滅性を理解しています。したがって、勇気をもって降伏することができます。降伏することによって自らのマスターになるというハートの逆説は、私の得意な奇跡です。それこそ私が地球にやってきた理由です。あとは歴史が示す通りです。

「ユダをゆるしたと言われましたが、彼はあなたのゆるしを受け容れたのでしょうか？」

――まだです。しかし、彼があのときに起こったことの真実に目覚め、神の元に戻ったとき、この宇宙における枠組みの暴虐に対して破壊的な影響を与えることでしょう。彼を責めてはいけません。なぜなら、彼を責めればいまだに彼が防御している暴虐をサポートすることになるからです。彼の魂のために祈ってください。そうすれば、おそらく奇跡が起こって、それは未来永劫にわたって語り継がれることでしょう。

私はユダについて勇気をもって質問したことを喜びました。なぜなら、この答えのおかげで私がしばしば不思議に思っていた秘密が解決したのですから。これに自信を得てもう一つの質問をしました。質問したあとに、答えはいま与えられたばかりだと分かったのでした。「あなたの十字架上での苦しみについて質問したいのですが。あなたの力はその現実を超越したのでしょうか。それとも、あなたは死の衝撃を一〇〇パーセント受け止めてそれから死を超越したのでしょうか。今の私にはあなたが私たちも体験するように死の苦しみを体験し、死を超越したということが分かります。なぜなら、そのように死に屈服し、それから勝利して、初めて私たちの世界の逆転状態を元に戻すことができるからです。あなたは高次元の世界から私たちの窮状を観察し、何が必要であるかを理解されました。しかし、ユダは枠組みに埋没していたために、歴史的な先例に基づいた戦略と絶望的な方策しか投影することはできなかったということでしょうか。あなたは新しい次元から生命の炎を私たちにもってきてくださいましたが、そういう理由のために、ユダにはあなたがなさろうとしていたことが理解できなかった。枠組みの召使には真の奇跡を予期することはできなかったということでしょうか？」

温かな微笑を浮かべながらイエスは答えました。

——その通りです。あなたは呑み込みが早いですね。私が十字架刑に科せられて復活したことの真の奇跡は、聖心が生命、マインド、マインドが生成した枠組みの上に君臨する地位を取り戻したということでした。愛が死に勝利を収めたのです。私がハートの優越性を復権させた今、人がしなければならないことはその力を受け容れ、自分が住んでいる場所がどこであれ自分の人生の中でそれを活用するだけでよいのです。ハートは神のところに戻る必要はありません。なぜなら、神の元を離れたことは一度もないからです。完璧な状態にあるハートは、あなたの創造主との唯一のつながりで、これは一度も切断されたことのないつながりです。しかし、ハートは幻想に対するマスターとしての必然性を再び獲得しなければなりません。すべての奇跡はそのようにして起こります。ハートこそすべての奇跡をもたらすものです。

あなたが考えたこともないような高次な知性と、高次な知覚と、偉大な解決策を人間存在にもたらしてくれるハートの力を決して過小評価してはなりません。死に直面したときに、実に多くの人びとが癒しの奇跡を体験する理由はここにあります。彼らはこう思います。「私はあと六週間しか生きることはできない」。そして外的な要求をすべて手放します。マインドは重要性をすべて失い、愛する人たちがさらに愛しい存在になります。突然、ハートの炎が悲しみの中で、喜びの中で、満足の中で、あきらめの中で明るく燃えはじめます。そのとき初めて、ハートの炎を通して奇跡が可能になります。死に直面するほとんどの人は、彼らの真の抑圧者である枠組みの世界に対して死を経験し、そして初めて真の意味で生きることができるのです。私が生きるためには、まず死ななければならないと言った意味はここにあります。なぜなら、ハートの中に生きるとき、あなたは不滅の存在となり、永遠に生きることになるのです。

ハートと奇跡についてのイエスの教えは、長いあいだ忘れていた特別な思い出をよみがえらせてくれました。一九八一年、私はニューヨークに住んでいました。ある出版社とファイン・アートプリントを作るという契約を結んでいました。何カ月もの間、子犬を飼いたいと思っていましたが、私のハートはフォックステリアに決めていました。ニューヨークにはフォックステリアの優秀な犬舎がいくつかあったので、ここにいる間に探してみることにしました。電話で何人かの犬舎のオーナーと話しましたが、とくに気に入った犬舎が一つありました。好運にも、彼女のところには子犬が何匹かいました。そこで彼女に会いにいく計画を立てました。比較的安全なテキサス州の田舎出身の私はニューヨークの環境についてはまったく知りませんでした。そういうわけで、彼女がブロンクスの住所を教えてくれたときも、心の警戒装置はとくに何の反応もしませんでした。

私はダウンタウンに住んでいましたから、午後のラッシュアワーにニューヨークを横断することにしました。時間帯を考えてブロンクスまでタクシーには乗らないほうがよいだろうと思いました。地下鉄のほうがおそらく早いだろうと思ったのです。それに、電車の中で出会うさまざまな人たちを見るのが好きでした。

ウォールストリートの近くの駅で地下鉄に乗りましたが、電車に乗っている人の多くは立派なスーツを着たブローカーの人たちで、アップタウンにある家に帰宅する途中なのでしょう。私もきちんとした身なりをしていましたから、居心地は良く新聞に顔を埋めるようにして読みはじめました。心の中で、電車で行くことにしたのは正解だったと思いました。一駅ごとに乗客の身なりと人種が少しずつ変わっていきます。一つの地域から別な地域へと電車が移動していくにつれて起こる変化は、実に心奪われるものがありました。ついにブロンクスのトンネルを出ると光景は相当に変わりました。バリーの革靴（スイスのブランド）を履いた人や三つ揃いのスーツを着た人はまったく姿を消し、つま先があいたサンダルや黒いレザーパンツをはいた人、刺青をした人たちがとって代わっての登場です。電車が止まって＜ブロンクス・二駅先＞のサインが見えました。その瞬間、乗客がすべて電車から降りました。さらに奇妙なことに誰も乗ってきません。電車は出発し、三両の電車に乗っているのは私だけであることが見えました。つい数分前までは満員だった電車に一人だけ取り残されたように乗っているというのは実に奇妙な感じでした。最初のブロンクスの駅にキーという音をたてて電車が止まり、ドアが開いて十二歳から十六歳ぐらいの男の子たちが六人、だらだらと電車の中に入ってきました。電車に乗った彼らはいくつかの空っぽの財布を線路に落とすのが見えました。今日の仕事の証拠隠滅を行っているのだろうと推察できます。背中がぞくぞくしてパニックになりそうでしたが、心の深いところにある何かが静かにしているように私に告げました。誰か別な乗客が乗ってくれますようにと祈るしかありません。あるいは、彼らが私を無視して別なところに座ってくれるように祈るしかありません。しかし、そのどちらも実現しませんでした。両側に二人ずつ前に二人、彼らは私を取り囲みました。一分ほどそのまま沈黙が流れましたが、私には一時間のように感じられる一分間で、もうこれ以上耐えられません。どうにでもなれ、と私は思いました。これが私の地球での最後の日になるかもしれない。それなら、その時を楽しんだ方がいいじゃない。そこで私は顔を上げて、「こんにちは！」と言いました。

これで緊張がほぐれました。彼らの一人がたくましい声で聞きました。「どこから来たの？」。わずかな言葉で答えたのでしたが、我れながらテキサス訛(なまり)の発音に驚いたものです。「テキサスからよ」

「テキサスかい」と彼はあざ笑うように言いました。「ここで何をしているの？」

私は元気のよい声で答えました。「子犬を買いに来たの」

それが私の元気のよさだったのか、それとも子犬のマジックだったのか私には知る由もありませんが、これを聞いた〝タフガイ〟たちはリラックスして普通の男の子になったのです。ともかく、その瞬間からすべてが変わりました。一つだけ確かなことは、マインドを停止させてハートの指令にしたがわなかったら、この体験は大切な思い出になる代わりに、何か苦痛に満ちた体験になっただろうということです。私は彼らの縄張りにいて、私がマインドを使ってどうにかしようとしても、それで勝利を収めるシナリオはなかったでしょう。私が感情的な反応・怖れの気持ちを少しでも見せていたら、彼らはそれに気づいて自分たちを正当化するために、私に対して何らかの敵対行動をとっていたでしょう。私たちの出会いの表面的なレベルでは、私が不利な状況に置かれたことは明らかです。マインドはこの問題を解決することはできなかったでしょう。なぜなら、私が何かマインドの考えたことを投影していたら、彼らはそれを自分に有利なように活用していたでしょうから。幸いなことに、ハートは生死をかけたドラマや行き詰まりから超然としているのです。

イエスは言いました。

——ハートはどのような状況に対しても常に新しい生命をもたらし、それなくしては不可能であっただろう可能性を開いてくれます。時として一パーセントの変化だけですべての違いをもたらすのに十分です。なぜなら、絶対的に見える状況の位置を変えて、その状況は実は相対的であることを実証するにはそれで十分だからです。神だけが絶対であり、その他すべては相対的です。裁く人は自らのマインドの行き詰まりの囚人になってしまう理由はここにあります。この自己破壊のメカニズムを生成する盲点は、マインドは自分が絶対的であると見なす要素の周囲に制御システムを築くのですが、存在する一つにして唯一の絶対を理解することができないということです。マインドは素晴らしい召使ですが、マスターにしたら命取りになると強調する理由はここにあります。

何かをつくる前に、どのようにしてその栓を抜くかの方法を知っておかなければなりません。

幸いなことにその日、私はマインドの栓を抜きました。意識的に意図することなく、一種のオーバードライブの状態にシフトして、高次な能力と資質の言うことに従ったのです。男の子たちと私は、それから子犬のことについておしゃべりを弾ませましたが、そのうち彼らの一人が子犬を買いになぜわざわざニューヨークまでやってきたのかと聞いてきました。「実は私はアーチストで、ニューヨークで仕事をしているのよ」と答えると一人が目を輝かせて言いました。「俺もアーチストだよ!」。二人の男の子が声をそろえて、「彼はすごくうまいよ」と言いました。「どういうアートをやるの?」と聞くと、彼は電車の窓に描かれた落書き全部を指差して胸をターザンのようにはって、「あれは僕がやったんだ」と言いました。

私は生まれて初めて落書きに対してポジティブな思いをもちました。それは驚くべき自己表現でした。それよりも共通の話題を見つけることで本当にほっとしたものです。私は思わず言いました。「ニューヨークでこれだけ自分の作品を展示するためだったら右腕でもあげるというアーチストは何人もいるはずよ」と言うと、彼は晴れやかに笑いました。

私たちは友達になりつつありました。彼らもリラックスして普通の男の子になっていました。私のスタジオがどこにあるのか、どこに住んでいるのかを教えてほしいと言いました。マニュエルはアートのレッスンをしてほしいと言ったので、私は同意しました。「ニューヨークに十分長く滞在するようだったら喜んで教えるわ。だけど、一般の人に作品を公開する方法は、あなたに教わらなくちゃ」。すると一人が私のアートの写真を持っているかと聞きました。私は何も考えずにパースを開いて財布を取り出しました。自分の行為が危険なことかもしれないと感じた私は思わず尻込みしましたが、ためらったり、引っ込めるには遅すぎました。さりげなく自信たっぷりに写真を出して皆に渡して見せました。みな感心してくれて、私は皆くつろいで楽しんでいる感じがしました。まるでサマーキャンプに参加している子どものように子どもの話や子犬の話、アートのことなど話し合っていました。

すると突然、一人の子が出し抜けに言いました。「あなたみたいな人にはここは危険だってこと知らないの？」。私は無邪気に答えました。「私が住んでいるテキサスは、だいたいどこも安全なのよ」。年長者の子が叱るような口調で言いました。「ここでは誰かがあなたの面倒をみてあげないとね。僕らがタクシーをひろう場所まで歩いて送ってあげるよ」。電車から降りた私は、まるで円卓の騎士に守られているグィネヴィア王妃のように感じたものです。

タクシーの運転手はこのグループを知っている様子で、私たちが近づいていくと顔をしかめていました。私がタクシーの中に入るとすぐに彼は聞きました。「あなた大丈夫ですか？」

「大丈夫ですよ」と答えると、彼はいろいろな言葉や方法で私がしたことがいかに無謀なことであるかを強調しながら説教をしました。「二度とこういうことをしてはいけないよ」。タクシーの中に座ってその日の午後に起こったことを反芻しながら、私も非常にナイーブだったことに心の中で同意しました。しかし、同時にこのようにも思いました。再び同じような状況に立たされたら、今回とまったく同じように対処したいと。それから、二度とこの男の子たちと会ってはいません。しかし、私のハートの中には常に彼らのための場所が用意されています。

この話をイエスに話し終えると彼の目には涙が浮かんでいました。「悲しませるつもりはありませんでした」と言うと、彼は答えてくれました。

――悲しいのではありません。私もこの出来事を非常によく覚えています。あなたと男の子たちをとても誇りに思ったのです。人びとの人生が変わった瞬間のことを思うと私はとてもセンチメンタルになるのですよ。

3 不可思議な宇宙

ほとんど言葉を交わすことがない日もあれば、会話がまるでバイキング料理のようにさまざまな話題にわたり、唯一の共通点はイエスが提供する優雅な統合された叡智だけという日もありました。最初はこのような感じでしたが、やがてイエスは思考と意味のより大きなパターンを自力で同化することができる広い視野を私の意識に注入してくれました。

私の意識の成長は社交ダンスを習いはじめた十代の若者にたとえることができるかもしれません。先生の最初のレッスンは生徒同士の二本の左足が絡み合わないようにし、音楽に合わせて自分の足を踏みつけないように教えることとです。最初は、自分で自分を転ばせないようにすることだけでも大変でした。イエスは常にたくみに自分のバランスを保っていましたが、ある日のこと、神の恩寵によって私は音楽に合わせてワルツを踊りはじめたのです。

この調和の加速は、まるでジグソーパズルのように一つひとつ理解しようとしている私をイエスが観察していたある日の朝、最もドラマチックな形で始まりました。イエスは私の理解を助けようと、画用紙帳とマーカーペンを持ってくるように提案しました。

――あなたは計画を立てずにレンガとモルタルで家を建てようとしているようですね。あなたが手探りで探そうとしている重要なポイントをお教えしましょう。

大きな白い画用紙の上に、底辺が下にあり頂点が上を向いている正三角形を描くように言われました。イエスは宇宙の構成要素は基本的に三つであると説明しました。一番目の要素が愛、二番目がスピリット、三番目がこれまで科学によって確認されたいかなるものよりも微細な物質です。それは原子よりも微細で、原子の構成物よりも微細です。それは究極の素粒子で**宇宙の最小限の構成物質です**。この粒子を理解することが現代の物理学研究の主要な目的になっています。しかし、この風刺的な言い方には皮肉な真実があります。この粒子は現存する粒子系列に先行している粒子なのです。この事実はこの粒子の研究の難しさを説明しています。この粒子は**質量を創造**しますが、他の粒子は**質量の結果**なのです。

――すべてのエネルギーの質量に先行する潜在的可能性のマトリックスが存在します。その粒子のユニットは完全に属と同質の性質をもち、物質存在の縮小不可能な要素です。

彼はこれを「アダマンタイン粒子」と呼んでいました。この三角形の頂点にイエスは愛を置きました。

――愛の源は万能の創造主であり、太陽が地球上の生命体にもっているのと同じ関係を創造主は存在のすべてともっています。しかし、この愛の光はあまりにも軽いために、光輪として知覚できるだけです。純粋な愛の源がすべての愛の究極的な源です。その愛からあなたは放射され、創造されています。**光の光線と同じように、あなたは愛の存在です**。愛は神の名前であり、あなたの名前でもあります。その意味において、あなたは神に似せて創造されたと言えるのです。あなたはあなたの愛の性質によって知られていますが、これからもあなたの愛の性質によって知られることでしょう。

愛を認める以外に神の存在と性質を描写することはできません。なぜなら、神は定義を与える存在であり、定義を与えられる存在ではないからです。

そのあとすぐに私の次の質問を予期してイエスは次のように語りました。

――三位一体もまた神聖な神秘です。これは三つの部分からなる宇宙に先行するものであり、三つの部分からなる宇宙を決定するものです。神と同じように三位一体を定義することは不可能ですが、存在するすべてのものの中に顕現されています。知ることが可能な現実の次元においては、スピリットが神と全知の存在の愛をもって創造物を抱擁すれば、そのたびに聖なるものになるといえるでしょう。アダマンタイン粒子は文字通り神の体です。なぜなら、アダマンタイン粒子は神聖な意志を顕現して形にするのですから。

注意を神に向けるたびにイエスは涙ぐみました。イエスは目もくらむような光の中を見ているようでした。しかしながら、イエスが聖なる根源に対して感じている愛と尊敬は到底言葉で表わすことのできないもののようでした。彼の口から流れ出る言葉を聞いただけでもそれは十分に伝わってきました。

――あなたの父の名前は愛です。そしてあなたの不滅の名前もまた愛です。愛は真の存在性のエッセンスです。愛はしたりしなかったりするものでもなく、与えたり与えなかったりするものでもなく、受け取ったり受け取らなかったりするものでもありません。別な言い方をすれば愛は商品ではなく、派生的な物質ではないということです。愛は豊かさの法則や欠乏の法則に屈するものではありません。愛はあなたそのものです。

そのために愛は究極的に無条件です。最近、人びとが無条件の愛について語るのを聞いて私は嬉しく思っています。しかし、愛がなぜ無条件なのかを知ったならば、無条件の愛を達成することにおいてより成功を収めるようになるでしょう。愛が無条件であるのは愛があなたの根源であり、あなたのエッセンスだからです。愛は無条件に実行される何かではありません。行動というものは、常にある程度条件的なものです。なぜなら、存在には条件がつきものであり、したがって、人間関係にも条件がつくからです。もしも愛が実行できるものであったならば、この事実から免れることは不可能でしょう。

私はほっとして椅子に座り込みました。私は無条件の愛を理解し実践したいと思っていました。しかし、私は無条件に踏まれるドアマットにはなりたくはありませんでした。

——愛の真の性質が謎に対する答えです。宇宙の最大の神秘は、愛は**存在性の神聖な側面**であるということです。愛が最大限にあれば、人生のすべては順調に進行します。

存在の第二の偉大な要素はスピリットです。すべてのものはスピリットからなっています。

三角形の右のコーナーを指差しながら、イエスは私に「スピリット」と書くように指示しました。

——スピリットはすべてのものの中にあり、すべてのものの周囲にあり、すべてのものとともにあり、すべてのものに属します。スピリットの存在が顕現された創造物から離れて純粋な区域に孤立して存在するということはありません。

物質対スピリットという理論が数多く存在することに関してイエスは警告しました。

——そのような理論は真の理解が欠如していることを反映するものであり、枠組みに基づいた思考の二元性に取りつかれていることを反映しています。分離することもできず、分割することもできないスピリットはすべてのものの中に存在します。スピリットが不在の場所は存在しません。スピリットは一つです。

スピリットは全体的で、継続的で、連続したものと理解されるべきです。スピリットは物質の反対であると見なす人は誤解と二元性の世界に入ることになります。地球は物質的であり、天国はスピリットからなるというのは真実ではありません。スピリットは私たちすべてを統合するものであり、天国と地球を統合するものです。スピリットのワンネス（一体性）を通して祈りによる奇跡が起こります。スピリットのワンネスを通して夢の力が働き、ヴィジョンの力が働き、予言の力が働くのです。スピリットの中において私たちは一つです。したがってスピリットの中で私たちは一つの人生を生きます。兄弟愛によって結ばれ、共通の自覚をもった状態で光と上昇を求めるか、それとも暗闇と降下を探求するか、各自の選択に任せながら一つの人生を生きます。あなたの体験がどのように展開しようとも、私たちは一つのスピリットに属しているのであり、あなたの体験はすべての存在によって分かち合われます。

実際の話では、近代物理学の最高に飛躍的な試みは統一場理論（重力場・電磁場の特性と素粒子間の相互作用を統一的に説明することを目的とする理論）で、他のすべての試みがこの試みに依存しています。意識におけるこの飛躍的突破がなかったならば、近代物理学のあらゆる発展は不可能だったでしょう。彼らが発見したものはスピリットの物質的な存在であるということに科学者はまだ気づいていません。

それからイエスは、現代科学は今まさに次の偉大な飛躍を成し遂げようとしているところだと説明しました。その飛躍によってアダマンタイン粒子を発見するための基礎が提供されるだろうとイエスは説明しました。

三角形の第三番目のコーナーは特定化された現実の要素を表わしていますが、この要素を通して異なった可能性やさまざまな形状が可能になります。第三の要素は粒子として顕現します。イエスはこの粒子を無限の粒子という名で言及することもありましたが、普通はアダマンタイン粒子と呼んでいました。初めて「アダマンタイン」という名前を聞いたとき耳慣れない感じがしたものです。それはたぶんイエス独特の言葉なのだろう、あるいは、天国ないしは私が自覚していない他の現実次元に固有な言葉なのだろうと思っていました。そういうわけで、エキゾチックな言葉として受け容れていました。

のちにイエスが「アダマンタイン粒子」と「無限の粒子」を互換的に使っていたので、私は説明を求めました。この言葉の選択に関してイエスは次のように説明してくれました。

――「アダマンタイン」の語根は「アダマント」で、アダマントは「屈従しない。貫通できない。譲らない」を意味します。この粒子は非常に微小であるために縮小不可能、交渉不可能、基本的で根元的なものです。質量を創造する粒子であり、したがってこの粒子のすべての派生的な組み合わせを命令し供給します。これがアダマンタイン粒子の特徴で、「無限の粒子」という用語はその機能に言及しています。なぜなら、次元の制約とは関係なくすべての物質的な存在の基本だからです。古代のギリシャの哲学者たちが初めて原子という名前をつけたとき、彼らが仮定していたのはこの粒子でした。

もちろんのことですが、今日科学が原子と呼んでいるのは非常に複雑な粒子で、ギリシャ人が想像していたものではありません。いつものように肯定的な口調で、イエスはより小さな粒子を探求する研究は科学的な理解の〝たまねぎを剥く〟ために必要なプロセスだったと考えるとよいでしょうと言いました。究極的な粒子の発見はすぐそこまで来ていて、その発見によって物事の仕組みについての数多くの神秘のドアが開かれるだろうことをイエスは保証しました。

三角形の図表に戻ってイエスは言いました。

――もう一度、三角形を見てその組み合わせに注目してみましょう。愛が頂点にあります。それから、スピリットが愛に共鳴し、愛がアダマンタイン粒子に命令を下します。すべての創造はこのようにして起こります。

しかし、このレッスンを続ける前に、よく理解できない点を明確にしておく必要がありました。「私たちの世界ではお互いのスピリットは個々人の個性の一部だと考えられています。人のスピリット、場所やアイデア、状況、瞬間のスピリットというように私たちは話すことがあります。私たちが〈スピリット〉と呼んでいるものによって物事の識別をしていると思うのです。一つのスピリットの中に分離した部分はあるのですか？」

静かに、しかし断固としてイエスは確約しました。

――スピリットは一つです。

「でも」と私はくいさがりました。「あなたが部屋に入ってくるときは、私にはいつも分かります。それはあなたのスピリットを違ったものとして感じるからではないでしょうか？」

――いいえ、異なったものとして感じるのは私の愛です。私たちはそれぞれ私たちの愛によって知られているのです。スピリットは私たちの愛に共鳴します。それは魚がたくさんいる湖のようなものです。湖ではそれぞれの魚が水の中で異なった波動を出しています。そういうわけであなたの愛も他の人とは違った形でスピリットに共鳴します。指紋と同じようなものです。そしてあなたは、これは誰かのスピリットだと言うかもしれません。しかし、実際はスピリットは、ただ一つのスピリットはこのようにして人に共鳴します。ただ一つのスピリットにより肯定的に、より明確にあなたに共鳴してほしいと望むならば、真の意味であなたのエッセンスである愛になることです。

グレンダ、あなたが認識できるようになったのは私の愛です。私の愛は他の人のどの愛とも違って感じられます。愛はその人の署名がしてあるエネルギーです。感じてみてください。あなたのお母さんの愛は他のどの人の愛とも違って感じられます。そうです。一人ひとりの愛は違って感じられるのです。そういうわけでスピリットは、それぞれの愛はユニークな刻印として反応し尊重します。そして愛はアダマンタイン粒子に命令を下します。あなたの独自性を定義づけるのは愛であってスピリットではありません。スピリットは分割不可能な要素であり、アダマンタイン粒子は複雑な存在の建築用ブロックです。アダマンタイン粒子は性質において完全に一般的なのです。愛だけが単一性と独自性の能力をもっています。愛がなければあなたは海岸のひと粒の砂と同じように識別不可能でしょう。

この愛へのイントロを前提にしてイエスはある日、私に次のような質問をしてきました。

——グレンダ、あなたは愛であるということ、そして愛は外的な形をもった商品ではないということを発見し証明する最善の方法を知りたいですか？

「もちろんです」。と私は急いで答えました。

——あなたの敵を愛することです。

それは私が望んでいた答えではありませんでした。このお勧めは正直言ってあまり感じの良いものではありませんでした。しかし、もっと聞きたいという気持ちでいっぱいでした。

——あなたが敵の前にいるとき愛を感じることができるとすれば、その愛は外的な要因によるものでないことがあなたにも分かるはずです。あなたが敵対者を愛しているのは、彼が親切だからではなく、彼があなたをサポートしてくれるからでもなく、彼との出会いによって何らかの利益が得られるからでもありません。

敵の面前にいるとき、あなたは自分が愛であることを知るのです。あなたの愛の源を知るのです。私が敵を愛しなさいと言った最も重要な理由はこれです。それは、あなたが弱くなったり受動的になったりするためではありません。あなたが人に好きなように利用されるためでもありません。あなたが苦しむためでもありません。あなたと対立する人に屈従するためでもありません。そうではなく、あなたは愛であることを学ぶためにそう言ったのです。**これを知るとき、あなたは支配権を獲得します。**

外的な状況にはあなたが誰であるかを教える能力はありません。しかしながら、外的な状況にはそれができるとあなたが信じるかぎり、あなたは存在するための許可を外的な世界から求め続けることでしょう。この妄想こそあなたの真の敵です。

私の注意を再び三角形の図に戻して、イエスは繰り返して説明してくれました。

——愛がアダマンタイン粒子に命令を下します。あなたとあなたに敵対する人の間には数多くの共有された粒子があります。ところで、あなた方二人の中でどちらがアダマンタイン粒子に命令を下すでしょうか？

「愛する人です！」

――それは第一のポイントです。しかし、それだけではありません。

そのような体験はあなたについて、そして愛の問題について知ることができる最も重要なことを学ぶ機会を与えてくれます。この世界は、愛とは至高の感情で自分が願望した喜びに満ちた結果をもたらすものである、と考えるようにあなたを導くでしょう。別な言い方をすれば、愛とは創造されるものだということです。これほど真実から離れた考えはありません。なぜなら、愛は創造を開始させ、それから創造に命令を下す普遍的な道具だからです。

最後になりますが、あなたに反対している人は、実はあなたの敵ではないことが分かるかもしれません。ところで、これを人間の敵にだけ限定してはいけません。近づきつつある台風にあてはめて考えてみましょう。どうすれば台風の方向を転換させることができると思いますか？

「そんなことができるなんて考えたことがありません」と私は答えました。イエスがそのような質問をすることに愕然として座っていました。

――台風の動機となっている力を探すのです。それから、その力を前にして愛になりきるのです。あなたは台風に命令を下すことができます。なぜなら、アダマンタイン粒子は愛によって命令されているのですから。愛がすべての根源です。愛は命令者であり、愛の命令は愛の子どもであるあなたに委任されています。どのような状況であれ、愛の力によって勝利することができる理由はここにあります。愛を実行することによってではありません。あなたが躓く（つまず）のはこの点です。愛にならなければなりません。あらゆる状況の核心にあって赤々と燃える愛になるのです。台風を構成する力を愛することによって台風を静めることが本当にできるのです。

少し間をおいてからイエスは続けました。

――台風の美しさを見てください。台風を構成している力の美しさを見てください。台風を一〇〇パーセント愛してください。台風の必要性を発見し、台風と一つになるのです。そうすれば、あなたの確信の程度に応じていくつかのことが起こるでしょう。台風は消えてなくなるかもしれません。あるいは、優しい雨に変わるかもしれません。あるいは、別な場所へと進路を変えるかもしれません。あるいは、少なくともあなたに害を与えることはないでしょう。なぜなら、**愛は傷つけることはしないからです！**

害虫を家から排除したいならば、彼らを愛して別な場所に行かせるとよいでしょう。蛾が光のあとを追うように、生命体は愛のあとをついていくと理解すれば、科学的な薬品を使う必要はありません。愛を活用してアダマンタイン粒子に命令させることによって、あなたの日常生活を限りなく改善することができます。

イエスと過ごした日々の中で、人生についての教えの一部として、「支配する」という言葉を使ったことは一度もないと思います。しかし、支配に取りつかれている人びとの悲劇的な状況に言及したことは何度かありました。彼は言いました。「支配は二元的な状況の中で優越性を達成するための策略です。人びとが両極性の中で活動しているとき、支配することによって有利な立場を得ようとします。さらに悪いことに支配が確立されると、有利な立場を永続させるために両極性が維持されることになります」

支配とは対照的に指揮はイエスにとって非常にポジティブな話題です。彼は声の調子とジェスチャーで、それは私たちが神と交わした約束の一部であり、命令を実行することは私たちの尊厳にとって不可欠であるとほのめかしているようでした。指揮の唯一の権威者は愛です。愛であることです。

――あなたが愛によって指揮した粒子のすべてはあなたのものであり、永久に楽しむことができます。

それは理解を超えた考えで、一度に吸収できるものではありませんでした。しかし、私は気を取り直して質問しました。「あなたはそのようにして身体を復活させたのですか？」

――もちろんです。かつて私の身体を構成したことのある粒子のすべてを完全に指揮することを可能にしたのは愛でした。私は枠組みの法則の代わりに愛の法則を使って粒子を再建しました。そうすることによって枠組みの囚人ではなくなったのです。

それからイエスは、人間が新しい肉体をもった新しい地球の話をしました。この新しい地球は愛の意識的な指揮下に置かれるというのです。それがいつなのかに関しては確言しませんでしたが、その変容は愛の本質についての真実を知ることによってもたらされるであろうことを保証しました。

――この新しい存在状況においては、文字通り愛がハートの脈を打たせ、身体の細胞をつくることになります。愛があなたの思いを生じさせ、あなたの周囲のエネルギーのすべてを生み出し、あなたが自分に惹きつけるもののすべてを生じさせます。

「あなたはその方法で魚を増やしたのですか？」

――まあ、そうです。

イエスは謙虚に認めました。

「本当に魚を増やしたのですか？　それとも高遠な真実を教えるためのたとえ話だったのでしょうか？」

――いいえ、たとえ話ではありません。高遠な真実を教えようとしていたのです。私は人を感心させるために奇跡を行うことはしませんでした。教えることだけを目的としていました。魚の場合は、一匹の魚を十分に愛するだけでよかったのです。それで魚は非常な数に増えたのです。

イエスはいとも簡単なことのように話しました。私は賛嘆の思いで彼を見つめつぶやいたものです。「それはすごい愛だったのでしょうね」

すべてのことに関するイエスの理解は完全なものでした。二元性や対立をまったく感じさせませんでした。彼の存在には何のストレスも感じられませんでした。

イエスは真実と理解に基づいている科学技術、そして科学技術が現実に関しての民主的な意識を植えつけるために活用されている場合には科学技術に対して深い尊敬の念をもっていました。科学・科学的な思考・優れた能力を求める高遠な探求に対しては大いなる尊敬の思いをもっているようでした。しかし、マインドによって生み出された生きるための方式は好きでないようでした。存在の単純な真実に基づいて生きる必要性、そしてその真実を応用して現実的なニーズに対応して生きることの必要性を理解することだと強調しました。権力の独占を創出し、人びとを屈従させ、人工的な環境や状況への依存を創出するためにだけ存在する過剰な科学技術に関しては無視している感じがありました。それは別にして、運用性に関しては深い尊敬の念をもっていました。というのは、イエスは運用性は神の法則からその力を得ていることを知っていたからでした。「**運用性は神の調和であり、それが地上に顕現しているのです**」とイエスは宣言しました。

私たちはおうおうにして枠組みの教義を人生における秩序と運用性の原因であると見なしがちです。これは大いなる幻想であって、この幻想の上に枠組みは瞬間的ではあっても一手販売権を獲得します。イエスはありてあるもののすべてを無邪気に知覚する権利を、愛に満ちた存在である私たちはすでにもっているのだということを何度も私に思い出させてくれました。すべてのものを無邪気に知覚すれば枠組みも機能することができるのです。愛に私たちを枠組みと結びつけるように指令することによって枠組みも機能します。

――あなたのマインドは枠組みのある現実を好みます。その偏向性を正当化するためにマインドは人生についてあらかじめ推測し、前もって決定を下します。こうしてマインドが投影する枠組みのモデルは大きな罠になります。マインドの理論はあなたの知覚を条件づけて、現実を真に体験する代わりにマインドの〝デザイン〟と一

致した体験をさせることになります。それは嘘なのです。

イエスは非常に明確な言葉で、知性はマインドに限定されたものではないことを明らかにしました。

――マインドは枠組みと知性の出合いの場です。知性が障壁をもち死すべき運命にある枠組み以上のものでなかったとしたら、宇宙を超越的に理解することは不可能でしょう。無邪気な知覚は真実の偉大な暴露者です。

イエスは私にただ静かに座って知覚するようにとよく言ったものでした。窓の外に見たものをそのままに言葉にするのです。人生にアプローチするのに公式もいらなければ教育も必要ではありません。

時々、絵の構成的な枠組みに関して話すこともありました。そういうとき、イエスはそのプロセスをもっと直接的に見るように、目の前にあるものをただ無邪気に見るように援助の手を差しのべてくれました。私が心の中に一つの公式を描きはじめると、イエスはその流れの方向を変えるようにと言うのでした。**「グレンダ、それは必要ではありません。人生を見るための公式とか、自分がしていることを説明するための公式は必要ではないですよ。ただここにいて知覚してください。リラックスして、ただいればいいのです」**。〝ただいるように〟とたえず言われたものでした。

ある時のこと、無邪気な知覚について話し合っていたとき、人類が昔からかかえている一つの疑問が出てきました。それは善悪の問題を人間の祖先であるアダムとイブが探求したために無邪気の園（エデンの園）から追放されたことに関する質問です。なぜ人間が善悪を学ぶことを禁じられたのかを知りたいと思ったのです。

――なぜなら、学ぶことはマインドの探求であり、マインドは果てしなく両極化されているからです。したがってマインドが善悪の探求をすると二元性から逃れることは不可能です。マインドは裁いて責めるためにしか知覚を使わないからです。

それから、イエスは付け加えて言いました。

――ハートはすでに正しい生き方を知っています。ハートは自分が先天的にもっているものを勉強する必要はありません。しかしながら、マインドは真の善を知ることは決してできません。

善のための真の基礎は愛であり、そして無邪気に観察することであり、それぞれの目的にしたがって同情に満ちた奉仕を通して人生を尊重することです。善悪という問題を知的に理解することは不可能です。あなたが本来の愛になるとき、初めて善悪の問題は解決します。どんなに善行を積んでも不十分な愛を補うことはできません。スピリットが大切にするのは愛です。スピリットを騙して愛なしですませることはできません。愛は倫理を超越したものであり、永遠にあり続けるものです。そうでなければ恩寵は不可能になってしまいます。真の倫理は愛の模様で織られているのです。

善悪の問題を知的に理解しようとすれば、価値判断、譴責（けんせき）、障壁、私たちが同意できない人の追放という結果に陥ることは明らかです。

――良心はあなたのハートに先天的にあるものです。あなたが「罪悪感」と呼んでいるものは組み込まれた警報装置で、あなたがハートを離れたときは知らせてくれます。ハートに従う人は、社会が適切であると見なす境界線を少し踏み出しても罪悪感を感じることは決してありません。しかし、それとは対照的にマインドだけで生きている人は、論理的に〝正しいこと〟をしていてもひそかに罪悪感を抱いています。そのような生き方には内なる満足はなく、したがって何が正しいのかを知る能力も失われてしまいます。やがて知ろうとする努力もしなくなり、埋め込まれた罪悪感が苦悩として何度も繰り返し生じることになります。そのような人は、その苦しみを麻痺させ除去するためにセラピーやアルコールにたくさんのお金を費やすことになります。最終的には、マインドに支配された人は自分の免疫組織を破壊することになります。これがマインドに支配された世界の最後の産物です。しかし、このプロセスを簡単に、しかも優雅に逆転することができます。

「どうすればできるのですか?」

――ハートのあとについていくのです。

その時、私の意識の中に転がり込んできた考えに、思わずくすっと笑ってしまいました。「マインドはお金のあとをついていくのですね?」

――残念ながらその通りです。

一つの考えがきっかけになっていろいろな考えがやってきて、私は次の質問をせずにはいられませんでした。『新約聖書』の中でパウロは次のように言っています。〈お金に対する愛が諸悪の根源である〉。あなたがこう言われたのですか?」

――それに近いことを言いましたが、厳密にはそのように言っていません。アラム語がギリシャ語に置き換えられたとき、実際的で単純な私のメッセージがギリシャ的思考のより抽象的な性質の中に吸収されてしまいました。アラム語は民衆の言葉で学者の言葉ではありませんでした。私がアラム語を話したのはそれが理由です。それに加えて、パウロは彼が奉仕していた人びとのニーズや理解に応じて彼独自の方法で愛のメッセージを伝えていたのです。

貪欲が諸悪の根源です。貪欲に直面すると人びとは極端な方向に走り、そこで欠乏という考えが発明されます。欠乏という概念が発明されると、怖れが庭の雑草のように芽を出してきます。人間に知られているネガティブな感情のすべては怖れから生まれています。

それは悪名高い家系図で根元から枝までさまざまな怖れがあります。貪欲によって生み出される両極端は欠乏を生み、欠乏は怖れを生み、怖れはすべての破壊的な感情や行動の根源になります。

「それを聞いてほっとしました。私はもう少しお金が欲しいと思っていますので」

――それは大丈夫です。お金を持つことはできます。お金は交換の証明書にすぎません。実際に人が交換行為をたくさんすると、経済的により健康になります。積極的に物品と奉仕を交換すればよいと思います。経済が流動的になると、枠組みは支配しにくくなります。人びとが自由に交換し合うと、誰も空腹に苦しんだり、失業したりすることがなくなり、価値のある考えはすべて何かを生み出すようになります。

「憎しみは愛の反対であるという人もいますが、最近読んだ本では怖れが愛の対極であると書かれていました。これについてどう思われますか？」。表情をやや歪めて笑いながら、イエスは私を不思議そうに見て言いました。

――愛には反対概念はないということはすでに理解しているのではないかと思っていましたよ。愛はすべての両極性を終焉させる解決策です。

イエスの目は澄みきった水のようでした。私はその目を凝視し、彼の返事がいかに単純であるかに打たれました。しかし、イエスは私がまだこの問題について話し合う必要があることを知っていて、次の考えを提示してくれました。

――怖れは愛がないところに繁殖します。そして憎しみは愛そのものに対する怖れです。貪欲は過度な欲望であり、人生の必要性を愛なしで満たそうとします。貪欲は病であり、愛の足をすくって愛の豊かさを中毒的な所有欲で補おうとします。愛は神聖な力であり、その愛の足をすくおうとするものこそ諸悪の根源なのです。それは物質的な所有やお金に限られることではありません。人びとの注意・影響力・名声・教育・セラピー・依存への貪欲さ、悲惨への貪欲さすらあります。愛のないこだわりの絆を確立することができるものであれば何でもそれに対する貪欲さがありえます。そういうわけですから、愛の欠如が問題をもたらすと考えるのは間違いではありません。それは人間が直面する可能性のある最大の問題です。

「どうして貪欲なのですか？」

――愛に置き換えて何かを望むとしたら、それがどれくらい必要になると思いますか？

「そう言われればそうですね」

――愛がなければ人は指令のためのすべての土台を失ったことになります。そういう状況で望みうる最善のものは支配です。しかし、そのためにはテコ入れが必要です。しかもたくさんのテコ入れが必要です。

私は以前、言いました。柔和なる者が地を受け継ぐであろう。しかし、この教えについてあなたが知る必要があるのは、この教えもまた翻訳が完璧ではなかったということです。あなたの言葉では、「柔和」という言葉は卑下と従属を暗示します。これは私が言おうとしたことではありません。「節度」という言葉の方が私のメッセージをより正確に伝えてくれると思います。節度をもって生きる人びとは新しい経済の土台を築き、地を受け継ぐことになるでしょう。

「反対意見というわけではありません。おっしゃることは原則的に素晴らしいと思います。しかし、どうして貪欲な人びとが他の人びとよりも先行し、節度のある人びとは先に進むことができないように見えるのでしょうか？」

――その理由は、今日節度ある生き方をしている人たちは自己充足のためと、欠乏状態と闘うためにのみそうしているからです。節度ある生き方の理想的な理由は分かち合うことであり、皆でスピリットを豊かに分かち合うことに愛情をもって参加することです。

貪欲について言えば、貪欲の最初の段階での利点は極めて欺瞞的です。貪欲には内在的な〝セラピー〟が組み込まれていて、最初は幸福感を生み出します。極度に何かを探求するにいたるまでに、その人は欠乏を体験したかもしれず、「これを持つべきだろうか、それともあれを持つべきだろうか？」と自らに問いかけては数えきれない決断をするなかで嫌気がさしてしまったという体験をしているかもしれません。そしてある日突然、宣言します。「全部いただくことにしよう!」。その瞬間に信じられないことが起こったのです。欠乏に対する信念を除去し、果てしのない決断の二元性に終止符を打ったのです。そうすることによって、自分自身の内部に創造性の偉大なる力を解放したのです。さてその力の神聖な資質をつかみ取って、つながっているすべての生命体にあてはめれば、その人は破壊的な中毒の代わりに心を満たしてくれる豊かさを得ることになるでしょう。しかし、あまりにも多くの場合、人は自分自身のためにだけそれを活用し、その結果、〝私のためだけ〟という新しい欠乏を再創造することになります。〝自分自身のためだけ〟に活用された豊かさは〝知覚の裏切り〟です。

無限と宇宙の豊かさについて考え、生命すべてとのつながりを強化するようにと提案しました。それは生命体のすべてをあなたが所有できるようにというためではありません。貪欲の危険をおかすことなく拡大のための無限の可能性を与えてくれる単純なガイドラインがあります。あなたが本当に愛することができるものだけを取り、それ以上は取らないということです。

これがきっかけになって所有の問題について質問しました。「誰も何も所有していないという人がいます。これについてどう思われますか?」

――それはたいへん良い質問です。その質問に対する答えはあなたが何を所有しようとしているかと関係があります。

あなたは確かに所有します。個人的な所有が妥当でなかったとしたら、盗むなかれという十戒は存在しないでしょう。しかし、あなたの真の永続的な所有はあなたの愛に基づいています。あなたという存在のアダマンタイン粒子に対して、あなたの愛が与えた影響に基づいています。これをあなたは永久に自分のものとしてもっています。所有とは責任の問題であり、買ったという権利書ではありません。どれほどたくさんのお金を出しても、あなたが愛していないものに対する真の権利を獲得することはできません。これが神聖な割りあての法則です。

あなたがお金を出して買ったものが何であれ、たとえば奉仕や責任や義務などをお金で買ったとしても、それに対する愛をもたなければ、それがあなたを所有することになり、最後には宇宙の何らかの勢力がやってきてそれをあなたの手から奪い、情け深くもあなたを自由にしてくれることでしょう。

あなたはあなたの生命を所有しています。創造主があなたに与えられたものを所有しています。あなたが創造したものの果実、そしてあなたの労働の果実を所有しています。あなたは心を込めて創造したもの・夢・願望がもたらした結果を所有しています。そうしたもののすべての果実を所有しています。またそれにかかわるすべての思い出を所有しています。富とは愛が収穫したものです。思い出してください。愛はアダマンタイン粒子に指令を下します。あなたがこれまで愛したもののすべてが、あなたにいろいろなものを引き寄せるのです。人生のさまざまな出来事、あなたの人生での友人、あなたの人生を拡大する家族、あなたの人生を延長してくれるさまざまな夢、そういったものを引き寄せるのです。これらのものはあなたが所有するものであり、尊重されるべきものです。

イエスは次のように注意を促しました。

――枠組みをただそれ自身のために愛してはなりません。すべての枠組みはいつか滅びます。すべての枠組みは色褪せます。枠組みを所有しようと努力するのは不毛で割りの悪い行為です。なぜなら、それはすべて一時的なものであり幻想なのですから。創造主が創造の七日目に休息された理由はここにあります。枠組みを所有し管理しようとする努力は、その代価に値するものではありません。天国にあなたの富を蓄えることをお勧めします。そこでは、あなたの愛の記憶があなたが所有するものすべてを再生し、あなたを欺いた枠組みはあとに残されることになるでしょう。

実際の話ですが――。これが安息日(サバス)の真の意味での祝福です。安息日はあなたの人生から枠組みの支配を解放する日です。神の法則に目を向け、宇宙の無限に目を向け休息する日です。そうすることによって、あなたを所有しようとする人工物や幻想を一時的に停止させ、あなたのエッセンスである愛に戻ることができるようにします。

「十戒には安息日を思い出し、安息日を神聖なものにするようにと書かれていたと思いますけれど」

促すようなジェスチャーをしながら、イエスは言いました。

――『聖書』を持ってきてください。書かれているのはそれだけではありません。

十戒は息子や召使、家畜、町の見知らぬ人びと、すべての人、すべてのものを対象にしているということをその時まで知りませんでした。私の心に浮かんだ安息日のイメージは、人生のしがらみから解放されて一〇〇パーセントくつろいでいる姿でした。

――安息日を一人だけで実行することはできません。安息日はすべての存在に自由の贈り物として差し出す祝福です。それは構造化された存在からの恩赦であり、ただいることの力と神聖性をほんの短い時間あらわにしてくれます。

創造の七番目の日は創造主が引退されたというような非常に間違った解釈をされてきました。これほど真実から離れた考えはありません。その瞬間から、創造主はすることによってではなく、ただあることによって愛し、維持し、助力されるのです。それは休息であって引退ではありません。あなたの神聖な源と同じようになりたいのであれば、愛になることによって生命に指令を出す秘密を学ぶことです。その能力を達成したとき、あなたは構造物を超越することでしょう。第七日目は、あなたの創造主が枠組みに対してもっている優位性を祝福する日です。この真実を自分の中に取り入れるたびに、その法則との調和を体験します。それを他の人たちに延長するたびに、この世界を枠組みの監獄から解放することに助力することになります。

「どうして私はこれを教えられたことがないのでしょうか？」

——枠組みが『聖書』を解釈するとき、枠組みの幻想を永続化するように解釈します。愛が『聖書』を読むとき、幻想の闇を貫いて真実に到達するように解釈します。

「枠組みという言葉を聞くといくつかの考えが私の心に浮かびます。しかし、私の理解には限りがあるかもしれません。組立て、枠組みとはどういう意味なのか、私のためにはっきりと説明していただけませんか？」

——枠組みは宇宙における一つの組織的な要因です。二次的で派生的な要因です。混沌の中から最初に秩序を引き出すのは愛ですが、枠組みは秩序だった配列の持続的なパターンを供給します。

愛があなたの家を建てました。そして枠組みがあなたの家の壁を保持しています。愛があなたの国をつくり、枠組みがあなたの国を管理します。愛が正しい行いの境界線を設定し、枠組みがそれを強制するための法律を作ります。マインドと同じように、枠組みは愛のもとで奉仕すればよいものです。愛の修正に決して応じることなく頑固に支配すれば暴君になります。

枠組みは、予知可能で同意された存在のパターンを代表しています。単純な形から始まって、非常に複雑なものになっていきます。枠組みは潜在的可能性の違いを固定し、組織的な方式を保持するパターンをつくることです。たとえば、構成要素は同じでも蒸気と水と氷の違いは枠組みです。しかし、枠組みは水（H_2O）を蒸気にするか氷にするかを決定する〝意志〟ではありません。それは環境（愛）に対する調和のとれた適応によって決定されます。

すべての枠組みは派生的であり、改定、一時停止、あるいは発展を免れません。枠組みは保存を目的とする刻印で、これによって望ましい創造物が安定化し、保持され、形と物質のより大きな集合物へと組み入れられていきます。枠組みは物事を固定するものです。

このグリッドワークの上に、人間が支配のために使うマインドによって生成されたパターンや構造的なモデルが置かれています。現実に先立つ〝神聖なデザイン〟というものは存在しません。この考えは運用不可能な枠組みをあなたが改定し除去することを怖れさせ、枠組みがあなたを支配できるように発明されたものです。

時々、枠組みについて考えるとき、私はコンピューターの〝保存〟のボタンにたとえることがあります。一つの形態を保持し統合して別な形にするのは記憶です。また、一つのプログラムをそれがより有効であるかもしれない別な時空間にもっていくのも記憶です。枠組みというのは愛の持続的な創造活動に奉仕するかぎりにおいて重要であると知ってほっとしました。また、〝消去〟のボタンがあって、それによって生命を本来の無邪気な可能性へと戻すことができることを思い出すと安心します。

――社会においては、枠組みは欲しいものを手に入れた人びとによって最も強烈に守られています。そして皮肉なことに持てる物があまりにも少ないために、これ以上、少しでも失うことに耐えられないと思っている人びとによって強烈に守られています。彼らもまた盲目的に枠組みに従います。これが富める者たちと貧しい者たちの間にある調和です。これとは対照的に、節度と流動性に基づいて価値観を確立し行動している人びとは、枠組みを十分活用して成長や自由を制限することなく人生を機能させていきます。

あなたは人生の枠組みを愛着を妨害するものとして体験しますが、枠組みは事実、あなたの真の富をあなたから奪います。あなたの富はずっと高いレベルに存在します。それは愛の収穫物です。受け取るためには手放すことを体験しなければなりません。手放すことの力を体験してください。このレッスンは敵を愛するのと同じくらいに重要です。なぜなら、枠組みを手放すと、そこにある真の富が何倍にも増えるからです。

あなたが最初に学ぶことは、あなたの真実の富をそう簡単に手放すことはできないということです。手放すことができる唯一のものは枠組みだけです。このことが実感できたとき、枠組みへの隷属を克服する方向に向かって大きく一歩踏み出すことになるでしょう。兄弟愛とさらなる豊かさの現実の中に移行していくことになるでしょう。

イエスはその時、私に関連のあったいくつかの具体例を使って説明してくれました。

――改築する目的であなたが買ったこの家について考えてみましょう。劣化しつつある家の枠組みを変えることによって家の価値は上がったわけですが、家を売るまではその価値の上昇を現金化して解放することはしませんね。分かるでしょうか。それはあなたの選択です。四つの壁からなるこの枠組みを所有しつづけることもできるし、売って利益を得ることもできます。これはすべてのことについて言えます。枠組みを手放すことによって富を築きます。一つの枠組みの中に入って、これは良い枠組みだと言います。その枠組みをつくって、それから手放して、富を獲得します。創造の七日目の創造主についても同じことが言えるのです。創造主は、これは良いと言われました。しかし、在ることのほうがすることよりもはるかに優れています。愛の収穫物である真の富を受け取ることになるからです。

目をきらきらと輝かせながら、イエスはその日の教えを優しい微笑みと強烈なまとめで締めくくりました。

――神の子どもたちは神の真の愛を収穫するために創造されました。神の真の収穫物とは愛です。あなたは神の収穫物であると同時に神の収穫物の道具です。同じことがあなたについてもあてはまります。そして物質的な豊かさもこのようにして築きます。枠組みを使って計画を立て、枠組みを使って実行します。そしてこれは良いとあなたは言います。それを売り、利益を上げて何か他の目的のためにその利益を使います。枠組みに固執しなければ、豊かさは増え続けます。枠組みは幻想であり、究極的な豊かさの達成を妨げます。究極的な豊かさとは、霊的・知的・財政的な豊かさです。真理を達成するためには幻想を手放さなければなりません。

私はその夜、人間関係という重要な問題にこの原則をどうあてはめることができるだろうと考えました。人間関係の現実と人間関係の枠組みをどのように見分けることができるのだろう。人間関係のどのような要素を手放すべきなのだろう。

イエスはこの問題について私が考えて答えを出すことを望んだに違いありません。というのは翌日の朝、この問題を質問しようとしっかり意図していたにもかかわらず、質問する代わりに考え直してしまったからです。私の考えでは、役割を演じることは人間関係の最も大事な部分ではないことを忘れがちであると思うのです。人間関係の最も大切な部分は共にいる理由であり、二人をつなぐ愛であり、その関係の探求を価値あるものにする名誉ではないでしょうか。あなたが誰であるかという真実、そして相手の人が誰であるかという真実は、役割が規定することができるよりもはるかに大きなものです。役割は家の中の部屋のようなものであることを私たちは忘れがちです。部屋はいつでも改装できますが、その中に住んでいる人の性質は変わることはありません。

期待されている脚本を超越して遊ぶのもよいのではないかと時々考えます。あるいは、ただ〝在る〟のも良いのではないかと思います。ことによると分担している責任を交換してみると二人の関係により大きな理解が生まれ、境界線を越えた愛を新鮮な気持ちでありがたいと思うようになるかもしれません。

別な機会にイエスは、この理解にさらなる次元を加えてくれました。死の体験は肉体という形態の複雑な枠組みの解放であると説明してくれたのでした。**「魂は貸し出していたにすぎないものの信じられないエネルギーの解放を目撃します。そしてあなたの生命の一部であるすべての存在と愛情あふれる再会をするというさらなる喜びを目撃します。あなたの愛によって指令を受けるものは永久にあなたのものです。あなたの愛を分かち合った人びとはすべてあなたと一緒にありつづけます。それはあなたの究極の収穫物です」**

私たちの豊かさがどのように継続するかという問題について話し合っていたとき、生命の継続という問題について質問しました。これは私にとって特別に関心のある問題で、適切であると思われる機会が訪れるたびに何度か聞いたのでした。ある時、イエスは次のように教えてくれました。「あなたが知っている地上での生命はあまりにも枠組みにはめられているために、生命の偉大なる継続を知覚するのは不可能です。本当のあなたであるものはすべて継続します。生命はその複雑な形態をあとに残していくだけです。あなたの肉体を構成するアダマンタイン粒子のすべてはあなたとともにとどまります。あなたはスピリットにおいて永遠に記憶され、あなたのエッセンスである愛が常にあなたの神聖な名前をもつことになります。あなたはスピリットによって記憶されかつ尊重され、あなたの再生がくり返しくり返し永遠に続きます。その場所は天国であるかもしれず、地球上であるかもしれず、あなたの父なる神の無限の領土のどこかで継続します」

ある時、私は勇気をもって「輪廻転生」という言葉を使いました。「過去と未来の人生という問題について教えてください」

イエスの答えは例によって要領を得たものでした。

――あなたの不滅性というのは単純なことです。ですから、この問題はできるだけ単純なものとして扱えば、あなたの理解もより正確なものとなるでしょう。神の意志によって、またあなたの愛と愛する人たちとの関係に応じて、生命は何度も何度も無制限にあなたの場所を創造します。

イエスは次のような警告もしてくれました。

――輪廻転生の哲学はそれほど単純ではありません。輪廻転生はあなたの継続性を保証します。この部分はよいのです。しかし、そこには一つのひねりがあって、このひねりはあなたの不滅性を妥当性のない枠組みと直線的な性質に戻してしまいます。人間の不滅性は生命の車輪ないしは原因と結果の通路の中に閉じ込められてはいけません。あなたは直線的な進化の結果ではありません。あなたは完璧に創造されました。完璧な愛で創造されました。あなたは確かに無限に再顕現を続けていきます。しかし、それは生命と創造に対するあなたの奉仕に応じてなされ、あなた自身の目的に応じてなされ、何よりもあなた自身の愛に応じてなされます。

それから、イエスはユーモアを交えて言いました。

――実際のところは、あなたは一度だけの人生を生きるのですよ。ただし、とても長い人生でたくさんの章がある人生ですね。

私は思わず笑ってしまいました。生真面目な深刻さはあっという間に消えてなくなったのでした。

この情報についての理解を心静かに消化しながら、人によっては自分の人生に対する説明を求めて原因と結果の理由を探ることに思いあたりました。そして昔の歴史にまでさかのぼって探求して自分の出発の原点を探ろうとしているのだと思いました。出発の原点は愛であり、神の愛であり、自分の愛であり、他の人たちの愛である！　物質、エネルギー、時間、空間が統合し組み合わされて物質になる過程に原因と結果がある。それに加えて枠組みがあり、そのようにして創造されたものを保存し制限する。にもかかわらず愛が真の源であり、枠組みの指令者ですらあって、枠組みの結果ではない。私の人生において初めて、愛は原因であって創造物ではないということがはっきりと理解できたのでした。私はこうしてたどり着いた理解に満足でした。イエスは私が絵を描くのを静かに見守っていました。

その日、イエスとはもう一度話しました。

――非常に多くの場合、輪廻転生に答えを求める人びとは、実際には自分を発見しようとしているのです。これは方向を間違えています。他の時間、他の場所で自分を見つけることはできません。今だけがあなたの唯一の文脈です。過去は過ぎ去ったものです。文脈から外れたところでの自分のアイデンティティーに固執するのはエゴだけです。人が過去世について話すとき、自分は物乞いだった、らい病患者だった、泥棒だったと話すことはめったにありません。王様、英雄、聖者として生きた人生について自慢するのが普通です。それはエゴが自分の出番でないにもかかわらず話をしているのであって、魂をその枠組みの中に幽閉しようとしているのです。あなたの不滅性に枠組みは必要ではありません。あなたのアイデンティティーの源はいかなるものであれ直線的な道にはありません。あなたのアイデンティティーの源はあなたの愛の中にあるだけです。

イエスは私を見て聞きました

——あなたは誰ですか？

「愛です」。と私は自信をもって答えました。

——真の意味でそれが分かれば、自分について他の何も知る必要はありません。その確信が探求している他の答えをもたらしてくれます。あなたの不滅性についての保証をもたらし、あなたが他の人と分かち合う不滅の愛についての信頼をもたらしてくれるでしょう。この理解が強化されるにつれて、あなたの真の目的もはっきりとしてくるでしょう。なぜなら、あなたの目的は愛に根ざしているからです。

「過去世回帰の催眠療法が数多くありますが効果や価値があるのでしょうか？」

——過去世についての記憶を仲介し受け取っている人たちが正直であるかどうかにかかっています。価値があるかどうかに関して言えば、もはや役立たないものを完全に手放し解放することに価値があります。誠実で徹底したゆるしが同じことを達成してくれるでしょう。

次にもう一つの質問をしましたが、それは私が予期していた以上に〝含みのある〟質問でした。「私たちの集合的な過去の中で忘れさられていることで、私たちが知っておく必要があることはありませんか？」

——最初の出生外傷があって、多くの人びとがいまだにこれを体験しています。

《出生外傷って何？》と私は心の中で思いましたが、質問を発する前にイエスはすでに私の質問に答えていました。

——あなたが存在する前に時は存在していました。しかしながら、あなたが誕生した今、あなたが存在していない時は存在しないでしょう。愛の根源の中であなたが一つであり完全であった時代がありました。しかし、愛はあなたに、あなた自身としての不滅性を与え、あなた自身のアイデンティティーを与えることにしました。あなたが与えられたものは偉大にして栄光に満ちた贈り物で、それは約束と機会と責任に満ちた贈り物でした。しかし、神の子どもたちは共通の光という単純性以外に参照点がなかったために、それを衝撃として体験し、生命の贈り物を分離であると解釈しました。多くの人びとはそれを拒絶と見なして深く傷つきました。

それは悲劇的な誤解でしたが、人類が苦しんできた問題や苦しみの多くはこの出生外傷の結果です。人によってはこの事実を直接的に理解することができる人もいます。というのは、肉体として生まれてきたときのトラウマが拒絶と孤立という感情的な傷を残したからです。何年にも及ぶ機能不全の人間関係を体験したのちにこの問題を認識し、正しい治療を受けることで多くの場合、癒しが起こっています。

魂が自らの監禁状態に気づき、壮大な天稟(てんぴん)に気づくことのほうが、過去世について思いを馳せるよりもずっと意味のあることです。

「その理解を何が妨げているのでしょうか?」

——人びとは家に帰りたいという願望と自分のアイデンティティーと自由が失われるかもしれない怖れに引き裂かれているのです。分離した状態にとどまりたいと思い、自分が失われる危険を怖れているのです。あなたは根源と一つですが、集合的な無名性に吸い込まれてしまうことは決してないということを理解する必要があります。一つのスピリットの中に個々の場所をもつことがそれぞれの存在を尊重することであり、あなたが存在しない時代が来ることは決してありません。

あなたは、あなた自身の名前において永遠の生命を与えられました。この贈り物がいかに壮大なものであるかを理解したとき、あなたの誕生を新たなる歓喜をもって体験することができるでしょう。

あなたは誕生を最初は分離と見なし、それ以来、分離のドラマとして生き、分離としての枠組みをつくってきました。ここにこそ人間が枠組みに依存し、枠組みに取りつかれてきた理由があります。というのは、枠組みは安心感をもたらす代替の源となったからです。まもなく地球で起ころうとしている大いなる癒しが当初の出生外傷から人類を引き上げ、人類存在の真実を明らかにし、この不可思議なる宇宙の中に名誉ある位置を確立することになるでしょう。

4 あなたのエッセンスである愛

あなたの人生最大の質問、そしてすべての人の永遠の問いは、「私は誰？」というものです。この質問に対する答えがなければ、他のすべてのことは多かれ少なかれ謎に包まれたままです。シェイクスピアはハムレットに永遠の台詞（せりふ）を語らせました。「生きるべきか、死すべきか……」、しかし、これよりもさらに大きな疑問は、「あなたは誰？」というものです。

あなたはただの人間ですか？　あなたの民族の子どもですか？　あなたの国の子どもですか？　あなたは永遠の魂ですか？　神の子どもですか？　スピリットですか？　目的をもった存在ですか？　能力の源ですか？　それとも、一条の光ですか？　上に述べたことはすべて真実ですが、それでもまだ疑問が残ります。あなたという存在の究極的な核心は何ですか？

イエスは答えました。**「あなたは愛です」**

理解の浅かった私は、イエスは私が自分自身をもっと尊敬できるように、私に対する愛や他の人たちに対する愛を保証しているのだと最初は思っていました。数日間、イエスの教えを受け理解が深まって初めて、イエスは時が始まったその時に、私たちに与えられた力について話しているのだということに気づいたのです。その力こそ神と私たちの血族関係の土台となるものです。

人を批判するわけではありませんが、愛と幸せがあふれ出るような感じがしない人もいるのではないかという私の個人的な意見をイエスと分かち合いました。毎日放送される恐ろしい出来事に基づいて一般化すれば、イエスの教えを受け容れることは困難になるでしょう。価値判断を下しているように見えることに少し後悔の気持ちを抱きながら、私のこの知覚と彼の教えをどのようにすれば調和がとれるかと聞いてみました。

イエスの返事は次のようなものでした。

――すべての人が愛として創造されました。しかし、その愛が現在どのような状況にあるかは、それぞれの人の健康状態、過去の選択、人生に対処する能力の反映です。多くの場合、愛の内なる力はなおざりにされ、信頼されず、乱用され否定されます。庭にあるバラの花は、たとえ萎(しお)れていようとカビで覆われていようとバラであることに変わりはありません。あなたの周囲に見かける憔悴した不安な顔は、愛に破れ愛を否定された人びとの顔です。

人の本当の性質が行動の動機から分離されると、その人の行動は仮にネガティブなものであっても、その人が誰であるかを測る本物の物差しとして行動が尊重されることになります。そういう状況になると愛が根源の力であることはもはや理解されなくなり、単なる行動ないしは感情として理解されることになります。そのような状態では、愛が何であるかについて誤解するだけでなく、その人が誰であるかに関して誰もが誤解することは確実です。

真実を回復することは容易なことではありません。そもそも誤解の原因である古傷に真っ向から直面しなければならないとしたらなおさらのことです。他のすべてのことと同様に、これに関してもイエスは見事でした。(私がこの問題の理解に多少の遅延を体験したとすれば、それは私がさらなる理解に対して抵抗した結果です)

愛について語るとき、イエスは愛を行うことに対して愛であることの性質を強調しました。これが無条件の愛にいたる鍵です。今日、無条件の愛を実践したいと思っている人たちがたくさんいます。心からそのようなあり方を体験したいと思っているにもかかわらず、その道を容赦のない障害物でふさがれているという体験をしている人がたくさんいます。率直に言えば、誰も無条件でいつも人の言うなりになっていたくはありません。あるいは、無条件に愚かであることは誰も望まないでしょう。条件的な愛をクリアして無条件に愛することができたと思った瞬間にしっぺ返しを食らいます。無条件に愛しながら、同時に人生には条件があるという事実を考慮に入れるにはどうすればよいのでしょうか。イエスがこの謎解きの手伝いをしてくれました。

イエスの説明は次のようなものでした。

――愛を外的な力と考えているかぎり、愛は人生の条件に屈服することになります。**人生には確かに条件がついています。**自然にも条件があります。たとえば、春が新しい生命を呼び起こすためには冬が必要です。人間もまた社会の中に数多くの条件を築きました。賢明な条件もあれば愚かしい条件もあります。こうした条件のほとんどは緩和する必要があります。というのは、人間はそうした条件を壁や刑務所のようにしてしまったからです。寛容の度合いを拡大し、視野を広げ、ゆるしを増大させ、人生に対する好奇心を拡大することによって条件を緩和することができます。確かに条件を緩めてもっと自然な秩序とより見合った状態に戻す必要があります。しかし、同時に人生には常に何らかの条件があるという事実は変わりません。たとえば、誰かを助けるために二〇ドルのお金をあげることは喜んでやるとしても、その人にあなたの家の鍵をあげることにはある程度のためらいを感じるでしょう。その人を十分に愛していれば、この世界全部をあげてもよいと思うかもしれません。にもかかわらず、不可避的なポイントがあって、そこに来ると外的な抵抗に直面して個人的な憤りを感じます。その瞬間、あなたは条件に直面するでしょう。人生を生きるうえでバランスとフェアプレーを実際的に実行していくためには、常にどこかで境界線を引く必要があります。バランスは人生において永遠に繰り返される条件です。多くの場合、バランスが戦争と平和を決定する要因になります。

そのようなわけですから、視野を拡大して外を見ても無条件の愛に対する究極的な答えは提供されません。そこでその線からの思考を一時中断して、別な観点から愛を見ることにしましょう。愛の真実に話を戻して、あなたは愛であるということ、愛は行動ではないということ、人に与え、取り引きするための商品でもないということについて考えてみましょう。愛をテコとして使うことはできません。物々交換として使うこともできません。お金として交換することもできません。愛を所有して他の人よりも多くの愛をもっていると自慢することもできません。愛を真の意味で理解すると、愛を外的な要因と見なすことはできなくなります。

しばらくしてから、イエスの答えの中にある叡智が私にも見えるようになりました。愛を外的なものと考えるたびに外的な条件とぶつかることになります。しかしながら、愛が私たちのエッセンスであると悟ったとき、それらの条件は姿を消します。私たちは数多くの外的な制限をもっています。そしてそのような制限を利用しようとする捕食動物的な力をもっているわけですが、奇跡的なことに愛はうまくいくのです。

この理解を心の中に同化していったとき、敵が逆転して友達になるということが見えやすくなってきました。敵がもっている愛の可能性を認めることによって、敵のハートと接触したことになり、彼が敵意を持続する可能性はより少なくなります。愛は愛を攻撃しません。自分は誰なのだろうと考えたことがあるでしょうか。人間、霊的な存在、光の存在、神の子ども、いろいろな答えが考えられたかもしれません。それはすべて正解です。愛であるあなたは光に輝く太陽です。太陽は何をしますか？　光を放射します。愛であるあなたにスピリットは共鳴し、あなたを尊重し、スピリットの中にあなたの場所を提供してくれます。愛であるあなたは神の子どもです。何よりもまず、あなたは愛そのものです。それぞれの人がそれぞれの特別なあり方の愛です。おそらく、この点を理解するうえで最大の障害になるのは、愛とは愛情であり愛着であると混同していることかもしれません。枠組みに支配されている世界において、愛情と愛着は不足しているので、わずかであれもっているものにしがみついて手放してはいけないと考えます。そういうわけで、私たちはお気に入りの人びと、お気に入りの持ち物、お気に入りの楽しみにしがみつきます。

イエスは言いました。

――愛は手放すことを意味することもありえます。愛の力があなたの存在の根底に横たわっていることを一〇〇パーセント理解していないと、これを実感することは耐えがたいことかもしれません。愛の行為として愛着を解放することは誰にとっても最も困難な表現です。それに次いで難しいのはゆるしを通して憎しみと怖れを手放すことでしょう。あなたのエッセンスである愛を完璧なものにする行為としてゆるしを見れば、ゆるしはよりポジティブな意味をもつことができます。最後になりますが、だからといっていちばん大切でないというわけではありません。愛は何もすることがないのに何かをしたいという強迫観念に駆られた衝動を手放すことを要求するかもしれません。創造主が愛によって指令を与えるために休息されたのと同じように、そうすることがあなたの選択です。何もしないことが愛のより大きな表現であり、究極的なあり方の表現であるときがあります。これらのことを理解するとき、あなたを支配する力はすべて消滅するでしょう。

このような考えについて話し合っているなかで、『聖書』の中で神を「ありてある我れ」と言及していることを思い出して質問してみました。イエスは次のように答えてくれました。

――この言葉は在ることが最高であり、神がすべての存在の源であることを意味します。しかしながら、そのあり方の名前は愛です！　あなたにおいても在ることはすることを凌駕し、あなたのありようの名前は愛です。創造主は愛であり、愛の源であり、あなた自身のありようの源です。あなたはそのイメージで創造されたのです。

「神の名において創造されるとはどういう意味なのでしょうか?」

――あなたは神の子どもであるという意味です。創造主の神秘は、形やイメージに投影できるいかなる知識も超越したものです。しかしながら、あなたの神聖な源の知ることが可能な側面が愛です。その愛はすべての創造に延長されています。人類は創造の世界において非常に特別な位置を占めています。というのは、人類は自らもまた愛であることを認識し、さらなる創造のためにその力を活性化する特権を与えられているからです。

これは創造主が無数の小さな神々に分散したことを意味するわけではありません。一人の神だけが存在し、この神が存在するすべてのものに永続的な統一性を提供しているのです。神のイメージに似せて創造されるということは、神聖な意志が共通のエッセンスによって何世代も人類に注ぎ込まれることを意味します。そのエッセンスが愛です。

説明上の比喩として、あなたの身体のDNAを考えてみるとよいかもしれません。DNAは体の統一された行動力の基底言語であると考えられます。身体のさまざまな部分の細胞をサンプルにとってDNA分析をすれば、それはすべてあなたのものであることが分かります。しかし、それらの細胞サンプルのどれ一つをとっても身体全体に匹敵するものではありません。そしてそれらの細胞のどれ一つとして単独で機能できるものはありません。にもかかわらず共通のDNAコードであるという事実によって、体のすべての部分が結合し、調和のとれた形で一緒に機能することができます。〝愛〟という名前のDNAが共通のコードとして入っていて、これは天国の創造主と共通のDNAでこれによって生命の根源に対して、また生命の顕現であるすべての存在に対して調和のとれた形で奉仕できるといってもよいでしょう。

愛はあなたの存在性の刻印です。それが分かれば、なぜより劣った行動では十分でないかが理解できるでしょう。しかし、それよりも重要なこととして、あなたが本来そのようなものとして創造されたあの特別な性質を開花させることができるでしょう。愛は行動であるとは考えないでください。また膨大な効率性とも見なしてはいけません。効率性の規模という観点から創造主と比較したならば、絶望に陥るしかありません。愛は量ではなく正しい行動をもたらす**存在性の資質**です。

愛は質であり、フェンスや規模によって囲われてはおらず、その力は愛の無限の源である神からやってきます。そのようなものである愛には不可侵の権利があります。まずあなたの内部にある愛があなたにもたらしたもののすべてを尊重し、それをあなたの人格の中に同化するという単純な権利があります。なぜなら、あなたの人格はあなたの愛の総計だからです。誰もそれをあなたから奪うことはできません。

愛は普遍的に自由です。したがって愛であるあなたも自由です。あなたの肉体は幽閉の身かもしれませんが、あなたの愛にはいかなる境界線もありません。

愛はアダマンタイン粒子に指令を出します。したがって愛であるあなたはあなたの生命の司令官です。愛は条件のマスターであって、条件の召使ではありません。したがって愛であるあなたは誰の奴隷でもありません。

愛は法則です。いかなる法則といえども愛に根ざしているかぎりにおいて初めて妥当となります。これによってすべての人びとは法則を知り、法則のもとで平等になります。私がただ二つだけの指令を残していった理由はここにあります。すなわち、「あなたのハートのすべてで神を愛しなさい」。そして「隣人を自分のように愛しなさい」

愛はすべての生命体と普遍的に共鳴します。愛であるあなたも生命体と共鳴します。あなたが誰であるかという真実に対してはいかなる条件もありません。**あなたのエッセンスである愛というのは、あなたの神聖な権利であり、それには何の条件もありません。**

これらの教えの実例を私の人生で体験したことが何度かあります。イエスと一緒にいながらそのような瞬間を思い出すと、その出来事はさらに明確な意味をもち、さらなる洞察を与えられるのでした。イエスとそれらの体験を分かち合い、さらに深い意味を蒸留水のように抽出するというのは本当にありがたいことでした。

ある一つの体験はイエスのメッセージととくに強いつながりがありました。これは私がツレーン大学で修士課程の勉強をしているときニューオリンズで起こったことです。私は幸運にもガーデン地区にある、一八三六年に建設された家の敷地内の奴隷用の家に住んでいました。もちろん修復されていましたが、壮大な古い邸宅はまるで『風と共に去りぬ』の中に登場する家のようで、庭は約三メートルの煉瓦の塀で囲まれ、香りの良いマグノリアの木々が茂っていました。ワシントンアベニューとキャロンデレット通りの角にあるこの家の敷地には入り口は二箇所ありました。一つの入り口は正門で、もう一つの入り口は馬車用の門で柱廊玄関へと通じて、それから私の住んでいる場所につながっていました。私が住んでいた家は二階建てでバルコニーがあり、このバルコニーから庭越しにレースのようなフランス製の鉄でできた大邸宅を見ることができました。窓の外には一本の樫の木が立っていて、長い彫刻のような枝が二階の窓枠まで伸びていました。二階には冷房装置も網戸もなく、私のネコは日夜いつでも自由に出入りができました。まるで天国のようでした。

この場所には一つの欠点がありました。それで学生の私の予算でも借りられたのですが、この家はニューオリンズで最も危険なゲットーに隣接していたのです。一街区離れたところにある聖チャールズ通りはニューオリンズの富める者と貧しい者の境界線でした。不幸なことに私が住んでいたこの美しい大邸宅は、その通りの間違った側に位置していました。思慮分別にしたがって私は正門から出入りし、キャロンデレット通りにある馬車用の門は避けていました。しかし、私のわくわくするような楽しみは馬車用の門の外で近所の子どもたちが遊んでいるのを木陰のあるバルコニーから眺めることでした。子どもたちの遊びがどのようなもので、彼らが何をしているか私には分かりませんでしたが子どもたちの中にはとても幼い子どももいました。それに相当なわんぱく者もいましたが家でおろそかにされているのは一目瞭然で、子どもを見ている親はどこにも見当たりませんでした。私はよく思ったものです。彼らのために〝お姉ちゃん〟に何かできることはないかしらと。しかし、それを実行に移す代わりにお祈りをするときに彼らのことを思い出し、彼らを私のハートの中に置いていました。子どもたちを見ていると、彼らに対して信じられないような愛を感じ、彼らの人生が良いことで満たされ、階段を昇るための機会が与えられることを願わずにはいられませんでした。この状況に怖れの気持ちで反応して窓に鍵をかけ、夜は出かけないという選択も可能だったかもしれません。しかし、昼であれ夜であれ、家から外に出かけ、帰宅するときに問題があったことは一度もありません。遠くから子どもたちを見てはいましたが、どのような形であれ、彼らに近づいたことは一度もありませんでした。それでも彼らに対する私の愛は育っていったのです。私の人生で愛を実行する代わりに愛そのものでいることによって偉大な力をフルに体験したのは、実際にこれが初めてだったと思います。そして愛の力を導き手にすることなく愛の行動を形づくろうとすれば、それは極めて価値判断的な行動になりうると悟った最初の体験でもありました。

復活祭の朝がやってきましたが、私はぐっすり眠っていました。誰かが馬車用の門を開けたのか、あるいは子どもたちが門を押し開けて入ってきたのかもしれません。太陽が大邸宅の屋根の上に昇ったとき、窓の下で幼い少年たちが歌うコーラスによって私は目を覚ましたのです。私はバルコニーから手を振りました。彼らはたぶん誰かの家の庭で摘んだ花を小さなバスケットに入れて私にプレゼントしてくれたのです。私たちが会ったのはその時だけでした。数分たってから、彼らは復活祭の祝福の言葉を言って去っていきました。私は人生で最も愛らしい復活祭のプレゼントをいただいたのでした。それから、私たちは会っていません。

この子どもたちは私の愛を感じてそれに反応したに違いないという結論しか出せません。それよりもさらに大きな悟りは、それを今の私はこの上なくありがたいと思うのですが、子どもたちは私の愛によってシェルターを与えられる代わりに、彼ら自身の愛を表わすことができたのです。この話をイエスと分かち合うと、彼は嬉しそうに目を輝かせて言いました。「自己実現の喜びよりも素晴らしい贈り物を他の人にあげることはできません。それこそ創造主がすべての人に対してもっておられる意図です」

「私が一番よく知っているから」という気持ちでの鑑賞という形で愛を表現する誘惑に駆られたとき、私は愛情をもって受け容れることのより偉大な力を思い出します。これは他人の苦しみを見て見ぬふりをすることではありません。私たちはみな兄弟です。しかし、愛の中に内在する力を認めることなく愛を実践しようとすれば、状況に価値判断を下し、その状況にいる人に尊敬を払うことができないことになります。他人の靴を履いて歩いてみるまでは、私たちにはどういう靴を履くべきかを命じる権利などありません。

最善の意図をもって愛が一つの行動として示されたとしても多くの場合、それは拒絶されるか、敵意をもった反応に直面することになります。その理由は、その行動は愛として受け取られる代わりに、他の人の見解に発する価値判断とみられるからです。イエスは、私たちが自らのエッセンスである愛であるとき、正しい行動に導かれると言っています。

あなたは次のような疑問をもたれるかもしれません。愛を他の人に向けるべきなのだろうか？　意識的に祈るべきなのだろうか？　特別な方法で愛に焦点を絞るべきなのだろうか？　ただ一生懸命に自分のエッセンスとしての愛である以外に何をするべきか私には分かりません。そうすれば、あとは起こるべきことが起こるでしょう。人間の人格における愛の力を実証するもう一つの体験があります。これは私が子どものときのことです。この体験もイエスと分かち合いましたが、彼はさらに偉大な意味をこの体験の中に発見する手伝いをしてくれたのでした。

私はテキサスの小さな町で一九四〇年代に生まれました。町の人口は一万人足らずでしたが、さまざまな現実がまるでモンタージュのように混在していました。尖塔のあるヴィクトリア朝風の大邸宅が立ち並んでいましたが、それを背景に急速な経済成長と近代化が進行し、大恐慌時代の名残があちこちに見られました。私の思い出の中の〝スター〟はマットという人で、彼はロバに引かせた木製の箱つきの四輪馬車でゴミの収集をしていました。当時、ゴミ収集の仕事は今日のように役所が行うものではなく、事業意欲と必要な道具があれば誰でも仕事につくことができました。マットは私の家の近所でいろいろな手伝いの仕事をしていましたが、そのなかでも私が心待ちにしていたものの一つは、春に行う畑の耕作でした。マットはロバと耕作用のスキで私の家の八〇〇坪ほどの庭の土を耕して、夏のガーデン栽培の準備をするのでした。マットの奥さんのヴィオラは私の母のお手伝いさんでしたが心の温かい優雅な女性でした。彼女は私のしつけの責任の一端も担っていて、時々、私は昼下がりに彼女の子どもたちと一緒に遊んだものです。

毎日、ロバに荷馬車を引かせたマットが私の家の前を通って仕事に行きました。まだ四歳にもならなかった私はロバのパッカパッカという蹄(ひづめ)の音が聞こえるのをいつも待っていたものです。おもしろいことに、この音が聞こえる前、何ブロックも離れているときに私には彼の存在を感じることができました。マットの周囲にはユニークな光が輝いていて独特の存在感がありました。子ども時代の知り合いでマットほど明るく輝いていた人は記憶にありません。マットにはただ〝そこにいる〟という類まれな能力がありました。誰とでもそうでした。彼は質素な人生を送っていましたが高貴な人でした。マットが人生のさまざまな限界を受け容れ、それを自分のエッセンスである愛を完成するための機会と見なしていたということが今の私には分かります。マットを知らない人でも彼の光を感じ、彼と触れ合わずとも彼の光を受け取ることができたのです。マットは満足感と安らぎのオーラで輝いていました。マットの生命にあふれた人柄がばねとなって私は人生をこよなく愛し、人が大好きという幼年時代を過ごすことができました。毎日、天候の許すかぎり、マットは私を馬車に乗せて家から五街区離れている町の広場まで連れて行ってくれたものです。手を振ってさよならを言って、いろいろなお店を訪ねるなど、私の予定をこなしてから、空地、馬小屋、おばあちゃんの庭、秘密の隠れ場所などを通って家まで歩いて帰るのでした。それがお決まりのコースで私の日課でした。当時は「リトル・ラスカルズ」（小さないたずら者たち）の時代で、私もその一人だったのです。マットは愛であることについて最初のレッスンをしてくれた人でした。大事なのは何をするかではなく、あり方なんだよと教えてくれたのです。一つのあり方として、愛は驚くほど伝染性があります。

話を終えたのち、何かためになることを付け加えてもらえるかと思ってイエスを見ました。イエスは喜びに顔を輝かせ、肩をすくめてコメントしました。

——完璧なものに付け加えることなどできるでしょうか。人生はまさにそのようにあるべきなのです。

イエスがそう言ったとき、それは地上における今の人生を最善のものとして尊重することの大切さを感じさせる言い方だったのですが、私はまるで顔に水をかけられたように目が覚めました。その瞬間まで、完璧は天国でだけのものだという快適な毛布の下で眠っていたに違いありません。それと関連して「愛があなたのエッセンスです」というイエスの教えは天国でのみ実現可能（聖人は例外として）だと考えていました。人間は神との関係や究極の達成という意味において愛であるだけでなく、今この瞬間、この場所で、**この人生との関係においても**愛であるということに初めて心を打たれたのです。しかし、それは実際的な意味で把握するのは難しい考えでした。そこで私は聞きました。「現実の生活の中で愛であることの具体的な例を教えていただけますか？　それは子どもが目を大きく見開いて喜びにうっとりとしているような状態なのでしょうか？」

——愛の甘美にして明らかなさまざまな表現法について思い出させる必要はないと思います。それはすべて知

っているでしょう。人生の塹壕の中で愛そのものでいるということをもっと知りたいですか？

「それを知りたかったのです。しかし、あなたと一緒にいると人生の塹壕の中にいる感じがしません」

イエスはにっこりと笑って続けました。

——人生の塹壕の中にあって、愛とはあなたの存在そのものが違いを生み出すと知ることです。あなた自身の天命に正直であり、奉仕のための能力に真摯であることを意味します。そしてあなたの真の人格を減殺する可能性のある富や名声への呼びかけを拒否することです。多くの場合、混沌の真っ只中にあってしっかりと立ち、いま展開しているジグソーパズルの一つのピースを自分が持っていると忍耐強く信じ続けることです。愛とはビジネスマンであり、このビジネスマンは低い予算しかないのに高い要求を突きつけられて解決策が現われるまで眠れない夜を過ごしながら、献身と明晰な思考で粘り続けるのです。愛は献身的で忍耐強い母親であり、落ち着きがなく悩めるわが子を癒し、正しい方向に向かわせるためにたゆまず見守り続けます。そのような母親がいました。この母親は悩める子どもに注意を払い、愛情を注ぎ、叱りつけ、矯正教育を与え、カウンセリングも試みました。しかし、外的な対策は何もうまくいきませんでした。それでも彼女は絶対にあきらめず、子どもを兄の家族に預けて、そこで新しいスタートをしてもらおうとまで考えました。ある夜のこと、この最後の可能性について祈り瞑想をしていた彼女に驚くべき悟りが訪れました。彼女は自分自身が問題の一部であると同時に解決策の一部でもあることに気づいたのです。母親である自分を子どもから切り離せば二人が必要としている大切なつながりを否定することになります。この気づきと熟睡の結果、心身ともに爽やかさがよみがえった彼女は、翌朝、子どもを起こして〝魂と魂の〟抱擁を交わしました。それはその子が幼少のとき以来、分かち合ったことのないようなものでした。こうして癒しが始まりました。

あなたのエッセンスである愛そのものでいるということは、自分が置かれている人生の状況を受け容れ、それとつながりをもつことを意味します。あまりにも多くの場合、人は感覚的な刺激を求め欲望にかられ、不満にあと押しされて人生の表面をスケートボードで走るように滑走していきます。皮肉なことに、人生はスケートボードから降りて路面と直接接触するとき、初めてうまくいきます。あなたのエッセンスである愛を実現する最初のステップは、人生の避けられないつながりを尊重し受け容れることです。

約束しますがこれは憂鬱な探求ではありません。人生とより深く接触し、人生がもたらす発見を収穫すればするほど、ユーモアのセンスが磨かれます。実際の話、人生から笑いを奪っているのは政治的に正しい行動や態度です。笑いは魂に良いものです。とくに自分自身の問題について笑えるときは最高です。

神の現実と自分の中心が接触して起こる人生とのつながりの力を決して過小評価してはなりません。その力はあなたを謙虚にするでしょう。同時にそれはあなたを高揚させ光で満たし、泣かせるかもしれません。何はさておいてもそれがあなたを苦しめている問題から引き上げてくれることは確実です。

子どもを出産しようとしている女性は、進行中の奇跡とのつながりがなかったならば産みの苦しみにほとんど耐えることはできないでしょう。肩が外れた運動選手は他の選手と分かち合っているチームスピリットがなければプレーを続けることはしないでしょう。

人生とはつながりの冒険です。あなたがつくるつながりは、あなたの人格を肯定し強化します。愛の中でつくるつながりは花輪をかけて喜ぶべきつながりです。それ以外のつながりは消耗しえる体験です。そのようなつながりはあなたを楽しませ、挑戦を与えてくれるかもしれません。しかし、最終的には人生の真の意味を求める飢えと乾きをさらなるものにするだけでしょう。

魂は物質的な人生だけが与えることのできる現実の体験を切望しています。肉体は魂だけが与えることのできる不滅性の体験を切望しています。この結合の実現を許すとき、あなたのエッセンスである愛そのものであるとはどういうことかを感じることができるでしょう。

人間は結合を重ねるなかで創造されました。最初に神と、次に生命と、最後に肉体と魂の結婚によって創造されたのです。神の子どもとしての人間は自己感覚を与えられましたが、それを受け容れるという二次的な約束がついていました。肉体がより高遠な人生を生きるためには魂を認める必要があります。魂は肉体的な体験を実現するためには肉体を尊重する必要があります。肉体と魂はお互いに提供しうるものがたくさんあります。魂はより高遠な人生・高次な意識・高遠な原則のヴィジョンとヴィジョンを探求するための勇気を肉体にもたらします。肉体は数多くの体験を魂に提供しますが、すべての体験の中で最も偉大な体験である共感を提供してくれます。肉体はまた人生への応用と奉仕のための焦点となる場所を提供します。相互のつながりと統合において、肉体と魂はハートの目的を拡大し方向づけます。

あなたの最初の義務は肉体と魂とあなたの中に、またあなた自身として存在する愛の統合を受け容れることです。男性も女性も人生における最も重要な統合に成功していない状況で、女性がこの世界に自分の場所を見つけることは不可能です。男性が自分の兄弟と平和的な関係をもつことも不可能です。

肉体と魂についての数多くの描写は、それらの極めて重要な相互関係を説明するには不十分です。また肉体と魂の統合に伴う争いを説明するのにも不十分です。一般的には安らぎを欲し、静けさを望み、保護を求めるのは肉体です。魂と愛の動機づけの力がなければ、肉体はいちばん安易な道を求めることになるでしょう。肉体の主要な罪は変化に抵抗し、快適さと便利さを好むことと関係しています。肉体はリスクをおかすことは好みません。それとは対照的に、冒険の罪は普通にたどっていくと魂にたどりつきます。体験のために地球にやってきたのは他ならぬ魂です。魂は竪琴の甘美な音色や天国のバラの美しい香りをすでに知っています。肉体の体験をしたことのない魂が知らないことは、バラの棘にさされたらどのように感じるかであり、ジェット機の重力がどれほど刺激的でありえるかなのです。ワールドシリーズの野球の試合の興奮を楽しむのは魂です。あるいは、恋に落ちて結婚する喜びを味わうのも魂です。このような体験は健全な体験です。しかしながら、魂は体験を切望するあまり、問題を招来する可能性もあります。魂が地上的な約束に安らぎを感じることができないときは、とくにそれが起こります。

愛とのつながりをなくし、強情にも包容を拒否する魂はそれ自身に対して、また他の人びとに対して大きな問題を起こしかねません。魂を知らない肉体は耽溺と自己防御において生き埋めになってしまうかもしれません。極端に走ることは良いことではありません。またあなたが魂か肉体のどちらかにだけに長居することは創造主の意図ではありません。

真の愛は何かということについての理解がなければ、肉体と魂の結婚は困難な争いになりかねません。愛の力を理解するようになるにつれて、バランスと解決策が訪れます。これが実現する前に多くの人びとが自己破壊の人生に転落しました。犯罪さえ犯す人がいます。このような退廃的な行動は魂が愛とのつながりを喪失し、物質的な生活の焦点と奉仕を忘れてしまった結果です。人間の弱点は予期されてしかるべきですが、犯罪はそうではありません。存在の三つの土台である魂と肉体と愛を自分自身の中に回復する手伝いをしてあげれば、その人は人生を再発見することができるでしょう。

「弱点と犯罪のどこに線を引くことができるのでしょうか?」

――犯罪は、存在の実行可能で、創造的で、教示的な傾向に対する破壊的な行為です。したがって犯罪は創造主が開始したすべてのものに逆行する行為です。犯罪は他人を傷つけ、やがて自分自身を傷つけます。だからといって創造主が何か良いことのために破壊の力を用いないというわけではありません。あるいは、犯罪をおかした人はゆるされないというわけでもありません。大事なことは、犯罪は完全性を破壊するということです。犯罪についての理解は単純かつ要点を押さえたものにとどめられるべきです。モーセが犯罪を十戒に要約した理由はそこにあります。これによって間違った行動や判断の限りないリストに言及することなく、人びとは簡単なガイドラインを与えられました。善悪の問題についての議論のほとんどは人生の流れを分裂させるもので、人生を航行する魂の能力を妨げる可能性があります。正義の衣を着た価値判断は善悪の果てしのないリストを生み出すでしょう。このような問題に固執するのは神の意志ではありません。なぜなら、そうした問題は肉体と魂の統合を実現するあなたの進歩の妨げとなるからです。

問題を解決することを学び、ゆるすことのほうがはるかに重要です。あなた方は兄弟なのです。あなた方の中に肉体と魂のアンバランスに苦しんでいない人がいるでしょうか。それが弱点の性質です。肉体と魂がその統合に苦しみ、不調和と誤った方向性を瞬間的に体験しています。これは初めて歩行を学んでいる子どもが倒れた拍子に壊してしまった花瓶を隠そうとしながら絶望して泣いているのと変わりません。自分のあり方を完成させるプロセスは単なるプロセスにすぎません。そこで直面する困難はじれったくイライラさせられるものです。しかし、それは**完全性を探求**するプロセスでの失敗であり、犯罪とは違います。犯罪は**意図的に完全性をおかそうとすること**です。

私の使徒をなぜ社会の底辺から選んだのかとしばしば質問を受けました。社会の適切なガイドラインに必ずしも従わなかった人たちをなぜ選んだのかと。答えは、彼らは肉体と魂を結合するという神との約束を一〇〇パーセント表現した活力と生命力にあふれた男たちだったということです。愛の存在によってその結合のプロセスは人間的な不安定な性質を超越して超越的な優雅さに満ちたものになるという大いなる教えを彼らに与えたのです。

魂と肉体結合の約束を受け容れると、笑いに満たされる瞬間があり、悲しみの瞬間があり、ゆるしを乞われる瞬間があります。それらの問題を解決することによって他の人たちを理解するという共感を発見することでしょう。最後になりますが、だからといってこれはいちばん重要ではないということではありません。愛こそあなたのエッセンスであることをあなたは知ることになるでしょう。愛の力によって初めて不可欠なつながりが達成され、ワンネス（一体性）の状態が実現することでしょう。

人間の最大の過ちは、神とつながり、人生とつながり、自分自身の性質とつながることを求める代わりに、枠組みとつながりをもつことに何年も費やすことであるとイエスは言いました。そういうわけで、私たちの問題は愛と枠組みという二人の異なったマスターに仕えなければならないことでした。

枠組みは大きな問題であり、私たちはしばしばこの問題について深く話し合いました。イエスによれば枠組みは、人生の働きを理解するうえでの最大の難関であるということです。人生についてより流動的な理解ができるまでは、多くの不必要な苦しみや外的な失望を味わうことになるでしょう。私たちは枠組みによって支配されることをよしとしているために、愛のあり方や偉大な力が見えなくなっているのです。たとえば、イエスによれば枠組みの観点からすると、嵐は動きを開始した力の産物にすぎないというのです。嵐は特定の条件と進路に応じてかなり予知可能なやり方でやってきます。しかしながら、宇宙に指令を発し、すべてのものを動かすのは愛なので、この力に助力を求めることはできます。

——嵐を愛すれば、その嵐が破壊をもたらす可能性はなくなります。待ちに待って最後に絶望のあまり愛の助けを依頼したとしても、依頼しないよりはましでしょう。もちろん、それは砂糖を入れずにクッキーを焼いて最後にクッキーの上に砂糖を振りかけるようなものですが。最初からレシピに従って砂糖を使って作ったほうがおいしいクッキーができるはずです。

愛と枠組みのジレンマの代価は普通の場合、愛をどのように人生のレシピに含めるべきかはっきり分からなくなってしまうことです。枠組みは私たちをだまして愛を延期させます。あるいは愛抜きでいいと思わせようとします。そして多くの場合、愛が〝違いを生み出すことができる〟まで待っているふりをさせます。

あなたのエッセンスである愛そのものであるとき、この問題は回避できます。なぜなら、解決策を生きているからです。イエスはそれで十分だと言いました。

――あなたがもつべきもの、あなたがするべきことはあなたを見つけるでしょう。あなたの目の前にあることを愛するのと、より好ましいかもしれない他の何かをすることには何の違いもありません。祝福は愛の対象にあるのではなく、愛する機会にあるのです。

私は質問してみました。「何を最初に愛するべきなのでしょうか?」

――あなたの目の前にあるものです。

「何を最初にするべきでしょうか?」

――あなたが直面しているものが何であれ、それです。

「私はいま誰を助けるべきでしょうか?」

――次にあなたが話をする人です。

「私は次に何を学ぶべきでしょうか?」

――あなたの問題に対する解決策です。レッスンを探す必要はありません。問題があなたを見つけてくれます。よくあることですが、人は自分の目の前にある問題は考えるに値しないと思ってどこか別のところでレッスンを探そうとしたり、目的を探そうとします。多くの場合、眼前で自分を睨みつけている単純な問題の力を尊敬することができずに、困難なレッスンを探して自分自身につらい思いをさせます。問題は十分に目の前にあります。その問題をマスターすれば次の問題が姿を現わします。

私は次のように言いました。「私たちが自分の外に答えを求めるのは、私たちの根源から切り離されて道に迷ってしまったと感じるからだと思います」。イエスは共感を込めて微笑み、根源と私たちのつながりは他ならぬ聖心の中にあることを思い出させてくれました。それから、枠組みと枠組みの多くの幻想がもつ分裂的な性質について説明してくれました。

――物理的な存在においては、すべてのものが同じアダマンタイン粒子によって構成されていることを考えれば、枠組みは別々の複雑な組み合わせを提供して形を区別できるようにしていると考えることができます。パターンをつくるうえでのそのような違いは樹木の特別な性質と鳥のその違い、鉄の特別な性質と水銀のその違いに特徴的に見られることです。より大きなパターンの文脈において、そのような物質的な形態は長い期間にわたって安定していますがいつかは滅びるものです。そういうわけで、いつか滅亡する運命にある彼らにはあなたの運命に指令を発する資格はありません。

イエスは完全性を保つことが聖霊の意志であると言いました。枠組みは偉大なる詐欺師で、人間は多くの部分に仕切られ分離されている存在であると信じ込ませることに成功したのです。私たちは基本的に愛であるだけでなく、私たちがこれまで愛したものすべての累積であり、私たちを愛したものすべての累積なのです。そういうわけで、私たちの愛は記憶の中に保持され、また可能性として保持されています。愛はこの瞬間に存在する神聖なエネルギーであるだけでなく、記憶であり未来の可能性であることをイエスは私に明確に説明してくれたのでした。

――愛は尽きることのない生命の源です。あなたの名前は愛であり、あなたの人格は、あなたがこれまで愛したすべてのもの、あなたを愛したすべてのもの、そしてあなたが愛を通して顕現したすべてのもので形成されています。それがあなたという存在です。あなたがその愛から分離されることは決してありません。愛はあなたの不滅性です。あなたの人生は複数の時空に分けられているか、あるいは、どこにもありそうもない状況で停止しているという幻想を枠組みはつくり出します。枠組みによる支配だけがあなたの全体性からあなたを分離することができます。聖霊の力は分離の幻想を打ち砕き、魂を単純な完全性へと復元できることにあります。聖霊の前にいるときあなたは創造主と一緒であり、あなたという存在のすべてがあなたの誠実さの中で一緒になるのです。完全性は神聖であり、完全性は癒しです。肉体的な奇跡であれ、精神的な奇跡であれ、財政的な奇跡であれ、社会的な奇跡であれ、それがすべての奇跡のエッセンスです。切り離されていたものが何であれ、それがすべて戻って完全な状態になる、それが奇跡です。愛は完全性をサポートし、完全性は愛をサポートします。この絆によって愛はいかなるものでも癒すことができます。この絆のエネルギーは信頼です。信頼とは内なる自覚であり、この自覚によってすべての幻想が逆のことを言っているにもかかわらず完全性を抱擁するのです。

一人の女性がイエスの衣服に触れて癒されたという『聖書』の中の話について質問してみました。イエスは次のように答えてくれました。

——彼女は私の愛に触れて癒されたのです。それに対して枠組みの性質はあなたの人生を刻んでいくつもの部分にして、それぞれの部分を闘わせます。あなたは自分のマスターのためにそのようなことをさせるでしょうか？

私はその状況を想像して即座に嫌悪感を覚えながら、ためらうことなく質問しました。「それが人間の苦しみの源なのでしょうか？」

——人間の苦しみの源は神からの分離であり、あなたのエッセンスである愛からの分離であり、愛がどのように宇宙に指令を出しているかという理解からの分離です。分離された状態においては、しっかりと枠組みに奉仕し、一種の秩序形成に奉仕します。それは真の秩序とは程遠い見せかけの虚弱な秩序ではありますが、マスターとしての枠組みは残酷で分裂を助長し裏切ります。分離された状態においては、枠組みは常にあなたのマスターになろうとします。しかし、皮肉なことに完全性が回復すると枠組みは謙虚に喜んで奉仕する召使になります。
この理由は宇宙的な指令の法則にあります。愛が宇宙に、アダマンタイン粒子に、一つであるスピリットに、ハートに、すべての生命体に指令を発します。したがってその力から分離すると、あなたは支配しようとして術策に走ります。ここに枠組みがあなたに対してもっている優位性があります。あなたが人生をコントロールしようとするかぎり、あるいは人生をコントロールできると考えるかぎり、あなたは枠組みの前に屈服し、枠組みはあなたをしっかりと押さえつけるでしょう。人生をコントロールしようという探求の悲劇は、人生をコントロールすることは絶対にできないことにあります。しかしながら、神の子どもには人生に指令を発する以上に偉大な力があります。

このコメントを聞いて、突然、ティーンエージャーだったときのことを思い出しました。当時の私はロデオの馬に乗ることがお気に入りのスポーツで、バレルレース（三本の樽のまわりをジグザグに馬を走らせて速さを競う）が得意な競技でした。ある日、馬場で練習をしていたとき、私が雌馬の扱いに苦労しているのにひとりの年老いたカウボーイが気づきました。馬のタイミングが遅く、描いている円が大きすぎるのです。馬をコントロールしようといろいろやってみましたがうまくいきません。この老人は私をフェンスのほうに来るようにと手招きしました。馬を訓練するための秘訣を何か教えてくれるのかと思いました。確かに教えてくれたのですが、その教えは私が期待していたものとはまったく異なったものでした。葉巻をくゆらしながらテキサス訛（なまり）の英語で彼は言いました。「お姉ちゃん、あんた体重はどれくらいあるの？」。当時の私はツィギーのように痩せていましたから、顔を赤らめながら、約四六キロしかないと言いました。すると彼は私の馬を指さしながら聞いたものです。「その体重で四五〇キロもある馬を振り回そうとしているわけだが、そんなことできると思うかね」。私は当惑しました。この質問はどういう意味？　私は肩をすくめてその場を去ろうとしましたが、直感でこの人は私が聞く必要があることに話をもっていこうとしているのかもしれないと思いました。この老人は約五十年もの間、ロデオのチャンピオンを育ててきた人でした。しかし、彼が私をやりこめようとしているのか、それとも彼の体験の恩恵を分かち合わせようとしているのか分かりませんでした。しかし、私はさらにひどいことを言われるかもしれない危険をおかしながら、好奇心にかられて話を聞くことにしました。彼は話を続けました。「馬に君のやり方でいくか、馬のやり方でいくかを選ばせれば、おそらく彼女はその中間で妥協するね。そして君はさらに説得しようとか、力づくでやらせようと思うかもしれない。それでは絶対にいいパフォーマンスはできないね。秘訣はね、馬と一つになることだよ。そうすれば君のやり方が馬のやり方になる。すると、君は彼女よりも四六キロ重くなって馬を動かすことができるんだよ」。この言葉を聞いたあと、私は全身を耳にして聞き入りました。彼はさらに〝ワンネス〟の秘訣を教えてくれたのでした。

この話をイエスにしたとき、イエスの存在そのものがこの乗馬レッスンについての理解をさらに深いものにしてくれたのでした。私たちは真実を貫いた目でお互いを見やり、私が非常に特別な真実を把握したことがイエスにも分ったようでした。支配は分離の道具です。指令はワンネスの道具です。「**この絆のエネルギーは信頼です**」とイエスは言いました。戦争という過酷な状況においても、優秀な将軍は効果的な指令の秘訣は団結心であり共通の目的であることを知っています。神は自分の子どもに愛の力を与えられました。愛を支配と組み合わせると愛の力は減殺します。指令と組み合わせると愛の力は増大します。この理解はイエスが私に教えていた枠組みの問題と驚くほど呼応していました。枠組みは分離の道具であり、起こるべきことをコントロールするための道具であるともイエスは言いました。

イエスの教えによると病気やエネルギーの消耗を引き起こすのは枠組みです。衰退しつつある枠組みは修理を必要とするために、私たちのエネルギーは奪われ果てしない負担をかけられます。肉体は複雑な形態をもつものであり、愛と枠組みの両方で構成されています。補足的な関係にある愛と枠組みは、スピリチュアルなハートとその高次な知性との重要な統合と同じように統合されます。

——枠組みがバランスを失っているとき、あるいは、枠組みがそれ自身と衝突しているとき、あなたは苦痛を感じます。

そのあとイエスはさらに付け加えて言いました。

——枠組みが愛と衝突しているときはさらに大きな苦痛がやってきて、あなたにはどうすればこの争いを解決することができるのか分かりません。答えは正しい優先権を知ること、そしてどのような状況であれ克服できるハートの偉大な次元を理解することにあります。枠組みはとてもハートには及びません。枠組みがもたらす問題がスピリチュアルな強さを築いてくれるというメリットはありますが。

「ハートに滋養をあげなさい」と彼はしばしば私に言ったものでした。

——称賛と感謝を通してハートのポジティブな衝動を強化しなさい。毎日をゆるしの表現によってネガティブな衝動や状況をキャンセルすることから始めるとよいでしょう。思い出してください。ネガティブな衝動はマインドを反動的な論理へと駆り立て、その結果、人生のさまざまな矛盾が生まれるようになります。あなたが問題を解決したいと思うとマインドはその問題のさらなる局面を解決策であるとして創出しはじめます。マインドは解決のためには働きません。マインドは問題そのものを永続化しようとします。

欠乏を信じる人は誰でも欠乏が現実であると信じるように自分のマインドをプログラムします。したがってその人は欠乏を補うためにたくさんのお金を稼がなければなりません。結果として欠乏が持続することを許すような形でお金を稼ぐことになります。欠乏への投資を続けるでしょう。限定的に供給されるもの、あるいは供給がコントロールされているものに価値観を置くでしょう。彼はこう考えます。《ダイヤモンドはわずかしかない。

したがって当然ダイヤモンドは高価であり続けるだろう》。あるいはこう考えます。《優良不動産の量は固定している。ということは、それに投資するのは高価ではあるが健全だろう》。彼は優位性の経済学で自分の考えを力づけますが、この優位性が彼の人生でさまざまな問題の原因になりはじめます。優位な立場を確保するために常にもっと多くのお金を稼がなければなりません。そして最後には人生に対する優位性を失ってしまいます。そのような心の状態においては豊かさの謎を解くことは決してできません。ただ欠乏を信じることがもたらす結果から身を守ることしかできません。欠乏は枠組みの一つの側面です。したがってそれは自らを永続化させる問題であり解決策はありません。枠組みはどれほど大きかろうが、どれほど複雑であろうが、すべて衰退するものです。熱力学の原理が枠組みの自滅的な性質を実証しています。同時に宇宙は無限に拡大しています。宇宙の豊かさに終わりはありません。この一見逆説に見えることは愛の力によってのみ説明することが可能です。

ハートを強化するためのもう一つの練習メニューは無邪気な知覚です。人生を生きる前に人生の謎解きにあまりとらわれないことです。イエスはよく言いました。「生きて、体験して、楽しみなさい」。時々、何の予定も立てずに新しい知覚や冒険を体験したいという気持ちだけをもって週末どこかに出かけると素晴らしい感覚を体験できるかもしれません。ビジネス旅行や長い休暇を利用して出かける旅行の場合には枠組みが役立つでしょう。しかし、そのような休暇でリフレッシュされたと感じ、充電できたと感じることはまれであるかもしれません。

イエスは芸術的な問題について何度も助けてくれました。自分の行動を裁くことなく、先入観をもたずに、ただ観察するように励ますことによって助けてくれたのでした。〝もう一度考えよう〟とする私を優しく促して、よく言ったものでした。「考えは脇に置いて、ただ実行しなさい」。彼の忠告に従うと、もう一度考えてやり直す場合の何十分の一の時間で仕事を達成することができました。いま私が思うに、私たちはよく物事を延ばし延ばしにしますが、それは何か安易に逃げる方法を探すマインドの影響を受けているからではないでしょうか。長い目で見ると、そのような行為によってより多くの時間とエネルギーを払う結果となり、何よりも重要なことに、指令の立場が弱体化されることになります。イエスは次のように語りました。

——ためらうことなく行動に突入することによってポジティブな弾みが生まれ、それによって時間とエネルギーが節約され、指令を発するあなたの立場が強化されます。今やっていることに一〇〇パーセントかかわり、そのプロセスを無邪気に楽しんでください。子どもはそうします。これが天国にいたる鍵です。これが今ここにいることへの鍵であり、あなたの人生の今という時と場所を大切にするための鍵です。何をするにしても、それを味わってください。草の上に座って草の湿り気とひんやりとした感じを味わってください。頬を撫でるさわやかな風を楽しんでください。会話をしているときには相手の目の中を見て生き生きとした自分を感じながら会話の温かさを味わってください。

イエスはよく窓の外を見て藪の葉の数を数えるようにといった単純な指示をして教えてくれたものです。私のマインドが数える機会を与えられる前に、「こちらを見て何枚の葉が見えたか教えてください」と言うのです。全部の葉を数える時間はなかったと正当化しかけるのですが、そうする代わりにただ答えてみるといつも正確な数を言うことができたのです。マインドがかかわる前にイエスは待ったをかけます。「人生には単純な性質があって、あなたがそれをありのままに受け取りさえすれば喜びをもたらしてくれます」

一つの単純な出来事の中にあるかもしれない異なった層の意味について考えるのは、とても啓発的でありえますね、と言ったことがありました。イエスは同意しましたが、同時にすべてのものにはただそれであるという権利があると警告しました。何かの象徴であったり、思考の材料になったりせず、ただそれ自身である権利があるというのです。「ただあることは最高であり、それを正当化する必要はありません」。イエスがこう言ったとき、昔、よく体験した古い感情を解放することができました。それは誰かが私の絵に象徴的な意味を読み込んで、そうした付加的な意味が価値を高めるかのようにほのめかしたときに感じた防御的な感情でした。私は一本の木だけを描いたことがありましたが素朴すぎるかなと感じたものです。イエスは次のように答えてくれました。

――木が木であって何がおかしいでしょうか？　象徴的なコミュニケーションは興味深くかつ意味があるかもしれません。しかし、ただあることよりも強烈なものは存在しません。一つのものがあるために他の何かを意味する必要はありません。たとえどんなに小さなことであってもそれがそうである権利を否定すれば、あなた自身のその権利を危うくすることになります。あらゆる事柄に余計な意味や重要性を習慣的に付与することによって、人は人生から力を奪ってその力をマインドに与えているのです。そのような傾向が過剰になってしまったら何が起こると思いますか？

すべてのものは愛の力によって顕現しますが、外的な意味に奉仕するためではありません。あなたの家の庭に生える一本の雑草は、その親が種を残し、環境が好ましいものであったために発芽しました。そしてすべての存在の聖なる根源は一本の雑草の「ありてある我れ」ですら力づけます。雑草は反対勢力の象徴であるとか、暗い運命の象徴であるなどと早急な結論は出さないでください。庭に一本の雑草が生えただけのことで、その雑草がそこで生きたいからそうしただけなのです。雑草はいらないというのであれば、その気持ちを表現し、雑草に祝福を与えて除去すればよいでしょう。いらないものを除去する最善の方法は、それを祝福することです。なぜなら、愛は愛を尊重するからです。祝福は祝福を尊重します。**これを生きるためのダイナミックなガイドラインとして採用すれば、人生の大半は何をしなくともうまくいくでしょう。これがただあることの至高性です。**

はじめの時から三つの神聖な要素がありました。存在の三本柱です。一番目にして究極の要素は「ありてある我れ」であり、これが神聖性の源です。そのあとに無邪気さがあり、これは神聖性のスピリチュアルな存在です。三番目に愛があり、これは神聖性の顕現された存在であり創造の力です。存在のこれらの三つの側面は人間の祝福と実現のために人間に延長されたのです。

〝創造の行為〟における七日目の目的は行動することをやめて休息することでした。これは創造の終わりでもなければ、創造主が引退したわけでもありません。究極的な計画を始動するためでした。究極的な計画とは存在の主権によって指令を発することであり、その存在性が顕現されたものが愛です。

存在の自覚の中で私たちは存在性と行動性と所有性の間にある相互関係を自然に知覚するとイエスは説明してくれました。真の優先順位からすると私たちの存在性が愛であり、この愛から私たちの能力が生まれ、人生における達成が可能になります。しかしながら、枠組みの世界はこの順位を逆転して、行動する前に所有していなければならない、存在する前に行動しなければならないと私たちに信じさせます。専門的な能力の場合、この優先順位はある程度の妥当性があります。しかしながら、それが排他的に支配するようになると専門職者は、資格はもっているけれども愛によって動機づけられていないために真の能力を欠くという結果になります。そのような優先順位の逆転は優位性を確立するために物を所有し、その優位性を正直な遂行能力の代替物にするという結果になります。最終的な産物は真の存在性の代わりに〝イメージの創造〟ということになります。

イエスによれば、自尊心・満足感・自信・幸福についての私たちの体験はエゴに帰するのではなく愛によらなければなりません。**「エゴはあなたの愛にとって代わった誤ったイメージないしは移ろいやすいイメージを力づけるものです。栄光についての誤ったイメージはあなたの幸せとは何の関係もなく、実際には幸せを枯渇させるものです」**

これは人生の目標を愛の土台の上にではなく、所有しているものを土台にするときに起こるとイエスは教えてくれました。自己イメージというものは幾層にも累積していくものですが、それらのイメージの中に安らぎを見出すことは不可能であり、かといってそれらのイメージを分解して単純に存在するという状態に戻ることも不可能です。しかし、その方向を逆転して自己理解を私たちのエッセンスである愛の上に確立すれば、派生的なイメージのすべてが支配力を失うことは確実であるとイエスは言います。この世界は外的なかかわりから来るアイデンティティーによって自己存在を説明しようとする人であふれています。ネガティブなかかわりですら、仲間はずれになるよりはましです。別な言い方をすれば、自分が誰だか分からない、何でもよいからアイデンティティーが欲しいというのです。

――真実は、**あなたは愛である**ということであり、あなたは愛の根源からやってきたということです。これを悟ることは不快な体験になりえるかもしれません。なぜなら、この人生に対してあなたがもっている責任が暴かれてしまうわけですから。

愛はあなたという存在の根本的な力です。善であるということは生命の力である愛を賢明に、忠実に、献身的に管理することです。

この目的のためにある程度の秩序やガイドラインは役に立ちますが、枠組みや枠組みの要求、そして枠組みがあなたのために発明してくれるアイデンティティーに対して過剰に、また当たり前のように依存すると多くの苦痛と苦しみを味わうことになります。

複雑な形はすべて滅びるものです。生命が展開していくためには形は崩壊しなければなりません。変わらなければなりません。枠組みや枠組みに付随するものが崩壊していくとき、それにしがみつくのは非常な苦しみをもたらす体験になるかもしれません。それが肉体的な愛着であれ、社会的な愛着であれ、ビジネス的な愛着であれ苦しい体験になりえるでしょう。

「では、どうすればよいのでしょうか?」

――愛の観点からすると不可避的な変化の方向を変えて、あなた自身および他の人たちにとって良い状況を生み出すことが可能です。しかし、枠組みをあなたの召使にしたとき、初めてそれが可能になります。

枠組みを油断なく観察しなければなりません。なぜなら、枠組みは存在のあらゆる局面に存在する組織的な構成要素だからです。たとえば、枠組みは物理的な形を複雑にアレンジしただけのもので、やってきたかと思うとまた姿を消していくものです。枠組みは、また人生を理解し管理するために利用されるマインドが生成した公式の一側面でもあります。枠組みを通して形成された存在の層が数多くあり、人間はその層にマインドによるプログラミングの数多くの要素を付加しているのです。枠組みの限界を忘れなければ枠組みはあなたのために役立ちます。あるいは、枠組みのなんたるかを忘れてしまうと枠組みはあなたを抑圧することになります。

そこで私は聞いてみました。「枠組みの影響が行き過ぎたとき、どうしてそれが分かりますか？」。イエスはちょっといたずらっぽく答えました。

――そうですね、地球は平らではないと証拠によって証明されているのに地球は平らであると信じ続けるとき、あるいは、休暇の意味が失われても儀式として休暇を取り続けるとき。政府が国民に奉仕するためにではなく、その権力を維持するために生き残ろうとするとき。官僚政治が国民に奉仕することをやめ、それ自身を守り、それ自身の利益をはかろうとするとき。ビジネスが書類に埋もれ、何が大切かを忘れ、生産をやめてしまったとき。学校でただ理論だけを教え、人生のなんたるかをほとんど教えなくなってしまったとき、枠組みの影響が行き過ぎたと言えるでしょう。**枠組みがマスターになったとき、すなわち、決定要因になったとき、行き過ぎたと言えるでしょう。**最終的には枠組みは必ずあなたを裏切ります。なぜなら、**裏切らなければならないからです。枠組みは滅びるからです。**宇宙の自然の枠組みですら滅びる運命にあります。ましてや一時的な予定にすぎないものをサポートするマインドによって生成された公式は言うまでもありません。

イエスはさらに続けました。

――革新的な思考が起こるためには科学的理論の枠組みを緩める必要があります。新しい価値観が現われるためにはビジネスの枠組みを緩める必要があります。責任感が育つためには、人びとは自分自身を管理しているという感覚をもつ必要があります。倫理に対する尊敬が地上に存在するためには悪いことをすれば罰せられるという怖れだけでなく、正しいことをすることへの喜びの感覚がなければなりません。あなたがハートの指令を感じることができず、ハートがあなたの人生を力づけることができなくなってしまったら枠組みの行き過ぎです。枠組みは支配しようとしますが、それは死すべき運命にあるために飽くことを知らない怖れを生み出すからです。

「マインドによって生成された枠組みも同じようにあてにならないものでしょうか?」

――もっとひどいでしょう。

イエスは答えました。

――多くの場合、人はマインドが生成した枠組みを現実と混同します。マインドは枠組みが大好きですがその理由は、枠組みは論理を代表すると同時にマインドに数多くの移動可能な部分を与え、それをマインドは自らの複雑性の中に織り込むことができるからです。集合的な同意によってマインドは自らの発明品を現実であると断言します。あなたが現実と呼んでいるものの多くは現実とは程遠いものであり、マインドが生み出した枠組みにすぎず、それに皆が同意したというだけです。ハートがあなたの人生を支配するようになると、あなたはおそらくマインドによって生成された枠組みのほとんどは使わずに生きるようになるでしょう。少なくともどの枠組みが真の意味であなたの役に立つかを識別することができるようになるでしょう。マインドは枠組みに対して果てしない愛情をもっていて、その危険性に盲目です。

イエスはさらに続けました。

――最も危険な枠組みはあなたがアイデンティティーという形で内在化するものです。「私はこのようなものです。私は社会の中でこういう地位についています。私はあの遺産を受け継いでいます」などはそれに当たります。あなたの個人的なアイデンティティーを枠組みに置くと自分を見失ってしまうでしょう。なぜなら、**内在化したものは何であれ目に見えなくなってしまうからです**。内在化された枠組みこそ無限性を知覚し、不滅性を自覚する最大の障害です。外的な枠組みに従属するだけでもよくありませんが、枠組みを内在化すれば大いなる自覚の喪失に苦しむことになります。この状態になるとあなたは枠組みの所産であると考えるようになります。これほど真実から遠い話はありません。

自分は愛であると知っていれば、いかなる怖れももつことはありません。しかし、愛以外のアイデンティティーはすべて枠組みにルーツをもっているためにすべて滅びる運命にあります。死すべき運命にあるものは死を怖れて生き、進んで信じる気持のある人びとに怖れを注ぎ込むことによって生き残ろうとします。この怖れには苦痛と苦しみが伴います。

いったん枠組みを内在化するとあなたの人生は二つの力によって突き動かされることになります。二つの力とは愛と怖れです。多くの人がそれを試みようとしますが、愛と怖れの両方に仕えることはできません。

「これは愛と怖れは正反対であることを意味するのでしょうか？」

――前にも話したように愛には反意語はありません。なぜなら、愛は神聖な解決策であり、二元性を終焉させるものだからです。しかし、愛を選択することはできます。したがって愛には選択肢があります。

「正反対のものと選択肢の違いは何ですか？」

――選択肢はもう一つの可能性にすぎません。神の子どもたちは選択を通して創造を延長し、現実についての彼らの見方によって創造を延長します。このようなわけで**選択肢は不可避的です**。

断食は食べることに対するもう一つの選択肢と言えますね。両方とも体験することはできますが、同時に体験することはできません。あなたはこの二つの行為を正反対のことだと考えたかもしれません。なぜなら、両者は選択の産物ですから。しかし、この二つの行為はお互いに反対し合うこともなければ、二元性を力づけることもありません。実際には一方が他方を消去します。選択肢は自由意志の産物であり、あなたがなすべく選択を与えられたという事実の産物です。選択肢はあなたの自由意志という範囲内で人生を力づける可能性と人生を変える可能性を提供します。

たとえば結婚したあとの男性の人生は非常に変わります。彼の人生の焦点は独身だったときのものとは非常に異なったものとなるでしょう。子どもをもつかそれとももたないかということも、彼の人生の脚本を変えるもう一つの決断になるでしょう。

選択肢の中には非常に基本的であるために枠組みが既に確立されていて、衰退した選択肢は視界から完全に姿を消してしまいます。このような選択肢は逆転させるのがいちばん難しいものです。なぜなら、選択肢は失われてしまったように見えるからです。あなたが本当の自分が何であるかを思い出し、愛こそがあなたの核心にある現実であると思い出すことが非常に重要な理由はここにあります。

あなたがこれまでに与えられた最も重要な選択は、あなたのエッセンスである愛になるか、それともならないかという選択です。

この言葉のあとに沈黙と空白が訪れ、イエスはそれを言葉で満たさないという選択をしました。この言葉について考える時間を私にくれたあとで、再び話を続けました。

――たいていの存在はこの選択に対してためらいながら是認して部分的に、あるいは、ある程度受け容れました。この優柔不断さによって彼らは神秘の深淵と直面したのです。その深淵は怖れ、枠組み、発明されたアイデンティティー、生き残るための生存競争で満たされていました。多くの人びとにとって大いなる痛恨と憎悪がありました。そうであってもこれらのものはどれ一つとして愛と正反対のものではありません。これらのネガティブな感情や体験は、すべて彼らのエッセンスであるところの愛とは別のものを選択した結果です。すなわち、愛を否定したことの結果です。もし愛がそのようなネガティブなあり方の正反対であるとしたら、愛の存在はその違いを助長し、両極性に点火するだけでしょう。

正反対のものという主題は枠組み抜きでは存在不可能です。あなたが正反対のものとして知覚するものは知覚の制限されたフィールド内での幻想にすぎません。もしもあなたが全体像を見たら、両極性は溶解するでしょう。正反対のものというのはサークルが壊れたものにすぎず、それらの断片の連結点があなたに見えないだけのことです。

たとえば子どもがテーブルの上に置かれた平らな世界地図を見れば、その子どもは〝地球の果て〟について語るかもしれません。地図を手に取って円筒形にして、陸地と海がつながっているところを見せれば地球は丸いことが子どもにも理解ができるでしょう。昼と夜は正反対のものであると言えるかもしれません。とくに昼と夜の変化が突然やってくる谷底に住んでいればなおのことそうかもしれません。変化がゆったりしている山頂に住んでいれば昼と夜のつながりを観察できるでしょう。月に旅行して地球を見ればそのプロセスがさまざまな局面をもった切れ目のないサークルであることが明確に見えることでしょう。

これはすべての〝正反対のもの〟について言えることです。

イエスは私の絵の具パレットを見て、私が絵を描くときに用いるさまざまな色に言及しました。

――黒は白の正反対のように見えます。なぜなら、白は反射率において究極であるのに対して黒は吸収率において究極であるからです。しかし、実際はこのスペクトルは黒と白の先まで伸びています。黒は透明性をもつ黒へと進み、白は光の透明性へと進み、やがて両者共に完璧な透明性に到着します。そしてサークルが完成します。

正反対のものはすべてそのサークルを復元する接続リンクによって解消することができます。正反対のものを両極性として設定するのは無知の勝手な行為であり、利己的な枠組みの意図的な操作です。愛が究極のつながりであり、愛の存在を前にするとその他のつながりも簡単に発見することができます。愛がないと数多くの必要なつながりが悠久の時にわたって覆い隠されることになりかねません。愛は二元性を終焉させます。このようなわけで**愛と正反対のものはありません**。

愛には両極性はありません。しかし、あなたが愛に代わる別の選択肢を選ぶと愛にとって代わる枠組みにはたくさん正反対のものがあります。怖れは枠組みによって突き動かされながら人生を生きている人びとに共通の感情です。憎しみは人生を枠組みに預け、枠組みに支配されている人びとに共通の態度です。憎しみは愛の帰還に対する防御にすぎません。

愛はいかなるものに対しても反対することはありません。愛はすべてを征服します。愛はこの世界にありますが、この世界のものではありません。怖れと憎しみ、そしてそこから生まれる悪はすべて派生的なものです。愛は根源的です。愛は宇宙よりも前に存在していました。当然のことながら、この世界の枠組みよりも前に存在していました。当初、悪も怖れも憎しみも存在しませんでした。一つの愛、一つの可能性、一つのスピリットだけがありました。顕現が形を取りはじめたとき、自由意志が愛のすべての側面に延長され、生命となり、生命を体験し、生命の可能性を実現し、愛である自分を知ることとなりました。もしそれが望みであれば、自分自身の性質を否定する選択すらありました。この最後の選択から、あらゆる危険性の〝雑草〟が芽を出しました。

この最後の選択は非常に重要な贈り物でした。なぜなら、それがなかったならば、あなたは創造を前進させる力をもたない愛の一つの局面でしかなかったでしょうから。あなたは神の創造物にはなったでしょうが、神の子どもにはならなかったでしょう。愛があなたの性質であるばかりでなく選択になったとき、二元性のすべての可能性はあなたの人生から消去され、あなたは**指令する権利を与えられたのです。**

しかしながら、私がこのように愛について語るとき、好きであるという感情、愛情、あるいは、感情に言及しているのではないことを理解しなければなりません。多くの場合、これらのものは個人的な願望や愛着に対するポジティブな反応にすぎません。私が話している愛は一つの機能であり、力であり、純粋な意図であり、存在するものすべての核心にある正直さです。あなたが完全に正直でありえる主題は、それはあなた自身のかかわりを含めてですが、あなたが大いなる愛を抱いている主題です。

愛がマスターであるとき、品格と正直さが枠組みの世界にもたらされます。枠組みが支配するとき、人生は錯覚を起こさせる奇術師の劇場になります。正しい優先権が修正しない枠組みには何の問題もありません。枠組みが支配的な立場につくと内在的に機能不全になります。なぜなら、枠組みは原因となることもできなければ修正することもできないからです。

枠組みは形を与え、援助し、保存します。それだけです。誰も本来の自分を忘れなかったならば、あるいは、本来の自分を否定しなかったならば、あるいは、何らかの形で本来の自分から分離しなかったら、枠組みを自分の上に置くことはしなかったでしょう。枠組みは欠席裁判で先輩格に成りあがったのです。

枠組みには派生物はありますが何も創造していません。これはすべてのものについて言えることですが、とくに人間によくあてはまります。人類がここに存在するのは枠組みが一定の方法でパターンを形成し、究極的な産物として人間を進化させたからではありません。枠組みは生産に助力しますが、生産の原因となることはできません。枠組みは宇宙のモルタルであり、滅亡する運命にあるものですが、宇宙の恩寵でもなければ不滅のものでもありません。組織の一つの要素ですが、それ独自の力はもっていません。

枠組みを自分のアイデンティティーとして自己認識の一部にすれば、あなたの力を枠組みまで延長するだけのことにしかなりません。そうすることには何の意味もありません。なぜなら、枠組みの中に自分を発見することはできず、不滅性を発見することもできず、いかなる無限性も体験することはできないからです。それは岩棚の影が木の上にさしているのを見て木の性質を研究しようとするようなものです。

あなたの不滅性と無限の知覚の回復は、あなたの真の源は愛であるという知識から切り離すことはできません。枠組みはあなたが自分を愛としてではなく一つのアイデンティティーとして知ることを望んでいます。すべてのアイデンティティーは一時的なものと見なされるべきです。アイデンティティーの本質を見ることによってアイデンティティーそのものを大いに力づけることができます。

あなたの人生を定義し、説明するために何を許容するか、許容したもののすべてを自己存在の中に取り入れることになります。自分の人生は歴史の結果であり、外的な状況の結果であり、収集してきたアイデンティティーの結果であると信じれば、それらの枠組みを内在化したことになります。一人ひとりの中にある愛の力に比べれば、王子に生まれようが貧乏人の子どもに生まれようが、それは重要なことではありません。どちらの状況も等しく重要性を欠いています。しかしながら、そういう状況が重要であると考えれば三つの大いなる喪失に苦しむことになります。第一に、自分のエッセンスである愛を誤ったアイデンティティーに代える。第二に、果てしなくやってくるさまざまな状況があなたを無邪気な知覚から逸脱させる。第三に、枠組みの滅亡性のパートナーになってしまう。

私たちが枠組みに心を奪われる一つの重要な理由は、枠組みを所有したいという願望です。しかし、枠組みは虚弱であるにもかかわらず要求ばかり多いものであり、所有する価値はほとんどありません。いつかは姿を消していくものです。あなたの人生が宇宙に残した創造的な刻印は持続します。

――泥棒が入って盗み出すことができない天国に富を蓄えるようにと私が言った理由はここにあります。枠組みの内在的な資質は壊れやすいということです。いつか滅びるものです。あなたが何かを創造するとあなたの刻印がそれに永遠に残され、クッキーの抜き型のように同じものを作るために何度でも使うことができます。

私は個人的な体験からこの話はよく分かります。アーチストとして私は描くものが何であれハートと魂のすべてを注ぎ込みます。それで時々、人に質問されます。「グレンダ、そんなに心を込めて描いたものをどうして売ることができるの?」。そういうとき、私が売るのはキャンバスと油絵の絵の具だけだといつも答えてきました。私の創造性の刻印を売ったことはありません。私が創造したものはすべて何度でも再創造することができます。アーチストにとってこれが真実であれば、神聖な源にとってそれは限りなく真実であるに違いありません。創造主にとって彼の力を使って私たちの愛の刻印から私たちを再創造するのは簡単なことであるに違いありません。

私たちの不滅性の回復は私たちの本名についての記憶を取り戻すことと密接に関係があります。イエスはこう言いました。**「人生は行動する愛です。それに対して時間は行動する枠組みで、生き残ろうと努力しているのです。枠組みの密度を内在化すると、死は不可避的になるだけでなく必要なプロセスになります」**

イエスによれば死とは、「役に立たなくなったアイデンティティーの情報センターである」ということです。その意味は、死と時間の幻想は私たちが枠組みの召使であるかぎり支配を続けるだろうということのようです。

——実を言えば、あなたは時間の流れの一部ではありません。枠組みとアイデンティティーにかかわっているためにそのように見えるだけです。所有物や業績によって生じるアイデンティティーは、魂によって選ばれた原型的な役割ないしは魂の実現のために神によって委託された原型的な役割と混同されるべきものではありません。あなたの人生の脚本は〝あること〟として書かれているために、あなたの人生の目的は多くの場合、あなたが演じる役割という形で委任され選択されます。これらの役割には誰かの母親であることから教師であること、リーダーであることなどが含まれます。しかしながら、魂がその外套にする役割は、愛の指令のもとで成長し柔軟性をもつことになります。魂が引き受ける役割は、枠組みの世界が生成する固定されたアイデンティティーとはまったく異なります。

非常に明確で威厳のある言い方でイエスは次のように宣言しました。

――すべての真の存在性は今であり、ここであり、自由であり、過去からも未来からも自由です。したがって時間の唯一の存在性は〝今〟です。時間の場所を確定してみてください。時間を現実のものとして空間の中に置いてみてください。何が見えてきますか？

答えは明らかに、〝今〟でした。

――その通りです。〝今〟は確かに存在します。それが時間の唯一の顔です。持続する〝今〟、あらゆる存在性の故郷です。枠組みには持続性はありません。したがって枠組みにとって時間は、枠組みが生まれ、生き、死ぬために必要なプロセスにすぎません。あなたが一般的に時間と呼んでいるものは行動する枠組みにすぎず、幻想にすぎません。時間は枠組みが生き残るための企てです。あなたにとって時間は関係がありません。なぜなら、生命は行動する愛なのですから。あなたが知覚する時間は枠組みのはじまり、継続、終焉であり、枠組みが存続のパターンを演じているのです。モーターが作られ、目的を果たし、消耗して修理費がかさむようになって捨てられます。そしてクズ鉄処理場から鉄鋼所に戻ってモーターは何か別のものになります。このモーターの生涯を描写する一連の行動は時間と同じだと考えることができます。しかし、あなたにとって時間は実際には存在しません。時間の部分を正確に確定しようとしても手にできるのは今だけです。

宇宙の法則と枠組みの性向の違いがついに分かったとき、大いなる明晰性を体験することでしょう。枠組みを捨てることはないでしょうが、ついに枠組みをあなたに奉仕させることができるようになるでしょう。あなた自身の運命を枠組みの運命から遊離させ、その結果、枠組みの死すべき運命によって裏切られることはなくなるでしょう。それよりもさらに重要なこととして、あなたの存在の完全性においてあなたは愛であること、そして枠組みはあなたの召使であることを一〇〇パーセント確信するとき、山に向かって「来なさい」と言えば山は来るでしょう。風に向かって「静まりなさい」と言えば嵐は静まるでしょう。これがすべてのものを開く鍵です。

5 アダマンタイン粒子

イエスはアダマンタイン粒子について語るたびに、アダマンタイン粒子に指令を発するのは愛であることを私に思い出させました。ある時、イエスは強い口調で付け加えました。

――**工業技術がどれほど進歩しようとも愛がなければ何もあるとは言えません。**

アダマンタイン粒子は高い周波数の潜在的な可能性の連続する流れを代表していて、愛の指令のもとに顕現して別々の形や組み合わせになるのです。残念ながら人類は五感の知覚に支配され、枠組みによって封じ込められているために、この強力で融通無碍（ゆうずうむげ）な力をほとんど自覚していません。この常に存在し、決して終わることのない生命の川は、私たちの通常の知覚を完全にすり抜けているため、私はこれをどう説明したらよいものかと困惑している次第です。イエスとの会話を忠実に再現することによってそれに成功することを願っています。

イエスはさまざまな方法でこの問題を説明してくれましたが復習してみると一つのことで首尾一貫していることが明白です。イエスの説明は常に単純で、適切で、直接的で、いつも私をはっと驚かせるものでした。ごく普通のことを話しているときに、イエスは新しい考え方を導入して私の視点を変化させ、より高遠な理解を惹起するのでした。最初のコメントは、次のようなさりげないものかもしれません。

――やっている仕事が楽しくて仕方がないとき、それが順調に進むということに気づいていますか？

当然、私はその通りですねと肯定します。それからイエスの質問のより大きな目的に向かって進みながら、実に刺激的な会話に入っていきます。

常にそうなのですが、イエスの教えの渾然として一体をなすような統合によって、〝壮大なもの〟と〝些細なもの〟がつながり、〝平凡なもの〟と〝非凡なもの〟との間に道筋ができるのでした。そういうわけですから、この問題を説明するにあたってアダマンタイン粒子が人間にとってどういう実用的な意味をもっているかに焦点を絞ると同時に、この粒子が宇宙の法則と深遠に一致していることにも光を投げかけていきたいと思っています。アダマンタイン粒子の問題についてはどこから話しても問題はありません。すべての顕現は究極的にはアダマンタイン粒子の性質と潜在的可能性に帰属し、アダマンタイン粒子を体現していることさえ理解しておけば、という条件つきですが。

アダマンタイン粒子の知識は素粒子物理学や銀河系の旅、エーテル界に限定されたものではありません。私たちが生きているこの人生の理解に不可欠のものです。この生命力に対する自覚が高まれば、あなたが愛する植物がなぜ花開くのかが分かりはじめるでしょう。愛が存在するところにおいてはアダマンタイン粒子の自由な交換が起こります。これは生きもののダイナミックなかかわり合いを説明してくれます。これらの原子より小さい粒子は宇宙のすべての複雑な形の建築材料であり、愛の指令のもとにあるために有機的な生命体においてはとくに流動的です。そういうわけですから、植物ないしはペットがそれ以外には何もないような寂しい環境に置かれると、そこにいる人にただちに改善が見られるのは当然のことです。癒しの世界において〝愛の贈り物〟をあげる慣行は非常に有意義なものであることが判明しています。とくに身体的に挑戦を受けている人たちにとってそれは顕著です。軽警備の刑務所や精神病院では植物やペットの存在に非常に大きな治療効果があることを発見しつつつあります。これらの生命をもった仲間は枠組みの世界の外側で自由に生命とかかわる新しい方法を提供しています。

私たちはよく癒しを求めて、あるいは、喧騒から逃げ出すために自然の中に入っていきます。おそらくは自然と一緒にいる最善の理由の一つは自然とつながることかもしれません。そのつながりが意識的であろうと、直感的であろうと、無意識であろうと問題ではないようです。環境との共時的なパターンに応じて、必ず交換は行われるわけですから。釣人が餌に魚が食いつくと必ず感知できるのには驚かされます。あるいは、森の住人が森を歩いているときに道を〝感知する〟のにも驚かされます。テキサスの北部の丘陵で馬に乗ったときの話をイエスにしたことがあります。馬は足元をまったく見ないにもかかわらず、一度としてホリネズミの穴に足を取られることなく、石につまずくこともなかったのです。馬は絶えず大地とコミュニケーションをしているために地形を知っているのだとイエスは説明してくれました。生命エネルギーの持続的な交換を理解している人は誰であれ、これだけ深い情報と知覚を入手することができるのです。私たちは普通、このような感覚を「直感」とか、「第六感」と呼んでいます。しかし、そのような言い方は秘教的な知覚の不明瞭な世界を暗示する傾向があります。イエスによれば**「微妙な自覚は誰でも入手することができる」**のであり、私たちの祖先はそのような能力について、今日の私たちよりも実際的だったということです。真の能力はすべてそうですが、重要なエネルギー交換についての知覚能力は練習をすれば高まり、使わなければ衰退します。そういうわけで私は自分の行為のすべてをもっと注意深く観察するようになりました。

私は今、ペンを手に持ってこの原稿を書いていますが、宇宙的な秩序のすべてがこの一点に集中し、この単純でごく普通の機能を果たすために応用されていると考えると驚きを禁じえません。インキの一つの分子の中に存在するすべての青写真が入っているのです。なぜなら、すべての顕現はアダマンタイン粒子の表われであり、愛の支持のもとでスピリットの無限の太陽から姿を現わすからです。

この現象はすべての存在に限りなく浸透し、すべての存在を限りなく維持しています。アダマンタイン粒子の交換は絶えることがなく、愛のあるところでは意味のある形をとって機能的な合一性をもたらします。たとえば、夫婦の愛について考えてみましょう。夫の愛は妻のアダマンタイン粒子に影響を及ぼすと同時に、妻の愛も夫に同じ影響を及ぼします。夫婦が考えやマインドやハートにおいて共に成長していくプロセスで、愛は二人の生命エネルギーを統合します。時がたつにつれて肉体的な外見すらも融合しはじめます。これと同じように、同じ地域出身の人びとは多くの場合、微妙に似ていることがあります。テクノロジーの助けを借りることによって声の調子で血がつながっている家族を探ることすらできます。時には、ペットと飼い主が似ているのを見て微笑ましく思うこともあります。彼らの愛が絆となってアダマンタイン粒子を調和的に共振させるのでしょう。このようなことは見る目をもっている人には明らかなことです。

私はできるだけ自然に注意を払い、自然のエネルギー交換のパターンに注意を払うようにしています。ある日のこと、私はただ楽しむために、一日を町中にある公園で過ごしました。素晴らしいペカンの古木の広がる枝の下にある大好きなベンチに座り、アダマンタイン粒子の自由な流れの中に身を置き、美しさに見とれていました。まもなく私を取り巻く環境と完全な一体感を感じ、すべての障壁がなくなってしまったように感じました。突然、カラスの一群が目の前の芝生に降り立ちました。彼らに続いてかなりの数のリスたちが木の間を駆け抜けてきました。カラスたちは草を食み、リスたちはペカンナッツを探そうと走りまわっています。マネシツグミと黄色いアトリも訪ねてきたようです。魔法にかかった私の庭はまるで生命がよみがえったように生き生きとしてきました。カラスの一羽一羽が、そしてリスたちが無邪気に自由に、私のほうに近づいてきました。まるで人間を見たことがないように、私が脅威であるなどとはまったく感じていないようです。そこに訪れた安らぎの感覚は驚くほどで、〝自然を吸い込んでいる〟ようです。彼らが私を仲間に入れてくれているようで、思わずうっとりした気持ちになります。一羽のカラスが緑色の小さなヘビを捕まえて、私に見えるように誇らしげに高く掲げました。「あら、かわいいわねえ」と私も応じたものです。カラスが私の言葉を理解できるとは期待しませんでしたが、言葉の背後にある意味は感じられるかもしれないと思ったのです。その瞬間、カラスは私のほうに近づいてきて一メートル半くらい手前で止まって、彼の聖餐をどれくらい上手に平らげることができるかを見せてくれたのです。彼はなかなかのショーマンでした。

そのあとすぐに小さなリスがペカンナッツを集めては地中に埋めているのに気づきました。新しいペカンはまだ少し緑色だったので、彼の行動をいぶかしく思った私は小さなリスさんと会話をしてみました。「ねえ、それはまだ少し早すぎるんじゃないかな」。するとリスは、あなたの言うことを真剣に聞いていますよ、とでも言うように頭を少しかしげてじっと私を見ました。それから彼はもっと古いペカンナッツを見つけると私のほうに近づいてきて、《これは大丈夫かな?》と私に調べてほしいとでもいうように差し出しました。私が彼の賢さに感心したことを告げると急いで走っていきナッツを埋めました。その仕事が終わると彼はもう一つのナッツを選んで私の方に走ってきました。私は彼の信頼にうっとりとしてじっと静かに座っていました。私から一メートル足らずのところで、彼はペカンの殻を取り中身を私の足元に落としたのです。私はリスに食べ物をあげたことは何度もありますが、リスに食べ物を貰ったのはこれが初めてでした。愛がどのようにアダマンタイン粒子の交換を引き起こすか、その完璧なモデルをこの自然の無邪気なやり取りは体験させてくれたのでした。

イエスは言いました。

——アダマンタイン粒子の分かち合いは生命の呼吸です。存在の世界全体でこれらの粒子が常に交換されています。アダマンタイン粒子は有機生命体を構成しているだけでなく地球という惑星、風、存在するすべての物質を構成しています。すべてのものは存在している間、ずっと呼吸をします。息を吸い込み、息を吐くとき、アダマンタイン粒子は生命に不可欠なバランスとつながりをもたらします。アダマンタイン粒子と波長が合っている人には、病気は生命の呼吸の不規則性としてはっきりと見えます。愛が存在するところでは、自然にバランスがとれた状態に戻ります。手をかざすことによって健康の回復に役立つ理由はここにあります。癒しのふれあい、ハギングがもつ力の秘密はこれなのです。

この話をしているとき、私は次のような質問をしました。「接触が直接的なものでなくとも癒しは起こるのでしょうか？　あなたの外套に触れて癒された女性のことを考えていたのですが」

――彼女は私の愛に触れたのです。それによって彼女は癒されました。お互いに触れ合うとき、とくにお互いの愛情に満ちたエッセンスに触れ合うとき、あなたは癒されます。孤立して人から離れて生活していると生命は急速にバランスを崩します。

イエスに励まされて私の好奇心は刺激され、知識への渇望が高まり、もっと詳しく知りたいと思って質問しました。「アダマンタイン粒子とは何ですか？」

――アダマンタイン粒子は物理的存在の基本的な建築資材です。特定化されたエネルギーの潜在的可能性で、無限性を活性化し、統合し、無限性に形を与えるものです。点であるアダマンタイン粒子は削減不可能であり、分割不可能であり、総称的であり、その存在そのものによって次元が確立されます。一つの点ともう一つの点の間に次元があります。一連の点の間に次元のパターンがあります。こうして空間が生まれます。エネルギーの原動力はこのようなパターンのリズミカルな活性化と反復によって存在します。これらのパターンとリズムがより複雑になり、より特定化されるなかで物質が形成されます。

私は大学時代に習った物理学に思いを馳せ、光は粒子でもあり波でもありえることを思い出しました。イエスの説明によると、それと同じようにアダマンタイン粒子は点とエネルギーと質量を同時に創造する能力があるというのです。イエスはさらに説明してくれました。

――質量を実際に創造できるのはアダマンタイン粒子だけです。簡単に言えばアダマンタイン粒子は最初の放射ポイントであり、そこではエネルギーも質量も同一です。アダマンタイン粒子がそこを源として発生するマトリックスは、まだ定義づけられていない潜在的可能性の連続体としての物質であり、それは一つのスピリットの卓越した未分割の存在です。そういうわけですから、別な観点からすればアダマンタイン粒子は無限性を顕現し、無限性の証拠を提供する点であり、無限性の可能性を活性化し、すべての顕在的な形を可能にするものだということもできるでしょう。

しかし、私はよく分かりませんでした。「無限性をどうやって設計図にしていくことができるのでしょうか。無限性を制限することなく既知の要素とどうやって統合することができるのでしょうか?」と私は質問しました。それは無限性という言葉と矛盾しているように思われました。

――物理的存在を説明するためにあなたが使っている仮説を考えれば、そのように見えるに違いありません。あなたが知っている物理的な宇宙は、ありてあるすべてのものの一パーセント足らずを構成しているにすぎません。保存の法則がその一パーセントの説明に向けられていますが、それ以上ではありません。ほとんどの科学理論や一般的な仮説はエネルギーは力であり、燃焼であり、圧力波であると解釈しています。その考えはこのようなものです。力は結果として圧力波になり、圧力波は密度を創出し、密度が物質という結果になり、それ以外の残りは無限である。ここにこそ本当の矛盾があります。

残りは定義不可能であり、理解の基礎となるものを提供してくれません。無限性は定義不可能な残りものと見なされるかぎり、無限性の資質を描写することがどうしてできるでしょうか。どのようにして無限性を活用することができるでしょうか。無限性にどのようにしてたどりつき活性化させることができるでしょうか。

真実を言えば、創造に残りものがあるとすればそれはあなたが体験し測定できる物理的な宇宙の残骸であって、果てしのない次元間の可能性で宇宙を囲みサポートする宇宙の無限の在庫の残りものではありません。あなたが〝物理的〟と見なすものが検出できるのは、枠組みのエネルギーと形のパターンが比較的安定している理由によります。そしてこれは常に変化しています。なぜなら、エネルギーが絶えず微妙に新たに供給され、それによって生じる衰退していく形状も出てくるからです。アダマンタイン粒子は無限の世界と物理的存在の限定された世界の両方に属しています。彼らは創造の〝最初の光〟でした。彼らは永遠に意識の光であるでしょう。彼らは燃料とダイナミックなエネルギーを提供して思いを推進し、顕現します。彼らはスピリットに肉体を与え、生命に新たなる息吹きと美と滋養と癒しを与えます。アダマンタイン粒子は愛によって指令を与えられ、スピリットの性質と意志に合致しているため、すべての次元に属します。

イエスが言ったことには自然な正しさというようなものがあり、私はこれまでになく深く生命について考えるようになりました。しかし、イエスは内在的な意識がこれまでもずっと存在していて、それがいま目を覚ましはじめているのだと感じさせてくれたのです。瞬間ごとに生命力が高まっていくように感じました。

「力としてのエネルギー」という対照的で機械論的な考えが、産業・政府・個々人の人生におけるあらゆる形のエネルギーについての考えを支配してきたことをイエスは説明しました。考えは行動の源ですから、私たちが真実であると考えるものが世界に顕現します。エネルギーは力から生まれると信じているかぎり、その考えが世界を支配することになります。考えてみてください。私たちの問題の多くの原因は何でしょうか。力です！

私たちの理解の土台が力から誘引にシフトしたとき、深遠な変化が起こるだろうと保証してくれました。

――磁力が存在のより大きな統合を説明し、事実、次元間の場を統合しているのは磁気による結合なのです。

それに続いて次元間の場がすべての物理的な現実をサポートし結びつけます。無限性は残りものではありません。無限性はすべてのものを統合する統一要因です。人間の思考の基礎が力から誘引に変わるとき、工業技術のすべての側面もまた変わることになるでしょう。

私たちは今、燃料や未精製のエネルギーに関して困難を体験していますがイエスの説明によれば、それは人類がエネルギーを力であると解釈しているからです。私たちは力を使って抵抗を生み出し、その抵抗が電気エネルギーという結果になります。磁気の時代になれば、〝調和のとれた非毒性のエネルギー〟をもつことになります。発電機から私たちのマインドにいたるまで、すべてのものを力づける宇宙の真のエネルギーをもつことになるでしょう。そのとき初めて私たちは実際的な意味で無限に機械などを操作することができるようになるでしょう。

――現在の時点では、科学はまだ欠乏と力と未知の残りものに焦点を絞っています。欠乏とは支配に屈従するものであり、力はそれを支配するために利用され、無限の残りものは理解されていないものです。無限性をそのように見れば無知が拡大されるだけです。しかし、それは今まさに変わろうとしています。

そのようにイエスは約束してくれました。「その推移はどのように起こすのでしょうか？」

――それはすべて究極的な力に対する畏敬の念から始まるでしょう。その理解が十分な数の人びとによって達成され活性化されると、人類の全体的な枠組みがエネルギーを力と見る信念体系より高いところへと持ち上げられるでしょう。十分な愛を前にすると力は意識を支配することができなくなります。その瞬間から意識は非常なスピードで覚醒することになるでしょう。その変化は非常に強力であるため、一秒ごとにさまざまな答えがもたらされることでしょう。

その時が来るまでは、アダマンタイン粒子は磁力に反応するということを覚えておいてください。人間の潜在的可能性に関して言えば、ハートがあなたの磁気センターです。あなたはハートを通してアダマンタイン粒子を引き寄せ、愛によってアダマンタイン粒子に指令を発しています。

私の想像力は今よりも理想的な世界がやってくるというイエスの予測にうっとりすると同時に、私のマインドは電気エネルギーが磁力に先行するという教科書の説明にしっかりとしがみついて離れません。この点を明確に説明してもらうまでは満足することができません。私の質問に対する答えは、やや専門的なもので、別な章に譲ることにしたいと思います。しかし、この文脈に関連してイエスの説明を簡単に要約すると、電位だけでなく電極から生じる派生的磁気をも生成する形成的磁気が存在するということです。

――形成的磁気は引き寄せ場と考えてもよいでしょう。引き寄せ場において共時的な統合やホログラフィックな統合が電極や電気抵抗なしで起こります。一方において派生的磁気は電気エネルギーを補足し、存在の基本的な形を固定します。多くの理由から、磁気は物理的存在のはじめにして終わりであると言えるでしょう。

「アダマンタイン粒子は愛の影響下にあって磁気に反応すると言われましたが、このプロセスがどのように行われるのか説明していただけませんか？」

イエスは、舞台のデザイナーが舞台の背景幕を準備するように、沈黙してしばらく間をとりました。それから、以下のヴィジュアル的なシナリオを提供してくれたのです。

――あなたに特別な部屋に入っていただきましょう。この部屋は低重力室で、たくさんのピンポン玉がゆっくりとランダムに、混沌としたペースで動きまわっています。壁にぶつかっては跳ね返り、行ったり来たりしながら絶えず動いています。これらのピンポン玉のユニークな特徴は、一つひとつの玉に鉄の粉の縞模様がついていることです。あなたの役割は磁気のベストを着てこの部屋に入ることです。ピンポン玉が次々にあなたに付着するでしょう。ピンポン玉の鎖ができて、ピンポン玉を集めた磁力のインパルスパターンとまったく同じようにピンポン玉の鎖は延びていきます。ピンポン玉はあなたが磁場に導入した愛のパターンに応じてつながり、外側へと延びていきます。

もう一つ別なたとえをしてみましょうか。子どものときに使った磁気の画板を覚えているでしょうか。透明なプラスチックのカバーの下に鉄のフィラメント（線条組織）があってこれが磁気鉛筆に反応します。磁気鉛筆は鉄のフィラメントを引きつけ、フィラメントが一緒になって線やパターンを描きながら画板の上に絵が描かれます。磁石を鉄のフィラメントの上に滑らすとどんなパターンでも描くことができます。さてここであなたのハートが磁石で、あなたの愛が鉛筆であると想像してみてください。これがあなたの影響力です。あなたはただあることによって、あなたのエッセンスである愛であることによって文字通り、人生のあらゆる側面に影響を与えているのです。あなたは人生の画板に絵を描いている磁石です。あなたが人生のどのような状況に入っていっても、その状況に固有のアダマンタイン粒子があなたの影響力に適応します。あなたが大きな計画を立ち上げてそれを画板の上で描く必要はありません。**あなたが壮大な計画そのものです。**あなたはあなたのエッセンスである愛であるだけでよいのです。すべてのものがそれに合わせて整列します。愛が大きければ大きいほど、影響力も強くなります。しかし、あなたのエッセンスである愛であること以外には何もする必要はありません。あなたの愛が結果として生じるパターンや顕現をもたらすのです。

「アダマンタイン粒子はみな同じなのですか？」

――本来の状態においては、答えはそのようです。

イエスは、すべての物理的な存在はアダマンタイン粒子と空間によって構成されていることを指摘しました。大体は広大な空間によって構成されていると指摘しました。これらの粒子が磁気的にくっつき合って物質と形態の複雑なパターンの基礎を形成します。寄せ集めによって枠組みがつくられ、枠組みはエネルギー的な緊張によって保持され、それが固体性の幻想を創出します。固体性はすべて枠組みであり、枠組みがすべての固体性を説明します。私たちと生命エネルギーの無限の供給の間に横たわる障壁を貫くことができれば、枠組みの幻想を実感し、枠組みの彼方を見ることができるようになるでしょう。しかしながら、枠組みのある組み合わせに愛の新しい資質が注入されたときに起こりうる防御反応の可能性についてイエスは警告しました。

——最初は抵抗ないしは拒絶すらあるかもしれません。その理由は枠組みは多くの場合、力に仕え、非常に高い頻度で混沌に仮面をかぶせるからです。枠組みは記録システムであり、保存システムであり、粒子を保持し、分配し、活用しますが、生命あるダイナミックな秩序を生成することはできません。そういうわけで愛が登場して粒子の間に真の調和と共時性を生み出すと生命の新たにして生きた流れが開始されます。これは固体性の幻想を提供している脆弱で不十分な枠組みに衝撃的な影響を及ぼす可能性があります。生命の流れを制限しているかもしれない枠組みにとっては〝生命を脅かす〟ものになりかねません。

多くの場合、愛が導入されると既存の派閥抗争が活発になります。これが起こったとき思い出すべきことは、脆弱で不十分な枠組みだけが愛を模倣し、秩序を偽造しようとして失われただけであるということです。しかしながら、回復によって新たなる真の秩序がもたらされるでしょう。このメッセージが今ほど適切な時代は地球上にかつてありませんでした。この瞬間に多くの愛が地球に注ぎ込まれています。あまりにも多量の愛が注ぎ込まれているために、現在支配的な影響をもっている不必要な枠組みの一部に破壊的な影響を与えることになるでしょう。それらは地に落ちるでしょう。それは起こらなければならないことです。しかし、そこから新しい人生が、新しい希望が、新しい成長が生まれることになります。

イエスがこの説明をしたとき、人間によって生み出された複雑で一時的な枠組みに言及しているのであって、自然の原子以下の枠組みに言及しているのではないことは分かりました。しかし、この言葉を聞いた私は自然の枠組みが永遠に継続していくという事実に思いを馳せました。この考えに興味をもった私はある日、質問しました。「一本の樹木を形成する粒子は常に樹木を形成するのでしょうか。それとも、それらの粒子は樹木が枯れて朽ちたあと、何か別のものになるのでしょうか？」

イエスの答えはいつものようにシンプルでした。

――アダマンタイン粒子の生命のコースは常に愛によって方向づけられます。しかし、粒子にはしっかりと記憶があり、体験を保持しています。そういうわけで愛は生命の流れに方向性を与えるにあたって、性向や好みが同じ流れに沿ってさらなる体験をすることを許す傾向があります。これは形になったことのあるアダマンタイン粒子は中間子と電子というより複雑な粒子の中にまだ閉じ込められているという事実によってさらに強化されます。それに加えて水素や酸素などの元素の原子配列があって、樹木そのものは腐って花壇の根おおいになっていても、それらの元素は存在しつづけるのです。樹木が枯れるとその樹木の生命力を形成していたアダマンタイン粒子は多くの場合、別な樹木になります。実際の話、これが生命というものです。愛の影響のもとで働いているアダマンタイン粒子が自由に何の枠組みも強制されることなく供給されます。**人生とは行動する愛です**。人びとが決まりきった日課や義務から解放される必要があるのはこれが理由です。リラックスして休暇をとることが大切です。あるいは、何か趣味をもつだけでもよいでしょう。生命と自由につき合って、アダマンタイン粒子の新鮮な供給を受け取ると癒しになります。アダマンタイン粒子を胸一杯に吸い込んでください、あなたの周囲にある豊かさを楽しんでください。

生命についてのイエスの気持ちは常に愛情と尊敬の念に満ちたものでしたが、それに加えて生命がもつ慈愛の力に深い感謝を抱いていました。ある日のこと、生命に対するイエスの愛に感心していた私は、一つおもしろいことに気づきました。生命に言及するたびにイエスは女性の代名詞を使っていたのです。私たちの万能の根源に言及するときには男性の代名詞を使っていましたから、これはとくに興味深いものがありました。好奇心に駆られた私は二つの質問をしました。一つは神の性別について、もう一つは、イエスは個人的にどちらを使うことを好むかという質問です。

——神聖な存在の中でも最も神聖な存在は性別を超越しています。もちろん存在の内部に男性と女性を顕現する潜在的可能性をもってはいます。そのような顕現は存在の永遠に続くバランスの一部です。男性的存在の最も基本的な顕現は根源であるということです。最も基本的な女性的な顕現は生命と創造のダイナミックな力としての意識と愛の顕現です。

「それでは、生命は神の女性的な側面なのですか？」

——私はそのように考えたいですね。

性別の問題に関する私の先入観はまさに崩れようとしていました。西洋の文化においては、活発な影響力は男性的、受動的な要素は女性的と考えるのが普通です。イエスは、社会的な性別についての私たちの考えを次のように説明してくれました。

——性別についてのあなた方の考えは、自然の中に見られる原因と結果の力によって条件づけられてきました。これは有機的生命体と物理的な枠組みのパターンの中に見出される優性の連鎖にだけあてはまります。存在の高次の局面においては、男性と女性は調和のとれた形で協力し合っている〝原因と原因〟なのです。

イエスは一度ならず、次のことを強調しました。

——原因と結果は宇宙の派生的な側面であって原初的な側面ではありません。

そしてもう一度、次のことを繰り返し説明しました。

——高次の意識においては、強固で安定した影響力は男性的と見なされ、活発で相互作用的で順応性が高い存在のモードは女性的と見なされています。

私はこの機会を利用して、男性の支配と女性の屈従を正当としている『聖書』の中のいくつかの文言について説明を求めました。現代に生きる女性として、そのような考えにとても不快感を抱いていました。イエスはこのような文言の一部は、当時の生活のありようを歴史的に反映しているものだと説明しました。しかし、それらのメッセージが宇宙の秩序の原則に比喩的に言及したものであるとも説明しました。

――そのような言葉が社会的・政治的行動の破壊的なパターンを支持し、より大きな真実が失われてしまったのは残念なことです。宇宙の秩序はバランスによって維持され、男性と女性の相互の尊敬によって維持されています。同時に、次のような宇宙的な神による命令があります。すなわち、恒常性が活動を支配しなければならない、適応を超越する真実がなければならない、根源が被造物に先行しなければならない、変化に対する指令は不動の存在にゆだねられなければならないという命令です。これについての証拠は存在のあらゆる場面に見ることができます。

イエスは、そのようなバランスは一人ひとりの人間の中にすら存在することを知らせてくれました。

――人それぞれの個性には男性的な側面と女性的な側面があります。そのような内在的な可能性は〝バランスがとれている〟か〝バランスが崩れている〟かのどちらかです。たとえば簡単に変わることができない男性は、自分という存在が男性以上の存在であることを考えてみる必要があるかもしれません。一つのことに献身的に取り組むことができない男性は、男性的な強さである恒常性に戻る必要があるかもしれません。同じことが女性についても言えます。人生に一定した目的や情熱を見出すことができない女性は、自分の女性的な性向を発揮しすぎているのかもしれません。彼女自身の中にある男性的な強さを尊重すれば、より明確な方向性と安定性を発見することができるでしょう。

さらに明確な理解を求めて質問しました。「この原則はアダマンタイン粒子という基本要素にもあてはまるのでしょうか？」

――**アダマンタイン粒子はその恒常性、非削減性、最も基本的な性質においては男性的です。生命を導き、さまざまな形に適応し、愛の創造物に滋養を与えるその無限の能力においてアダマンタイン粒子は女性的です。**

私はこの答えに興味をそそられ、イエスが愛について言及したことに、さらに興味をそそられて質問しました。

「愛は男性的であり、女性的なのでしょうか？」

――**もちろんです。愛の安定性は男性的です。愛の活性化と応用性は女性的です。**

「人生とは行動する愛である」とイエスが何度も言ったことを思い出しました。その言葉の意味がより明確になった感じがしました。そしてイエスがなぜ女性の代名詞を使ったのかも理解できるようになりました。同時に、私たちの根源に言及して、なぜ男性の代名詞を使ったのかも分かりはじめました。それは社会的な意味合いや政治的なニュアンスを抜きにした純粋な哲学的正確さをもってなされた言及だったのです。

男性的な原則と女性的な原則についての討論は宇宙のバランスと非常に関係はあるものの、アダマンタイン粒子の話からずれてしまったようでした。アダマンタイン粒子の次元は複雑な相互関係的な力学で粒子がエネルギーになり、そのエネルギーがまた粒子として顕現するというものです。

アダマンタイン粒子の絶えることのない流れは、不足とは程遠いものを感じさせます。そこで私は質問せずにはいられませんでした。「無限の供給があるというのに、なぜ私たちは欠乏を信じているのでしょうか。私たちの信念は何によって条件づけられて限界の向こうが見えなくなってしまったのでしょうか？」

――**その理由は、あなた方は生命の自由に流れる川を、その根源とつながっている無限の可能性と見る代わりに、すべての物質は物質に形を与える枠組みに属していると考えているからです。**

「私が今やっと分かりかけていることが、あなたには完璧な明確さで分かっておられるのですね。どうすれば私は意識を高めることができるのでしょうか?」

イエスは共感のまなざしと微笑みで私の苛立ちを慰め話を続けました。

——最初に聖心について学ばなければなりません。それからあなたの人生をより完璧に聖心を中心にして生きることを学ばなければなりません。これはあなたの真のハートであり、あなたの聖なる部屋なのです。たいていの人は幼年時代が終わるころにはこの部屋のドアを閉めてしまいます。そのあとは生命を創造する粒子についての知覚は減少し、あとに残されるのは一定量の供給だけのように思われます。それから人は枠組みへの投資と生活の矛盾に満ちたパターンに生命の資源を使い果たし、文字通り生命を使いきってしまいます。その結果が消耗であり老年です。

真のハートだけが粒子エネルギーの重要な流れと交換を感知することができます。あなたがより献身的に活動している領域において、より直感が働く理由はここにあります。聖心が再び息を吹き返してその炎が内部に燃えはじめると、あなたは無限に豊かな宇宙からアダマンタイン粒子の新たなる供給を磁石のように引き寄せはじめるでしょう。引き寄せることが可能なアダマンタイン粒子に制限はありません。それを使ってあなたの人生を力づけて癒し、より高いレベルの遂行力を発揮する人生へと上昇させることができます。

聖心は神聖な部屋です。これは本当の祈りが起こる場所です。それは安らぎと孤独の場所であり、あなたの源と強力につながっている場所であるために、そこに入るだけで祈りが起こります。あなたが何を言うかは問題ではありません。何も言わなくともよいのです。そこに神と一緒にいることが祈りであり、神聖な部屋に入ることが神聖な行為なのです。私が使徒たちにクローゼットに入ることを奨励した理由はここにあります。外的な条件として沈黙と隔絶がある場所は、神聖な場所に入る助けになるからです。私は祈りの言葉を与えることをためらいました。その理由は、祈りの代わりに言葉を使うと意味が失われてしまうからです。言葉の唯一の価値は思いの焦点を絞って高次元の世界に合わせ、魂を跪かせて神聖な沈黙に入る準備をすることにあります。すべての存在の根源と神聖な部屋で一緒になると、必要なものを何でもあなたに引き寄せる力が活性化されるでしょう。これはあなたの存在の中にある非常に特別な場所です。その部屋に入ったとき、そこにある完璧な静けさによって入ったことが分かるでしょう。その部屋の中は神聖で新雪のように純粋です。

イエスがこれらの言葉を語ったとき、私の注意を引いた別な知覚によって瞬間的に気をそらされました。その瞬間まで、イエスがいるときの副産物として当然と思っていたことがあったのです。イエスが姿を現わすと、私のスタジオの特徴ともいうべき亜麻仁油とテレビン油の含油樹脂の匂いがほとんど一掃されて素敵で新鮮なアロマの香りにとって代わられるのでした。私はこの香りをイエスの存在と結びつけるようになっていました。この香りは新雪が降ったあとの山の空気のように清浄でオゾンがいっぱいで常緑樹の花束のように気分を浮き立たせてくれました。この神聖な部屋の描写として同じイメージをイエスが使っていることにすごく共時性を感じたのでした。

私は高い山がとても好きで、機会があるごとに山に登っていました。ある夏のこと、ニューメキシコに旅していたとき、ランチョス・デ・タオスにあるアッシジの聖フランシスコの美しい教会に行ったのですが、そこで聖心の強烈な体験をしました。この教会はスペインの遺跡で、そのれんがの控え壁の建築物に魅せられてアーチストや写真家が世界中から来ていました。アメリカでも最も写真に写された建物の一つであることのほかに、この教会にはそれよりもめったにない並はずれた贈り物がありました。圧倒的な沈黙の体験、この世のものとは思えないような沈黙の体験を提供してくれるのです。祭壇に近づくと、すべての外部の騒音はなくなりました。囁き声や階段の足音すらも沈黙の中に吸い込まれ、私の心臓の鼓動だけが聞こえるのでした。この教会を建設した人はこの効果を意図したのか、あるいは、どのようなスピリチュアルな導きのもとにデザインされたのか私には知る由もありません。私にとってこの教会は、私自身の神聖な部屋に入ることを可能にしてくれた最も壮大な物理的な建物でした。極めて興味深く、さらにいま話している話題との共時性を感じさせる一般に流布した伝説があります。それはこの教会の神聖な場所でなされた祈りはすべて叶ったという伝説です。私の祈りが聞き届けられたことは確かでした。

イエスは一度ならず繰り返して言いました。

――ハートが指令を出すものはハートによって保持されます。あなたの人生のために指定され、あなたのハートによって指令を受けた粒子はすべて永遠にあなたのものです。

私はこれらの言葉についてずいぶんと考えました。私の力だけで理解するには難解すぎるものでした。そういうわけである日、単刀直入に質問しました。「もし私が今日、地球で生きることをやめたとしたら、私の肉体・生命・創造物を構成するアダマンタイン粒子はどうなるのでしょうか?」

――数えきれないアダマンタイン粒子の軍団が宇宙に所属していて、彼らは酸素・窒素・炭素などの元素の形成のために使うようにと創造主によって与えられています。そうした粒子は彼らの共通のマトリックスへと戻っていきます。三乗根の何兆という数が人類に属していて、これらのアダマンタイン粒子は新たに生まれた子どもたちに再び流通していきます。それは彼らの愛が、あなたがあとに残した愛の道との相似性に応じて流通することになります。

何十億というアダマンタイン粒子があなたの家系を通じてあなたのところにやってきていますが、将来の子どもたちをサポートするためにそこに戻っていきます。それはあなたがこれらの粒子を彼らと分かち合ったであろう同じようなやり方で分かち合われることになります。あなたが出発したあと、生命の分かち合いのために他の人たちと交換した粒子は、それを与えてくれたドーナーのところへと戻っていきます。しかしながら、あなたが通過していく瞬間は、あなたがハートで個人的に引き寄せ、あなたの人生の創造のために活用した粒子のすべてはあなたと一緒に去っていきます。彼らはあなたの魂についていくか、あるいは、あなたが愛でマークした場所へと旅し、あなたのハートが再び彼らを呼び出すまで、そこにとどまることになります。いずれにしても彼らは永遠にあなたのものです。多くの場合、そのような愛の点は永久に旅を一緒に続けたい、あるいは、ある存在局面に戻って一緒に仕事をしたいと願っている友達や家族によって集合的に指定されます。

この真実を聞いたことに伴う責任は唖然とするほどに大きなものでした。この真実の啓示について考えるために何日も費やしました。私たちがこの世を去るとき、私たちの人生の足跡をあとに残していくということ、そして私たちの存在性と愛の中心にあるものはもっていくものの、他の人たちが私たちの足跡を歩くかもしれないという理解は、本当に畏敬の念を抱かざるをえないことでした。私たちが愛しているものはもっていくものの、体験のすべては他の人たちと分かち合うためにあとに残していくというのです。

私たちが呼吸する空気はすべての生物によって呼吸されたものであるとはこれまでも言われてきたことです。アダマンタイン粒子とアダマンタイン粒子が川の流れのように限りなく供給されるということを新たに理解したことによって、この考えは私にとって大きな広がりをもつものとなりました。イエスが質問に答えるたびに新しい質問が出てきました。究極的に最大の質問は責任に関するもので、それは各自が自分で答えなければならないものでしょう。その質問とは、私たちは愛のパターンをあとに残していくのか、それとも争いのパターンをあとに残していくのかという質問です。偉大さのパターンを残していくか、それとも幻想のパターンを残していくかという問題です。

——私は、人は天国に富を蓄えるべきであると提案しましたが、それはこの現実を考えたうえでのことでした。

人生を非常に明確な目的をもって生きたとき、あなたの愛をより高い意識の局面へと上昇させてくれる原則や思考に向けて人生を生きたとき、あなたの人生の宝物はより安全に蓄積されることでしょう。一方、人の愛と人生が不誠実と裏切りに彩られ、不明瞭で混乱したものであったとき、その人の人生の粒子は彼が傷つけた人びとの人生の中に失われてしまう可能性があります。これは関係している人びとにとって良いことではありません。多くの場合、これらの失われた粒子は借金が支払われるまで捕虜にされてしまい、これによって関係者のすべてが大いなる苦しみと混乱を体験することになります。ゆるして解放したほうがずっと簡単で健康的です。

「東洋の哲学が語るカルマとはこのことなのでしょうか。この真実がカルマの原因なのですか?」

――宇宙においては原因と結果のプロセスはバランスが失われ、それが再び回復するプロセスの様態を描写します。バランスが失われたならば、それを回復しなければなりません。それがカルマです。しかしながら、原因と結果の道筋をたどり直すことだけがバランスと完全性を回復する唯一の方法ではありません。恩寵と愛によるより高遠な方法があります。あなたがしなければならないことは、完全性が失われたときには必ず熱烈に完全性の回復を探求するだけでよいのです。あなたが自らの源と再びつながることによって、この方法を発見することを私は願っています。あなたの源は愛と恩寵と共時性のより偉大なる力によって、あなたの借財を取り消してくれるでしょう。カルマは基本的なレベルの倫理学に基づいた行動計画です。言うなれば、宇宙の警察のような仕組みです。カルマは生命のバランスを回復させるもので宇宙にとって必要ではありますが、魂を傷つける可能性もあります。私が最優先している目標は、魂をより高いレベルの責任感へと引き上げることです。聖心と神の恩寵によって力づけられる責任感に到達して、このつらい周期に終止符を打ちたいと願っているのです。

このメッセージの美しさとその完璧さは多くのことを私に考えさせました。しかし、何よりも説明の中に宿るイエスの人類に対する共感と人類がおかした過ちに対するゆるしに心を深く動かされました。

——人間の過ちや機能不全の多くは人類全体の記憶の一部として未来の世代へと受け継がれてきたものです。あるいは、家系の記憶として受け継がれたという可能性もあります。

イエスはさらに説明を続け、私たちの理解は限られているために罪や犯罪を責める傾向があるけれども、それはずっと昔に開始された絶望的なパターンの最新の顕現にすぎないというのでした。

——私たちよりも前にやってきた人たちの達成を喜んで引き継ごうとしない人がいるでしょうか。しかしながら、自分が人間として地球にやってくる前におかされてしまったさまざまな間違いの真っ只中にあって、人生を生き生活するというのはそれよりもずっと勇気のいることです。善いものだけでなく悪いものも集合的な遺産として引き継ぐことは避けられないのです。

イエスは貫くような明晰さをもって私の目を見ました。それはまるで私の永遠を見ているようでしたが、それから次のように宣言しました。

——あなたは無邪気な存在として、完璧な存在として生まれました。考えうるありとあらゆる遺産が存在する世界に生まれてきたのです。これらの遺産が一人ひとりの人間にやってきますが、一部は磁力によって引き寄せられ、一部は個々人の事情とは無関係にやってきます。なぜなら、すべての人間は人類の兄弟であるという点において平等であるからです。一つの例外もなく、すべての人が集合的な遺産の一部を受け容れなければなりません。これこそが「誰も罪を免れることはできない」という極めて乱用されてきた言葉のもともとの意味であり、真の意味です。この言葉の意味は、人間という同胞団の一員である者は誰ひとりとして、このネガティブな遺産を受け取ることを免れず、その負の遺産を変容する責任があるということです。これからはあなたの心を動揺させるような生き方をしている人に会ったとき、その人を責める代わりに、その仕事を引き受けなければならなかったのがあなたではなかったことに、静かに感謝の祈りを捧げるとよいかもしれません。ハンディキャップのある人を見たならば、体が不自由であるという事実に目を向ける代わりに、その運命を引き受けるのに必要だったに違いない大いなる勇気と能力に思いを馳せることができるかもしれません。橋の下で生活している人を見たならば、自らの人生憲章のために喪失と放棄に耐えている高貴な魂に対する尊敬の思いを抱くことを考えてみるとよいかもしれません。ガンで死にかけている子どもを見たならば生命の喪失を憐れむ代わりに、不滅性を強く確信しているがゆえにその遺産を受け取った魂を見てください。**困難を罰と見るのではなく人類の仲間入りのサインと見なしてください。**

これは古代イスラエルに生きていた裕福な人物、ヨブにとっての大きな試練でした。彼は幸運に恵まれ、豊かな人生の祝福を享受していましたが一連の不幸な出来事によって人生は最悪の事態になります。ヨブはこの艱難辛苦(かんなんしんく)を罰として解釈しようとしましたが無理でした。その困難は努力して切り抜けるべくもたらされたものだと解釈しようとしましたが何も変わりません。それは一つの教訓として受け取らなければならないものであると解釈しようと努めましたがそれでも何も変わりません。祈りと犠牲と崇拝という形で神に対して懺悔し哀願しました。しかしながら、原因と結果に基づいたいかなるものも満足をもたらしませんでした。いかなる結果ももたらしませんでした。絶望のあまりヨブは説明を懇願します。「神様」とヨブは尋ねました。「どうして邪悪な人たちが搾取して利益を得てもそのままにされているのに、善良な人が苦しまなければならないのですか？」。全能の神が旋風とともに答えますが、さらに多くの質問をヨブにもたらします。「あなたが生まれてこのかた、朝に対して命令を下し、暁に対してその所を示したことがありますか？　美しいプレアデスの鎖を結びつけることができますか？　たかが舞い上がり、南にその翼を広げるのは、あなたの悟りによってですか？　わしが高く上がり、その巣を高い所に作るのは、あなたの命令によってですか？」〔9〕。ヨブに対する神のメッセージは、その答えは恨みの中にあるのではなく、価値判断にあるのでもなく、理由の探求にあるのでもない。それは宇宙の広大さと荘厳の中にあるというものでした。遂にヨブは降伏し、この艱難辛苦を人生における新しい運命として受け容れます。人類の兄弟としての彼の憲章は善いこととともに悪いことも受け容れることだとヨブはついに理解するのです。神の恩寵によって彼は再び最初にもっていた富と祝福を与えられます。しかしながら、これが実現したのは原因と結果の正当化によったのではなく、受容と恩寵というより高遠な力によって達成されたのです。すべての人間がより高い世界に向けて上昇していくなかで、人生は良いものであれ、悪いものであれ分かち合われるべきなのです。最悪であると人が見なすものは多くの場合、幻想にすぎず、やがて過ぎ去っていくものだと理解するのはより偉大な叡智です。

「常にそうでなければならないのでしょうか?」

——お互い同士から分離している、神から分離しているという幻想のもとにある間はそうでしょう。あなたは愛であるということを知り、一つのスピリットの中にあるあなたの正当な場所を受け容れるとき、それは変わります。豊かなるアダマンタイン粒子の川を探求することも助けになるでしょう。このアダマンタイン粒子の川は枠組みを変容し、大海原の波のように枠組みを乗り越えることができるでしょう。いったんこれが分かると枠組みの限界を知覚し、枠組みの召使であることに終止符を打つことができるでしょう。

非常に多くの場合、人間のあり方として自分の人生から遠ざけておきたいと思う人たちを避けたり、哀れに思ったりする傾向があります。このジレンマに対するイエスの答えは尊重と仲間に含めることというものでした。しかし、これは犯罪を善しとすることではなく、病気を蔓延させる環境を許すことを意味するわけでもなく、困難に直面しても無関心に何もしないということを意味するわけではありません。イエスのメッセージの要点は、人類の困難な問題は私たちすべてのものであるということです。人類の問題から超然として、他の人たちを裁く権利をもっている人などいないということです。

この時もそうでしたが別ないくつかの機会でもイエスは理解のレベルについて言及しました。宇宙における私たちの幸福に直接的な影響を与える理解の三つのレベルについて説明してくれました。理解の最低のレベルは、結果に対する知覚や認識はほとんどもたずにとりあえず生き残るというあり方です。これは短期的な必要性は満足させるかもしれませんが、厳しい陥穽（かんせい）と致命的な結果につながる可能性があります。理解の次のレベルは原因と結果という理解です。これは恥ずかしくない程度の文明的な行動につながり、人生をかなりしっかりと生きることにつながります。しかしながら、このレベルで止まってしまうと、人生は枠組み、直線的な論理、支配、そして価値判断によって支配されることになります。人生を箱の中で生きることになります。幸いなことに三番目のより高遠なレベルがあります。最も高いレベルの理解は、すべてを包括する完全性の力を抱擁することを含みます。イエスによると、この最後のレベルは飛躍的な信頼と意識を必要とするということです。というのは、**この理解は信頼と意識が支配する場所だからです。**愛と受容とゆるしに加えてこの二つが非常に必要です。

「私たちは最高レベルの理解にだけ心の焦点を合わせるべきなのでしょうか？」と質問したところ、次のような答えが返ってきました。

——三つのレベルの理解はどれも必要であり、妥当なものです。驚かれるかもしれませんが、生き残る方法を教えてもらう必要がある人もいるのです。あるいは、生き残るための理解を助けてもらう必要がある人もいるのです。また原因と結果について復習する必要がある人たちもいます。しかしながら、無限の完全性にはより偉大な善のパターンに応じて人生に一〇〇パーセント司令を発することもできれば、人生を崩壊することも再建することもできる力があることを理解しておくのが賢明です。人が愛と共時性を通してこの力と波長を一つにしたとき、神と人類からの分離は終焉を遂げ、人生はさらなる祝福、より広い理解と不滅性の自覚によって満たされることになるでしょう。

無限に供給可能なアダマンタイン粒子があって、常に愛の指令に従って動いていると考えるだけでも驚くべきものがあります。一九九二年にこの話を初めて聞きましたが、それ以来、アダマンタイン粒子を理解し、管理し、アダマンタイン粒子を使って意識的に創造することを夢見て数えきれないほどの時間を過ごしてきました。人類がこの理解を達成すれば、健康や治療の問題から最も効率の良い燃料、そして銀河間のコミュニケーションや旅行にいたるまで、あらゆることに深遠な影響が与えられることでしょう。私たちはこの目標に向かって毎日前進しているように思われます。一九九七年十一月六日、テキサス州、バーモント州の新聞はニューヨークのAP通信の次のようなニュースを掲載しました。

科学者が〝スター・トレック並みの偉業〟達成
オーストリアのある実験室で、科学者たちは一つの場所で光の砕片を破壊し、そこから約九〇センチ離れた場所に完璧なレプリカを出現させることに成功した。これは「量子テレポーテーション」に成功した最初の例である。短い距離ではあっても物理的な特質を移動させることに成功したことになる。数年のうちに原子間のテレポーテーション、十年のうちには分子間の移動が可能になるだろうとツァイリンガーは語っている。

私はこのような知識を人類が濫用する可能性があるかどうかを聞いてみた。イエスは次のように答えてくれました。

――枠組みの原因と結果について言えば、それは常に可能性としてあります。アダマンタイン粒子の知識に関して言えば、確率は非常に低いでしょう。なぜなら、アダマンタイン粒子を理解する人間の能力は宇宙の全体的な理解の高みに達することにかかっているからです。人類が葛藤の中で生活し、直線的な原因と結果によって人

生を生きているかぎり、より大きな宇宙の姿を見ることはできないからです。

イエスの答えにまだ不安を抑えることができない私はさらに質問しました。「あなたも言われたように、異なったレベルの理解と責任感をもった人びとが常に共に存在しています。新しいテクノロジーが高いレベルの責任感をもった科学者によって発明され、それを乱用しようとする人びとによって盗まれたらどうなるのでしょうか？　これは人類の歴史で何度も起こっていることです」

人類の歴史の現実を認めてうなずきながらも、イエスの表情は落ち着いていて静かなものでした。慰めに満ちた微笑みがイエスの顔に広がり、優しく私に思い出させてくれました。

――アダマンタイン粒子は愛による指令でしか動きません。愛だけです。アダマンタイン粒子を理解し、意識的に活用できるのは高次な意識だけです。確かに泥棒は時として盗むことに成功することがあります。しかしながら、所有権のより偉大な法則が常に勝利します。この法則は、所有権は愛に帰属し、責任ある管理に帰属し、すべての存在のために力を活用するあり方に帰属するのです。

私はイエスの足元でアダマンタイン粒子について学ぶという特権を与えられたわけですが、正直に認めます。一九九六年四月二十六日、宇宙旅行の機会を与えられるまで、この無限の粒子は真の意味でリアルなものではありませんでした。皮肉なことに、この神聖な旅はショッピングモールで始まりました。夫と私は夕食をすませたばかりで、その夜は何をしようかと考えていました。本を買おうか、それとも映画を観ようかと考えました。最初に本屋に行き、そこで読みたいと思う本を見つけました。それは〝ベストセラー〟で、好きな著者のものでした。そういうわけで、その本を購入する可能性について考えました。ところが私は、関心からすぐにためらいに変わり、そして絶対に「ノー」とものすごい速さで変化したのです。結論の唐突さは驚くべきものでした。私のネガティブな反応はその本自体に対するものではなく、外的なものや他の人たちの真実に対する私自身の好奇心が、最近加速していたことに対するノーだったのでした。その瞬間、外から情報を得てマインドをさらに混乱させることに対する願望がゼロになっているのを感じたのです。イエスのメッセージの〝ひんやりとして澄みきった水〟のような感覚を思い出しました。私の口は満たされない願望で乾き、あの水を求めているようでした。この識別をしたとき、ハートの中にあるスイッチを切ったに違いありません。外的なものに対してノーと言ったことによって、私の中にあるものに対する尊敬の思いを宣言したのかもしれません。

その瞬間、意識が完全に変容し、ドアが開き、私は閾を超えたのです。物理的な意味で何が起こったのか私には分かりません。私が知っていることと言えば、まるでアリスのようにワンダーランドへと落ちていったことです。私はドアを通り抜けて宇宙へと転がり落ちたのです。それは平行する現実として起こったようでした。私は本屋の中に立っていて、極めて正常に見えていたはずです。私は静かに本を購入するという考えを退け、夫がそれでは映画に行こうかと提案しました。私は、「いいわよ」と答えました。私は夫をなだめるためにどんな譲歩でもしたことでしょう。私の望みは私専用のパノラマを楽しみ、目の前に開かれる廊下をどんどん歩いていきたい、ただそれだけだったのです。ドアを次々と通り抜けていくと、長い廊下は上に登っていくようでした。一歩歩むごとに引力が少なくなっていくようです。一つのドアを通過するたびに体重が軽くなり、存在の外的な衣服を脱いでいくような感じです。地球の引力をあとにするにつれて、私はどんどん軽くなっていきます。最後のドアが開いたとき、空が見えました。まるで初めて見るような感じです。驚愕の中で無限に見とれました。子どものように目を大きく開いてあたりを見回していましたが、遙か彼方に光が雲のように輝いているのが見えました。それは天の川に似ていましたが星でできているものではないことは分かりました。それはきらきらと黄金色に輝き、重さや密度の感覚もない粒子の雲でした。風に舞う凧のように粒子たちと私は一緒に漂いはじめました。近くまで行ったとき、彼らは私のアダマンタイン粒子で残りの私の記憶や可能性を保存してくれているのでした。

それはまるで一人の女性だけのホームカミング・パーティーのようでした。まるで私という存在のすべてが戻ってきたようでした。天と地は一つの単位であることが見え、私がこれまでそうであったもののすべて、いま現在そうであるもののすべて、そうでありえるもののすべてを受け取りました。まるでエデンの園に足を踏み入れ、美味な果実を好きなだけつまむことができるような感じです。すべてのものが光を放ち、重力や抵抗の感覚はまったくありません。それは真に不滅性の体験であり、私はすべての感覚を使って意識をもちながら味わうことを許されたのでした。私はその夜、魂がどこか別な場所にいる間に肉体は地上でのごく普通の活動をしているのを目撃することができたのです。これら二つの場所にずっといることが可能だったら、私はそうしたでしょう。天国の世界を離れたくありませんでした。少しためらいながら、もうしばらく地上にとどまることになっている私の一部に戻ってきました。時間の収縮があったことは明確でした。というのは、私は三カ月か四カ月宇宙に行っていたように感じたのでした。しかし、地球時間では本屋を離れ、映画を見て、車で家に帰ったその間の時間だけだったのですから。

私はこの旅行から数多くのお土産をいただいて帰りました。その一つは、アダマンタイン粒子を直接体験したことです。どのような手段によってこの旅行が可能になったのか私には分かりません。しかし、この体験はスタジオでイエスとともに過ごした日々を思い出させました。アダマンタイン粒子について話し合っていたある日、イエスが私の前に現われるとき、どのようにしてそれができるのか質問したことがありました。「三次元の空間に来るためにアダマンタイン粒子を特別に組み合わせるのですか?」。イエスはそれを肯定したあとで、彼の肉体についての記憶をもっているアダマンタイン粒子をそろえたことを説明しました。それらの粒子を私の近くに移動させ、彼の愛によって活性化したのです。それらは私の愛を通して知覚されました。さらにアダマンタイン粒子には光を反射するだけの密度がないために、もう一つ必要な要素は、私の視神経を知覚的に調節することでした。一条の光が私の額に投影された理由はこれだったのです。私の感性をさらに精妙なものに調節するためでした。

イエスの説明によって私は失望感を体験したものです。まるで神秘の特別な部分が取り払われてしまったかのようでした。「でもあなたは本当にここにいるように見えますが――」

イエスは確かにここにいることを保証したあとで言いました。

――私は私の愛によってここにいます。たいていの人と一緒にいるためには、これらの機械的な手続きはいらないのです。あなたは肖像画を描くために感覚的な情報が必要でした。他の人たちは別な種類の保証が必要なのですよ。

「アダマンタイン粒子は直接知覚することができるのでしょうか?」

――肉眼でアダマンタイン粒子を知覚することができる人もいます。それは古代にあった知覚で、ほとんどの人はそれを休眠状態にしてきました。オーラが見えるとか、ものの周囲に輝きが見えるというのはアダマンタイン粒子のことです。しかし、嗅覚と同じようにアダマンタイン粒子を知る能力を、かつては誰でもしっかりともっていたのです。何千年も前には、それは生き残るために必要な感覚で食べ物や薬を選んだりするとき、友や敵を選ぶときにも必要な能力でした。動物は今でもこの能力を使っています。鳥はしらみを除去してくれるハーブの毒の種を知っていますが、それはこの感覚によります。鳥が必要としている良性の種に近づくと、アダマンタイン粒子が光を発するのです。害をなす状況では彼らの光は薄くなります。

「それは何によって引き起こされるのでしょうか?」

――人生とは行動する愛です。愛はポジティブな可能性の領域に光をもたらし、ネガティブな可能性の領域に薄暗さ、いや真っ暗な闇さえもたらします。誰でも忍耐強く練習すれば、この感覚を再び自分のものにすることができます。違いが見えやすくするために、非常に対照的なプラスとマイナスの刺激から始めるとよいでしょう。それから中間地帯で試し自信を得るなかで、より偉大な知覚能力を全開させるのです。時間を十分かけて忍耐強くやることが大切です。一夜にして花開くことはありません。しかし、この能力は自然な能力であり正常な能力です。

それは神秘的な知覚なのかと聞いてみました。

――実際には、これは非常に実用的な知覚です。しかしながら、光を発するという現実の次元があり、これを神秘的と見なすことはできるかもしれません。これはすべてその人の現実がどれだけ広大なものであるかにかかっています。この次元においては、これまでのすべての生命形態はアダマンタイン粒子の記憶として、あるいは、アダマンタインの潜在的可能性として幸せにその存在をまっとうして生きています。

「それは天国ですか?」

――非常にリアルな意味において不滅性のいかなる体験も天国の一部で、多くの人びとが彼らの視覚体験で発見したことです。しかしながら、永遠の歓喜をもたらす天国、そして私の教えの焦点は聖心を通して発見されるものです。というのは、聖心は神と再びつないでくれるからです。

私はこの次元を四年後の四月二十六日まで意識的に知覚することはできませんでした。しかし、その時、イエスのコメントで天使のことを思いました。天使はこの話と同じつながりがあるか知りたいと思いました。一九九二年の時点では、天使は私の中心的な関心事ではありませんでした。にもかかわらず天使たちが彼らの愛を通してアダマンタイン粒子に直接的な影響力をもっているのかどうか、とても知りたいと思いました。

イエスは私の推察が当たっていることを確認してくれました。

――その通りです。天使は枠組みの世界の中で働いていない存在です。彼らが重力の法則や時空の法則に抗して絶えることなく神の奇跡に奉仕できる理由はそこにあります。彼らは人間が対処しなければならない枠組みの幻想によって縛られていません。天使はアダマンタイン粒子に直接的な影響力をもっています。

この話をしながら部屋越しに猫のガンナーのほうに目をやりました。スタジオで絵を描いていたとき、私以外でそこにいたのはガンナーだけで、彼がよくイエスのほうを見ているのに私は気づいていました。「ガンナーにはあなたが見えるのでしょうか？」

イエスは、「見えますよ」と答え、ガンナーもそうだよとでも言うかのようにニャーンと鳴きました。それから、動物にはアダマンタイン粒子は人間よりも簡単に見えるとイエスが説明しました。

——しかし、ガンナーが私の存在を愛していなかったら、あるいは、彼に対する私の愛を感じていなかったら、彼にも知覚することはできません。部屋に何かがいることに気づいて不快に感じて部屋を出ていったかもしれません。ガンナーがここにいるのは私という存在を愛しているからで、それをあなたと分かち合いたいからなのですよ。

私たちは愛情深くガンナーの方を見ました。するとガンナーは昼食をちょっと食べて満足していることを表現してくれました。すべてのものがアダマンタイン粒子によって構成されていて、それが宇宙のあらゆる場所で交換されているとするならば、ダイエットと食べ物に対して実に深遠な意味合いをもつことになります。

肉体の滋養という問題について話しはじめたとき、イエスは、愛は何であれ食べる物を受け取るときに最も重要な要因であることを私に思い出させてくれました。

——思い出してください。愛がアダマンタイン粒子をコントロールします。常に愛情をもって受け取ってください。なぜなら、どのように体に滋養を与えるか食べ物に教えるのですから。食べ物を祝福し、食べ物を与えてくれた人、用意してくれた人に感謝してください。あなたの愛は、あなたのハートが身体のためにセットしたエネルギーの周波数と波長を合わせ、そのように栄養素を使うべきだと身体に教えるのです。もっと良い栄養を摂りたければ、あなたのハートを強くしてください。強いハートは体の働きのためにより高次の周波数を確立し、エネルギーの活用の抵抗を少なくしてくれます。これは効率的であるだけでなく、ビタミンを製造するためのミネラルの周波数の自己複製を助長します。

私たちには、現在製造しているよりもはるかに多くのビタミンやミネラルを製造する内的な能力があるようです。私たちのハートの周波数が低いために自己製造の栄養素が不足の状態になっているのです。私自身の食事で直面している化学薬品の問題について質問しました。

——このような問題のすべてはあなたのエネルギー周波数が十分に高くなって必要なものを製造できるようになれば、自然に解決されるでしょう。あなたの体のエネルギーレベルは、今のところ低すぎてあなたが必要としているもののすべてを提供できないためにサポートや補強が必要なのです。日の出のとき、あるいは、日没のときに太陽光線を直接受け取ることによって周波数のレベルを高めることができます。これをするたびに、あなたの体は化学的に反応して、あなたのエネルギーレベルが低いために製造できないある種の栄養素を身体が製造する手伝いをしてくれるでしょう。化学的共鳴はエネルギーの周波数に等しく、その逆もまた真実です。実際のところ、あなたの体内にある硬質のミネラル残滓の多くはそれらによって生成されたエネルギーのマトリックスなのです。太陽はこれを直接供給することができます。なぜなら、太陽はあなたの太陽系で入手可能なすべてのミネラルの物質と火を含んでいるからです。

食べ物は非常に多くの点で相対的です。というのは食物に先行し、食物を囲んでいる愛をサポートするからです。異なった季節、異なった年齢、異なった健康状態、異なった態度、そういったもののすべてが全体のプロセスに影響を及ぼします。にもかかわらずあなたのハートがより強くなっていくにつれて、ハートはあなたが進むべき方向を教えてくれるでしょう。鳥がどの種を食べるべきかを知っているのと同じように、あなたのハートはあなたが必要としている食べ物へとあなたを引き寄せてくれるでしょう。あなたのハートは身体が実際に必要としているものに応じて食べ物を処理するのを手伝ってくれるでしょう。食物の機能についてより完璧な理解が得られるまでは、すべての食べ物に関して節度を守り、感謝と愛によって方向づけることをお勧めします。

「肉を食べるのは間違っているのでしょうか?」

——やがて人類は肉をほとんど食べなくなるか、まったく食べなくなるでしょう。しかし、今の段階ではほとんどの人は健康であるためにはある程度の肉が必要であり、絶対に罪の意識をもって食べるべきではありません。罪の意識があると、あなたの愛が滋養のプロセスに方向性を与え純化することができません。食物連鎖は生命の事実であり、すべての生命形態はそれが必要な間は認めることに同意しています。数多くの生命形態は彼らの愛情に満ちた奉仕の表現としてそれを選びました。それは受け容れられるべき事実であり、尊重されるべき事実であり、決して乱用されてはならない事実です。人類が大地と近いところで生活し、一つのスピリットをより明確に理解していた古代においてこれはよく理解され、しっかりと尊重されていました。より深い理解に再び火がともされるまで、私がお願いしたいことは、生命をあなたと分かち合ってくれる存在に対してもっと親切にし、もっと感謝の気持ちを抱き、節度を示してほしいということだけです。西洋社会においてはあまりにも多くの肉が消費されています。このために身体はあまりにも多くの電荷を与えられて負担になっていて、一つのスピリットに対する感性を抑圧し、ハートの磁力を抑え込む結果になっています。肉の過度な消費が心臓に最も重大な害を与えているのは偶然ではありません。過度な消費に次ぐ動物に対する大きな罪は、彼らが愛のない場所でただ殺戮されるために育てられているその様態です。これは誠に非道な事実であり、自然のアダマンタイン粒子の中に負の遺産を残しています。さらにそうして得られる食物はあらゆる意味において疲弊しています。

モーセが教えた「コシャー料理」（清浄な料理法）は、このような要因の理解に基づいています。たとえばコシャー料理の決まりの一つは、子牛肉は決してミルクと一緒に料理してはならないというものです。子牛の肉を子牛の母親のエッセンスであるミルクで料理してはならないということです。母親の生命のエッセンスを子どもの殺戮された体と決して一緒にしてはならないという決まりです。もしそうすれば、愛を冒涜することになります。それが理由のすべてです。コシャー料理の決まりのすべてがこれと同様の愛と滋養の相互関係にルーツがあります。残念なことにこの叡智の多くは失われ、教条的な公式がそれにとって代わってしまいました。古代の叡智の多くがそうであるように、枠組みだけが残り、真実の霊薬は蒸発して消えてしまったのです。

食べ物と愛の関係を真に理解したとき、健康に革命が起こるでしょう。しかし、太陽光線について私が言ったことを忘れないでください。朝と夕方に太陽を見つめることです。なぜなら、太陽を見つめるとあなたの肉体的なハート、エーテル体のハート、スピリチュアルなハートが調和して共鳴し、それによってあなたが必要としているものが引き寄せられ、あなたが所有しているものをより完璧に処理することができるようになります。これをすることによって、その一日の体験は改善され、あなたのエネルギー、滋養、睡眠も改善されるでしょう。なぜなら、アダマンタイン粒子は天国と地上をつなぐ生命の川だからです。

6 一つのスピリット

私たちの一つのスピリットという主題は壮大なものであり、決定的に定義づけることは不可能です。それだけではありません。一つのスピリットがすべてのものをつなぎ、すべてのものを支え、すべての存在の分割不可能なワンネス（一体性）そのものであるとするならば、どのような展望からそれを客観的に描写することができるのでしょうか。定義の性質とはこうである状況、あるいは、こうでない状況を客観化し、封じ込めて確立することであれば、いったいどうすれば私たちのワンネスを絶対的に定義づけることができるのでしょうか。私たちの知覚を条件づけて何らかの教条に合わせるか、あるいは、知覚をだまして根拠のない主張をすることによってしかできないのではないでしょうか。そういうわけで私たちは与えられた意識を宝物として尊重し、謙虚にそれを活用してさらなる理解のためのモザイク模様をつくっていくのではないでしょうか。もしもこれによって神聖な真実との直感的なつながりが私たちの内部に喚起されるならば、それは大いなる祝福です。いずれにしても無限包容の単純さに驚嘆することは可能です。スピリットに言及することにおいてすべての存在を統合し、つなぎ合わせているものの存在を畏敬の念をもって承認し、その存在に呼びかけているのです。スピリットが存在しない場所はありません。それこそ私たちのワンネスの美しいところであり栄光ではないでしょうか。

スピリットは広大にして果てしなく未知の広がりをもったものであるにもかかわらず、イエスは存在の偉大な三本柱の一つであると言いました。愛とアダマンタイン粒子とスピリットが私たちの意識の標識です。その理由は、それらがそれぞれ分離した存在だからではなく、それぞれが存在の原則的な一側面を示すからであり、それが創造に対する私たちの理解に知性と恒常性を与えてくれるからです。

古代エジプトでヘブライ人を隷属の身から解放するために、モーセが宮殿での快適な生活をあとにしたとき、彼は革命的な新しい概念の力に基づいてそうしました。その概念とは、神は一つであるという単純な信念でした。モーセは運命を政治的な神や気まぐれな汎神論にゆだねることなく宇宙の創造主にゆだねたという点に、この概念の革命性がありました。その宇宙の創造主とは個人的な神であり、権威を個々人に延長し、人間の状況にかかわる存在でもありました。歴史を変えることとなったモーセの急進性は、神は存在するものすべての外的な形ではないとしても、すべての存在の源であると明確に知覚したことでした。生命の共通の泉が源泉となって存在の無数の形態やパターンが誕生したことをモーセは見てとったのです。一つの原初のエッセンスである神がただ存在する！　モーセは神も不滅性も外的な表現の中に発見することは不可能であることを解明しました。その高次な力についての知識は単純性を尊敬することによってのみ達成可能であり、それが究極的には和へと進んでいきます。この理解がなければ複雑性の混沌に心の焦点を合わせ、さまざまな神の存在をせめぎ合う現実を説明するものだと断定することになります。これは誰の解釈がより偉大なものかという口論や戦争につながり、こうして神聖性の要点も力も失われてしまいます。

モーセによる人類の歴史に対する素晴らしい貢献のおかげで、人間の意識を統合し一つにするための土台が築かれました。それはモーセ以前に存在していた世界観の枠組みの中では考えることはできたかもしれませんが、実現することは不可能だったでしょう。私たちはいま再び、類まれな魂の発達という重要な瞬間にいるとイエスは言いました。スピリットは一つであることを実感する瞬間に立ち会っているというのです。

――人類がより偉大な意識に向かって前進していくなかで、現在の世界に蔓延しているスピリットについての三つの基本的な誤解をあとに残していくことになるでしょう。一つ目の誤解は、スピリットと肉体は分離しているというものです。これは真実ではありません。肉体は愛とスピリットとアダマンタイン粒子が完全に統合された一つのユニット（単位）です。この三つは全体の分離不可能な側面であると同時に、それ自身の権利において識別可能なものでもあります。

これを聞いて私は質問しました。「これらの三つの部分が分離不可能であるとするならば、どうしてそれらを分離したものとして意識する必要があるのでしょうか？」

――神の観点からすれば違いはまったくありません。しかし、あなたはあなた自身の特別な我れとして生命と目的と意識と継続性を永遠に与えられました。それをサポートするために、あなたはあなた自身の意識の中心点、自由意志、創造主とのあなた自身の特別なつながりを与えられました。このつながりを私は聖心と呼んでいますが、それはあなたの愛が住む場所であり、無限についてのあなたの意識が始まるところです。この素晴らしい場所こそ神の息子と娘に与えられた聖域であり力なのです。聖心は純粋なクリスタルのプリズムにたとえることができるかもしれません。このプリズムに神の光が入って、ユニークで特別な誓約を顕現するために屈折するのです。プリズムが一筋の白光を分散させて多彩な虹色にするのと同じように、神の単純な真理が生命の多様性に適応させられるのです。そういうわけであなたのハートの観点からすると、地球と肉体を三つの基本的なエッセンスとして体験します。あなたがそうすることは正当なことであり、妥当なことであり、聡明なことです。にもかかわらずそれらはすべて一つであり、スピリットは肉体から分離していません。

二つ目の誤解は、スピリットは肉体との補足的な二元性を形成するというものです。これもまた正確ではありません。なぜなら、肉体とスピリットは一つだからです。西洋の思考法の歴史は二元的な概念という遺産をあなたに与え、あなたはこの概念から思考を発達させ生活を営んできました。人類は正反対という観点からすべてのものを見ます。上を下によって測り、南を北によって測り、白を黒によって測り、不透明を透明によって測ります。比較の物差しは識別においては役に立ちます。ただし、スペクトルの両端が知られていて観察可能であればという条件はつきます。物差しの両端があなたの意識を超越したものであればその物差しは無効です。その理由があるために、二元的な思考があるところでは無限は避けられることになります。科学は目下のところ無限から締め出されています。なぜなら、科学は二元的な思考に閉じ込められているからです。これと同じ理由で物質的な動機は無限を理解することはできません。スピリットは物質的な世界の正反対であると考えれば統合されたスピリチュアルな人生を生きる能力を失うことになります。これは非常に蔓延している誤解です。誰かが「これはスピリットの世界のことで、この世のことではありません」と言うのを何度聞いたことでしょうか。スピリットはいかなるものからも分離していません。スピリットはすべてのものの中にあり、すべてのものに属しています。これを知ることによって、この世界をより良い場所に変容する能力を獲得することができます。頭の中で一つのスピリットからどんなものであれ分離すればスピリットの中にある生命を見ることはできません。それにもましてスピリットが物に不在であるという考えはスピリットに対する究極的な故なき非難です。

三つ目の誤解ですが、これもまた歴史の遺産です。数多くのスピリットを信じることは、自然に基礎を置く部族的な歴史をもつあらゆる人種に共通していました。自然の力を観察し、環境の衝撃となる多くの原因を観察するなかで、そのような考えには合理的な根拠がありました。そのような考えは、本来の無邪気な状態のままにしておけば何の害もなかったことでしょう。しかしながら、この誤解はやがて発展して宗教や哲学となり、それらの宗教や哲学は多くのスピリットの存在に対する信念を語り、スピリットには善なるものと邪悪なものがあり、スピリットが徒党を組んで世界の支配を争うといった考えが生まれました。真実は、スピリットは一つであるということです。

この遺産には一つのポジティブな側面がありました。多くのスピリットの存在を信じた古代の哲学は、人間の個別性に対する最初の洞察を論理的に引き出したのです。人類にとって、それぞれの人間は一個人であるという認識は飛躍的な前進となる一歩でした。人間は愛を理解する前にスピリットを理解していましたから、スピリットが人間の個別性に関する知覚の土台になっていました。いまやさらなる理解力をもっているあなたは、より正確に次のように言うことができます。あなたはあなたの愛によって一人の人間であり、一つのスピリットは一人ひとりの人とその人の愛に呼応してユニークな形で共鳴するということです。あなたの愛によって、あるいは、あなたの愛の条件によってあなたは知られるのです。あなたの人格は、あなたの愛の性質によって築かれます。一つのスピリットはまったく分割不可能ですが、それでいてそれぞれの存在に共鳴します。

私は何度か聖霊について、そしてまた聖霊はすべての存在の一つのスピリットとどのような関係をもっているのかについて質問しました。これは神学的な意味合いの強い主題であり、神学者の立場に置かれることに対する私自身のためらいがあって、いくつかの重要な区別について説明することの重要性を見過ごしてしまいました。そういうわけで本書の初版と第二版では、この主題についてのイエスの説明のすべてを伝えていませんでした。そのことを謝りたいと思います。この省略によって生じたかもしれない混乱をここで修正できればと思っています。これはこの章全体の言葉をさらに推敲する機会にもなることでしょう。神は定義を与える存在で、定義を与えられる存在ではないとイエスは何度も繰り返し言いましたが、それでも言語が私たちの意識を形成するということがあります。神聖性という言葉によって暗示される広大さを考えると、言葉の変化によって私たちの思考に新たな方向性が与えられ、意識を明確なものにすることができるかもしれません。さもないと言葉の漠然とした一般性にただ驚いて溺れかねません。

──一つのスピリットと聖霊は共に神の側面であり、存在と表現の異なったレベルにあって異なった形で体験され、異なった観点から見られているものです。聖霊は神の純粋な光であり、それが創造のプリズムを通過し分光して虹色の分配された可能性や派生的な現実になる前のものです。神の純粋な光は常にあなたと一緒にいて、導きを得るためにいつでも入手可能なものです。それは愛とスピリットの善性を最も純粋な形で提示します。同時に配分された可能性の一つのスピリットは神の包括的な和であり、生命のあらゆる部分のつながりと統合を提供します。存在の偉大な神秘の一つは、スピリットが自由意志の派生物や逸脱のすべてを含めて創造のあらゆる可能性を抱擁しながら、それでいて、神の神聖性と意志と力そのものを人格化するということです。

自然全体の中にスピリットが配分されているという事実は観察力のある人であれば誰でも簡単に見てとることができます。このような知覚から古代の人びとはさまざまな合意事項、考え、信念を発達させ、その結果として汎神論（神はあらゆる場所に存在する）や多神論（数多くの神が存在する。あるいは、数多くの神の側面が存在する）が生まれました。その知覚は確かに真実ではありましたが、そこから引き出された結論はスピリチュアルな悟りに対する人間の最高のニーズを満たすものではありませんでした。創造主の原初の純粋な光は常に入手可能であり、人間に向かって呼びかけているというのが事実です。誤った導き、逸脱、信頼の欠如などの理由でそれが見えなかっただけなのです。聖霊は受け取る気持のある人であれば誰に対しても開かれています。それは無邪気であり、叡智に満ち、愛情深いものです。それは復活、悟り、教えをもたらすものであり、最も偉大なインスピレーションをもたらすものです。人は正しいレベルの導きに依頼しなければなりません。私は聖霊をカウンセラーにするようにと使徒に話しました。これは神を自然や現実のすべてのレベルに発見することはできないという意味ではありません。ユニークな場面でどのように神があなたに話しかけるか、それは誰にも分かりません。

神は藪の中からモーセのところにやってきたくらいですから。しかしながら、目安として言えば、生命の派生的な現実のすべてから神聖な導きを探すことは、悟りにつながるというよりも誤解につながると言うべきでしょう。相反するメッセージや、まわりくどいメッセージの迷路の中で道に迷ってしまうかもしれません。そのようなメッセージはそれを発している存在が自分の都合と信念に応じて発しているものです。ありとあらゆるおしゃべりに耳を傾けても、あなたに最も高いレベルの理解をもたらしてくれることはありません。ついでに言いますが、存在のすべての中にあるスピリチュアルなつながりと合一性を見ることができなければ、分離と価値判断と偏狭な信念の幻想にはまってしまう可能性があるのも事実です。スピリチュアルな方程式の両端を尊重することには大いなる叡智があります。

時々、一つのスピリットの完全性と限りない神秘をさらに強調するために、イエスはこの偉大な力を無限のスピリットと呼ぶこともありました。この言葉に私は慰められた感じがしました。なぜなら、一つのスピリットと聖霊の間にある違いを結合しなければならないというストレスをこの言葉は解消してくれたからです。その違いは私のマインドのこだわりにすぎないのですから。無限のスピリットという言い方は、この方程式の両端を知的に解決することなくぼんやりと理解できたと感じさせてくれました。

言葉は極めて示唆的でありえますが、イエスは言葉を上手に選びました。イエスは万能の存在、存在の背後にある全知の存在、存在のすべてをつなぎとめている和の力に言及して神という単語を使いました。創造主という単語を使うときは生命を貫いて活動している意志・善・愛の神聖な力を意味するように意図されていました。神との個人的な関係を示すときには父という言葉を使いましたがこれはイエス個人の神との関係だけでなく、すべての魂の神との関係を示すものでした。この言及は愛、慰め、ゆるし、個人の悟り、規律といった問題についての議論に、しばしば重要な意味をもちました。親の概念に言及するとき、男性的な性別だけが使われたわけではありませんが、イエスにとっては父という言葉が自然な表現だったので、私としては政治的な考慮のためにその言葉を変える必要はないと思っています。あなたにとって〝母〟のほうがよいというのであれば、それでまったく問題はありません。イエスが意味していることに、それでもぴったりと合っていると思います。神を親として連想することの意味は父権制度を強化することにあるのではなく、神聖な存在と個人的な関係をもつことにあります。その関係の中で、全能の存在が神聖性の延長であり、相続者である私たちの中に住むことを選択するわけです。

イエスが神、創造主、父、源に言及するとき、たいていは愛と創造の究極的な力として提示されました。スピリットは神の意志と存在を伝え、それによって私たちの源とのダイナミックな生命あるつながりを提供してくれます。多くの場合、スピリットは創造における持続力として提示されました。イエスはスピリットのこの内在的な性質を深く掘り下げて説明してくれました。なぜなら、人生や体験のほとんどを通して、一つのスピリットを持続力として私たちは体験しているからです。それとともにイエスは統合された霊性という考えを強調しました。技術的な言い方をすれば、私たちの一つのスピリットは最初の生態系（エコシステム）で、この中にすべてのものが共存して永遠にお互いにまじり合いつながり合っていくわけです。私たちの和を抱擁し守るものとして、スピリットはすべての存在のための不可解にして清浄な土台です。しかしながら、スピリットの偉大なる浸透性の皮肉はいかなる感覚によってもいかなる道具によってもスピリットを十分に観察することは不可能であるということです。なぜなら、エッセンスというものはその性質からして可能性の変動と違いによってしか知覚することはできないからです。

「私たちがスピリットと一体であるとすれば、スピリットをどのようにして知ることができるのでしょうか？」

――始めるべき場所は知覚ではなく理解ですね。

これは極めて重要な識別へと私たちを導いてくれます。イエスは次のように語りました。

――不可分性はスピリットの領域ですが、それに対して可分性は粒子の領域です。可分性という性質があるために粒子は検証し定義づけることができますが、スピリットに関してそれはできません。粒子は原初存在の継続的なマトリックスから現われる分離した分割可能な顕現です。たとえば原子を考えてみましょう。原子はアダマンタイン粒子に比べれば比較的大きく複雑なものです。一つの原子は組織構造の性質によって他の原子から分離したものとして見ることができます。これと同じように草原にある石は他の石と区別することができます。このようにすべての物質は分離性と可分性の特徴をもっています。この事実に関して大きさは関係ありません。

粒子の可分性とスピリットの不可分性に愛を加えることによって壮大な三角形が生まれますが、これはまさに不可思議なる創造の荘厳というべきでしょう。愛の導きによって不可分性の無限の可能性が可分性を引き起こします。それから大海原の波のように、可分性は再びワンネスに身をゆだねます。人間もこれと同じではないでしょうか。数多くの考え方をもちながらも一人の人間である。家族もまた一体でありながら数多くのメンバーがいる。人間の共同体も一つでありながら数多くの構成員がいる。イエスは私のマインドが必死になって理解しようとしていることを詩的に要約してくれました。

――この壮大な宇宙は、愛というグランドマスターによって振付けを与えられた可分性と不可分性の素晴らしい舞踊であると考えてよいかもしれません。

可分性と不可分性の壮大な交響曲の中で人間は愛として存在しているのです。イエスの説明はこれらの宇宙のメロディーを見事に編曲したものでした。

――スピリットのワンネスによって宇宙は合一性を維持し、すべての被造物はさまざまな関係がお互いにかかわり合うシステムの中で活動を展開します。すべてのものがこのシステムに所属し、このシステムの中に自分の

居場所があります。スピリットは不可分であるがゆえに究極のコミュニケーションの媒体です。スピリットの連続したエッセンスを通してすべての思いや意図が伝えられます。人類がこの事実に目覚めたとき、より多くの人たちがさまざまな贈り物を手にすることになるでしょう。預言の贈り物、ヴィジョンの贈り物、遠距離コミュニケーションの贈り物、共感の贈り物、かつて虚空と呼ばれていた場所の向こうまで到達する贈り物、そして虚空など存在しないことを知るという贈り物などです。かつて孤独が存在した場所に慰めが訪れることでしょう。この宇宙は愛と連続性に満ち満ちていることを知ることで慰めが訪れることでしょう。

存在の壮大な三角形の中で、愛はアダマンタイン粒子をつなぎ、指令を発し、スピリットは愛に共感してすべての物質を完璧な合一性においてつなぎ留めます。この創造の無限の周期においてはそれぞれが全体の一部ですが、三つの識別可能な機能が存在します。スピリットと物質が一緒になることを通して可分性が不可分性になる微妙な臨界点を観察することができます。

極めて明晰な表情をしたイエスが次のように説明を続けました。

――不可分性が可分性へと移行していくポイントを明確に規定するのは極めて高いレベルの理解力であり、これによって科学は次のミレニアムに向けて打ち上げられることになるでしょう。現在のところ、進歩の最大の障害は貫通不可能な未知の世界を背景として分割可能なフィールドを研究していることが原因です。そのフィールドと計測操業と知識の分割可能な性質の間に橋をかければ残りは理解できる、という仮説に基づいてこの研究がなされているわけです。より適切な考え方としてはスピリットの不可分性が受け容れられ、不可分が可分になる変わり目の領域に研究が絞られたとき、残りの部分も理解されるだろうということです。分離の法則によって機能する不可分のフィールドというものがいったいどうしてありえるでしょうか。可分性と不可分性の間にかかる橋についての知覚が愛の力を尊敬するといったより大きな観点から新しい概念を探求する必要があります。

これはすごい概念です。なぜなら、愛は存在するための衝動であり導きであるといった概念をはるかに超越して、技術的な機能までも果たしていることを明らかに暗示しているからです。そこで私はイエスが暗示したことについてさらなる情報の提供を依頼しました。あとになってイエスは、愛の機能について非常に詳しく明らかにしてくれることになります。しかし、この段階では交換とコミュニケーションについて以下の比喩を提供してくれました。

――たとえばコミュニケーションのパターンを見てみることにしましょう。私たちをつなぐスピリットがなければコミュニケーションは不可能です。コミュニケーションはその性質上、私が言うこと、ないしは、私が提供しようとすることは、あなたにとっての現実になる可能性をもっている必要があります。さもなければ私の声はコミュニケーションというよりも意味のない音になってしまうでしょう。一方、あなたがまだもっていない何かを私が提供しなければ、私たちのコミュニケーションには意味がありません。そういうわけですから、コミュニケーションは可分性と不可分性の間での微妙な決断なのです。相互理解は可分性が不可分性になった時点で起こります。その時点でコミュニケーションは極めて重要な理解の変容となり、それが一人からもう一人へと伝わります。変容が起こることを可能にするのは私たちが共有する愛です。私たちをつなぐ愛がなければ、私は与えることができず、あなたは受け取ることができません。すべてのコミュニケーションの宇宙のファシリテーターは私たちのエッセンスである愛です。

「コミュニケーションは常に直接的で明瞭なものでなければいけないのですか？　それとも暗黙のコミュニケーションを愛によって方向づけることはできるのでしょうか？」。イエスは満足した表情で優しく微笑みました。あなたはすでに自分で質問に答えましたね、と言っているようでした。もちろん私も答えは分かっていてイエスの確認を取りたかったのですが彼の表情だけで十分でした。

それから数年、お互いのことをぼんやりとしか意識していない二人の魂の間でのコミュニケーションを可能にする愛の力を体験して感動することになります。この話は愛の存在がどのようにして人間の相互関係の基礎を築くのかに関してさらなる洞察を提供してくれるでしょう。この出来事はテキサス州フォートワースの西にある私のアートギャラリーの中で起こりました。小さなコテージスタイルのギャラリーは交通の激しい大通りに面していて、隣にはタコベル（ファーストフードの店）があって、ドライブスルーのサービス用の窓に接するように位置していました。ギャラリーとタコベルの間の土地は段差があり、ギャラリーの敷地はドライブスルーの道路より約一・二メートルほど下になっています。ある日のこと、二つの敷地を分けているプランターからはがれて落ちてしまったレンガを数枚取り換える作業をしていました。私は、排気ガスやエンジンの音、大型ポータブルラジオに悩まされながら仕事をしていましたが、タコベルでテイクアウトの注文をしているお客さんたちの格好の見せものになっていました。目立たないように努めていましたが、私の不快感はおそらく誰の目にも明らかで私自身とても不安定な感じがしていました。この通りの店の客層の多くは町のエリートでしたが貧困者が多く住んでいる地区も近くにありました。そういうわけで大通りを通る車、そしてタコベルのドライブスルーを利用する車は、そのような人口構成を反映しています。クラシックの音楽が流れてくるＢＭＷから、車体のスプリングはまったくきがず騒音を出すマフラーをつけた六五年型のシボレーまで、さまざまな車のオンパレードです。突然、私の頭上で奇妙な騒音がキーッという音をたてて急停止し、私は思わず仕事の手を休めました。ラジオの音は耳をもつんざくばかりです。おまけに私の好みではないハードロックが聞こえてきます。私は身を縮めて仕事に没頭することで騒音から逃れようとしました。私はまるで穴の中に避難したウサギのようで、ここで愛に心の焦点を合わせることができないかと考えてみました。連想できるのは周囲の状況に圧倒されて穴の中に逃げ込もうとする野ウサギでした。心の中でこの小さな動物たちとの優しい共存を思い描いていたとき、実に奇跡的なことが起こったのです。運転席の男性がエンジンを吹かすのをやめてラジオをロマンチックな局に切り替え音量も下げたのです。注文のフードを待っている間、ずっとこの状態が続きました。注文の品を受け取った彼は再び好みの音楽に戻し、ブルンブルンという音とともに去っていったのでした。

この体験でイエスに教えられたことの証人となったのです。一つのスピリットはすべての者の中にあり、すべての存在を含むという事実です。一つのスピリットはありてあるすべてのものの全体です。かくしてスピリットは神と私たちの関係の神聖性であり、人間としてお互いに感じ合う絆そのものなのです。

イエスにこの概念の幅と深さをさらに理解できるように教えてほしいと依頼しました。すると彼は次のような提案をしてくれました。

――少しのあいだ休憩してこれをやってみましょう。楽な姿勢で身体を伸ばしてリラックスしてください。深く息を吸って自分と安らかな関係をもつ心の準備をします。神の愛の一つの側面としてのあなたを想像してください。一つの愛の単位である自分を想像します。ここであなたのハート、マインド、魂をできるだけ遠くまで延長して〝存在するもののすべて〟を凝視します。こうして凝視する行為の中であなた自身と安らかな関係をもち、あなたは一つの単位であることを知ってください。いったんそれをしたならば、〝存在するすべてのもの〟があなたを凝視しているという事実を受け取り想像してみてください。あなたがこれを自覚していようといまいと、これはあなたと一つのスピリットの間で行われる永遠の対話なのです。ここで存在局面のすべてにおけるすべての存在もこれを行っていることを想像してください。

〝一つのもの〟と〝すべてのもの〟とのこの対話は決して終わることのない生命のリズムです。分離は存在せず、あるのは与えることと受け取ることのリズムであり、話すことと聞くことのリズムであり、教えることと学ぶことのリズムであり、前進することと後退することのリズムであり、現われることと消えることのリズムなのです。

この瞑想をしたとき、私たちの一つのスピリットが異なった人びと、異なったもの、異なった生命の側面といかなる分離もなくどのように共鳴するかを体験しました。

この巨大な多様性の中でそれぞれが独自の好みや志向性をもっているのは当然のことです。イエスもそれは当然のことで、私たちの個性の反映にすぎないと言います。時として自分と他人の間に脈打つようなエネルギーの調和があるのに気づくことがあります。最近の英語の言い方で、「良い波動と悪い波動」(good and bad vibes)というのがありますが、これはそれを表現しているのだと思います。子どもたちが何かに「良い波動」があると考えるとき、彼らはよく観察しているのでしょう。もちろんすべてのものはそれ自身にとっては正しい波動をもっているわけですが、その共鳴は接触するすべてのものと相性が良いというわけにはいきません。

――スピリットの共鳴によっていかなるものの性格や意図でも知ることが可能です。これらの共鳴音が近くにある共鳴音と組み合わされてメロディーのパターンや宇宙の歌を始動させます。他のいかなる芸術形態よりも音楽が魂をより直接的にスピリチュアルなつながりへと運ぶ理由はここにあります。実際にこれはあらゆる種類の美についても言えることです。というのは美はスピリットのワンネスの内部における特別な調和と共時性を代表しているからです。美はスピリットの道筋にある道標です。美を見ることができる場所においては真実の認識も可能になります。人生の中でスピリットの導きに従っていくとき、美はあなたが安らかな気持ちで歩いていることを確認させてくれる知覚です。

当然のことながら、アーチストとしてこの言葉に興味をそそられた私でした。とくに真実と美についてもっと話を聞きたいと思いました。

――最初に直感と美を見てみることにしましょう。あなたもよくご存じのように芸術は直感的なプロセスです。

絵画であれ、著作物、音楽、彫刻など、芸術の形態が何であれ、アーチストの第一の媒体は直感的な発見であり直感的な表現です。この点に関しては、直感は枠組みによって過度に影響されていないとき、あるいは制限されていないとき、最もよく機能します。しかしながら、導きを与えられない直感が意味のある結果を生み出すことはまれです。そういうわけで美と直感はお互いにとって完璧な仲間です。直感のための導きの光として美に勝るものはありません。なぜなら、美は**枠組みに依存することなく**自然の秩序と可能性を呼び起こし、それを精妙なものにする愛の一側面だからです。

　直感が開きつつある意識のために道を切り拓（ひら）くとき、美の道標は成長しつつある意識の焦点を現実の不変なるものに向けさせ、その時、真実が知覚されます。真実と美は共に宇宙の不変なるものであり、前者は啓示される不変性であり、後者は顕現される不変性です。「不変」という言葉を使っていますが、「固定している」という意味ではありません。あらゆる状況において常に入手できるという意味です。

　あらゆる創造においてアーチストは幻想と混乱と試行錯誤のジャングルを手探りで進み、不変性のパターンが目の前に現われるまでそれを続けます。これこそ彼のハートと行動が陣痛の苦しみを味わって産もうとしていたイメージであり、音であり、概念なのです。彼は目の前にある美を認識します。それは母親が自分の子どもを知っているのと同じように認識します。ただし、無関心な見物人には特別なものは何も見えないかもしれません。かくしてアーチストは顕現が花開くなかで不変なるものを発見したのであり、それはアーチストにとって美しいものです。ことによるとあとになって他の人たちもそれを称賛するかもしれません。

　あなたはこういう周期を芸術の歴史に見たことがあるはずです。一つの美の形が現われて文化的な成長の方向性の焦点を決めます。やがて模倣のインスピレーションを与え人びとを興奮させて模倣させる能力を失います。最終的には表面を飾り、人生の表層的な側面を少しだけきれいにし、場合によってはけばけばしくする過度に甘美で古臭い方式として再生産されることになります。すると突然、予想もしていなかった方向から新鮮な知覚が姿を現わし、新たなる美的な意識をドラマチックに主張します。春に卵を孵化する鳥のように革新的な感性が広く普及している理想のヴェールを突き破り、美の主題に新しい生命をもたらします。多くの場合、最初の段階ではそのような主張は美しいとは見なされません。なぜなら、古い好みの観点で見られるのですから。多くの人びとが美しいと考えるものは以前に存在していた状況の予知可能な輝きです。しかしながら、美の進化に方向性を与え育む人びとは、美のエッセンスは実際には生命ある真実を知覚することだと知っています。美のエッセンスは直感と喚起の絶えることのないプロセスを知覚することだと知っているのです。

思考もまた一つの芸術の形です。おそらくは人間の最高の芸術です。思考もまた直感と美が伴うとき、最高の働きをします。

私たちは考えるときに考えやイメージを創造し、それが私たちの意識の発達と拡大を可能にします。とくに一つのスピリットというような広大で不明瞭な主題に関しては、思考を展開し検証するための代案となる観点を提供する（付随的な）概念をもつことが極めて重要です。

――スピリットを定義することはできませんが、スピリットについて考え、スピリットについての理解を深めることはできます。この探求においては、おそらく無限性が一つのスピリットにいちばん近く効果的な付随概念でしょう。スピリットと同じように無限性もまた制限を拒みます。なぜなら、無限性は大きさ・矮小性・質・可能性を超越しているからです。無限性は宇宙の完全性に内在する機能と遂行能力の一側面であって蓋然的な次元の推測ではありません。いかなる枠組みも無限性を十分に説明することは不可能であり、封じ込めることも不可能です。

つい最近まで無限性は計測不可能で支配不可能な神秘的な概念として科学によって脇に押しやられてきました。

無限性は分析的な還元主義（訳注＝一般に事象・理論・命題・概念などを通常より単純で根本的な他の事象・理論・命題・概念などへ還元する可能性と必要性を主張する立場や方法）の哲学的な枠組みでも手に負えないものです。スピリットと同じように無限性は分化や測定の要素と考えるよりも、合一性と協調の要素と見なすのが最善です。近年、哲学や科学が統合された思考の重要な諸問題に立ち向かおうとしているとき、無限性という主題は探求と思考のためのさらに興味深い選択を提示してくれるかもしれません。イエスによれば、柔軟性と適応性がこうした新しい意識の道を開くために不可欠であるということです。

イエスの言葉をこうして伝えていくなかで頭の柔軟体操でヴィジョンを拡大してみましょう。これから私と一緒に宇宙旅行に出発して〝大きなもの〟に向かい、それから方向転換して〝小さなもの〟の世界を探求します。しかしながら、宇宙旅行に出発する前に「グーゴルプレックス」という言葉を確認しておくと役に立つかもしれません。これはグーゴルをもとにして築かれた非常に大きな数字です。それではグーゴルとは何でしょうか？これも非常に大きな数字ですが、グーゴルプレックスに比べれば非常に小さいものです。数学用語としてグーゴルは一のあとにゼロが百個続く数です。つまり、一〇の一〇〇乗です。これは非常に広大な現実を現わす数字です。二十二世紀前にアルキメデスは、一〇の六三乗（これは一〇の一〇〇乗に比べればずっと小さなものです）の砂粒があれば宇宙をいっぱいにすることができると計算しました。ここでいう宇宙は当時知られていた宇宙ですが、今日、私たちが知っている宇宙は少なくとも一千億の銀河系を有し、それぞれの銀河系は平均して一千億の星を有しています。この数に星・惑星・暗黒物質、その他あらゆる組み合わせの物質を構成している電子、陽子、中間子、あらゆる粒子の数を加えてみましょう。その数は一〇の八六乗に等しく、これでもまだグーゴルよりは相当少ない数です。しかし、端から端までが一五〇億光年ある私たちの宇宙が原子より小さい粒子で隙間なくぎっしりと詰まっているとしたら、その粒子の数は一〇の一三二乗になります。これはグーゴルより少し大きな数です。それでは、そのグーゴルに比べてグーゴルプレックスはどれくらい大きな数なのでしょうか。グーゴルプレックスは一〇の一〇乗をさらに一〇〇乗したものです。一のあとのゼロを印刷するためには一五〇億光年ある私たちの宇宙をいっぱいにするだけの紙が必要となるでしょう。さらにスーパーグーゴルプレックスがあって、これはグーゴルプレックスをさらに一〇〇乗したものです。そのような数字は地上に存在する私たちのマインドで測る物差しはありません。ところでこの頭の体操をした理由は頭の境界線を取り払ってもらうことでしたが、同時にスーパーグーゴルプレックスの定義づけをすることによって一つの重力単位の仮定された次元を描写したのです。それは重力の一つの波（波動）にすぎません。波動は一つだけと考えるのは妥当でしょうか。エネルギーとリズムの法則から判断すればそれはありえません。そうだとすれば無限性とはどれくらい大きなものなのでしょうか。一つのスピリットはその全体であり、さらにそれ以上なのです！

それでは小さな世界に旅することにしましょう。原子核がどれくらい小さなものかを考えてみましょう。野球のボールを地球の大きさにまで拡大すると、そのボールの原子は地球全体を満たしているたくさんのサクランボの大きさに見えるでしょう。その原子の一つをアストロドームの大きさまで拡大すると、原子核は一粒の砂の大きさとなって目にも見えるでしょう。これは非常に小さなものです。それに比べてアダマンタイン粒子がどれくらい小さなものか想像を絶するものがあります。

――無限性はいかなる方向においても、いかなる物差しによっても封じ込めることは不可能です。したがって人は身のまわりにある現実の側面に焦点を絞り、密度勾配の規模やその他の数列を考慮することによって推定します。周囲を見るとあなたの目の前にある物体は非常に密度が濃いように見えます。それから視線を地平線に向けると、そこには物体よりもより多くの空間があります。目を夜空に向ければ拡大する空間と減少する密度の印象がさらに強くなります。もちろん、これは視点と距離に相対的なものです。しかしながら、原始時代の人びとにとってこの知覚の当然な結論として宇宙は遠くに存在するものであり、スピリットはさらにその向こうにあるものだということでした。それとは対照的に、近くにあるものは密度が濃く固体であるように見えます。したがって、それは物質であると考えました。スピリットと物質の中間のどこかに人間は自らを位置づけました。相対的な密度勾配のスペクトル（広がり）について知覚したとき、人間の視点はその知覚を制限はしましたが、初めて無限性を認識したのです。両極の間に存在するそのような固定された視点は、人間の二元的な思考の中に今日でも存在しつづけています。

幾層もの密度があってスピリチュアルな人生を生きるためには、それらの層を通過しながら上昇していかなければならないというのは真実ではありません。スピリットは次元の一側面ではなく、むしろ存在の統合された一部分です。一つのスピリットの合一性の中で密度に関するあなたの知覚はすべて不要となり、姿を消して数多くの可能性に姿を変えます。あなたは密度のさまざまな輪やレベルに囲まれていて、神と一緒になり本来の自分に戻るためにはそれらの間を通過していかなければならないということはありません。そのような信念を抱いている人びとは果てしない条件を次々にクリアしていかなければならないのが人生であるというアプローチをします。そういう人たちにとって人生とは枠組みとかかわることであり、枠組みに奉仕することです。皮肉なことに枠組みと闘い、枠組みに不同意を唱える人びとは多くの場合、そのような信念を最も強く抱いています。枠組みと無限性についての彼らの視点は、枠組みや無限性に指令を発することに失敗した体験によって固定されています。

生命を密度に関する知覚に限定するとエネルギーを力と見なすことになります。科学はいまだにエネルギーを主として力と見なす段階にありますが、このような考え方は密度に対する尊敬に基礎を置いた人生志向と完璧にマッチしています。エネルギーは一定量の推進力と圧力を生成するのに必要な力の量であると見なされています。力は密度のあるものに対してだけ働き、圧力を受けるなかで密度は高くなっていきます。それはゴミ圧縮機でゴミが圧縮されて積み上がっていくのと同じことです。しかしながら、この説明の大きな間違いは、**密度について**の**知覚**はだいたいにおいて幻想にすぎないということです。物理的存在の九八パーセント以上は空間であり、空間は圧力に反応しません。**このアプローチの限界は明らかです。**

愛の影響のもとで空間は磁力的に反応してやすやすと生命を引き寄せ、生命の焦点を絞ります。これが理解できると空間は密度よりもさらに興味深いものになります。力は無限性に対してほとんど影響力をもちません。したがって思考や科学、そして人間の行動が力に基づいているかぎり、無限性をとらえることはできません。

力と密度は物事を遂行するうえでの仲間です。一方が他方によって条件づけられます。社会がその知覚を力に置けば、その影響力が及ぶ範囲は非常に限定されることになるでしょう。力は境界線が予測できる非常に近接した空間における状況に対してしか影響を与えることはできません。その理由は、力は自らの影響力をやがて挫折させることになる密度そのものを生成するからです。同じことが粒子についても人びとについてもあてはまります。影響圏の周辺には常に抵抗勢力があり、一つの影響圏が別な影響圏の密度と遭遇するとき争いが起こります。これは現在の地球にとって極めて重要な問題ですが、力と密度が行動や交換の言語でなくなるまで重要な問題であり続けるでしょう。

人類は今、運命の絶壁に危うげに立っています。ポジティブな変化のための機会をつかむか、衰退や、ことによると破壊を体験するという瀬戸際にいます。これは避けることのできない対決です。選択権が提示され、選択がなされるでしょう。

イエスは来るべき変化について語りながら期待と楽観主義で目を輝かせました。その変化が起こったとき人生はもっと楽になり、エネルギーの応用や産業、人間の行動に対する力の影響は少なくなると信じてよいとイエスは保証してくれました。

これとは対照的なSF映画が投影するイメージについて私は思いを馳せました。このような映画は、未来はハイテクで力に満ちた文化として見せています。イエスの答えは次のようなものでした。

——それは想像力が現在の基準から未来の現実を創造しているからにすぎません。パラダイムの山の〝朝の様子〟や〝夕方の様子〟がどのようなものになるかを正確に知らせてくれると仮定するのはよくある間違いです。力の観点から思考する人びとは、未来においても同じことがもっとあるだろうとしか期待できません。彼らには今まさに起ころうとしている変化を理解することはできません。保証しますが、力を原理とした航空工学では宇宙を旅することは不可能です。一定の限定された領域においては力は機能します。力を原理とした応用力学は月旅行、火星旅行、あるいは、太陽系内の宇宙プログラムであれば維持することはできるでしょう。しかしながら、人類は力を原理とした考えや機械工学によって銀河系を横断することはできないでしょう。人類はまもなく非常に進歩した科学技術の世界に入っていきますが、これは現代の文明が依存している高摩擦、高抵抗の機械工学に基礎を置くものではありません。

これに続いて私が質問しましたが、その答えの中でイエスは他の惑星における文明について言及しました。イエスが他の惑星の文明に言及したのはこの時だけでした。「他の草原にいる羊の話をされましたが、それらの草原とは地球以外のものも含まれるのでしょうか?」。イエスの中に緊張を感知したのはあとにも先にもこの時だけでした。それは深刻な不快感ではなく、四歳の子どもに「赤ちゃんはどこから来るの?」と聞かれた父親が示すような愛嬌ある仕草でした。イエスは私に言いたい以上のことを知っているのは明らかでしたが、間違った印象を与えたくはないと思っているようでした。

——人類以外にも仲間が存在します。あなたがすでに察しているように別な場所にあなた方よりも若い兄弟、年長の兄弟が存在します。しかしながら、それぞれのグループは独自の存在であり、家族としての独自の権利をもち、共に成人するという独自の権利をもっています。人類がどこか別な場所を見ようとするのは今の時点での答えではありません。お互いに目を向け、神に目を向けることがあなたの可能性のすべてを実現するための答えです。多くの点でSF映画は、意識は工業技術のあとを追いかけるという誤解を生み出しました。このような映画は工業技術を加速させることだけで、枠組みに支配され両極化された意識を拡大して宇宙に手を伸ばすことができるという誤った印象を与えています。そうすれば、まるで魔法のように意識の成長が起こるといった印象を与えています。これほど真実から離れた考えはありません。工業技術が意識の拡大を引き起こすのではありません。**意識が工業技術を引き起こすのです。**

より偉大な技術が開発され宇宙を探求することが可能になる前に意識の変化が起こらなければなりません。あなたの惑星およびそれと似たような惑星は大海原の中にある島のようなもので、その距離に橋を架ける技術的な方法をもっていません。近くまで来ることができる存在たちは力を使わずに宇宙を旅する意識をもっています。彼らはあなたの世界以上にコミュニケーションや相互のやり取りはお互いの合意が必要であるということを尊重するでしょう。相互間の同意は銀河間のつながりの法則です。あなた方の文明と等しいレベル、あるいは、それ以下のレベルの文明は、あなた方が彼らのところに到達することができないのと同じように地球に到達することはできません。相互の文明の間には十分な距離があるので力が放棄されるまでこの状態は継続するでしょう。

銀河系のコミュニティーには騒乱や誤った行動が存在する場所はないと言えば誤った情報を伝えることになります。なぜなら、常に自由意志が存在するからです。しかしながら、一般的に真実である一つの決まりがあります。この決まりは頼りにできるものですから安心してください。その決まりとは、あなた方に害を加える可能性のある存在は地球に到達することはできないということです。地球に到達できる存在があなた方に害をなすことはまずありません。創造主は大いなる叡智をもって、この状況を確立するために生命を育む惑星の間に十分な距離を置くことが適切であると見なされたのです。これは二つ目の事実とセットになっています。本当の意味で進化した工業技術はすべて共時性・全体的なパターン形成・生命の躍動する力の原理に基づいています。掠奪者が単**に征服の目的**で光速ないしはそれ以上のスピードで旅をするというのはまったくの幻想にすぎません。そのような工業技術に必要な共時性は争いに基礎を置く意識から得ることは不可能です。

一つのスピリットを通していたるところに存在する愛の存在のすべてがお互いに影響を及ぼし合っています。時としてこれは認識され、直接的に感じられることもあります。たいていの場合、それはある種の調和のとれた共鳴音ないしは不調和な共鳴音として受け取られ、その結果、その源が明らかにされないにもかかわらず洞察を得ることになります。多くの場合、これらの接続的な共鳴音は離ればなれになってしまった魂が再びつながるための機会を提供します。

接続的な共鳴音についてさらなる考察をするために、早朝の非常に静謐(せいひつ)な大きな湖を考えてみましょう。湖畔に二つの石があります。〝愛〟が歩いてきてこの二つの石を拾って湖の中にポンと投げ入れます。一つの石は湖の左側に、もう一つの石は右側に投げ入れます。冷たい水に当たった衝撃は心を浮き立たせるものでしたが、二つの石は一瞬の間、迷った感覚を体験します。渦が水中に広がっていくという知覚は実に楽しいものですが、同時に孤独な探求でもあります。突然、一つの石がつくった波紋がもう一つの石がつくった波紋と出合います。爆発するような喜びの中でそれぞれの石はもう一つの石が見つかったことを実感します。ついに彼らは再び一緒になったのです。しかもさらなる確信をもって一緒になったのです。なぜなら、彼らはスピリットの中でお互いを知る方法を知ったのです。この確信をもった彼らは二度と迷うことはないでしょう。

この話によって分離という主題にまったく新しい次元が加えられました。ことによると通りかかった愛はスピリチュアルな分離が不可能であることを実演するために、二つの石を別な方向に投げたのかもしれません。私たちが人生の湖で上げる水しぶきは、私たちのエッセンスである愛の共鳴音を発するに違いありません。そして私たちの波紋が永遠に向かって広がっていくなかで、お互いを認め合えるパターンと出合うに違いありません。イエスが私のもとを去ったあとで、どうやってその喪失感に対処したのかとよく聞かれます。答えは簡単です。イエスと時間を共に過ごすなかで私が学んだことの一つは、彼の存在をどこにでも認めることができる能力でした。イエスは言いました。**「私の愛で私がいることが分かるでしょう。なぜなら、スピリットは私の愛に共鳴するのですから」**。もちろんイエスは同時にいくつもの場所にいることができます。なぜなら、私たちが知っている物理的な障害は、彼にとっては幻想にすぎないからです。私はよく彼がそばにいると感じます。それは今あなたが私の存在と一緒に彼の存在を感じているのと同じようなものです。この自覚によってすでにこの世を去った私の愛する人たちの存在を感じることもできるようになりました。いまや彼らはこれまで以上に身近な存在です。というのは肉体的な依存から自由になったからです。湖に投げ込まれた二つの石は愛と真実の中でお互いを見つけました。彼らはスピリットの中でお互いを発見したのです。おそらくは一つのスピリットに目覚めていくにつれて、友情の概念はより大きな新しい意味をもつことになるでしょう。確立するべき数多くのつながりがあり、再び確立するべきつながりがあり、宇宙全体でそれをなしていくのかもしれません。これは祈りや瞑想の中で起こりうるものであり、インスピレーションや直感的な促しに共感をもって応じることによって起こりうるものです。

――つながりや再び確立されたつながりは春の花のように開くことでしょう。灰色だった冬が栄光の輝きへと変貌していっせいに花開くことでしょう。スピリットの無限性は可能性の大海原のように私たち一人ひとりに共鳴します。この偉大な媒体を通して枠組みの壁と障害を取り除く人は誰でも、時空に制限されることなく心を通わせることができます。ここにこそ祈りと共感と予言の力があります。しかしながら、一つのスピリットは神に属するものであり、私たちすべてに属するものであることを常に思い出さなければなりません。一つのスピリッ

トの完全性を維持することによって、その神聖性を維持しなければなりません。自己中心的な目的のために（自分が守られているサークルの中で）スピリットを使えば、その人自身に大きな害をなすことになるかもしれません。なぜなら、これはやがて神からの分離を引き起こすことになるからです。一人の存在が愛の力を忘れ、スピリットを乱用し、あるいは、スピリットを無視したとすれば、コンパスをなくし自分の家族の名前を忘れてしまったのです。スピリットの閉じられたサークルは他の人びとに対して無慈悲な人びとや他の人に害を加えようとする人びとの周囲につくられる傾向があります。他の人を自分の愛から除外したいと思う人は、他の人からの愛を受け取る道をふさぐことになります。他の人たちをスピリットから切り離そうとする人たちは、分離と断絶を自分の運命として体験することになります。たいていの人たちは兄弟愛と慰めを提供してくれるスピリットのサークルの中で生活しています。そのことには何の害もありません。ただし、スピリットの全体もまた尊重され、そのスピリットのサークルが枠組みや分割や偏見を無限のスピリットの中に向けて投影しなければという条件はつきます。

この言葉から、人が信念や共通の現実認識を用いてお互いをサポートするサークルをつくる人びとに対して、イエスが何の価値判断もしていないことが私にも分かりました。私たちはみな人生の楽しみや趣味を探求するなかで多かれ少なかれ、このようなグループをつくります。気心の知れた人たちと一緒に何かをするというのは、人生に慰めをもたらしてくれるものです。それによって他の人の権利を侵害したり、他の人を傷つけるのはむろんいけないことです。

——スピリットを決して分割してはなりません。なぜなら、それは不可能だからです。そうしようとすれば、エネルギーを無駄にし、結果としてあなた自身を分割することになります。あなた自身の慣れ親しんだスピリットのサークルと無限のサークルの間にある違いを乗り切るための決まった方式はありません。私がお願いしたいことは、スピリットを神聖なものとして維持してほしいということだけです。これには二つの方法があります。一つの方法は、神の存在を延長するスピリットの神聖性を尊重することです。もう一つの方法は、日常生活の中のあらゆる活動においてスピリットの完全性を維持することです。このいずれのやり方にも恩寵と和があります。存在するすべてのもののワンネスを注目してください。いかなるものと言えどもスピリチュアルな恩寵から除外されることはありません。いかなるものと言えども神の愛から退けられることはありません。しかしながら、数多くの人たちが彼ら自身のスピリットのサークルがあまりにも居心地が良いために、全体のスピリットを拒絶しています。自ら拒絶することによって、彼らは全体のスピリットとの心の通い合いから分離されているのです。彼ら自身が選ばないことによって、より偉大にして純粋な意識をもつ存在として選ばれていないのです。私が「裁くなかれ、さもなければあなたが裁かれるであろう」と言った意味はこれです。なぜなら、誰かを裁くとき、あなたはスピリチュアルな恩寵からあなた自身を分離し、あなた自身に裁きを下すからです。

原罪とは価値判断のことでした。価値判断をすることによって、すべての存在が自分自身の分離という結果を開始したのでした。神のイメージで創造された純粋で無邪気な魂が愛の社会からこのようにして離れてしまったのです。価値判断の直接的な結果は分離です。意識していようといまいと、あなたは〝一つにして〟という永遠の対話をしています。何であれあなたが捨て去るものは、あなたを捨て去るでしょう。いかなるスピリットの内なるサークルも永遠の対話の結果からあなたを守ることはできません。

「〈あなたは自分で蒔いた種を刈り取るであろう〉と言われましたが、これは同じ意味でしょうか？」

――同じ概念ですが、これはもっと広い意味の概念です。ほとんどの人はこのメッセージを単純な直線的な意味のものと解釈しています。たとえば草に水をやれば草は育つ。友達をつくれば一人で食事をしなくてすむだろう。いつもお金を借りていれば常に借金の状態が続くだろうといった意味です。これはすべてその通りですが、私のメッセージの要点は直線的な原因と結果に限定されたものではありませんでした。原因と結果の考えを完全な円を描くまで拡大すれば、大きなものは小さなものに滋養を与え、小さなものは大きいものを力づけるというより偉大な理解を得ることができるでしょう。あなた自身の人生において安らぎを望むのであれば、世界の安らぎのために祈り活動するとよいでしょう。豊かな人生を生きたいと願うならば、他の人たちに豊かさをもたらす原則によって自らの人生を生き、その原則をサポートするとよいでしょう。これをすることによって一つのスピリットにあなたのハートの最も真実なる願望を伝えます。すると一つのスピリットはあなたが他の人たちのために求めていることをあなたに与えることによってあなたに敬意を表するのです。これが永遠の対話です。

この話のすべてが素晴らしいと思って聞いていた私ですが、奇妙なことに次の質問が口をついて出てきました。

「悪は善の正反対の概念なのでしょうか?」

——病気が健康の反対でないのと同じように、悪は善の正反対ではありません。病気は健康の欠如です。しかし、病気は健康から独立して存在し、健康と対決する力をもった状態ではありません。病気と同じように、悪はそれ自身の力をもっていると誤って考えられてきました。よこしまな心、破壊者、堕ちた天使といった概念にあまりにも多くの注意と関心が向けられてきました。そのようなものが独自の力をもっているという誤った考えのもとでそれがなされてきました。地球に対する私の贈り物が悪に対抗することだけであったとすれば、私の贈り物はまったくの無駄に終わっていたことでしょう。愛と善の贈り物はすべて、邪悪なものはハエの糞のシミのように無視されるべきもので、善なるものが豊かに行きわたるように与えられるのです。

この答えから判断して、争闘の文学の中で実に顕著な役割を果たしてきた「闇の存在」について論じる必要を感じませんでした。イエスのこの答えから確かに彼らは存在するけれども、彼らがもっているとされる力は二元性の誤解によって誇張されているという結論に達したのです。

――**悪は存在に内在するものではありません。**善と悪は永遠のドラマに属する等しく対立する力として確立されたわけではありません。**悪とは単に神から分離された状態であり、あなたのエッセンスである愛を否定した状態にすぎません。**善はそれとは別な選択です。そのような選択は存在する必要があります。さもなければ個人性を認めたことは意味のないジェスチャーに終わったでしょう。選択には結果が伴います。愛の選択ないしは愛の否定にも選択が伴います。選択を避けることにも結果が伴います。選択の回避は**優柔不断な永遠の対話**であり、二元的な思考という結果をもたらします。

しかしながら、悪の影響力を考えるとき、行動の基準に同意できないからといって、あるいは、その行動が破壊的であるように見えるからといって他人のハートを裁かないように気をつけなければなりません。この世界が悪と呼んでいるものの多くは抑圧的な枠組みと敵愾心(てきがいしん)に満ちた報復との闘いです。非難されがちな別な行動もあります。それは古い昔に端を発する問題を勇気ある人がついに解決しようと行動している場合です。スピリットが相互作用的な生き方と教えの偉大な対話を通してもたらすレッスンを体現する状況もあります。こうしたことのすべては神聖な秩序の中において理解すれば、寛容な気持ちで見ることができるようになるでしょう。

悪は派生的であり、原初的ではありません。**悪は何も創造したことはありません。**神は愛を通してすべてのものを創造されました。**それ以外にいかなる原因もありません。**二元的な原因もなければ、いかなる原因も存在しません。初めに善と悪があったのではありません。初めに**善だけ**があったのです。創造と派生には違いがあります。**神はすべての創造の源です。派生物は選択の結果です。**

すべての悪の源は愛の否定であり、それは愛による導きのない混沌とした不幸な人生をもたらします。人が自分のエッセンスである愛を否定すると人生の出来事に指令を発する能力を失うことになります。その代わりに、その人は物理的な力ないしは欺瞞を使うことになります。愛は指令を発します。コントロールはしません。人であれ、状況であれ、宇宙の要素であれ、自らのエッセンスである愛を否定すると指令を発する力を失いコントロールに走ります。その結果は品性を失った価値観の呵責ない惰性であり、欺瞞によって動かされ、力によってコントロールされることになります。あの深い内在的な愛の力を失った人は絶望に襲われると反撃します。しかしながら、長い期間にわたって悪に向かって進むことがなければ悪に着手することは誰にもできません。なぜなら、神の子どもの核心に悪は存在しないからです。愛を否定し、憎しみと貪欲さで自らの人生に力を与えることによって、初めて邪悪に満ちた状況を引き起こすことになります。悪は派生的であって原初的でないと私が言う意味はここにあります。

そこで私は質問しました。「悪は単なる幻想なのでしょうか?」

――いいえ、愛を否定することの結果は非常にリアルなものです。しかし、あなたが見るものを裁かないように注意しなければなりません。なぜなら、**あなたの価値判断は幻想だからです。**

それから、イエスはその意味の説明を続けました。

――価値判断は分離の精神的な仕組みです。したがって幻想以外の何ものでもありません。それとは対照的に、かかわり合うことの精神的な仕組みは現実に基づいた識別をもたらします。悪には現実性があります。それで私は悪の定義とその理由をあなたに説明しました。

最高の悪は、愛を愛の敵にさせようとする意図ないしは行動です。このありようはたいていの存在は愛であるがために理解できないものであり、引きつけることはないものです。愛が否定された場合は別にして、悪と愛の間には接合性の根拠はありません。あなたがもてる最高の防衛手段はあなたのエッセンスである愛であることです。私が人類に与えた二つの戒めがあります。神を心から愛しなさい、そして隣人をあなた自身として愛しなさいという戒めです。私は悪に対する解毒剤を与えたのです。悪があなたに近づいてきたら、ただ「この場から去りなさい」と言えば悪は去ります。悪が存在する理由は、一つのスピリットはそれすらも包括するからです。神は神ご自身に対してなされたいかなる拒絶よりも偉大であり、悪の攻撃がスピリットのワンネスを乱すことをお許しにはならないのです。

あなた方の中には強い愛をもつ偉大な存在がいて彼らには悪を実際に見る能力があります。したがって彼らは無限のスピリットに奉仕し、完全性のすべての問題の面倒をみることができます。

悪は一つの現実です。しかし、私たちの人生を二元的な状況のパラドックスの口実に使うことは妥当ではないとイエスは言います。

――そうすることには何の学びもありません。なぜなら、神や愛の力に比べれば、悪にはいかなる力もないのですから。それだけでなく多くの人が悪と呼ぶものは彼ら自身の誤解、価値判断、怖れの投影です。愛するという決断をすれば悪があなたを支配する力は消え去ります。あなたと悪の唯一のかかわりは決断をすることだけです。この選択肢がなければ、また選択の権利がなければ、あなたには何の自由もなく、あなたの個人性の宣言は真実というよりもお笑い草に終わったことでしょう。選択の権利はあなたの自由です。あなたは好きなだけいつまでも道に迷っていることもできれば、準備ができたときには家に帰ることもできます。その間、愛の否定が提供することのできるありとあらゆるレッスンを体験することになるでしょう。

変えることができない決断はありません。そしていかなる決断も永久に継続しなければならないということはありません。すべての存在の完全性ができるだけ乱されることなく選択の自由が尊重されるように、聖霊は高遠な理解をもって私たちに仕えてくれます。神と愛を否定した人びとは、そうする自由が存在することを証明するために究極の犠牲を払っているという可能性についても考えてみてください。ある種の観点から見れば、それは勇気ある愛の行為であると見なすことすらできるかもしれません。なぜなら、愛の存在はそれ以外のいかなるものにもなることは不可能だからです。この事実を徹底的に知覚したとき、あなたの二元的な思考に永久にピリオドが打たれるかもしれません。スピリットの分割はありません。

私たちが心の焦点を絞るべきスピリチュアルな実習は〝一つとすべて〟の永遠の対話であるとイエスは言います。この観点に習熟するにつれて人生は多少の成長に伴う痛みはあるにしてもますます多くの喜びの中で展開することになるでしょう。二元的にではなく全体的に人生は展開することになるでしょう。

――存在の偉大さはどれだけ封じ込めるかによってではなく、どれだけ手を差しのべるかによって測られます。どれだけ自分のものとして保持することができるかによってではなく、どれだけ与えることができるかによって測られます。封じ込めは枠組みのやり方ですが、手を差しのべることは自由につながり、生命の横溢（おういつ）と基本的な善につながります。一つのスピリットと心を通わせるとこれが理解できます。これを知り実践することによって分離を永久に終わらせることができます。人生の可能性の無限の広がりについての自覚を遮ってきた壁をついに崩すことができるでしょう。より大きな影響力をもちたいと望むなら、一つのスピリットと心を通わせることです。そうすることによって恩寵と直感によって物理的な力の代わりにすることができるでしょう。あなたの思いによって無限性の全体性に手を差し出し、人生に必要なもののすべてと喜びを磁石のように引き寄せることができるでしょう。

これに関連してイエスは倫理について興味深いコメントをしてくれました。

――倫理とは個々人と彼らが共有する環境との相互作用のリズムです。メンバーである個々人の真実にしてより偉大な能力をサポートし、引き出さない集団は倫理的にエネルギーが枯渇しています。一方、すべての存在にとっての最善を無視した形で自分だけ前進していく人は倫理的に無責任です。

善と悪の問題について話している間に天国と地獄について質問するのは適切ではないかと感じて聞いてみまし

た。「天国と地獄は場所なのでしょうか。それとも存在の質なのでしょうか？」

——存在の質は場所のエッセンスであると考えれば、答えはどちらでもあるということになります。しかしながら、善と悪と同じように天国が原初的であり、地獄は派生的です。天国はすべての存在の基本的な善良さと愛の指令に従おうとする生命体の気持ちからその力を引き出します。存在が顕現した場所で愛が支配する場所であればどこであれそれは天国です。まずあなたのハートから始めることにしましょう。神のハートに近いところに魂が新たに再生され、すべての幻想や苦しみから癒される場所があります。これが愛を込めて探求される死後の生活の神聖な体験です。それは真実であるとしても、天国はこの素晴らしい領域にだけ限定される必要はありません。**すべてが天国であったら、**創造主にとってそれよりも嬉しいことはないでしょう。もしもあなたがそれを許すならば、天国はこの瞬間にあなたのハートの中に存在することができます。それからハートの天国に等しい優雅さをもってそれを外へと延長し、あなたの人生の中に天国を延長することができます。やがて宇宙がその最終的な成就に向かうとき、すべての場所が天国になることでしょう。

一方、地獄とは魂が自らと闘い、神と闘い、存在と闘っていることの結果として生じる拷問です。「戦争は地獄である」という言い方を聞いたことがあると思いますが地獄とは戦争です。愛の存在が進むべき方向として悪を選んだとすれば、戦争以外の何がありえるでしょうか。

「それにどう対処したらよいのでしょうか？」

——ゆるすこと、ゆるすこと、そして再びゆるすことです。さらなる争いを加えることに何の意味があるでしょうか。それだけではありません。愛を否定したとすれば、あなたは自分をどのような場所に置いているのでしょうか。人類は愛とゆるしを否定することによって社会的な悪夢をつくり出し、それを地獄と呼んでいるのです。ゆるしについては大いなる怖れと誤解があります。人がゆるされるのは、再びいたずらをしに戻るためにではなく、神のもとに戻るためであることを理解しなければなりません。

「正しいことのために戦うべきではないのですか?」と私は質問しました。イエスは少し間をおいて考え、言葉を選ぶようにして次のように答えてくれました。

――まず優先順位を決めることから始めることにしましょう。あなたの価値判断と思い込みのために戦いに向かって突進する代わりに、最初に**何が正しいのか**を発見することです。それから何が正しいのかを宣言し、その点におけるあなたの立場を確立します。戦争が起こらなければならないとすれば、あなたの敵の手によって戦争が始まるようにします。攻撃されたならば、愛によって指令を発し、戦争を終結させるために必要である場合だけ戦います。人に勇気を与えるのは愛です。国を強くするのは愛です。愛がなければ戦いに値するものは何もありません。この真実をハートに近いところにしっかりともっていれば、潜在的に争いがある状況の中であなたを導いてくれることでしょう。

神の息子は戦争を仕掛けることはしません。なぜなら、戦争は社会のガンであり、地上の病気だからです。戦争を行う一人ひとりの魂の中にやがて戦争は住みつくことになります。社会的な攻撃やビジネスの世界における攻撃などの些細な争いや知的争論ですら、それを行う人の魂は影響を受けることになります。あなたは不同意を表明するためにここに存在しているのではなく、共通性を発見するためにここにいます。神とのあなた方の共通性、すなわち、愛を発見するために、またお互いの共通性、すなわち、愛を発見するためにここにいるのです。

自分自身と戦争をしている存在は他の場所で戦争を起こすことをなんとも思いません。それが悪のおもしろい側面です。いったん愛の力を否定すると、その人のために開かれる人生のドアは非常に少なくなって、残るドアを彼は腕力と欺瞞によって破壊しなければなりません。戦争は多くの場合、愛を否定した人のためにもはや存在していない機会を生み出そうとする絶望的な試みです。

次のことを理解して受け止めていただきたいと思います。価値判断をしないように注意してください。価値判断をするとその人の人生に対する知覚は非常に制限されることになります。知識の間違いには二種類ありますが、いずれも価値判断によって引き起こされます。一つは間違った知識をもつことです。もう一つの間違いは、現実はあなたが知っていることがすべてであると仮定することです。人生を生きるなかで成長していくにつれて、神があなたの前に差し出しているものについての自覚が日に日に高まっていくことでしょう。

「毎日の生活を管理していくなかでスピリットのやり方をどのように応用することができるでしょうか?」

——無限のスピリットの方法に従えば、私たちは生活を単純化して生活を愛の指令のもとに置きます。すると私たちが必要としているものを引き寄せることができます。それを私たちが本当に望むことへと形づくります。日常生活のこまごまとした仕事についてはスピリチュアルな管理によって〝引き寄せと発展〟の法則を使うとよいでしょう。それが愛の存在にとっての正しい努力の仕方です。これは喜びをもたらし、休息やレクリエーション、インスピレーションのために十分な時間を残してくれるプロセスです。

活動の大部分の領域を単純化するということは、それを圧縮して特定の応用領域に絞り込むことです。圧縮とは複雑な可能性に応用された単純化の力です。その結果はおかしがたく即時的です。あなたの人生で最も重要な行動や変化は一瞬のうちに起こったことに気づいているでしょうか? 重大な機会に気がついた瞬間、答えがひらめいた瞬間、目的にはっと気がついた瞬間、恋をしている自分に気づいた瞬間、すべてのことが魔法のように意味をもった瞬間、こうした圧縮の瞬間は強烈な触媒の瞬間です。それは存在の理由を目前にして自らの正しさを認識した瞬間です。

圧縮の話題は私たちの対話に何度も登場しました。最初はスピリットに関する話でした。スピリットは触れることができず、神聖で神秘的な人生の領域であると条件づけられている私たちには、スピリットと自動車の話の間に関連性があると示唆するのは奇妙な話に聞こえるかもしれません。不適切ですらあるかもしれません。しかし、圧縮とは単純に言えば〝多くのものを少なくする〟ことです。より小さな空間により多くのものを入れることを意味するかもしれません。数多くの問題に対して一つの共通した答えを見つけることかもしれません。あるいは、複雑さの理解を可能にする単純な真実を呼び起こすことかもしれません。共通の要素、あるいは、統合的な要素がなければ複雑さから単純さへと削減することは不可能です。拡大と圧縮を可能にするのは愛の奇跡であり、スピリットの和であり、アダマンタイン粒子の共通性です。スピリチュアルな問題や世俗的な問題に関連して拡大がよく話題になりますが、日常生活のこまごまとしたことに従事しているとき、巨大な可能性が一つの原子ないしは一つの良い考えに圧縮されているという事実は見逃しがちです。

――あなたは磁力や重力、圧縮を使うよりも、力と行動で結果を引き起こすことに慣れています。そういうわけですから、新しい方向性を学ぶときは自分自身に対して忍耐強くなければなりません。新しい学びの中で前進するとき、小さなステップの力を決して過小評価しないでください。圧縮は非常に強力です！　それに同意できなければ一つの原子の力を考えてみてください。一つの原子の減圧が都市一つを爆破する力をもっているわけですが、どれほど多くのアダマンタイン粒子が一つの原子の中に圧縮されていると思いますか？

実用的なレベルで圧縮の効果を実証するおもしろい話を紹介しましょう。ここに一人の田舎の紳士がいて、彼は約四〇アールの土地を開墾する必要がありました。この土地には雑木が生い茂り、雑草が生え、草は膝まで伸びていて石がごろごろしていました。自分でその仕事をやりたくない紳士は、安い賃金で働いてくれる頑強な田舎の若者を探しに田舎道をドライブすることにしました。数人の隣人を訪れたあとで、まさに探していた若者を見つけました。それでこの若者を車に乗せてその土地まで連れて行きました。土地の所有者はこの仕事にはだいたい二〇時間はかかるだろうとひそかに計算していました。そこで彼は仕事全体の報酬を一〇〇ドルとして若者に提案しました。一時間五ドルというよりはその方が良い感じがすると思ったのでした。このプロジェクトをチェックしたあとで、若者は口にこそ出しませんでしたが、そんなに安い賃金でこの仕事をすることにあまり気が乗りませんでした。いろいろな問題について考えたあとで若者は言いました。「この仕事を引き受けましょう。でも、二週間かけてこの仕事をやってもいいですか？」。土地の所有者は一〇〇ドルの金でもっと仕事をしてもらえるかもしれない可能性に喜びました。若者の計画の鍵となる点は、彼は雑草を食べる一群のガチョウと二〇頭のヤギを飼っていることにありました。彼らをこの土地に放せば結果はめざましい変化をもたらすことでしょう。それだけではありません。若者にはさらなる資源がありました。隣人の一人が彼に借りがあったのです。この隣人は先端にシャベルのついた積み込み機と乗って操作できる芝刈り機を所有していたのです。そこで隣人の同意を得て借金を帳消しにするという約束でそれらの農機具を借りて、二時間ほど石を除去し草を刈るとその土地は見事なほどにきれいになりました。この若者の計画の素晴らしいところは持っている資源のすべてを組み合わせて圧縮し、それに自分自身の二時間の労働時間を付加したことにありました。仕事は約束通り二週間で完了しました。このプロセスを見守っていた雇い主は驚きと称賛のあまり叫びました。「素晴らしいね。だけど君は二時間しか仕事をしなかったじゃないか。時間給としてはずいぶん高いね」。若者は彼がプロジェクト全体で一〇〇ドルに設定したことを思い出させました。若者の言うとおりであることを認めた雇い主は彼に一〇〇ドルを払ったのでした。

この話の要点は、この田舎の若者が圧縮の原則を効果的に活用してなにがしかの利益を得る方法を考え出したということにあります。彼がしなかったことは、彼がしたことと同じくらいに重要でした。具体的に言うと**彼は自分を安売りしませんでした**。その代わりに仕事を売ったのです。自分の努力に賃金をつける代わりに、結果に価値をつけたのです。彼は価値を導き手として引き寄せと磁力と圧縮の法則を実践したのです。一連の選択肢を統合し、焦点を絞った生産活動に向けることによって利益を実現したのです。そのプロセスの中で彼は雇い主の期待を超えてしまいます。雇い主は最初、少し抵抗があるような言い方をしますが、それは若者の価値は一時間五ドルだという思い込みがあったためです。この価値判断に同意せずに若者は自らの価値を擁護します。彼は雇い主にもらったお金以上のものを与えたのでした。

村社会でも大都市でも、これらの原則は応用可能であり大成功を収めるはずです。その成功は原則が代表しているもののおかげです。それはすなわち、努力を用する仕事を、価値の生成を通して結果を生産するものに変容することです。私たちの意識が進化してすべてのものは価値を体現するもの（ポジティブなもの、ネガティブなもの）であるとして知覚するようになると、常に抵抗がつきまとう人生を力づくで動かして再び整理する必要はまったくなくなるでしょう。私の友人にウォールストリートの大手証券会社の集配室で働いている人がいました。彼女は郵便物を仕分けして束にまとめる新しい方法を考案することによって、あの農場の若者と同じような達成を体験しました。彼女は時給で働いていましたが、能率改善をうまくボーナスと結びつけることに成功したのです。それだけでなく、これが彼女に真の利益をもたらすものとなったのですが、他の郵便集配室を同じように設定するためのマニュアルを書いたのです。

イエスに時給について質問すると、昔からある教えを繰り返したものです。

――すべての労働者は雇用される価値があります。売られているものが何であるかについてのより高い意識をもっていれば、時給には何の問題もありません。あなたの仕事がどの人たちにとってどのような価値があるかを交換の土台にするとよいでしょう。しかし、あなた自身を売ってはなりません。あなたの時間を売ってはなりません。あなたの存在のいかなる部分も売ってはなりません。

日常生活の営みの中でスピリットといちばん共鳴している意識の次元は価値の知覚であり価値の創造です。意識のこのような側面が経済の土台を築くようになったとき、真の意味で啓発された文明が誕生することでしょう。

イエスは一度ならずさまざまな形で、私たち一人ひとりがこの上なく大切な存在であることを強調しました。私たちの努力に対して値段をつける（その仕事のために費やした時間だけで決める）代わりに、イエスは価値の創造を奨励しました。価値を創造することによって、その仕事に値段をつけることが可能となり、その仕事をした人を売らずにすむというわけです。この概念の中に経済の信じられない新しい展望が見えてきました。真の利益は他人の犠牲によって引き出されるものではないということが分かったのです。力に基づいた経済は真の利益を誰にももたらすことはありません。それは純益を常に上昇するインフレ経済活動の中で流通させ、そのスピードの速さで借金を見えないようにしているだけなのです。

私のこの悟りにも似たひらめきに応じてイエスはさらに次の説明をしてくれました。

――インフレは利益を偽造することによって引き起こされます。これはお金の交換の前進運動を借金が現われるよりも速いスピードに加速することによってなされます。こうして利益の幻想が生まれます。工業技術、生産、拡大、人間のエネルギーがこの惰性を維持できる間は、この幻想を維持することができます。インフレが貧しい国々の急速な経済的衰退という結果を引き起こし、豊かな国々ではそれが巧みに隠される理由はここにあります。インフレは力を原理とした文化の経済活動貨物列車です。これに対して圧縮を原則とした経済はインフレを引き起こさず、生命を消費することもありません。やがて地球の経済は圧縮を原則としたものになるでしょう。その時までは誰であれ、まず自分独自の圧縮を原則とした経済活動を開始することができます。それで成功を収めれば他の人はあなたについてくるでしょう。

何かをより簡単かつうまくやれば、他の人たちにも同じことができるよ、とインスピレーションを与えることができます。生活と仕事のより効率的な方法を発見するにつれて遊びの時間、学びの時間、祈りの時間、瞑想の時間、そして人生の時間をより多くとることができるようになります。あなたがすることのすべては注目されていて模写されています。一つのスピリットの中ですべてのことに注意が払われているので、この効果は非常に強い伝染性があります。

イエスは、私も動物学の授業で聞いたことのある一つの話を思い出させてくれました。この話は私たちが人生を分かち合いながら生きるとき、どのような力が生じるかを分かりやすく例証しています。これは動物界の話ですが「百匹目の猿現象」として知られています。この現象の観察を通して発見された原則はそれ以来、広範に研究されてきました。数人の人類学者が日本のある島に生息する一群の猿を観察、研究していました。この島の猿の主食はサツマイモでした。研究者たちはサツマイモを海岸の砂の上に置き、猿が来てサツマイモを食べる様態を研究していました。最初、猿たちは砂のついたサツマイモをそのまま食べていましたが、ある時、一匹の猿がサツマイモを海水で洗って食べはじめたのです。しばらくするとこの猿の母猿、そして若い仲間たちもサツマイモを洗って食べるようになり、それは徐々に広がっていきました。しかし、大多数の猿たちは依然として洗うことはせず砂のついたままのサツマイモを食べていました。ところがある時、驚くべきことが起こりました。この島の猿のすべてがサツマイモを洗って食べるようになったのです。さらに驚くべきことに時を同じくして他の島の猿もサツマイモを洗って食べるようになりました。何匹の猿がサツマイモを洗って食べるようになったときに臨界点に達してすべての猿にその現象が広がったのかそれは定かではありません。仮に百匹の猿を臨界点と仮定して、「百匹目の猿現象」と呼ばれるようになったのです。この現象は、一つの島における猿たちのパラダイムがシフトしたとき、他の島の猿たちにもその変化が波及したことを物語っています。

自発的な共時性はスピリチュアルな対話の明確で実用的な結果です。意識するしないにかかわらず、一つの存在である私と他のすべての存在のコミュニオン（神聖な一体感）は永遠に続きます。そのような共時性に愛をもって応じるとき、〝はっとする気づき〟の瞬間が訪れ、ものすごく強烈な叡智が自然にやってきます。それは努力しなくともやってきます。しかしながら、そのような共時性に意欲的かつ意識的に参加するとき、スピリチュアルなワンネスを体験し、大いなる祝福が訪れます。それはコミュニオンとも言うべき体験で、内なる現実と外なる現実が完璧に調和するという類まれにして気高い瞬間です。

一つのスピリットを通して私たちはお互いに触れ合い、友情の祝福を受けます。折に触れ、安らぎの祝福を与えられます。必要性と接触し、機会によって祝福されます。希望に触れ、ヴィジョンを与えられます。感情に触れ、表現を与えられます。真実に触れ、声を与えられます。子どものような単純さを通じて感嘆の目でスピリットを見つめます。しかしながら、外を見ることによって、たとえば地平線を見つめることによって、世界最高峰の山を見つめることによって、北極星を見つめることによってそれを発見することはありません。スピリットは、私たちの真っ只中にあって見えていないものです。

自発的な共時性はスピリチュアルな対話の明白で実際的な結果です。意識的であれ、無意識的であれ、一つとすべての対話は永遠に続きます。愛情をもってその事実に反応するとき、人生に「わあ、すごい！」と叫びたくなる瞬間が訪れます。強力な洞察にはっとする瞬間ですが、それは努力によって勝ち取るものではありません。私たちの存在の最も深いところから意識的に意図的にこの対話に参加するとき、さらなる祝福がスピリチュアルなワンネスからやってきます。一つのスピリットとこうして心が通うとき、内なる現実と外なる現実が完璧に調和するまれにして喜びに満ちた瞬間が訪れるのです。

一つのスピリットを通して私たちはお互いに触れ合い、友情によって祝福されます。神に触れて安らぎに祝福されます。必要性に触れて機会によって祝福されます。感情に触れて表現の祝福を受けます。真実に触れて声を与えられます。子どものような単純さを通して驚嘆の思いでスピリットを見つめます。しかし、地平線を見渡しても、最も高い山を見ても、北極星を見てもそれは見つかりません。スピリットは私たちの中にあって見えることはありません。それは「ルカの福音書」17章20、21節に深遠に表現されています。「神の国は、人の目で認められるようにして来るものではありません。〈そら、ここにある〉とか、〈あそこにある〉とか言えるようなものではありません。いいですか。神の国は、あなたのただ中にあるのです」

7 ハートは高度な知性

イエスと私はさまざまな話題について話し合いましたが、ハートについての会話が他のすべての対話の要になっていました。イエスはハートについて詳しい説明をしてくれましたが、他の主題の価値をさらに高めるためにもしばしばハートに言及しました。イエスにとってハートは神聖であり、安息所であるようでした。**「ハートは神と宇宙にあなたをつなぐリンクであり、あなた自身の体験・意識・人格のユニークなセンターを、あなたの理解を超越したものと統合します」**。この言葉を受け容れるならば、次のような結論に到達するしかありません。ハートは私たちの原点でもある。すなわち、私たちはハートから飛び出して生命となり、ハートによって私たちは永遠に継続される。イエスによれば、生命のすべての次元はハートのレンズを通して焦点を絞り込まれ、さらに重要なこととして、ハートは個々人の安息所に完全性の資質を提供しています。ハートは個々人の人生のユニークな中心であるだけではありません。町や宇宙といった集合的な存在の中に人間的な関連性を見て描写するときの比喩としても使われます。「都市のハート（中心）」、「国家のハート」、「考えのハート」、「宇宙のハート」というような言い方をしますが、個人との関係性を感じさせなければ人びとの人生を力づけることは難しいと考えているからではないでしょうか。ハートは神秘であり逆説です。ハートはそれぞれの人生の中心ですが、同時に超越とより高遠な目的への入り口でもあります。

――ハートは磁力をもち、沈黙を保ち、動きません。ハートの中にいる感覚は安らぎに満ちた天国のような湖で休息している感覚です。あるいは、真空の宇宙に漂っているような感覚です。磁力をもったセンターであるハートは、あなたのすべての生命エネルギーの偉大なジェネレーターであり、ハートを力づけるたびに、あなたのエネルギーレベルを肉体的、精神的、感情的、霊的に上昇させることができます。さらにハートの中に明晰性、決意、不動、意図、静けさ、尊敬、正義、親切、偉大さの知覚を見出すことができます。

ある日のこと、ハートについて話し合っていたとき、イエスは私が描いた壮大な三角形のチャートに言及しました。この図を完成させるためにもう一つの要素が必要であるとイエスは言いました。

――中心部に円を描いて、円の中は空白にしておいてください。円の周辺から光線が外側に向けて放射されるように描いてください。これによって焦点が加えられ、同時に無限性へと広がっていく姿が暗示されます。

それはぴったりとした感じで三角形も完璧に感じられました。イエスはさらに説明を続けました。

――ハートが存在のパターンの内部のどこにフィットするかを説明するとしたら、これがヴィジュアルな説明になります。ハートは本質的に静けさと安らぎの中心点であり、ここから無限が展望できます。一人の存在が無限を眺めるとき、彼は自分自身の中にある、また周辺にある可能性のあらゆるレベルを活性化することになります。この存在のエッセンスである愛と一つのスピリット、そしてアダマンタイン粒子がハートの導きのもとに彼らの存在のパターンを組み立てます。人の魂はその人の生命を構成する愛、スピリット、アダマンタイン粒子、体験、行為、希望、夢が統合されて一つになったものです。ハートは魂の入り口ですが生命への入り口であると同時に、生命を超えた永遠への入り口でもあります。ハートはすべての高次の知識の永遠にして破壊不可能な源です。それは一人ひとりの中にあって内なる力と外部からの力がまったく同じである一つのポイントです。ハートの内部において神の意志とあなた自身の意志を調和のとれたものにすることができます。

イエスが描写している〝ハート〟は、一般的に考えられているものよりもはるかに強力ですべてを包括するものです。そこで私はある日、聞いてみました。これほどに重要で畏敬の念を抱かざるをえないようなものに言及するのに、なぜ肉体の器官の一つであるハートという言葉を選んだのか。確かにこの身体器官は人間の生命に不可欠であり、伝説や詩でも称えられているものではあります。イエスは次のように答えてくれました。

――このシンボルは生命を与えるという強力なニュアンスをもつ重要なものです。ハートについての理解を拡大してください。車輪の中心軸の相対的な静けさ、あるいは台風の目と同じようにあなたの存在の中に一つのポイントがあって、そこにあなたの人生の肉体的・精神的・感情的・霊的な要素が共通の目的をもって調和の中で共存しているのです。この点においては時空間、物質にいかなる違いもありません。肉体のハートはその存在を物理的に表現しています。心臓が生成する人生の質は血液の活力と強さに見ることができます。血液は生命の偶発的なシンボルではありません。医学において将来実現するであろうさまざまな発見は、この事実を確認することになるでしょう。

イエスはこうしてハートについての私の理解の地平線を広げてくれたわけですが、この主題についての私の未検証の条件づけに比べて彼の言葉はきらきらとした光芒を放ちました。驚くべきことは、私のこれまでの条件づけられたハートに関する理解は、ほとんど真の知識につながっていなかったということでした。十分に理解されていないにもかかわらず、私たちの文化の中でおそらくハートほど頻度の高い話題はないと思われます。ハートの祭典があり、加えてクリスマス、母の日、父の日、戦没将兵記念日、その他もろもろの行事がありますが、これらは私たちのハートの献身的な側面を表わしているといえます。ドッグフードから自動車までさまざまな品物を売る広告塔、雑誌の広告記事、テレビのコマーシャルの中でもハートの力が呼び起こされます。それでもハートの完全にして真の意味については何も知らない私たちがいます。肉体的なハートは生命を与える身体器官で、いまだに発見されていないさまざまな側面があります。医学関係者の報告によれば、人類の歴史で心臓が今ほど強かったことはなく、この事実は私たちの体が以前よりも大きくなっていて寿命も延びていることを説明しているといいます。しかし、同時に心臓の病気は天国行きの最もポピュラーなコースの一つです。東洋医学と東洋哲学は、私たちの肉体と肉体的なハートのまわりには重要で不可思議なエネルギーの磁場があるという情報を伝えています。毎日のようにこの複雑で精妙な電気エネルギーの場が心臓そのものの生命力を高めている源であるという証拠が報告されています。鍼術についての研究はこの問題をより深く探求していて、肉体の内部および周辺にある経路(けいらく)（エネルギーの通り道）について知ろうとすれば、その情報は誰でも手に入れることができます。この興味深い主題は西洋医学に対する補完的な知識という新しい世界を開くものともいえるでしょう。ハートに言及して意味を心理学から引き出している人びともいます。人生に対する右脳的なアプローチと左脳的なアプローチの違いについては数多く言及され研究がなされ、それに基づいたカウンセリングの治療も行われています。仮説の一つに右脳的な人は〝ハートの人〟であるというのがあります。別な言い方をすると、右脳的な人は感情的、直感的、共感的、感応的な人で、それとは対照的に、左脳的な人は論理的、分析的、競争的、先導的であるというわけです。この二分法はしばしば極端に応用されて、〝ハートの人〟は女性的で、〝論理的な人〟は男性的であるとされます。脳の二分的な性質を考えれば、このような観察にはある程度の真実味があります。しかし、このような制限的な仮説はこの問題に対する私たちの理解がいかに狭く制限されたものであるかを反映していると言わざるをえません。このような考えが明らかにすることの一つは、私たちの文化においてハートは一般的に人間の感情的、直感的、女性的な側面として言及されるということです。いま述べたハートに関するさまざまな考えは重要かつ妥当であるとしても、それ自体では不十分な考えです。**ほとんどの人はハートの力の完全なスペクト**

ルに気づいていません。すなわち、ハートがもっている統合的な力に気づいていません。

これらの考え全部を合わせてもイエスが語る聖心に匹敵するものではありません。肉体のハートは私たちの物理的な存在とつながり、それに対して指令を発していますが、物理的な観点からだけでは十分に理解することはできません。スピリチュアルな観点（少なくとも、形而上的な観点）がなければ、私たちの生命の真の意味での求心的な力は理解不可能です。聖心は私たちがこれまでに見たり推測してきたすべての部分の総計以上のものです。聖心はすべてを包括する真実であり、すべての部分に意味と生命を与え、他のすべての生命とのつながりを提供してくれるものです。天国と地上をつなぐ黄金の紐によって生命を完全に創造することができる場所です。イエスの話がハートのより明瞭な側面から聖心の話に移行するときは、彼の声の調子の変化と畏敬の波動の高まりでそのことに気づいたものでした。イエスの言葉を書き起こしたとき、小文字のハートと大文字のハートの両方を使ったのは、彼の観点の変化を反映したいと思ったからです。私たちの人生における聖心の存在と力について将来のある時点でより多くの経験的な証拠が集まり、それを描写する適切な言葉も生まれるかもしれません。しかし、今の段階ではこの神秘的な存在とそれが明らかにする真実、そしてそれが私たちの中に呼び起こす畏敬の思いに波長を合わせるしかありません。

イエスとの対話のあと数年がたちましたが、その間にめざましい科学の進歩がありました。科学的な研究は人間の胎児の最初の細胞は心臓の細胞であることを明らかにしました。これらの最初の細胞は原初の知性として胎児内の成長の最初のパターンに方向性を与えるというのです。科学者であるチルトン・ピアスによる最近の記事を読んで、私はさもありなんと思いました。この記事の中で彼はさまざまな分野の研究をまとめて、心臓が人間の知性の主要な中心であることを確認しているのです。彼は心臓の細胞の六〇パーセントから六五パーセントは、これまで信じられてきたように筋肉の細胞ではなく、実は神経細胞であると報告しています。心臓の細胞は脳細胞と同じであるだけでなく、脳と同じ神経節をもち、同種類の神経伝達物質をもっています。接続リンクである神経節は肉体のあらゆる主要な機関とつながっています。さらに、ピアスは心臓が身体から八フィートから十二フィート（二・四四メートルから三・六六メートル）放射される電磁波の場をつくっていることを明確にしています。この場は波動的であると同時にホログラフィックであり、肉体のどの場所からでもアクセスすることができます。ピアスの研究では、この〝心臓の場〟は電波の全スペクトルを提供していて、そこから脳は必要な物質を引き出して私たちの世界についての内的な体験を創造していることを暗示しています〔10〕。

このレポートを読んで、イエスが一度ならず繰り返した不思議な言葉を思い出しました。

――一人ひとりの中に一つのポイントがあって、そこではその人の存在の肉体的、霊的、感情的、知的、意図的な要素のすべてが完璧な共時性の中にいます。このポイントにおいては、要素・時間・空間・状況に何の違いもありません。これは個々人の〝ゼロポイント〟であり、誕生の前、死んだ直後、人の意志が神の意志と完璧に調和したときの合間であれば、どの時点でも知ることができるものです。人が生きるプロセスの中でどれほど道に迷ってしまったとしても、この神聖な場所において常に創造主とつながることができます。真の意味で単純なこのポイントにおいて、あなたは創造主との完璧な関係の中に入ることができます。これをするたびにあなたの人生は再生され、変容することでしょう。

ハートは磁力のあるヴォルテックスであり、これを通してすべてのエッセンスや可能性の祝福が受け取られ、統合され、絞り込まれて人生に適用されます。電磁波の放送機器によってこの力は生命エネルギーに変換されます。ハートは本質的に磁力をもっているために、引き寄せと受け取りができる無邪気な意識を通して最高の機能を発揮します。分割し拒絶する価値判断の行為はハートのドアを背後で閉めてしまいます。ハートの力を強くしたいと望むなら、まず無邪気に知覚し受け容れ、ゆるすことを学ばなければなりません。ハートを力づけるとハートはあなたに対して開くでしょう。最初、この変化は生きることへのさらなる情熱、これまでよりも安らかな睡眠、食べ物のより快適な消化といった形で気づくことになるかもしれません。ハートは健康と人生の質のセンターです。したがって、まずこれらのことに取り組む必要があります。しかしながら、ハートに対する承認において進歩を遂げるにつれて、あなたの人生はさらに豊かな収穫を上げるようになり、さらなる劇的な変化を起こすために必要なエネルギーを与えられることになります。やがてハートを訪問することによって得られる恩恵は、あなたの最大の夢すらも超越したものとなるでしょう。変容と変質をもたらすさまざまなレベルのエネルギーが入手可能となるでしょう。

力に夢中になっている世界において、このような力をもつハートがほとんど理解されていないというのは皮肉なことではないでしょうか。なぜなら、イエスはこう言ったのです。

――ハートセンターこそ人間の力の真の源です。

このコメントに対して、今や私にとって重大な関心事となった問題について質問しなければなりませんでした。「あなたは愛が宇宙の中心であるということを明らかにされましたが、今度は聖心が人類に与えられた力の中心であると言われました。そのようなしっかりとした土台を与えられているにもかかわらず、私たちの惑星にとって力は、なぜこれほどまでに困難で腐敗をもたらす問題なのでしょうか？」

――問題は力にあるのではなく代理の力にあります！

代理の力という言葉によってイエスが何を言わんとしているかすぐに感知しましたが、念のために質問しました。「代理の力とはどういう意味ですか？」

イエスはいつものように完璧な理解のための基礎を確立することから教えを始めました。

――真の力は神とともにあり、神固有のものです。創造主との永続的なつながりによってその力は個々の存在

に伝えられ、すべての生きものに伝えられ、**それぞれの生命体の中に固有のもの**として保持されます。このような力が失われ、腐敗させられることがあるとすれば愛の否定と神からの分離しか理由はありません。なぜなら、神から来る力はすべて本質的に純粋だからです。**人間は代理の力を枠組み、権威、自分の外部の力に委譲します。**代理の力は人間の影響力を周囲に延長することができます。しかしながら、移譲された力が固有の力がもつ権利を有するようになると非常に急速に腐敗します。たとえば二人の男性が一緒にビジネスを始めることになって代理の力を創造するとしましょう。代理の力をそのようなものとして理解し、二人が等しくその力を監督すれば、二人がつくった枠組みは役に立つでしょう。しかし、一人が他の人の権利を侵害して代理の力に移譲された権利を自分のためにだけ使えば、それは急速に腐敗するでしょう。子どもの教育は代理の力であり、子どもの両親によって委譲されたものです。教育が両親の価値観や願望を反映しているかぎりにおいては、移譲された力は適切に管理されているといえます。しかし、両親と子どもの間に存在する固有の力を危うくするために使われるならば問題が生じるでしょう。政府は代理の力であり、統治されるものによって委譲された力です。政府が統治される人びとのニーズに奉仕し、代理の力の源である固有の力を尊敬するかぎりにおいて、この代理の力も役に立てるでしょう。**代理の力が固有の力の権利を自分のものにした瞬間、腐敗が始まります。**普通の場合、腐敗は力の乱用、強制的な服従、権利の抑圧、不正直によって施行されます。代理の力は常に固有の力からエネルギーを引き出すべきです。この決まりが尊重され、公に認められているかぎり、代理の力は効果的な権威の延長になることができます。しかし、力と嘘によって**優先権を逆転させ**、代理の力が**本当の力**であるという印象を与えるようになると、ノミが犬を所有しようとして脅しと罰によって自分の要求を果たそうとするかのような状況が生まれます。

そのような抑圧された状況では**固有の力**がもつ主権を宣言するのが最も有効なやり方です。これは真の解放者のすべてが使った力です。アメリカ合衆国建国の父たちが一七七六年に行ったことです。奴隷制度の廃止のときにもそれが行われました。それは共同体の中で、家族の中で、キャリアの中で、個々人の人生の中で起こったことです。人がハートへと帰還し、創造主によってそこに確立されている固有な力を活性化するとき、これが起こります。時として代理の力は反撃しますが、勝利することは決してありません。なぜなら、代理の力にはそれ自身の権威がないからです。

人それぞれに固有の力と代理の力の違いを知る責任があります。あなたの固有の力は神の子どもであることにあります。そしてあなたのエッセンスである愛に聖心を通しての創造主との永遠の約束の中にあります。人生を生きるなかで権威をあなたが創造した数多くのアイデンティティーに委譲します。とくに社会的アイデンティティー、キャリアのアイデンティティー、業績のアイデンティティーなどに委譲します。そのようなアイデンティティーがあなたの人生に指令を発し、あなたの人生を所有し、固有の力の権利を我がものにするとさまざまな問題が出てきます。〝エゴ〟はあなたの言語ではさまざまな意味をもっています。しかし、エゴと関連した機能不全の問題の最善の説明は、代理のアイデンティティーが真の魂にとって代わった結果だということでしょう。

あなたの存在の深奥にあなた自身の神聖なセンターがあります。それはあなたが神と一つである静かな部屋です。あなた自身の固有の力はこのつながりによって保持されています。したがって意識的な参加がもたらす価値を過小評価することはできません。ハートを知ることは、あなたの人生にとってかけがえなく貴重なことです。ハートはあなたが一人にならなければならない場所です。なぜなら、それはあなたの聖地だからです。そこにいるという行為そのものが祈りのエッセンスです。私の使徒にクローゼットに入って祈るようにと言いましたが、二つの点で文字通りの意味でそう言いました。一つは、静かで隔離された場所であればどういう場所でもよいのです。今まさに入ろうとしているあなたの存在の中にある神聖な場所にふさわしい場所を選ぶことが大切です。

聖心と肉体をつなぐ不可欠な生命線があります。したがって、それは肉体の中にあります。この連結点は人によってわずかに異なることがありますが、だいたいのところは同じです。それは脊柱と心臓の間に位置していますが、心臓の二・五センチ上から約七センチ下に位置しています。これはその人の肉体のプロポーションと重心によりますが、重心は常に聖心よりもわずかに下になります。聖心は肉体の真の中心軸を確立しますが、心臓は中心よりも少し左に位置しています。聖心は限りある生命と永遠の生命の交差点になります。このヴィジュアルイメージをつくるために、天から地球に向かって伸び、あなたの肉体を通過している愛と生命と光の垂直の光線を想像してください。それから、あなたの人生を代表するさまざまな出来事の水平線と交錯するさまを想像してみましょう。神聖な導きは完璧な和とゼロ抵抗のこの交差点において、地上的な可能性のすべてを抱擁することです。これにいちばん近い比喩としては、親子が最も深い愛によってお互いを包み込みながら無邪気に抱擁している姿でしょうか。

ハートとの関係が意識的で生き生きとしているとき、そこはいる場所として最も自然な場所です。しかし、ハートが忘れられ放棄された状態が続いたときは、再びハートに入ろうとしても困難を体験することになります。**最も重要なことは、ハートはあなたの真の人格の刻印とあなたのエッセンスである愛をもっているということです。**したがって偽のアイデンティティーや見せかけの計画、不純な思い、どのようなものであれ余分な荷物をもって入ろうとすると、聖心を開くことはできないかもしれません。あなたはハートの中にいる価値が十分にある存在です。なぜなら、それはあなたの家であり、あなたの存在の中心なのです。しかしながら、あなたの不滅の魂を守るものとして聖心の警備システムは侮りがたいものです。神の意志によってハートはあなたのエッセンス以外のあなたを認識することはできません。すべての幻想、見せかけ、価値判断はハートの入り口で捨てなければなりません。天の王国に入るにはそのようにしなければなりません。幼い子どもとして入るのです。

聖心に入るには二つの方法があります。いちばん簡単な方法は降伏と決意によってマインドをしずめ、あなたの注意力が大きく静かな湖に投げ入れられた小石のようになることを許します。聖心に入るとき、注意力を沈黙の中へと解放し、それが落ち着くまで落ちていくことを許します。これは静かな瞑想の方法で、存在するすべてのものとのワンネス（一体性）を見つめることができるかもしれません。これがあなたの神聖な場所です。なぜなら、それは肉体と魂、物理的なものと不滅のもの、あなた自身と神の中間にある要の点だからです。

もう一つの方法は、あなたのスピリチュアルな性質の確信とともにさらなる忍耐と練習を必要とします。しかし、努力する価値は十分にあります。なぜなら、努力するたびにあなたの源へと近づくことができるからです。ハートにいたるこの道はしっかりと守られています。なぜなら、それは出生の際の魂の入り口であり、死ぬときの出口だからです。うわべだけの探求に対しては容易に降伏しないでしょう。それに肉体には肉体がつながっている魂との生涯にわたる安定したつながりを確保するための数多くの防御システムがあります。臨死体験をした人は実際にこの出口から出るのですが、彼らのつながりは切断されません。彼らの人生は永遠の変化を体験しますが、それは自らのスピリチュアルな性質とハートとの和に関して、より大きな展望をもつことになるからです。意識的な沈思黙考を通して入り口と出口にあと戻りするという静かなプロセスをマスターすれば、誰でも臨死体験者が達成したことをそれほどドラマチックではない形で体験することができます。それは生命を浄化し、変容させ、復元するプロセスです。

このアプローチにおいては、ハートが無限性、聖霊、神と心を通わせる入り口の場所を特定することから始めます。最初にあなたの肉体を囲んでいるエネルギーのサークルを自覚する必要があります。それはあなたを守ってくれる繭のようなものです。それから、マインドの眼の中に、サークルの後方にあなたの背中を見ている一つの視点を設定してください。あなたの背中を見ているその視点から、洞窟の入り口を探すかのように脊柱を上から下までスキャンします。こうしてハートの入り口を探しますが、その開きは非常に小さなものかもしれません。しかし、そこから中に入るとそれは拡張して目の前に無限が広がっているのを見ることでしょう。人によってはこの入り口はしっかりと封印されているために、その存在を知覚するしかないかもしれません。比喩的な言い方をすれば、入り口の開放が明らかになるためには、ふさいでいる大きな石が転がり出なければならないかもしれません。絶対にあきらめないでください。開放はそこにあるのですから。探しつづければ見つかります。ノックすれば開きます。最初に知覚するものにショックを受けないでください。大宇宙の冷たく暗い空気を感知するかもしれません。多くの場合、冷たく感じる体験をします。というのは、スピリットは肉体よりも冷たいからです。人によっては入り口に藪が燃えているのが見えるかもしれません。あるいは、ドアが炎で囲まれているのが見えるかもしれません。あるいは、強力な天使が剣を持って入り口を守っているのが見える人もいるかもしれません。あるいは、それを感じるかもしれません。偽りの入場から入り口を守りながら精神の存在を知らせるために、あなたの意識の中に数多くのシンボルが配備されました。神聖性を知覚しては着物を脱ぎたい、あるいは、洗礼の水で身を清めたい、少なくとも象徴的にそうしたいと思っていることにためらいを感じるかもしれません。この知覚の準備ができていない人はそれを否定するか逃げ去るでしょう。なぜなら、知覚する神聖性は彼らと神をつなぐものだからです。このようにしてハートのポータルから入ることによって、時のはじめからあなたのためにそこに置かれている叡智をあなたは継承することになります。聖心についての意識が開きはじめると、あなたが失っていた数多くの次元の知性が生き返ります。少なくとも内なる安らぎと真のくつろぎを体験するようになります。

私たちがハートに依頼しようがしまいが、ハートを認めようが認めまいが、ハートは常に私たちを導いているとイエスは説明しました。ハートは神との神聖なつながりであり、常に私たちの高次の知性として働いているのです。ハートとかかわる方法がどのようなものであれ、たとえば祈り、瞑想、内省、創造的な遊び、共感に基づいた奉仕、それが何であってもハートを訪れるたびに強力な祝福が与えられます。

——神はあなたのハートを通して常にあなたと一緒にいます。しかし、この内なる聖域を訪れるたびごとに、神および創造主とあなたの関係は強化されます。そこにいるだけで祈りなのです。あなたが何を言うかは問題ではありません。なぜなら、父なる神はあなたが必要としているものや願いのすべてを知っておられるからです。私が使徒に教えた祈りは父と子の絆、天と地の絆を強化する助けになるような言葉で表現しました。この神聖な絆を尊重することはハートの働きなのです。

おそらく、主の祈りは人間の歴史において最もよく知られている祈りでしょう。この祈りは文字通りすべての言語に翻訳され、さまざまに解釈されてきました。最初はアラム語で語られましたが、この古代言語の言葉を注意深く研究することによって、私たちにはおなじみの英語の翻訳に対してさらなる力が与えられ、明晰性が加わることになるでしょう〔11〕。次の文言は私が子どものときから知っているいくつかの翻訳の一つです。

天にいます私たちの父よ。
御名があがめられますように。
御国が来ますように。
みこころが天で行われるように地でも行われますように。
私たちの日ごとの糧をきょうもお与えください。
私たちの負い目をお赦しください。
私たちも、私たちに負い目のある人たちを赦しました。

私たちを試みに合わせないで、悪からお救いください。
国と力と栄は、とこしえにあなたのものだからです。
アーメン。

――絆が強ければ言葉は重要ではありません。祈りの言葉は聖心の中にいることほど重要ではありません。私が使徒に与えた祈りの特別な資質は、彼らを直接聖心の中に連れて行くように計画されていたということです。この祈りの言葉に含まれる意味を敬虔な気持ちで静かに考えれば、誰でも聖心の中へと誘ってくれるでしょう。この祈りの言葉は非常に厳密なものです。残念ながら、翻訳の中には「負い目」（debt）を「罪」と訳したものがあります。これは正確ではありません。この神聖な部屋の中では罪という言葉や概念すらも神のみもとへもっていくことはありません。あなたの負い目が聖心の入り口で帳消しにされるように祈ることは正しく適切なことですが、創造主はあなたが完璧さと豊かさの中で聖心の中に住むことを願っておられるのです。ただし、あなたもそれと同じことを他の人たちのために願うという条件がありますが。

神は罪のことは何もご存じなく、ワンネスと完璧さの中に存在しておられます。あなたがゆるしを乞わなければならないのは神に対してではなくお互いに対してです。人が兄弟を怒らせたならば、まずその兄弟のところに行き、ゆるしを乞う必要があると私は言いましたが、その理由はここにあります。そうすれば彼のハートは純粋なものとなり神殿に入ることが許されるでしょう。そのようにしてハートが純粋なとき、あなたは創造主と一体となります。この意味を踏まえて私はこのように言いました。「心のきよい者は幸いである、彼らは神を見せられるであろう」

私が神殿について語ったとき、多くの場合は聖心に言及していたのであり、建築物としての神殿に言及していたのではありません。それと同じように天の王国に言及したとき、完璧な場所に言及していたのです。完璧な場所とは神と人間の絆であり、聖心の中に見出すことができる場所です。神は完璧の著者です。**完璧性が住んでいる場所であればどこであれ天国が姿を現わします。人がその完璧性にいたる入り口が聖心です。まずそれを求めてください。そうすれば他のすべてのものがあなたに与えられるでしょう。**

神聖な沈黙の中であなたは無上の喜びと静けさを体験し、癒しと愛の滋養を受け取るかもしれません。あるいは、目の前に無限性の広がりが見えるかもしれません。無限性に対するこの視点があなたの高次の意識の源です。この視点はあなたのエッセンスである愛としてのあなたを、存在するすべての永遠の広がりの中にいる一つのユニット（単位）として尊重します。かけがえのない叡智のその中心にあって、あなたの人生を正しい行動の道へと常に導いているさまざまな次元の特定の知性を発見することでしょう。あなたのハートから外に向かって共鳴する知性の七つの次元があります。最初、あなたはこれらの知性を人生を生きるうえでの原則と見なすかもしれません。しかし、より完璧にマスターしていくにつれて、それはより偉大な知識と能力の次元であることに気がつくでしょう。その次元とは、和、愛、生命、尊敬、正直、正義、親切の次元です。理解におけるこれらの次元を通してハートは無限の方法で完全性を回復し、無限の出発点から無限の結果を達成することができます。これがハートの能力です。

物質的存在も含めてすべての現実は無限性から生じるのであって、その逆ではありません。無限性は最初の原因として神とともに立っています。神の子どもとして、あなたもまた無限性とともに立っています。**無限性とは神の無制限の可能性であり、最初は意識として顕現し、それから愛として、次にスピリットとして、最終的に無限の可能性をもって組み合わせることができる無制限のアダマンタイン粒子として顕現したのです。**ここで思い出していただきたいのですが、あなたは無限性の一部であり、結果として生じた枠組みの一部ではありません。

物事の秩序におけるこの位置のおかげで、あなたは無限の視点をもって圧倒されることなく物理的存在の広大さを見つめることができます。あなたが複製と模写と類似性によって成長する宇宙にあって、まったくユニークな一人の個人でいることができるのはこのようなわけなのです。あなたは永続的にあなたでいることができます。なぜなら、あなたは無限性の一部であり、したがって物理的な宇宙にとっては理解しがたい存在だからです。あなたは神の無限性の拡大なる先端であり、あなたが無限性を知覚する視点がハートです。ハートは神からのあなたへの贈り物です。ハートはあなたと父の永遠の絆です。

私はしばらく考えてから質問しました。「私たちはもともと一つなのではないでしょうか。一つという視点から、すでに無限性は一つの中にあるのではないでしょうか。どうしてそれ以上の何かが必要なのですか？」

イエスは答えました。

――スピーカーが一つで単声のラジオがここにあるとしましょう。それは完璧で無限の音を出してくれますが、それよりもステレオのラジオのほうが良いとは思いませんか？　無限性の源である神は確かに一つであり、一つの無限性であり、その偉大さはさらに拡大されて**ステレオ音響の無限性**とでもいうべきものを生成することもできるのです。

それは子どもを通じて達成されました。源の単一の無限性が子どもたちの場所を創造し、この二つが一緒になってステレオ音響の宇宙という生命のエッセンスが生まれたのです。数多くの延長存在と新しい意識のポイントがなければステレオ音響の存在は不可能です。それは無限性の原則を無限の可能な視点にくっつけることによって創造される現象です。**こういうわけであなたは宇宙に豊かさを与え、宇宙に深みを与え、宇宙を完璧にしている存在なのです。**あなたが個人性と自己意識を尊敬することが不可欠です。自己意識から思考と想像の能力を引き出すのです。自己意識の中に無限性と創造のためのもう一つの源となるあなたの権利があります。自己意識がなければあなたは単なる伝導管にすぎず、あらかじめ運命を定められた状況に無意識に反応するだけの存在になってしまいます。自己意識は無限性の二次的な源になる能力に点火する点火装置です。無限性と心を通わせることによって拡大された存在の次元があなたに提供されることになります。宇宙とは一つのパートナーシップであり、このパートナーシップの中で創造主は休息を楽しみ、創造されたものは自由を探求することができます。このパートナーシップはあなたの兄弟の目を見るときに創造主の目を見ることによって交響楽的に体験できる関係です。

私の体験では、私たちは無関心と無視のためにこの交響楽的な関係を認めることができないでいるように思われます。私たちは往々にして兄弟を無視する傾向がありますが、その理由は尊敬できない、嫌いだ、うらやましいといった気持が原因です。あるいは、その人が人生にどういう価値をもっているかが分からないといったことです。こういう怠慢のエッセンスをうまく表現しているローカルな冗談があります。一人の農業経営者がいましたが、彼は美しい土地と素晴らしい農場を所有していました。仕事は大変でしたが収穫は豊かでした。まもなく収穫が始まるというとき、彼がトラクターの脇で豊作に感謝しながら立っていると、教会の牧師さんがやってきて彼の脇に車を止めました。心やさしい牧師はジェスチャーを交えながら言いました。「神様はあなたに美しい農場を与えられて本当に祝福してくださっていますね」。農業経営者はそれに答えて言いました。「はい、牧師さん。本当にその通りですよ。それに何度感謝したことか、それは数えきれないほどですよ。だけど神様が自分だけでひとり占めにしていたとき、どんな様子だったか見せたかったですよ！」

イエスは言いました。

——無限性の継続的な拡大のためにはあなたは欠かせない存在です。あなたはもう一つの次元なのです。ハートがこのもう一つの次元で行動するための入り口です。それはあなたの高次の知性の始まりです。

人生を生きるなかでいくつかのレベルの知性と資質の知性が、意識の創造や人生の諸問題の解決策の顕現にかかわっているとイエスは説明してくれました。最高の知性は愛です。なぜなら、愛だけが存在の究極の秘密と解決策をもっているからです。人間に関連したいちばん低い知性は生物発生的なもので、この知性が肉体の機能の面倒をみて生存の本能を提供してくれます。しかしながら、生物発生的な知性は死に対する極端な怖れと環境に対する敵対的なアプローチのために、生きるうえでの方策を形成するには向いていません。生物発生的な知性が哲学を創出しようとすると道徳は罪と罰の産物であり、力は縄張り意識であると見なします。人種的、政治的、社会的に自分と似ているかどうかが仲間にするか、仲間はずれにするかの基準となり、神は人生のさまざまな闘いにおけるパルチザンの同盟者と見なされます。もちろん、神がこちらの希望に従順に答えてくれることが前提になります。幸いなことに、このレベルの知性よりも高いレベルのマインドがあり、このマインドは人生についてより広範な情報を収集して、より広い知覚を吸収することができます。人の意識が高まるにつれて生物発生的な知性はより広い精神的な能力にとって代わられます。マインドは巨大な記憶装置であり情報を吸収し、体験を統合して実際に活用することができるように論理的なパターンをつくり出します。マインドの最大の産物は合理性です。その最大の限界は枠組み的な思考モデルへの依存です。

——マインドは二進法の数学において電気的にコード化された交代式（二つの変数を入れ替えると符号が変わる多項式）の積分能力であり、機械的なコンピューターとよく似ています。マインドの知性はそれが奉仕する環境によって創出される知識のシステムです。環境は個人の日常生活のような小さいものもあるかと思えば、大宇宙のように広大なものでもありえます。マインドの中にある見せかけの拡大は、最小のシステムの中により大きなシステムとつながっていて、やがて大きなシステムへと導いてくれるパターンがあるという事実のせいです。しかしながら、マインドのサイズがどれほどのものであるかは問題ではありません。マインドはいずれにしても奉仕の道具です。したがってマインドにはマスターとしての知性はありません。

　マインドが哲学を創出しようとすると理想化された形の概念をつくろうとします。その結果、マインドがつくる方式は多くの場合、生活の現実にそぐわないものとなります。適切な作法、正確さ、矯正などがマインドの道徳についての概念です。力は知識の独占的支配のためのものと見なされ、社会は管理のための序列構造に基づいています。マインドにとって法律は正義の問題というよりも正確性の問題です。仮にマインドの知性が神の現実について考えることがあるとすれば、価値判断を下すために完全なものと不完全なものを分離するようにデザインされ、理想化された概念を通してしか考えることはできないでしょう。

　マインドにはさまざまな限界があるものの、人間を環境の中で尊厳のある場所へと押し上げ、自然の力を支配することを可能とした点で人間の貴重な次元であるということができるでしょう。マインドは宇宙に関する広大な情報とそれについて熟考する時間を与えてくれました。ハートとマインドが共に働くことによって天才という不思議なエネルギーが創出されます。天才は多くの場合、特別な才能に恵まれ、並はずれた知能をもった創造的な人のことを連想するのが普通です。私たちの間違いは、天才は知能指数の問題ではないということです。マインドが磨かれハートの偉大な呼びかけと洞察に奉仕することに熟練すれば、すべての人が天才になれるのです。

　マインドが私たちのために奉仕する能力に感謝しながらマインドを承認することは大切です。しかしながら、マインドには人生を共感的に説明し、人生の問題を創造的に解決することができないということを考えれば、多くの人びとが生物発生的な知性によって提供される人生解釈にためらいながらも固執してきたことは驚くにはあたりません。少なくとも生物発生学的な知性はなじみの少ないグループの中においては生命尊重派であり、仲間を支持するものです。このような考えを基礎にしてイエスと対話をしていたのですが、イエスは以下の重要なコメントを分かち合ってくれました。

――人類がハートのより高次な知性を認めることが極めて重要です。なぜなら、マインドだけでは人間とは何であるかを教えることはできないからです。したがって遺伝学に関する知識が今日の世界における工業技術の可能性と組み合わされたとき、それは死を招く武器となるからです。マインドと比較して、ハートは究極的な単純性と共時性に基づいた知性の機能です。ハートのマトリックスは存在するすべてとの和の関係を知覚する意識の協働センターです。

人類に入手可能なさまざまなレベルの知性は、生存、論理、共時性、そして愛であると要約することができます。これら四つの知性はすべて一人の人生の中に存在しますが、人は自分を援助してくれる一つの知性にだけ焦点を絞ります。ハートの知性や愛のより偉大な知性についてほとんど何も知らなければ、他の可能性の一つを強調するでしょう。遺伝学の知性は物理的な生命を維持し、環境と情緒的にかかわるためには十分なものです。マインドの知性は報告書を作成し、ロケットを作る能力をもっています。しかしながら、いずれの知性も人生に意味を与える能力はなく神聖性とのつながりを確立することもできません。彼らの能力を超えた形でこれらの知性を応用しようとしたために破壊的な誤解が生まれることとなったのです。

究極的には、一つの無限でつながった知性だけが存在します。それが一つのスピリットです。これは偉大な大宇宙のマインドという言葉で言及することもできるかもしれません。しかし、「意識」という言葉の方がすべての生命体に対するその機能と入手の可能性をより正確に描写するかもしれません。マインドとは、厳密に言えば自己充足した積分回路と特許的な応用という、少なくとも最低限の枠組みで成立しているものです。

ハートの単純性だけが無限性を理解することが可能であり、意味のある形で天国と地球をつなぐことができます。車輪の中心軸のように、バランスの中心点からハートは七つの放射線状に広がる理解の輪となってその自意識を開いていきます。知性のそれぞれの次元があとに続き、その前の次元の上にそれ自身を積み重ね完成させていきます。

知性の第一の次元は和です。

これはただ一つだけの神が存在するという原初的な自覚です。一つの力があり、それがすべての生命体の力を統合しているという自覚です。この自覚はスピリットのワンネスを肯定し、数多くの時代を通じて存在した叡智を明らかにし、物事のより大きな秩序への洞察を提供してくれます。和への尊敬を通して人はすべての存在に浸透している原因と結果のパターンを理解するようになります。ハートの知性は原因と結果は直線的な結果よりもはるかに大きなものであることを明らかにします。全体に貢献する良い行動はまったく異なった形でその代価が支払われるかもしれませんが、それを受け取る存在にとっても良い形で支払われることになります。

――和が崇高なレベルにある場合、善は最高の適応性を発揮します。水が高いところから低いところへと流れるように、善は自らを適用する場所へと流れていきます。神は害をなすように意図されていた行動ですら何らかの形で善いものへと方向を転換させることができます。

和もまた知性の源です。なぜなら、和は知識を統合し、優先権を正確に規定する能力を許容するからです。統合は成功している思考と生活の原則です。優先順位がなければ人生には焦点がなくなり、価値もなくなります。誰の人生においても支配と関係するコアの問題があることを理解したとき、これは高次の知性であることが分かります。支配は常にこの世界における問題です。競争は支配の問題に関係して多くの場合、ビジネス上の争い、あるいは軍事紛争という結果を引き起こします。個人の生活においては地位を求めようとする果てしない闘いが繰り広げられます。これらのことは簡単に理解することができます。しかしながら、残念なことに支配を求める競争は一見して分かるだけのものに限定されません。食べ物に対する過剰な欲求、その他の中毒的衝動は自然な体の働きとの競争であり、支配を求めて闘っているのです。その事例のリストは限りなく続きます。神が人生における和の力になることを許すまでは競争がもたらす混沌に終止符を打つ手だてはありません。中毒や衝動はすべて誤った支配と代理の力が生み出す結果です。おそらく数ある支配の中でも最大の支配は、人が自分の権利を預けてしまう偽造されたアイデンティティーの支配かもしれません。そのようなアイデンティティーには非常に強い中毒性があります。あなたを道に迷わせ、時間を無為に過ごさせ、希望や夢や愛を燃え尽きさせてきたのは間違った支配です。間違った支配がなければ、あなたは限りない叡智を自由に使うことができ、それを使う時間も自分のものとすることができるでしょう。神であり、一つであり、最高である和があるとき、あなたには自らの生命と存在を有意義に実現するのに必要な力のすべてがあります。

イエスはハートの中に入って和の原理について瞑想し、神こそ私たちの人生を決定する唯一の力であると宣言するようにと提案しました。この意識に自分自身を開けば開くほど、他のものが私たちを支配する力は弱まります。すると神の力はハートを通して私たちへと移動し、私たちは人生に指令を発して生きることができるようになります。

ハートの中にある知性の第二の次元は愛です。

――愛は宇宙の力です。したがって人生におけるあなたの最大の防御はさまざまな形における愛を守り、尊重し尊敬することです。この原理をはっきりと維持していくと、あなたの人生の目的が視野に入ってきます。この理由は、あなたの目的はすべて愛の中に刻まれているからです。愛は単なる感情、あるいは、志向を超越したものです。愛は知性の次元であり、目的意識をもった人生の次元です。何よりもまず愛は存在性のエッセンスです。目的にコミットして生きている人はそうでない人よりも高い知性をもっています。自分の本当の目的に従って生きている人は人生に価値を賦与することができます。ハートの知性は累積的です。和の知覚を通して優先順位が確立されます。それから、愛が目的を割りあてます。さらに愛はそれらの目的に愛の滋養を与え、高め、応用するために人の本能を高めます。愛は存在のあり方であると同時に、何かになるための道筋でもあります。愛は人生に点火します。愛は人生を味わい、信頼と希望を持続させます。人生はしばしば困難な組み合わせで教訓をもたらしますが、ゆるしがなされ愛が回復されたときに初めて学びが起こります。学びに点火するのは愛です。愛があることによって初めて学びが起こります。このようにして人生の厳しい体験から何かを得て、それを永遠の達成へと変容するのです。その時、次のように宣言することができます。「私はこれを二度とする必要はない」。愛は人生に確実性をもたらします。あなたの愛が明確で後悔や間違った願望に汚染されていなければ、情熱をもって人生を生きる自信がつくでしょう。あなたの愛に確信がもてるとき、情熱のための燃料があるでしょう。情熱があれば人生を生きる燃料があるでしょう。愛はあなたの存在性の力であり、あなたのエッセンスであるということについて瞑想してみてください。愛の原理を熱心に応用してみてください。そうすればあなたは愛において、人生において成功を収めることができるでしょう。

ハートの中にある知性の第三の次元は生命です。

――人生とは行動する愛です。生命が望むことは意味のある体験をし、幸せと生きがいと継続性を体験することです。生命には内在的な知性があります。生命があなたのために明らかにしてくれる道を進むことによって生命のあとを追いかけ、生命あるもののために奉仕し、あなたの愛を実現してください。この単純なプロセスの中に偉大な叡智があります。使徒に人生を生きなさい、死者は死者に葬らせなさいと私が言った理由はここにあります。昔おかした間違いにとらわれていると、非常に高い代価を払うことになります。人生と生命あるものがあなたの道を照らし、未来を花開かせます。バックミラーで人生を見る代わりに前方を見て、無邪気な目でいま目の前で起こっている可能性を見つめるのです。これを練習することによって人生がどのように展開していくものか、あなたのエッセンスである愛が人生とどのようにかかわるべきかについての生来の知性を涵養することができるでしょう。自分をゆるしなさい、他の人たちをゆるしなさい。なぜなら、昨日はすでに生きたのですから。〝死者〟という意味はこのことです。今ここにいて目の前にある道をしっかりと見るのです。なぜなら、それこそ生命が存在している場所だからです。

今という瞬間を神聖なものと見なしてください。あなたを悩ませてきた多くの問題に対する答えを、そうすることによって発見することができるでしょう。さまざまな形をとる生命を尊敬し、体験の花が開いているのだと考えてください。人生はあなたの後ろにあるのではなく前にあります。人生は歴史でもなければ思い出でもありません。生命とはあなたの目の前で生まれつつあるものです。これを知ってください。そうすればあなたの知性は死すべき運命の枠組みに関する沈滞をもたらす一連の知識の代わりに、ダイナミックな力をもったものとなるでしょう。

ハートの中にある知性の第四の次元は尊敬です。

この言葉は今日の世界においては多くの意味を失ってしまったものです。しかし、東洋においては、尊敬はいまだに非常に重要な名誉の次元をもつ言葉です。私は、尊敬は儀礼の一部であるとこれまでは考えていました。そういうわけでイエスが知性の一つの次元として尊敬に言及したことに好奇心をそそられました。

——それは神への尊敬、あなた自身への尊敬、兄弟への尊敬、あらゆる生命体への尊敬から始まります。尊敬は一身の名誉に関する問題ですがさらにそれ以上のものでもあります。私たちはスピリットにおいて一つですがそれぞれの存在が愛において、目的において、生命においてユニークなのです。ユニークな資質がそれぞれの人に所属し、他の人にはないかもしれない能力、自由、責任を提供しています。一人ひとりの人間、そして生命のすべての側面は取り換え不可能です。あなたが地球にもたらさないものは、誰も地球にもたらすことはできません。尊敬はあなたと創造主が約束を交わしていると知ることから始まります。そしてその神聖な約束の中に人生をうまく機能させるために必要な答えや資源があります。それから、その権利を他の人へと延長します。これは究極的には最高の知性である神聖な秩序に対する尊敬につながります。これを知るとあなたの心配をすべて解放する強さが与えられます。あなたの心配事のほとんどは実際には起こりません。しかし、試練の一部は受け容れなければなりません。あなたが変えたいと思っている残りの部分を変えるには心の焦点と決意が必要ですが、いつも心配していればそれを手に入れることはできません。落ち着きは神聖な秩序に対する尊敬から生まれます。不平を言ってはなりません。なぜなら、それは尊敬の欠如だからです。自己憐憫（れんびん）に浸ってはなりません。なぜなら、それは自分への尊敬の欠如です。神の子がなぜ自分のことをかわいそうだなどと思うでしょうか。それは否定そのものです。そのように否定するとあなたの人生から力が奪われる体験をすることになります。

神聖な秩序への尊敬を通して忍耐が涵養されます。これによって時宜を得た知識がもたらされます。その中に偉大な知性があります。多くの場合、あなたの計画が花を開く前に、すなわち、食卓のテーブルにあなたの場所が用意される前に、その他の問題やニーズを解決しなければなりません。すべてのものを尊敬することによって、とくに神聖な順序を尊敬することによって、安らぎと忍耐を達成することができます。これを通してあなたの人生の最も効果的な活用へと導かれ、自尊心を最大限まで体験することができます。自尊心を示す最高の行為は聖心を神との約束の場所として尊重し、当時の知性にアクセスするための場所として尊重することです。

知性の第五の次元は正直です。

——正直の実践は無邪気な知覚の力を明らかにするでしょう。

無邪気な知覚はイエスの教えの最も素敵な部分でした。なぜなら、毛虫を見つめる幼児のように目を大きく見開いてただ注意を払うだけでよかったからです。イエスは無邪気な知覚は新しい発見のすべてにおいて不可欠の要因であると言いました。なぜなら、まだ明らかにされていないことを発見するためにはフィルターになっている概念を横に置いておかなければならないからです。また神の前に行くことができるのは無邪気な知覚を通してなのです。

――「子どものようにならなければ、決して天の国に入ることはできない」と私は言いましたが、その意味はこういうことです。

正直さがなければ高次の知性はありえません。多くの点において正直さは他の知性の次元の合計です。なぜなら、正直の実践以外のいかなるものを通して知性にアクセスすることができるでしょうか。状況を正直に評価することなく知性を人生に適用することはできません。正直が知性の一側面としてよりも、主として道徳性のガイドラインと見なされているのは残念なことです。正直さは人生のあらゆる問題に解決策をもたらしてくれます。科学、法律、社会の管理に対しても同じことが言えます。正直は、「それは何ですか？」という最も単純な質問から始まります。そのあとに何であるかについての直接的で誰の検閲も受けない答えが続きます。

だます相手としていちばん危険なのはあなた自身です。なぜなら、自分自身をだますことによって正直さの基盤を失ってしまうからです。正直は知性の土台ですが、不正直は愚劣性の土台です。したがって科学や研究、プロジェクトなどを始めるときの最初のステップは、正直と正直な進行のための基盤を確立することです。これに比べれば、理論は二次的なものです。研究者たちが理論の証明に費やしたのと同じくらいの時間を正直の基盤を築くことに費やしていたならば、学問は今よりもはるかに進歩したことでしょう。社会的な管理に関しても同じことが言えます。たとえば、実行可能な予算、事業、生産を形成する際には正直は不可欠な要素になります。

不正直な人には数多くのドアが閉められています。仮に入ることができたとしても不正直な人は自分自身の自己欺瞞の迷路を通過することができません。これには習慣、人間関係、考え、キャリア、計画なども含まれます。あなたの人生の進捗度は正直の進捗度に比例するといってもよいでしょう。正直について熟考することによってあなたのハートの部屋は開かれ、これまで隠されてきた人生の機会が開かれることでしょう。

知性の第六の次元は正義です。

正義はすべての文明や文化的な知性の土台です。正義がなくなったとき、文明は崩壊します。正義は道徳性や法律の執行よりもはるかに大きなものです。正義はフェアプレーでもあります。正義は公正な交換の黄金律です。

――交換は最も基本的な粒子から、最も複雑な人間の状況にいたるまで、宇宙における生命の基盤です。正義は交換とバランスの知性です。バランスが保たれると健康が支配します。これは健康な人から健康な惑星にいたるまで、すべてのことに言えることです。

バランスと公平な交換を実践することを通して、人生や他の人たちとのかかわりの中で叡智を発達させることができます。あなたの本能がプロジェクトは果実をもたらすものであるかどうか、仕事はあなたにとって適切なものかどうかについて考えの妥当性を知らせてくれるでしょう。賃金や価格をどのようにして公平に設定するかについても知ることになるでしょう。すべてのことがいずれはバランスのとれた状態に戻ります。そのようなバランスを叡智に基づいて効果的に守る人になることこそ正義の特徴です。ハートの中にはこれが起こることを可能にする特別な知性の次元があります。

一般的に行われている競争による価格設定は消費者の購買意欲によって裏打ちされていますが、それは必ずしも正しい価格が設定されているのではないとイエスは説明しました。

――すべてのものには公正な価格があります。エネルギーの置き換えの厳密な比率から公正な価格が引き出されるべきです。その製品ないしはサービスをつくるのにどれだけのエネルギー、時間、努力、能力が費やされたでしょうか？　払いすぎることも、払いが少なすぎることも交換という行為に対して等しく有害であり、バランスのとれた状態に戻ることを妨げます。

多くの国々では買うときに値切るのが当たり前とされていることを思い出した私は、少し風変わりな質問をしてみました。「すべての値段に対して挑戦すべきなのでしょうか？」

顔じゅうに微笑みを浮かべながら、イエスもまた風変わりな回答をしてくれました。

——高い値段だけでなく安い値段にも挑戦する気持ちがあれば、という条件がつきますね。あなた自身の利益のためにのみ物の値段やその他の交換に挑戦するのは真の正義にそむくもので、あなたのハートの知性を弱くしてしまうでしょう。正義は公正の原理なので双方向に働くべきものです。

イエスとこの会話をして数年後のこと、非常に興味深い本を読んでいましたが、その本の中にイエスの言葉と共通するものを見つけました。著者は、バーゲン（値切る）とは、買う人が利益を得ることを禁じることであると書いていました。（bargain を二つに分解すると、bar は〝禁じる〟gain は〝獲得する〟の意味）

これはイエスの教えの正しさのしるしと受け止め、これからは値切るのが大好きだった習慣は改めて、この原理を熱心に守ろうと決意したのです。その時までの私は、安売り、掘り出し物、蚤の市、ガレージセール（個人が自分の家で行う中古品セール）などでは値切ってもよいだろうと思っていたのでした。誰かが使って価値を下げたものは、そうしてもよいだろうと考えていました。しかし、その日、公正であることの本当の力を発見する体験をすることになります。私は新しい絵を描くことになり、キャンバスを買う必要がありました。私が使用するキャンバスは非常に上質のベルギー製のリネン（亜麻布）で、一ヤードの値段は一〇ドルから九〇ドルが相場です。高価なものであるため、余分に買い置きしておくことはなく、地元の画材関係のお店にもあまりストックはありません。そういうわけでこの店にベルギー製のリネンのロールが入荷するのは、私にとっても嬉しいニュースでした。その朝、店に電話すると、開いたロールがあるとのことでした。私は喜んで、それではすぐ行くので二ヤード取っておいてくれるようにと依頼しました。

店に着いてマネージャーと挨拶を交わしました。彼は私が依頼した二ヤードを切ってくれましたが値段はだいたい分かっているので聞きませんでした。それに地元の店でこういう上質のリネンが買えるチャンスはめったにありません。彼が渡してくれた請求書には二ヤードで三〇ドルと書かれていました。私は何のためらいもなく言いました。「これは正しい金額じゃないわ」。マネージャーは私の言葉に驚いて言いました。「高すぎますか?」「いいえ、安すぎますよ。これはあまりにも安すぎます。カタログを出して値段をチェックしてみれば分かりますよ」。マネージャーが卸売りのカタログのページを指で追っているのを見ると請求は一九〇ドルであることが分かりました。それなのに彼はわずか三〇ドルしか請求していなかったのです。私は正当な値段を払いたいことを伝え、このような上質なキャンバスなのだからそれだけの額を請求して当然であることを強調しました。私の反応にショックを受けたのか、それとも自分の間違いが恥ずかしかったのか、あるいは客が彼の利益を心配していることに驚いたのか定かではありません。しかし、彼は私の申し出に抗議して言いました。

「いや、三〇ドルで結構ですよ」

私はなおも「公正な値段を出してください」と言い張りました。

彼は紙に何かを書いていましたが、両手をあげるジェスチャーで言いました。「それじゃあ、こういうことにしましょう。このロールの残り全部と合わせて十五ドルでいいですよ!」

ここで起こったことはお互いの友情の交換でした。そのほうがキャンバスの値段よりも大切だったのです。私はロールの残りの代金を払おうとしましたが、彼は受け取ろうとはしませんでした。そこで私は他の物をたくさん買ってバランスをとることにしました。そうすることで彼が受け容れることのできるレベルでお返しをすることができたのです。この出来事があってから、私たちはとくに仲が良くなって、買い物に行くたびにバーゲンの品物のことなどを喜んで教えてくれるようになりました。この嬉しい体験をしたあと、私はどこでもこの原理を使うようになりました。今では何かのバーゲンセールを見るたびに、「本当にその値段で売っても大丈夫ですか？」と聞くことにしています。この言葉は公平でありたいという真摯な願望を表わすものです。その結果は多くの場合、驚くべきものです。この体験にも必然的な結果がありますが、それは正義を与えることによって正義を受け取ることになるということです。

この体験の最大の教訓はイエスが愛と交換について教えてくれたことの再確認でした。

――すべての交換において愛がその交換を可能にする要素であり、エネルギーであり、気持ちです。盗み、侵入、侵害は力や欺瞞によって引き起こされます。**愛がなければ真の交換はありません。**物を売るときは商品と金銭を交換していると思うかもしれませんが、本当に交換しているのは愛です。友情、関係、自信、信頼、そして価値を交換しているのであり、それによって正義が築かれるのです。正義がなければ信頼はなくなります。信頼がなくなると文明はなくなります。

正義を実践すれば自分に不利益をこうむらせることになるとは考えないでください。誰でも父との神聖な約束によって人生における特別な利点を与えられています。不公平な利点を追及しないことによって、あなたの特別な機会と利点が明確になるという祝福を与えられます。誰でも利点をもっています。それを発見するためには、まず公正でないことの探求をやめなければなりません。自己憐憫のあまり、抗議してこう言う人がいるかもしれません。「私には何の利点も与えられていません」。目が見えず耳が聞こえなかったヘレン・ケラーが利点をもっていたと考えた人がいるでしょうか？　彼女は世界中の不利益をすべて背負っていたように見えたかもしれません。これが地球を受け継ぐのは柔和なる者であるという法則です。不公平な利点を探求することをすべてやめたとき、あなたはさまざまな利点の金鉱を与えられていることに気づくでしょう。この金鉱はあなたのハートの無邪気さの中にだけ発見できるものです。

このイエスの話を聞いてある人物を思い出しました。聞いた話ですが、次々と犯罪をおかし、ついに逮捕されて投獄された人がいました。彼は何度も犯罪を重ねていました。ついに裁判官は彼が自分の人生を本当に変える気持になるまで仮釈放の選択肢を禁じることにしました。彼は刑務所の中で法律やその他のことについて勉強を始め、囚人仲間に学んだことを教えはじめました。まもなく彼は刑務所内における最も強力な矯正のきっかけを与える人の一人になっていました。長い話をかいつまんで話せば、彼は今ではニューヨーク弁護士会の著名なメンバーであり、人間と犯罪、刑務所における社会復帰プログラムについて数多くの著書を著わしています。彼は非常に尊敬される人物になったわけですが、彼の回復は〝どん底〟まで落ちて、公正でない利点の探求をやめて初めてそれが可能となったのです。

この人物の例について考え、内省したあとで私は言いました。「正義という言葉が使われるのは多くの場合、懲罰とか法律の執行といった文脈ですが、この問題はそれよりもずっと広範なものであることが分かりました」

彼はいつものように適切に答えてくれました。

――犯罪性の封印が正義の唯一の理由であったら、それは高次の知性とはとても言えません。**正義の真の目的は何かを封じ込めることではありません。正義とは調節であり決意です。正義とは善性に滋養を与え、絶えることのない交換の流れを司る生き方です。**しかしながら、不正が蔓延しているとき、犯罪性もまた隆盛を極めることになります。人間の健康にたとえれば、犯罪性という病気は長年の間、ストレスに満ちた不健康な生活をしたあとに深刻な心臓病にかかるのに似ているかもしれません。正義は水のようなものです。流れを可能にするだけの公平性と交換が十分にあれば、正義はそれ自身の真のレベルを発見します。調節が不可能な場合は、しばしば必死の対策が試みられることでしょう。犯罪行動の原因になりえるものは数多くあります。しかし、社会が正義を実践すれば犯罪を涵養する肥沃な土壌はなくなります。

「平均的な人はどうでしょうか？」と私は聞きました。「私が知っているほとんどの人は決まりを守りますが、とくに正義について考えることはしません。たいていの人は法律を破らずに人を出し抜く機会を探しているように思えます。そういう平均的な人は、人生の自分の利点をどういう風にして見つけることができるのでしょうか？」

――お互いを真似し合ったり、恨んだりする代わりに、父のようになることです。あなたは神の子どもです。神とのつながりを回復することです。なぜなら、人間が創造されたのには、それぞれユニークで特別な理由があるのですから。その真実の中にあなたの利点と正義を発見することができます。

正義の知性はすべてのことにおける自然なバランスを理解し、それを大切にするようにと導いてくれます。宇宙の広大さを考えるとき、また私たちのかかわりがいかに複雑に絡み合っているかを考えるとき、常にバランスの偉大な力を自覚することは非常に難しいものがあります。したがって与えること、ゆるすことが知性に基づいた生き方の本質的な要素になります。

ここで親切が登場します。恩寵の表現としてだけでなく、知性として、それも最高の知性として登場します。

知性の第七の次元は親切です。

――親切は若い人たちや弱い人たち、そして貧しい人たちに対する慈善の行為であるだけではありません。すべての人に対する神の意志です。あなたの善性は親切を通して強化されます。あなたが与えられたものを、叡智をもって守るために親切の力を知り活用することが神の意志です。親切な行為を通じてあなた自身の豊かさが増大します。なぜなら、あなたの与える行為があなたに戻ってくる道を何倍にも増大したのですから。

今日の世界では親切はあまり話題に上ることがなく、親切の本当の意味をほとんどの人は知りません。強者の弱者に対するご機嫌取りである、支配に対する償いの行為であるとして親切を軽視する傾向すら見られます。そういうわけで多くの人たちは親切を受けることを恥ずかしく感じます。しかしながら、ハートで親切のことを熟考すれば、これはずっと興味深い問題であることが見えてくるはずです。世界は親切を人生の償い、ないしは人生の厳しい現実からやさしく守ってくれるものと見なしています。

実際には、親切は生きることの核心です。親切は人生に耐えることを可能にし、意味のあるものにし、美味しくしてくれるものです。次の質問を自分に問うことから始めるとよいでしょう。「私が他の人にできる最高の親切って何だろう？　そして自分自身のためにできる最高の親切って何だろう？」。具体的に考えるとよいでしょう。それが親切の知性の鍵を開ける秘訣です。親切についての一般論は愛情に満ちた感傷をもたらしてくれるかもしれませんが、あなたが置かれた状況に適用することはできません。これらの質問に方向性を与え探求するために受け取る答えに驚くかもしれません。

考えてみると私たちは親切に関してなんと多くの間違った知覚をもっていることでしょうか。親切の境界線として社会的なエチケットや考慮を使ってなんと便宜的に妥協していることでしょうか。思いやりの言葉はすぐに口をついて出てくるものの、真のかかわりは避けている自分がいるのではないでしょうか。温かくハギングしてしっかりと「ノー」と言うことが最高の親切であるときに、ただ子どもを甘やかすことがなんと多いことでしょうか。抑制こそ自分に対する親切だったのに、自分を甘やかしてしまったことが何度あるでしょうか。ただ就寝することのほうが自分に親切であるのに、心配して歩きまわる私たちがいるのではないでしょうか。ゆるして解放すべきなのに、仕返しの方法を何度も考えている自分がいないでしょうか。

——親切の知性を発達させるためには本当に与えることの喜び、本当にゆるすことの喜びを発見しなければなりません。何の見返りも考えず栄光や認知されることすらも考えずにただ与え、ただゆるすことの喜びです。交換や支配のためにだけに与える人はすぐに親切の知性を失うことになります。次に、自分に対して親切にする方法を学ばなければなりません。自分に親切にすることは弱さを表わすものだと考え、あるいは自分を甘えさせることになると、自分に親切にすることを怖れている人がいます。チョコレートを食べながら一日中テレビを観ている人もいます。これは自分に対する親切ではなく人生の回避です。人を無力にするこのような習慣が存在する理由は、親切が何であるかを知らないからです。親切を表現することによってあなたは文字通り神の知性にアクセスしています。あなた自身への親切を理解することにおいて、他人に対する親切も理解できます。自分自身に親切にすること、そして他の人たちに親切にすることは神の意志です。

この瞬間まで、自分がいかに親切を優しさや思いやりと等しいものと考えていたかを悟りました。親切とはそれよりもはるかに大きなものであることに驚いた私は質問せずにはいられませんでした。「親切っていったい何なのでしょうか?」

――親切とは意志の正しい活用です。親切は善意が気づかい、手助け、傷つける行為を慎み、分かち合い、人生がうまく働くように他人のことを思いやるという形で表現されるものです。親切は行動に表われた力です。親切を示すことから生まれる信頼は、あらゆる状況に対して素晴らしい影響力をもちます。あなたの本当の可能性を減ずる代わりに尊重するのにどれほどの力がいるかを考えてみてください。あなたを傷つけている人に善意を示すためにどれほどの力が必要であるか考えてみてください」

「親切は強さを築き、強さはより大きな親切を築きます」。この言葉について考えているとき、その真実が実証されたもう一つの状況を思い出しました。

一度、子犬が車にひかれるのを見たことがあります。けがをした動物には触るべきではないとよく言われます。なぜなら、痛みに対する自己防衛のために攻撃的になるからです。しかし、その瞬間、そのような配慮は私のハートとは無縁でした。私は子犬を抱きあげてクリニックに連れて行きました。実際に子犬は唸って噛みつこうとしました。しかし、助けの手を差しのべているという信頼に比べたら、それは心配にはあたらないものでした。この親切な行為によって子犬の生命は救われ、私の生命もまた豊かなものになりました。

このようなより大きな視点から、親切は私たちの人生のあらゆる場面で松明のように道を照らすものであり、そうなるべきものです。時として親切は実行不可能なものを除去することもあります。一九七八年、私が創作していた一枚の絵に対してはそのような親切が必要でした。絵の主題は明るい緑色のドレスを着た少女が風船の束を持って裸足で走っている姿でした。彼女の背後に石の壁があって、その向こうにカーニバルの風景が見えます。非常に複雑な絵で問題がいくつもあり、どうすべきか分かりませんでした。当時の私には絵を描くことに対する激しいほどの情熱があって徹夜をして筆をとることもよくありました。その夜はいつもと違いました。絵はどんどん悪くなっていくありさまで私は憔悴していました。正直に考えてみると構図の上の部分はどうにもならないことを悟りました。私は何時間もどうしてこんなことになってしまったのだろうと悩みました。その時、私は自分に待ったをかけました。どうしてそういうことになったかは問題ではありません。私はマットナイフを手に持ってキャンバスに向かって歩いていき、絵の上部半分を切り取ったのです。それは安楽死でした。あとに残されたのはスカートと走っている足でしたが、なぜか目もくらむように新鮮でした。こうして私の苦しみは終わったのです。その夜、私がしたことは絵にとっても私にとっても、最も親切なことでした。その時、夢にも思わなかったのですが、それは私の将来のために私がした最も親切な行為の一つでもありました。『子羊とライオン』を描くまでは、『春の飛翔』と名づけられたこのサイズが縮小された絵は、私のキャリアの中で最も成功を収めた絵となったのです。この絵を通して私は世界で有数の出版社と契約を結ぶことができました。一九八〇年、美術のポスターとしてこの絵は世界中のベストセラーの一つとなり、私は六カ月にわたって商業美術の先端に名を連ねたのです。この出来事は親切が奇妙な組み合わせでやってくることを明らかに実証しています。多くの場合、親切は与える側にも受け取る側にも驚きとしてやってくるもののようです。

アメリカの文化を見渡してみると、十年前には見られなかったような形で親切に目覚めているという証拠が見られるようです。〝消費者に優しい〟、〝使用者に優しい〟といったマーケッティングの概念は、ビジネスが親切の力に注意を払っている証拠ではないでしょうか。現実的な話として、不親切なビジネスと友好的なビジネスのどちらがいいかと言われたら、答えはあまりにも明らかではないでしょうか。あなたをサポートしてくれる会社で働きたいですか？　それともあなたを虐待する会社で働きたいですか？　どういう人が人を力づけることができるでしょうか？　誰の製品があなたのために、より役立つでしょうか？　敵対的なビジネスを常に行っている会社が生産した車を買いたいと思いますか？

イエスは宇宙を感受性と知性をもって操作すれば美しく機能する精密機械にたとえました。

――親切は困っている人や弱い立場にある人に与える気遣いだけではありません。親切はハートの知性の最高の次元であり、生命そのものに対する神の意志です。私は知性という言葉を使っていますが、これをマインドの理性的でドライな無執着と混同しないでください。真の知性は単なる確信であり、理解であり、人生に明確さと情熱をもたらすものです。同じことを別な表現を使って言えば、聖心の中に七つの情熱があります。それは和、愛、生命、尊敬、正直、正義、そして親切であり、これらが生きることへの理解と焦点をもたらしてくれます。これらのものが一緒になって共感を生み出します。共感こそ、魂の真の知識です。

8 橋

「最も短い橋を渡ってすべてを包み込む神の愛を再発見しさえすれば、そしてあなたの同胞の愛を発見しさえすれば、あなたは決して一人ではありません」

橋は土木工学の偉業です。一つの空間から別な空間、一つの次元から別な次元へのつながりや移動を提供する思考もしくは力の偉業です。人生を生きるなかで私たちは数多くの橋を渡ります。橋は川にかかる構造物のように見えるかもしれません。あるいは、意味を伝える思い、あるいは、理解の確認をもたらす表現のように見えるかもしれません。イエスによれば、人生におけるさまざまなつながりを創出するものとして愛ほど偉大な橋はないということです。

これ以上に美しい方法はないと思われる形でイエスは私がこのことを実感する機会を与えてくれました。『子羊とライオン』が完成に近づいていたとき、羊がたくさん群れている牧草地を見て、彼らはなんと安らかにこの谷間で草を食んでいることかと私は言いました。この絵には素晴らしい資質があり、私のハートをとらえて離さず、「詩篇」23章の記憶をよみがえらせるのでした。このことを口にすると、イエスはすぐに「詩篇」の言葉を朗誦しはじめました。ただし、一つだけ違いがありました。イエスは各文章の重要な部分に愛を置いたのです。

愛は私の羊飼い。
私は乏しいことがありません。
愛は私を緑の牧場に伏させ、
憩いの水のほとりに伴われます。
愛は私のたましいを生き返らせます。
たとえ死の陰の谷を歩くことがあっても、
私はわざわいを恐れません。
愛のむちと愛の杖、
私の敵の前で、
愛は私のために食事をととのえ、
私の杯はあふれています。
まことに、私のいのちの日のかぎり、
善なるものと慈悲の心が私を追ってくるでしょう。
私はいつまでも愛の家に住まいましょう。

イエスは倦むことなく神は愛であること、私たちが体験することの総体は形をとった愛であることを私に思い出させました。愛は、私たちの人生には神が存在することを認識するための究極的な橋です。ある日、イエスはこの教えに新しい要素を加えて次のように言いました。「あなたの人生はまず愛によって決定され、それから、あなたの思いと行動によって方向づけられます。あなたの思いと行動の性質によって、あなたの愛は強さが増すか減少するか、変わるか、曲解されるか、反転させられるか、いずれかの道を歩みます」

愛の力とハートの高次の知性についての私の理解に自信がもてるまで、イエスは概念化、考え、思考プロセスといったことについて語ることをためらっていました。そういうわけでイエスのメッセージを読者に明かすにあたっては、イエスの優先順位を尊重することにしました。「マインドから話を始めるのは望ましくありません。というのは、マインドは完全に派生的であり、それ自身のエネルギーや力をもっていないからです。根本的なエッセンスを探そうとしてもマインドには何の手がかりもありません」

私がマインドの活動と高次の知性の区別がつくようになったと感じたその時から、イエスは思考の領域について語りはじめました。大学の教師だったとき、私の最大の挑戦と満足は学生がより明確に、より効率的に考えることができるように援助の手を差しのべることでした。当然のことながら、思考は私たちの性質の不可欠の部分であり、知性的で焦点が絞られた生き方の強力な側面です。そういうわけでイエスが思考の主題について話る気持ちになったとき、私の好奇心はますます旺盛になりました。思考の問題が知性と能力のスペクトルのどこに位置するのか知りたいと思いました。

――始めるべき場所は単純な自覚です。自覚は原初的なものです。一つのスピリットから無限の粒子の一つひとつにいたるまで、存在しているもののすべてが自覚しています。一つの原子の中の粒子、そして素粒子のことを考えてみてください。交換のパターンがいかに厳密で予知可能であるか考えてみてください。どのような知識によってそれが起こるのでしょうか。バラはいつ花を咲かせるかをどうして知っているのでしょうか。渡り鳥はどのようにして移動する手段を知ったのでしょうか。野生の羊の群れはどこに水があるかをどうして知っているのでしょうか。マダラチョウ科のオオカバマダラは毎年カナダからメキシコ市まで移動しますが、どうやって進路を知ることができたのでしょうか。存在するものはすべて自覚しています。自覚は知性が始まる場所です。しかし、自覚が単に存在するからといって何らかの思考が起こっていることを暗示するわけではありません。あるいは、あなたが知っているところの意識が創造されたわけでもありません。概念、考え、思考は自覚の具体化であり、自覚したことを実行し安定化させ、あるいは、そうするという約束を保持します。思考は一連の有用な蓋然性から生まれます。

「この問題についてもう少し話していただけませんか？」

――たとえば旧石器時代の狩人のグループを例にとってみましょう。彼らの生活は本能と経験と必要性によって進んでいきます。狩りで十分な獲物をしとめた彼らは家路につきますが予期していなかった天候の変化と、まだ住居からは遠いために一休みして肉を燻製にし、皮を剥ぐことが必要になります。そうしなければ、せっかくの獲物が無駄になってしまいます。それをするのに望ましい場所を探して周囲を見回すと、一人が仕事をするテーブルになりそうな平らで大きな石があるのに気づきます。この状況では石の有用性は一時的な便宜性と、あとで思い出されるかもしれない一つの知覚以上のものではありません。次の狩りのときに、彼らはその石を見つけて使うことにします。それを狩りのシーズンが来るごとに繰り返すうちに、この場所は儀式的な休憩の場所になります。こうして数多くの年月が流れ、気候の変動や動物の群れの移動などのために、狩人たちは別な方向で狩りをするようになりますが、以前使っていたのと同じような石は見つかりません。ある時、森の中でキャンプをします。そこでグループの一人が真っ二つに裂けた大木に気づき、何かがつながります。平らな石を思い出した彼に一つの考えが生まれます。彼は他の木を二つに裂いてあの石と同じような平らな表面を作ろうと提案します。**思考が行われたのです。**この最終的な行為は、石の機能的な役割からテーブルの創造という結果をもたらしたつながりへと進化していった経緯を直接的に表わしています。テーブルが存在するようになったときから、さらなる思考がテーブルに意味を与え、さまざまな応用の仕方を考え出すことができます。テーブルは焦点が絞られた自覚と連想の統合を通して〝創造された〟のです。思考が不可欠のつながりでした。創造にいたる橋となったのです！　便利で役に立っていた何かが、ついに意識的な機能性へと具体化し、部族の生活の実用的な物になっただけでなく知的な家具となりました。

シンボルの発達は意識的なつながりのよく似たプロセスを経て起こったとイエスは説明しました。

――たとえば古代の人間は星を見つめる人でした。星を観察することによって原始的な地図が描かれましたが、それらの地図は位置と方向を表わしていました。最初、そのような地図は星や地形の絵文字以上のものではなく、それらを組み合わせて連想とつながりの言語が確立されていました。山の頂、星、川、狩りをする場所、キャンプ場、儀式の場所をただ観察し連想することによって絵文字言語が発達しました。この動機はどこから来たのでしょうか？

つながりたいという願望は人類が強くもっているものです。数多くの時代を通して人類を偉大な達成へと駆り立ててきたのはつながりたいという願望です。この願望には、生来の自覚に責任の要因を加えて統合された意識となるような形で、体験、感情、内省、あこがれを結びつけたいという原初的な衝動が含まれています。意識は一人の個人の内部と数多くの人の内部の両方で発達します。なぜなら、**意識は有用なつながりを確立したことの直接的な結果だからです。愛が和の願望に点火し、思考がつながりをつけることによってその願望を顕現します。**

歴史はそのような達成に満ち満ちています。少し考えてみてください。原始時代には重い物体は大木の上に乗せてその大木を転がすことによって運ばれていたかもしれませんが、ある時、誰かがつながりをつけて車輪と軸を〝発明〟します。細い木を二つの大きな木の円盤に通せば、円盤の動きによって自由に回転できることを考えれば、大木を転がすのは不必要な重労働です。自覚の焦点を絞ることによって、最初に意識が生まれ、それから、思考、概念、考えが発達していきます。**自覚は原初的な状態です。思考は接続リンクです。**

人類は時々、単純な自覚を長期間にわたって体験し、その間に意識が発達し、あるとき突然、概念的な明晰性が達成されます。それは石の表面は大木を二つに裂くことによって模写することができるとか、大木を転がすよりも大きな円盤と軸を使って動かしたほうが効果的だといった考えです。

――思考は意識の内部にある接続リンクです。それは体験の内部にもあるものであり、社交的な関係からスピリチュアルな関係にいたるまで、あらゆる関係の内部にもある接続リンクです。〝思慮深さ〟がなければ、人間関係の質は貧しいものとなり、意味もほとんどなくなってしまうでしょう。**あなたは思考し、そしてつながります。あなたはつながり、そして考えます。**

いったんつながりが生まれると方向性が出てきます。連続性が出てきます。ここで思考は意味を獲得します。なぜなら、人生に思考を適用することによって思考は方向性を獲得するからです。存在の理由を獲得するからです。思考は人生の弓のつるに置かれた矢に似ていますが、その推進力は愛です。思考にはベクトルが内在しています。

「ベクトルとはどういう意味ですか？」

――ベクトルは二つまたはそれ以上の要素の組み合わせに内在する方向です。たとえば、私はここから六四キロ離れたところで生まれたとあなたが誰かに言ったとすれば、かなり広範な場所に言及していることになります。しかし、ここから西のほうに六四キロ離れた州連絡高速道路二〇号線沿いの町に生まれたと言えば、あなたの故郷の町を地図で見つけることが可能になります。

「物理的な世界でベクトルが方向性や位置を特定できるというのは分かりますが、思考にもベクトルがあるというのがよく分からないのですが」

――単純な例としてあなたが一束の花を買ったとしましょう。ことによるとあなたはその花束を見てまったく何も考えずに衝動的に買ったのかもしれません。あるいは、その花を飾ってダイニングルームを明るくしようと計画したかもしれません。あるいは、友達にあげようとか、絵の構図に使おうと思ったのかもしれません。概念それ自体は自覚の焦点を絞り込んだものにすぎません。思考は意図をもって自覚を方向づけることを意味します。**方向性を与えることによって力が思考に加えられます。**考えは応用してそのインパクトが人生の構築のためのつながりをつくり続けることを許さなければ、ほとんどその価値はありません。

イエスは、ベクトルは方向ないしは意図を構成する二つまたはそれ以上のポイントから構成されていることをさらに詳しく説明してくれました。

——この概念が人生に与える影響から限りない重要性を帯びてくるのは、**ベクトルを創造する最初のポイントは常に愛だからです。**愛がすべてのもののはじまりであり、あなたの考えのすべての背後にある基本的な力です。第二のポイントはあなたの愛がどのような考えによって方向性を与えられるかということです。あなたは愛を人生にどのように応用していますか？　愛をどのように扱っていますか？　人生の織物はあなたの愛とそれを延長するために用いたベクトルによって織られるのです。あなたの思いが外部へと導かれて人生に貢献することを許す代わりに、マインドが思考を使ってあなたの愛をコントロールし、削減し、サボタージュするとき、問題が生まれます。マインドは思いをコントロールして最後には思いを自分のものにして、それからその思いをあなたに向けてあなたの行動に影響を与えます。思いの力を視覚化するときの最も説得力のある隠喩は弓と矢です。**思考は愛の弓から放たれる矢となって、弓を射る人から離れた的に向かうとき、最高の働きをすることができます。**

思いが愛の力を徐々に衰えさせ、人生の質を劣化させてしまう可能性について、実際の出来事を例にとって説明しましょう。犬が大嫌いな郵便配達人がいました。当然のことながら、彼は犬の敵意を磁石のように引き寄せることとなり、しばしば犬に攻撃されました。予防策を講じて身体を守るための防具も身につけていましたが、この問題はいつもストレスの種になっていました。そこで彼はもっと良い〝思考形態〟を身につけようとマインドコントロールのセミナーに参加することにしました。そうすることによって今のパターンの方向を変えるか、少なくとももっと良い防御法を見つけることができるかもしれないと思ったのでした。多少の改善が見られましたが、それは彼と問題の間にあるベニヤ板が少し厚くなったという程度の改善でした。それでも毎日直面する不安から少しは解放されたようでした。しかしながら、実際には何も変わりませんでした。**なぜなら、マインドには人の人生を変える力はないからです。**その特権はハートだけのものです。この郵便配達人もその真実がいかに強烈なものであるかを体験することになります。

　ある日、親友の一人が彼を攻撃した犬たちをゆるしたらどうだろうと提案したのです。予期してもいなかった悲しみがどっと押し寄せてくるなかで彼の憎しみはついに溶けてなくなり、この問題がどのようにして始まったのかに彼は気づきます。子どものころの彼の最大の願いは子犬を飼うことでした。不幸なことに、彼と両親は家族が住むのにやっとの広さのアパートに住んでいました。クリスマスが来るたびに、彼はサンタに手紙を書き子犬を頼みました。しかし、クリスマスの朝が来ても彼の長靴下の中に子犬はいませんでした。十歳になったとき、街の通りで迷子の犬を見つけ、なでてあげようとして手を伸ばすと、犬は彼の顔に向かって突進し、頬に咬みつきました。医者が彼の小さな顔にできた裂傷を縫っている間、少年は子犬が欲しかった当初の思いとは正反対の思いを形成していました。その新しい考えは、彼は犬を飼うべきではないということに関しての〝説明〟を与えてくれました。犬を飼いたいという願望はなくなっていましたが、犬に対する愛情がなくなったわけではありませんでした。**その愛情を変更された考えの下に埋めてしまっただけだったのです。**その瞬間から問題が生じました。というのは、それからというもの彼の考えは、当初の愛情を人生に向かって放射する代わりに、その愛情と対立させることになったからです。彼に噛みついた犬をゆるすことができたとき、そしてさらに重要なこととして、子犬を飼わせてくれなかった両親をゆるしたとき、初めて安らぎと癒しが訪れたのです。

愛は人生における唯一の力であり、思考のすべてのベクトルがつながっている出発点です。矛盾した考えがあるときには困難が生じるでしょう。愛との関係がハートの中で変わるまでは人生における基本は何も変わりません。ネガティブな感情として知覚されるものは愛の欠如ではなく単なる思考の逆転であり、それが愛の力と善性を損ねているだけなのです。ネガティブな思いによって不具にされた愛は危険なものになりえます。というのは愛よりも偉大な力のあるものは存在せず、愛ほど魂に近いものは存在しないからです。

私たちの会話は愛と目的のつながりにも触れました。なぜなら、これもまたベクトルに基づいた関係だからです。

——この非常に重要な関係はあなたのエッセンスである愛から始まり、神との神聖な約束およびあなたが人生を分かち合うすべての人との神聖な約束を通して人生へと外延されます。別な言い方をすれば、あなたの真の目的は、宇宙秩序のパターンに織り込まれたあなたのエッセンスである愛の具体的な延長なのです。あなたが自分自身として存在し、人生を心から愛し、そこから生まれるさまざまな能力を活用することがあなたの義務です。

世間はあなたの義務や優先順位をこれとは違った目で見ることでしょう。子どものときから個人的な動機に基づいて行動するのではなく、教えや条件づけによって行動するようにと教えられます。確かに子どもは他人のニーズや願望を考慮することを学ばなければなりません。しかし、そのような条件づけを行う理由はただそれだけではありません。**世間はあなたに自分を証明することを要求します。こうすれば、あなたを自分のアイデンティティーを獲得したいという気持の奴隷にすることができます。**世間が確立した数多くの資格条件があります。たとえば、何かができるようになるには所有していなければならないという条件があります。教育にはお金が必要です。生産するのに必要な用具や材料を購入するためにもお金が必要です。知的職業関係者には遂行能力や優秀の基準を設定する権利があることは確かですが、その権利を任されている人びとは思考や行動のすべてのベクトルは愛と存在性の原初的な力とつながっていることを想起すべきでしょう。物質的な優位性や競争による達成だけで上質な遂行能力が得られるわけではありません。愛と存在性がすべての質を決定します。人生を管理する優先権がこの現実を反映しなければ、さまざまな問題が生じることになります。枠組みへの考慮が人生を支配し管理すれば、数多くの人間関係が機能不全に陥り、そこから生じるさまざまな要求は自然な人生のパターンとは相反するものとなるでしょう。

それぞれの魂の中には偉大な可能性が秘められていますが、それはありたいという気持ちによって点火されるものです。世間の誤った条件づけの荷物を下ろすためにはこの真実を知り、尊重することが必要です。時々、山に行って自分と一緒になり、あなたの源と一緒になることが必要です。そのような瞬間に、あなたがどれほど多くのものを与えられているかを発見することでしょう。あなたの真の可能性が何であるかを発見したいのであれば、その可能性の源が何であるかを考えなければなりません。あなた自身の愛を再発見してください。そうすれば、あなたが与えられているすべてのものに光があたることになるでしょう。そして人生の意味が分かりはじめるでしょう。

イエスが背筋をすっきりと伸ばして私をじっと見つめているのに気づき、深く息を吸い込みました。それから、イエスはほとんど囁くような声で語ったのですが、その声は私のハートに雷のように聞こえました。

——意志こそが原初の創造とそこから生まれるものに橋を架ける道具です。あなた方が常に愛と奉仕において一緒であるようにというのが創造主の意志です。この和を通して天国を地上にもたらし、地上を天国にもたらす橋となるのです。

私が人類に提示し、生涯を通して示した知識は、あなたと創造主の関係は個人的なものであり親密なものであるということでした。実際、人類が本来の目的を達成したとき、**人類は神の個人的な性質を明らかにして認める**

ように運命づけられているのです。私は、神は父であるとして言及しますが、これは父権主義的な意味ではなく、あなた方にはないような関係を私がもっていると示唆しているわけでもありません。親子という連想の重要性は、神聖の親密な側面に声を与え、すべての人の神との関係は最も個人的な形で達成されるという約束を表現するものです。確かに神は全智全能にして不可知の存在であり、神聖な創造主であり、存在するすべてのものの源であり、神聖なスピリットです。しかし、それよりも偉大なる神秘は、神はあなたの中に存在し、あなたとして存在しているということであり、あなたおよびすべての存在に、創造の相続者として自分自身の中にある神聖性を実現するようにと招待しているという事実です。**これこそが究極的な橋です！**

私は数分間、静かに座って、私の前にいるこの素晴らしい存在との時間を味わっていました。それから、好奇心に駆られて質問をしました。「私たちの愛の性質を探求し、自分で体験する必要性を探求するために自由意志を与えられていると何度も言われました。私たちの前もって規定されている運命が神の意志の延長であるとすれば、これはどのようにして達成されるのでしょうか？」

——意志は強い考えや意図や主張の投影であるだけではありません。意志という概念は往々にして人生に条件を課す強く断固とした意図であると誤解されがちです。実際には、いかなることでも意図することは可能であり、生命や存在のあらゆるレベルに意図を見出すことができます。**意志は統合性と完全性をもって意図を取り囲む力です。**意志は個々人の衝動に点火しサポートし、それから実際的な存在の文脈の中で衝動の遂行に方向性を与える統合的な性質であり焦点です。言うまでもないことですがネガティブな意図を取り巻く意志は、より高潔な意図を取り巻く意志よりも簡単にくじかれる可能性があります。それが真実であるとすれば意志の力と特権は創造主以外の誰にも真の意味で所属することはありえません。にもかかわらずあなた自身の中に、そしてあらゆる生命体の中に**意志の機能を発見する**のはあなたの権利であり責任です。この探求においてあなたは**自由に取り組む**

ことができます。あなた自身の人生においてより高遠な目的を理解し力づけることによって、あなた自身の意志と父なる神の意志の調和を発見することでしょう。

私が教えた祈りの言葉に静かに耳を傾けてみてください。「御国が来ますように。みこころが天で行われるように地でも行われますように」。天と地が調和の中で存在することが父なる神の意志です。この言葉を唱えることによって、あなたの父なる神と一体になることができます。私は次のような言葉で祈りなさいとは教えませんでした。「父よ、あなたのみこころが行われますように。私の意志は無視されますように」。私は次のように祈ることも教えませんでした。「父よ、私が望むことがすべて私に与えられますように」。本当の意志とは、すなわち、父なる神の意志はシナジー（ともに作用し合う）全体における活性化の力です。このためにあなたの意志と父なる神の意志が一つになるポイントがあることを保証します。このポイントを一生懸命に探し求めることがあなたの義務です。それが神の子どもであるあなたの神聖な約束です。それはあなたが生命ある橋であることを知ることから始まります。私が使徒に与えた祈りは天と地の間にかかる橋についての永遠の確言です。兄弟と兄弟の間にかかる橋、そして人間と神の間にかかる橋についての永遠の確言です。生命につながりをもたらすという神聖な約束を果たすとき、意志についてのあなたの知覚は神の意志と調和のとれたものとなります。

「『聖書』の中で〈私と父は一つです〉〔12〕と言われましたが、その意味はこれなのでしょうか？」

――本質的にはその通りです。すべての愛の源は一つであり、それを出発点として私は愛である、あなたは愛である、私たちは一つの家族であると言うことができます。その点において私たちは同じ名前をもっています。私の父と私は一つです。なぜなら、私は橋だからです。それと同じように人類もまた天と地をつなぐ橋です。誰もが神との特別な約束と目的があり、あなたがそれを果たさなければ誰もそれを果たす人はいません。これが完全性のより偉大な真実です。宇宙を巨大なジグソーパズルにたとえることができるかもしれません。このパズルはすべてのピース（小片）が合うまで完成することはなく代わりのピースは存在しません。一人ひとりがこの壮大なパズルの一つのピースであり、すべての目的が達成されなければなりません。誰も私の代わりになることはありません。なぜなら、私は父なる神の意志に完全に身を任せたからです。私たちの父とのあなたの神聖な約束に関しても同じ権利が与えられています。誰もあなたの代わりになることはありません。

この洞察は数日後、もう少しくつろいだ言葉のやり取りをするなかでさらなる展開をみせました。イエスの存在は私の人生体験を限りなく昇華してくれましたが、彼は私の現実レベルにも愛想よくつき合い、私が創造的な自由を楽しみ日常の瑣末な事柄をこなしているときもそばにいて楽しむことがしばしばありました。尽きることのない礼儀正しさと思いやりをもって、イエスは彼の素晴らしい容貌から時には目をそらして気を紛らせることも必要だということを理解していました。ある日、私はテレビを持ち込んで一緒に「ボナンザ」（一九六〇年代を舞台にしたウエスタン・ドラマの代表作）を観ることにしました。いつものことですが、イエスの周囲で起こる出来事には素晴らしい共時性があります。まったく日常的な出来事でもその中にある教訓を洞察力に満ちた目で明らかにし、創造的な寓話で強調するのでした。私たちは一緒に「ボナンザ」を観ていたのですが、このフィクションはいくつかの高遠な真実を明らかにする機会となりました。「ボナンザ」の物語を要約すると、アダム・カートライトは父親に遠方にある市場まで一群の牛を連れて行って売るという責任を与えられます。この取り引きを完了させるために、父親はアダムに一定の価格で売るという委任状を与えます。目的地に着いたアダムがバイヤーに会うとバイヤーは同意された価格で買うことを拒否します。バイヤーは父親と会って再交渉することを要求しますが、アダムは断固として応じません。アダムは息子と話をすることによって父親と話しているのだと保証します。イエスはここで指摘しました。

――神聖な約束という言葉で私が言おうとしているのはこれと同じことです。あなたは地上においてなすべきことについて父なる神から委任状を与えられています。父の意志に従って忠実にその委任状を差し出すならば、誰にもそれを拒否する権利はありません。あなたを拒否し、父の偉大なる栄光を盾にしてあなたの光や美徳や価値をないがしろにする権利は誰にもありません。あなたの創造主はそれだけの尊敬をあなたに与えたのであり、それを受け容れたあなたの勇気は尊重されなければなりません。あなたの神聖な約束に関して誰もあなたに代わることはなく、あなたを素通りすることはありません。委任された力は父の特権であり、他の誰かがただそれを願望するからといって自分のものとすることはできません。あるいは、その人が失敗したと信じることによってとって代わることのできるものでもありません。

この言葉はイエスがすべての人に対して抱いている巨大なほどの尊敬を反映するものでした。イエスの明確で直接的なメッセージを深く受け止めた私は〝意志〟は存在の完全性が分かる存在にだけ属するものであり、人類がやがて**発見し行使する**力になるだろう存在にだけ属するという真実をより心地よく受け止めることができるようになりました。神聖な意志と私たちの関係には自由と尊敬と実践があります。〝意志〟についてのイエスの啓示は、壮大な計画はすべてのピースがそれぞれ本来の位置につくまで完成しないという単純で包括的な確信を表現したものでした。

――法則のすべての言葉は実現するだろうと私が言った意味はこういうことでした。なぜなら、法則とはあなたであり、私であり、存在するもののすべてであるからです。法則とは現実です。法則は完璧に実現され、何ひとつ達成されないままに終わることはありません。

イエスがこの言葉を語ったとき、目はきらきらと輝いていました。その輝きの中に世界で最も小さな一羽の蝶に対してさえイエスがもっている愛を見て取ることができました。一羽の蝶がはるか離れた日本で羽根をはばたかせるとき、そのはばたきがアフリカに嵐を起こすことができるかもしれないという可能性を理解することができました。イエスにとって意味のないものは存在しないのです。

――愛の力があるところには、たとえそれが最も下等な生物であっても力があります。そして重要性に程度はありません。なぜなら、存在には継ぎ目がないのですから。

私たちは数多くの橋について話し合いましたが、なかでも限りなく啓示的だったのは信念の問題でした。信念とは私たちが把握できないと考えている何かに対する橋にすぎないということを、私はこの時まで理解していませんでした。信念は人生を生きるうえでの自信やスピリチュアルな安寧に欠かせないものではありますが、信念は橋であり、それ自体が目的ではないという事実に変わりはありません。この事実に気づいた私は、個々人が信じることと信じることの単純な力の相対的な重要性についてもっと知りたいと思いました。「信念の問題に重要性の程度はあるのでしょうか？」

――あります。しかし、それは信念体系とは何の関係もありません。人それぞれの真の信念は存在の核心から来ています。これこそがあなたの人生におけるすべての信念の背後にある力です。最も粘り強い信念は、「私は……である」という言葉で表現されるものです。それ以外のものはすべて条件づけ、希望、考察の結果です。何を真の意味で信じるべきかを知るためには聖心の中に入り、あなたの源との永遠のつながりを沈黙の中で見つめなければなりません。その理由は、あなたの真実の信念はハートの祭壇の中にあるからです。私はあなたに信じるようにと告げることはできます。どのように信じるかを教えることもできます。しかし、**あなたが何を信じるかはあなたが本来誰であるかという事実に発するものであり**、それはあなたが自分を何と考えるか、世間への服従、生存競争の探求などによって条件づけられています。その選択はすべての人に自由に与えられています。あなたが何を信じるかはあなた自身の存在のあり方の外的な顕現であり、それはあなた自身の期待や目的、そして経験によって拡大されます。他の人の信念を価値判断するべきではなく、むしろその人のハートが神聖化しているものを尊重するように援助の手を差しのべるべきです。最も純粋な信念は神とあなたの約束を体現する信念です。これは信念体系によって、その重要性を曇らされるべきものではありません。信念体系は人びとが一般的に希求するものの性質に自分を合わせることの結果として生まれるものです。信念体系と純粋な信念の力の区別を知ることが重要です。あなた自身について、人生について、存在の問題についての理解が明確になればなるほど、あなたは自らの信念を強化し、それを活用して人生の橋を建設することができます。

「一つのスピリットと私たちは信念を通してつながっているのではないでしょうか?」。私の質問に対するイエスの答えは常にそうであるように極めて適切でシンプルでした。

――あなたが一つのスピリットとつながっていない場所はありません。しかし、信念はそのワンネス(一体性)の中に投げ込まれた一つの思いのようなものです。すべての信念には方向性と意図があります。あなた自身の信念を検証したいのであれば、「私はこの信念にどのようなベクトルを確立しているのだろうか? それは最も真実である我れとどのようにつながっていて、どこに行こうとしているのだろうか?」という質問をするとよいかもしれません。信念の矢は思いの矢と同じくらいに敏速で真実であることは確かであり、必ずその標的を見つけるでしょう。スピリットほどに傷つきやすく形成途上にあるものはありません。あなたの愛と思いと信念をスピリットと織り交ぜるなかであなたの人生が形成されます。スピリットを適用する場合には、必ずこの真実を尊敬することが賢明でしょう。

たぶん私は混乱していたのかもしれないと私は静かに考えました。というのは、「思い」、「意図」、「信念」といった言葉はみな同じように願望を顕在化させる原初的な力をもっているかのように、しばしば互換的に使ってきたのです。これについて明確な説明が欲しいと思いましたが、この探求がより優雅な形でできるようになるまで待つことにしました。

それからほどなくしてイエスが結果という問題に再び戻ったとき、その機会がやってきました。

——あなたの行動にも存在にも結果が伴います。なぜなら、それらは人生の展開を条件づけるからです。あなたの意図は結果を起こすための衝動と力と情熱を提供します。

「このパターンのどこに思いが入るのでしょうか?」と私は質問しました。

——思考は原因と結果の間につながりを想像する能力であり、全体の状況がより明確になるようなより大きな概念を形成する能力です。人生をドラマにたとえるならば人は当然役者であり、行動は明らかにドラマの力であり、意図は登場人物と彼らの行動の間につながりを提供する筋書きないしは意味であり、思考は脚本ということになるでしょう。脚本家であれば誰でも知っているように、登場人物は劇場における中心的な力であり、演技が物語を展開させ、意図が理由と情熱と大団円を提供します。ドラマのこの三つの重要な要素に比べると脚本は最も柔軟性があり、最も修正されやすいものであり、究極的には最も自由な表現であると言えます。

「しかし、〈あなたは思っているものになる〉とよく言われます。もしこれが真実であるとすれば、思いはあなたがいま描写しているものよりも原初的であると言えないでしょうか?」

——実際には人が何かを考えるときそれが何であれ、すでにそれになりつつあります。しかしながら、思考の素晴らしいところは、存在を鏡のように映し出し、高めることも修正することもできる一つの脚本を提供してくれることです。何を選択するかはあなたの意図にかかっています。

思考は探求と修正の機会が付随する大いなる自由を提供します。それは絵画のための素描のようなものと言えるでしょう。素描がなければ絵を描くことはできません。しかし、絵が決まるまでには数多くの素描が必要なのかもしれません。脚本が戯曲とともにあってセリフや場景、セリフづけなどによって物語を展開させていくのと同じように、思考もまた人生の伴走者として走り続け、導き、合理的な説明、内省、可能性の拡大などを提供します。

思考の本当の価値を理解するためには、まず思考と**人生の並行的な性質**を理解しなければなりません。確信がもてないときに、「一度考えてみなければ」と言っている自分に気づいたことが何度もあるのではないでしょうか。このようなとき、あなたが考えるために退却している場所は思考の平行次元であり、この次元の中で実際にその状況を生きることなく起こりえる結果を検証することができるのです。平行的な次元であるために、思考は**人生のドラマの枠の外での自由・表現・探求・発見を可能にしてくれます。**

「『新約聖書』の中で、人が思うことは何であれすでにその人は実行しているとあなたが言われたと報告されています。今、再び同じことを言っておられるということが私にも分かります。すなわち、思考は行動を反映し、行動を導くものであるということですね。しかし、この瞬間までこの教えは**思いが行動の原因になる**と誤って解釈していました。この結論のために〝最悪の結果〟を考えることや、苛立ちや受けた傷を心の中で演じることに多少罪悪感を抱くことがあったように思います。この考えは、何かを考えるときには**細心の注意を払い、自制心を働かせ、ポジティブなことだけ**を考えなければならないという信念につながっていると思います。この点を明確に説明していただけないでしょうか?」

――思考と意図に関しては広範な混乱がみられます。意図こそが行動の背後にある推進力であり、原因となる力です。あなたのハートが意図することは確実に何らかの形で実現します。『新約聖書』に引用されているあの教えは意図の力についての教えであったのが、意図の代わりに〝思い〟と誤訳されたのです。『新約聖書』のあの教えは永遠に妥当なものです。間違いや誤った行動がとられるときには常にそうですが、行動がとられるずっと前に、それを意図した瞬間があったのです。人が自らの人生に修正をもたらしたいと思うならばその行動のずっと先を見て、最初にその意図を創出した瞬間を見なければなりません。あなたに何度も言ってきたように、人生を変えたいと思うならハートを変えなければなりません。それが意図の領域です。一方において、思考は意図と行動を再考する自由をあなたに提供し、選択、修正、再強化をもたらしてくれます。

まずさまざまな可能性をすべて考えることによって数多くの大惨事を回避することができたでしょう。注意深い思考の結果としてさまざまな準備をすることによって数多くの困難を和らげることができたでしょう。数多くの破壊的な情熱を思考の次元で遊ばせることによって風通しをよくすることができたでしょう。思考は魂の黒板であり、遊び場であり、鏡なのです。思考はあなたが創出しているいかなる状況であっても検証し、強化し、修正することができます。しかしながら、思いは状況の背後にある創造的な力ではありません。その力はあなたのエッセンスである愛と愛を飛翔させて行動へと駆り立てる意図に属します。

思考のパノラマについて考えている間に、美の主題について考えはじめました。イエスと私は芸術的な創造を共有しているという事実にもかかわらず美の主題はまだ話題になっていませんでした。アーチストとしての私の体験は、人生と劇場についてイエスが示した寓話にマッチしていました。主題があり意図があって、それが思考と表現によって導かれます。しかし、美はどうでしょう。私が描く絵に美が現われるとき、正しい創造に関する一種の確証になります。美が現われるたびに成功がまさに訪れようとしていることが分かります。このことを考えるなかで、美には私が考えている以上の何かがあると感じました。それが何であるか確信がもてなかった私は質問することにしました。「美も一つの橋なのでしょうか?」

――実際には、美は数多くの起点から発する数多くの橋の結果であり、それが精妙な調和のパターンを形成したものです。美は聖歌隊であり、夢見る人たちのコーラスであり、熱望のコンサートであり、目標の管弦楽であり、創作活動のバレエです。相互に協調し合ったベクトルが喜びとともに完璧に出現して美の存在を呼び起こします。その美が花の中に、歌の中に、日没の中に、素晴らしい一枚の絵の中に表現されます。美はポジティブな環境を確認し昇華させる合図です。多くの場合、美はあなたが正しい道を歩んでいることを生命をもって示してくれるものです。不幸なことですが枠組みは実に多様な形で美を偽造することができます。一部の人たちの中に美に対する不信が芽生えてきたのはここに理由があります。魅力的な枠組みと内なる美の光の識別をすることができる人は、美によって進むべき道に導かれることでしょう。真の美の前にあるとき、あなたは神の存在を感じ、神の意志とのワンネスを感じます。人生において美に対する強烈な願望が存在する理由はここにあります。美は調和と幸せを確認する機会を与えてくれるからです。

イエスはさらに人生の橋に関する教えを敷衍(ふえん)して、いかにこの教えを適用し、深いものにしていくかについて語りました。原因と結果の予知可能な相互関係は人間が知ることができる最も素晴らしい橋の一つであると理解するにいたりました。私たちは誰でも自分がどこに行こうとしているのかを知りたいと思っています。そして自分が進む方向に関してある程度の選択権を行使し、決断の力を行使したいと願っています。原因と結果の予知可能なパターンを観察することができたならば、人生のミステリーやストレスの多くが解消されるのではないかと思います。**実にさまざまな形で、私たちがしたことは何であれ自分も体験することになるだろうことをイエスは明らかにしました。**私たちが与えたものは何であれ同じような形で私たちに与えられることになります。私はイエスのこの確信に疑問を投げかけました。「もしも原因と結果が現在と未来をつなぐ確かな橋であるとするならば、美徳を示した人びとの多くが何の恩恵も受けず、悪い人たちが大きな富を得ることができるのはなぜでしょうか?」

――これにはあなたが考えているほどの真実性はありません。一見して不平等に見えるのは、単に宇宙のバランスについての不十分な意識が原因であるにすぎません。原因と結果には二つの側面があり、それぞれにやや異なった表われ方をします。一つの側面は飢えを満たして飢えを消失させるという直線的で予知可能な側面です。

この即時的な反応の要素は人が誰であるか、計画が何であるかとは無関係に必ず起こります。最も残酷な人のためにも、最も従順な人のためにも、完璧な確実性をもって機能します。高潔な人びとにとっての唯一の不利益は、便乗主義者はそのような予知可能な要因をマスターしてさらなる恩恵を手に入れようとするのに対して、謙虚で高潔な魂たちは自分自身のニーズを満たすことに動機づけを感じず受動的になってしまうという事実にあります。このような考えは悲劇です。というのは、より傷つきやすい魂を神の法則から引き離してしまうからです。神の法則は高潔な人びとを力づけるために確立され、この知識を乱用する人びとを無力にするために確立されたのです。ただし、そのためにはそれらの法則が認められ、意識的に確認される必要があります。原因と結果の法則は同意のあるなしにかかわらず、また熟考された知識なしでも働きます。しかし、意識的な参加と準備は原因と結果の法則に内在する報酬を非常に高いものにします。

原因と結果には二番目のより大きな次元があり、これは全体的な完成とバランスをもたらします。スピリットが一つであるために私たちの宇宙には継ぎ目はありません。このワンネスの中にすべての事柄の正しさを感知している共通のハートがあり、このハートは通常の理解を超えた形でバランスをはかり、癒しをもたらします。この存在の神聖なセンターは努力の原因と結果に対してよりも、**愛の原因と結果**に反応します。したがってある人に何かを与えた人は別な人から受け取るかもしれません。工場で働く人は自分の子どもからの愛情によって報酬を与えられるかもしれません。自分の時間を自然を守るために惜しみなく使っている人は生命の教えによって報酬を与えられるかもしれません。病人のお見舞いに行った人は自己憐憫の病を癒されるかもしれません。ある人をゆるした人は別な人によってゆるされるかもしれません。

これは自己中心的なやり方で**操作することはできない**原因と結果の次元です。なぜなら、それはそれぞれの愛の性質によって活性化されるからです。あなたのエッセンスである愛を表現するとき、あなたの前に展開する祝福には限りがありません。

イエスがこう言ったとき、私は『旧約聖書』の「詩篇」23章の美しい言葉を思い出しました。この中で、イエスは愛の力が死の陰の谷でも導いてくれることを美しく表現していました。私は感動のあまり何も言うことができず、しばらくの間、畏敬の念に打たれた状態で沈黙していました。それから、私の思いは実際的で今日的な問題へと戻っていきました。「今日、大勢の人びとが未来について予言をしています。このような人たちは原因と結果のパターンを読み、それをはるかな未来へと投影しているだけなのでしょうか。それともそれ以上に何かを知っているのですか？」

——予言に投資する主要な勢力は枠組みの勢力です。 枠組みには予知可能な惰性が必要です。枠組みは自らの位置を守り、修正されないようにするために予言に投資します。このような予言には確率分析から年間計画、長期的な投資計画までさまざまなものがあります。予言は単に秘教的な知覚ではありません。現実に基づいた観察であり、予知可能な生活につながる橋です。しかしながら、予言の技術と科学は乱用される可能性があります。すなわち、ハートを貫くようにデザインされている感情的でスピリチュアルな内容に焦点を合わせて、一時的なものにすぎない物質へのハートのサポートを引き出そうとしたときにこの乱用が起こる可能性があります。**枠組みは人間のハートが変わらないようにすることに大きな投資をして予言が無効にならないようにします。** ハートこそあなたの本当の予言の源です。なぜなら、ハートは内的なものと外的なものが一つである点に指令を発するからです。ハートは外的なものが提供できるものよりもはるかに正確な診断の道具です。あなたの未来について知りたいのであれば、ハートの中に入るだけで十分です。聖心と聖心の七つの知性があなたの人生がどのように展開していくかに関して知りたいことのすべてを教えてくれるでしょう。

原因と結果のパターンを調べることによって未来の可能性について実に多くのことを知ることができます。情報を武器としてもっている聡明な人物は、原因と結果のパターンを観察して長期的な傾向の結果を論理的に予言することができます。しかし、あなたの人生がどこに向かっているのかを知りたければハートを見ることです。いかなる予言といえどもハートがそれをサポートするかぎりにおいて妥当です。ハートが変わればまったく新しいシナリオになります。自分を噛んだ犬をゆるした郵便配達人の話を覚えているでしょうか。彼がゆるしたあと、犬に噛まれることはまったくなくなりました。したがって未来は変わったのです。ハートが真の変化を遂げると未来も変わります。

これまでは常に外的な変化があまりにも強調されてきました。ただし、誤解しないでください。外的な改善を探求することは価値のある行為です。たとえば家の掃除をすることは建設的な行為です。しかしながら、清潔な家が家庭をつくるわけではありません。今日、あまりにも多くの人びとが、行動することによって、考えることによって、仕事をすることによって人生を変えようと必死になって努力している結果、燃え尽き症候群にかかっています。ハートを変えるだけでこの問題に対処することができるでしょう。

ハートの強烈な変化は、とくにそれが大勢の人びとによって体験されるならば、これまでなされてきたすべての予言を変えることができます。私が地上を歩いていた二千年前には、それからの五百年の間に大きな大災害が起こっても不思議ではないような状況でした。しかし、それは起こりませんでした。

イエスはにっこりと微笑み喜びを身体全体から放射し、数分たってから話を続けました。

――どうしてそれが起こらなかったと思いますか?

その瞬間、イエスの微笑みは私の微笑みとなり、その喜びの中で私の内なる確信は高められました。「それはあなたが地上に来て以来、たくさんのハートが変わったからですね!」

イエスは微笑みながら言いました。

——それから二百年から五百年の間に別な大災害が起こる可能性もありました。これも起こりませんでした。

ハートが変わり続けるかぎり、外的な予言は常に変化にさらされることになります

次の質問をする前に私は少しためらいました。しかし、イエスが口元を丸くして目でどうぞ聞いてくださいと促してくれたので、私のためらいは消えました。「予言は一時的な可能性の単なる反映にすぎないとすれば、そしてその可能性はハートの真実のより偉大な力によって消え、崩壊するものであるとするならば、〈ヨハネの黙示録〉がなぜその妥当性を維持できるのか説明していただけませんか？」

——「ヨハネの黙示録」は予言書よりもはるかに偉大なものです。それは神聖な計画を魂が実現していくことについての時を越えた啓示です。同時に真実の光を前にしてネガティブな可能性が後退していくなかで、真実でないもののすべてが危険な死を迎えることを啓示したものです。「ヨハネの黙示録」には予言が通常直面する陥穽(かんせい)の危険はありません。なぜなら、その意味を人生の一時的な蓋然性の中心に置くことをしないからであり、それは黙示録のメッセージの意図するところでもないからです。この神聖な記録は外的な出来事、とくに政治的な性質の出来事のドラマの展開についてのものであるという大きな誤解を受けてきました。人間の魂の深遠な変質が外的な現実形態における相互関係や顕現がなければ不可能であることは確かなことです。したがって何らかの物理的な現象がドラマに付随することになります。とくに地に落ちる要素は世俗的な支配を目指す枠組みということになります。

「ヨハネの黙示録」は人類がその運命と対決しなければならない臨界質量（原子炉で連鎖反応が持続し、または原子爆弾が爆発を起こすのに必要最小限の核分裂物質の質量）のポイントを予言しています。人類は無意識と分断によって創出されたすべてのものがまず解放されなければ、父と同じ立場に立つことはできません。魂が力づけられて真の約束を顕現するとき、誤ったアイデンティティー、誤った意味、価値のない枠組みは離れていきます。

これは栄光に満ちた出来事であり、怖れるべきものではなく愛情をもって取り組むべきものです。そしてハートがそのための準備をするなかで外的な結果も修正されていきます。こうして展開する出来事は人類の運命にとって不可欠であり不可避的です。誰もそれを免れることはできません。しかしながら、この展開をどのように受け止めるかについては選択権があります。愛情をもって取り組む人は、それを実現に向かう究極的な橋であると体験することになるでしょう。

今、数多くの人たちが予言されている大惨事が近づいていると心配しています。イエスと一緒にいるとき、私は何でも聞くことができましたが、起こりえる大惨事に私の注意が向けられたことは一度もなかったというのは考えてみれば驚くべきことかもしれません。しかしながら、イエスが前記の説明を終えたとき、私たちの会話の中でただ一度だけ、差し迫っているかもしれない大惨事の可能性について質問しました。イエスの答えは断固としたものであり、ポジティブなものであり、いかなる怖れも含まれてはいませんでした。

――今日の人びとの人生を支配している枠組みは分断と無意識の状態の中で創出されました。これらの枠組みには強烈な弾みがついているために継続的な抑圧の種をもち続けるでしょう。そのような創造物が生き残るためには人間の魂を抑圧し、魂が枠組みに隷属する状態を永続化させなければなりません。人類の達成の時には、**人間の善性に反抗して**生き残ろうとするものの報復が同時に起こることになるでしょう。しかしながら、この危険に身をさらすことによって人類の意識の高まりが助けられ、地上における兄弟愛の新しい時代をもたらすことになるでしょう。この新しい時代においては、枠組みは意識のある状態で再建され、神聖な秩序とのつながりの中で再建されることになるでしょう。その時、古きものの崩壊が起こるでしょう。

「大きな苦しみがあるでしょうか?」と私は質問しました。

――苦しみは決して父の意志ではありません。しかしながら、苦しみを免れる人はいないでしょう。多くの人びとは、ほとんど苦しむことはありませんが、苦痛と困難を体験する人びとに同情の思いを延長するなかで苦しみを味わうことはあるでしょう。それとは正反対の極に位置する人びとも数多くいますが、彼らは崩壊しつつあるものに対する愛着があまりにも強いために個人的な惨事から猶予されることはないでしょう。しかし、これすらも祝福となるでしょう。なぜなら、苦しみに満ちた人生は血を流すことによって毒を出し、それによって癒される機会を得ることになるからです。この出来事がどのように体験されるかは、大部分は個々人の選択によりますが、同時にずっと昔になされた選択を実現するという累積された責任によって左右されることになります。それぞれが変化の衝撃をどのように受けるかとは無関係に、**すべての人類が人間の変容によって祝福されるであろうことは変わることなく真実であり続けることでしょう。**

　そのような完璧な人間の可能性の変容がやってくるまで、私たちの人生をより高いレベルの意識と能力へと導いてくれる数多くの橋があることでしょう。イエスによれば、私たちは常に高い場所を求め続けなければなりません。

――問題はその問題が創出され、存在するレベルでは決して解決することはできないからです。すべての問題は質問であり、その答えは問題が存在するレベルよりも少なくとも一段階高いレベルの意識か能力の中にあるからです。最初に意識の喪失がなければ問題が生じることはありませんでした。意識が喪失されたために答えが見えなくなってしまったのです。人生の問題に関して人類がおかしている最大の間違いの一つは、問題が起こっているレベルで問題に対処しようとしていることです。まるで問題が起こっているレベルに原因があるかのように考えているようです。これはもがきと闘いと絶え間のない焦慮をもたらす結果になるだけです。

――問題を解決するためには、まず問題をより高いところから見て、より大きな視点を得ることが必要です。肉体的な癒しに関してこれは非常に明らかです。医師、あるいは、医療設備によってできることは病気を抑制してそれ以上の進行を止め、病原菌の拡大を削減し、癒しが起こる状態を提供することです。実際に起こる癒しの奇跡は常に完全性を復活させることによって起こります。問題が何であれ、癒しはより高いレベルからやってきます。

私は、今日のアメリカでは多くの人たちが体重の問題に悩まされていることに思いを馳せました。この人たちはオーバーウエイトという兆候にだけ焦点を合わせて即座に問題を解決しようとしてダイエットピル、運動、催眠術にいたるまで究極的な解決策を常に探求しています。この問題、あるいは、同様の問題に対して直接的に問題と対決するよりも、問題を包括するより高い視点を探求することをイエスは提案しました。イエスの言葉を引用します。「私たちの真の飢えの性質を識別し、何を変える必要があるかを発見するとよいでしょう。あなたの人生を苦しみの中に埋没させようとしている悲しみは何でしょうか？　そうした問いに対する答えを使って生活を秩序あるものにして、生活の営みにさらなる完全性を導入するとよいでしょう。肉体的な問題に対する解決策を実行する方法を発見するためには、より高次な助言を探求することです。それは神聖な存在による助言であれ人間からの助言であれ、より高いレベルからのものであることが大切です。その解決策が姿を見せたとき、人生に完全性がもたらされることによってそのことが確認できるでしょう」

人生の質をどのようにして漸進に改善することができるかの例証として、イエスは船がパナマ運河を通過していくたとえ話を使って説明してくれました。

――運河は二つの海をつないでいますが、航行する船は部分的に地上よりも高い水路を通っていきます。この教えは私たちの人生をより高いレベルの完成と実現に向けて上昇させる常に進行中のプロセスに言及して行われました。最初の閘門（こうもん）（水位を調節するために造られた門扉などの設備）に入ったとき、見えるのは水域を囲み、水を封じ込めている高い壁だけです。これを受け容れることはあなたが現在体験している限界に直面するためには不可欠です。制限された視覚と感覚の欠如に直面しながら、水位が上がったときには奇跡的な環境の変化があるだろうと理解するのは信頼の問題です。門が開いてあなたの船は次の閘門へと導かれ、さらなる完全性の力が姿を現わします。するとあなたの目の前にさらなる高い壁があって、いま達成したレベルの向こう側を見る視野を遮っています。水位を新しく望ましい局面へとレベルを引き上げるためには、再び信頼と意識が必要になります。一つひとつの閘門を通過するとき、同じプロセスが繰り返されます。それから、ある日突然、最後の門が開いて目の前に壮大な海の地平線が姿を見せます。新しい大地も姿を見せ、こうして夢が実現します。その時がやってくるまで運河のたとえ話のように、あなたの達成のレベルがどのようなものであれ、信頼しながら人生を検証し、「今もっているものを最大限に生かすために私は何をするべきだろうか?」と忘れずに聞いてみることが大切です。新しい隣人と友達になる、弟をゆるす、借金を払うといった単純な可能性から始めるとよいでしょう。あなたを苛立たせている棘を抜くことから始めるのです。たとえば誰かに依頼して庭の芝生を刈ってもらうとよいかもしれません。子どもが勉強で苦労しているのであれば、何らかの補習対策を講じるとよいかもしれません。場合によっては現在の仕事に加えて、もう一つ何かの仕事をすると役立つこともあります。あるいは休暇が必要なのかもしれません。完全性は一回限りの解決策を探求するだけでは呼び起こすことはできません。複雑な状況に対して特定化された答えを求めてもあまり役立つことはありません。より偉大な完全性を求めてたゆみなく探求することがあなたの人生のレベルを上昇させる鍵です。

イエスは漸進な改善は非常にうまくいくということを強調しました。小さな変化を重ねることによって、やがて新しい視野が開け、偉大な洞察が訪れ、人生の質が向上します。単純な例をあげれば解決不可能な問題に取り組んで夜遅くまで仕事をした経験は誰にでもあると思います。遂に降参して眠りにつき、眠りによって安らぎがもたらされ、新鮮な気持ちで目を覚まします。すると昨夜はあれほど難しいように思われた問題に当たり前と思えるような答えがあっさり見つかります。休んでいる間にエネルギーと自覚と完全性のレベルが問題よりも高いレベルに引き上げられたのです。問題を規定し創出する壁によって制限されることを許せば、より高次の知性から見る視点を自分自身に否定することになります。

イエスは繰り返すように説明を続けました。

――解決策を探すときは完全性を探すことです。完全性にいたる橋はますます広がりを増す展望であり、ますます生命を包括するあり方です。枠組みの世界は現実とは永久的なものであり、幻想は変化するものだとあなたに信じさせようとします。物事が変化しやすいとき、それは幻想であると信じ込ませようとします。永久的なものであれば、それはリアルであるというわけです。愛とスピリットとアダマンタイン粒子からなるものは何であれリアルです。現実のこれらの三つの側面は限りなく形づくることができるものであり、再形成することができるものです。そしてその現実性を削減することなく限りない方向から知覚することができるものです。人生は流動的な可能性の川そのものです。

流動的な現実というイメージによって個々人の人生における自由意志の重要な役割をよく理解できる気がします。無限の可能性が現実の中に同時に存在することができるとすれば、数多くの重要な選択をしなければならないことを意味します。そこでなされる選択は現実が私たちの人生とどのようにかかわっていくかに影響を及ぼすことになります。これを実感したとき、裂けた肖像画が癒されたあの偉大な奇跡を思い出し、それに関して特別な洞察を得ることができました。肖像画が損傷を受けたあの日を振り返るとき、指で優しく裂傷に触れて感じたほどけた糸の感触を含め、あの裂け目を詳細に思い出すことができます。記憶を翌日に移すと肖像画はまるで何事もなかったように完全な姿を見せてくれたのです。その完全性はいかなるものをも揺るがすことのできない力と誠実さの明るい輝きを放っているように見えたのでした。この二つの異なった知覚について考えるとき、私の目に浮かぶイメージは果てしのないカーテンが無限に延びていく姿です。カーテンの片側には明らかな損傷があり、もう一方の側には完全で何の変りもない状態があります。この二つの知覚は二つの可能性が共存していることを実証しています。どちらの可能性もなされた選択に応じて持続することができたものです。しかしながら、『子羊とラインオン』はまったく純粋な真実と愛から創造されたものであるために、損傷という現実は自らが生存する場所を見つけることができなかったのです。これは人生についての誠に重要なポイントを暴露しています。いかなる状況においても共存している数多くの可能性の中で、私たちは自分が選択する可能性が持続することを創出しているのではないかということです。私たちは自分の人生の方向を自分で決め、人生の質を自分で決めていると知るとき、大きな責任を引き受けることになります。この概念はハートおよびハートがもっている人生を変える力についてのイエスの教えと関連していることは確実です。ハートが変われば好みも変わります。ことによるとこれも橋そのものなのかもしれません。それは選択と責任の橋であり、信頼と意識によってサポートされ完全となる橋なのかもしれません。

9 祝福された人生

地上で天国を楽しむことは可能でしょうか。もしも天国が地上での生活と普通は結びつけて考えられる人間のさまざまな苦しみから解放された至福の場所であるとすれば、答えは絶対にノーであるかもしれません。生き残るために容赦のないプレッシャーを受けながら生活している私たちは、もっと親切で優しい場所があるのではないかと夢を見て、彼岸にある安全な世界に逃げていきたいとしばしば思うことがあります。しかしながら、イエスと一緒に過ごした時間の中で、私はいかなる争いもない大きな安らぎを体験しました。それはこれまでの人生でまったく体験したことのないものでした。ことによると神の安らぎがあればどこでもそれは天国なのかもしれません。

まったく実用的なレベルの話ですがイエスと一緒に過ごす回数が増していくなかで自分自身に起こった変化で最も顕著であったことは、問題が生じたときの対処法でした。アーチストである私は常に挑戦を楽しんできました。そのようなときにアドレナリンがどっと出てきて問題を上手に解決することができるのを楽しんできたのです。私の人生で直面した困難のすべてとは言わないまでも、その多くは私が自分で引き寄せたに違いないと信じています。というのは、そうした体験によって達成感が提供されたからです。いま振り返ってみると問題を解決することによって多くの場合、私のエゴは特別な勝利者意識を提供されたのだろうと認めざるをえません。それはもちろん幻想的な勝利だったのですが。一九九二年の類まれなイエスとの時間の中で感じた興味深い違いは、いかなる障害も克服することなく学び、達成し成長することができたということでした。今の私は本当の意味での〝克服〟は、私の本来のあり方である至福の状態に戻ることだと知っています。どんなことがあろうとも外的な状況とは無関係に安らぎを体験することができることを知っています。それと同時に多くの困難な状況は選択によって解消することができるということも理解しています。

私たちの個人としての歴史のある時点で、あるいは人類の集合的な歴史のある時点で対立や困難の価値について一つの決断を下したかのように思われます。問題は不可避的ではないにしても必要であるように見えるので創造的な取り組みをしてみようではないか、つまり問題とは冒険であり教育であると考えたらどうだろう。あるいはまったく正反対に、問題は罰であり報復であると考えることにしたのかもしれません。イエスの教えを思い出してみるとさらに素晴らしい考え方があり、これを検証することも可能です。それは愛が問題を受け容れて抱擁するのは、問題とは究極的に幻想であるということを実証するための可能性だからです。

争いの代わりに祝福を引き寄せるにはどうすればよいのでしょうかと、私は一度ならずイエスに質問したものです。「どのようにすれば祝福を受け取ることができるのでしょうか。真に祝福された人生はありえるのでしょうか。その方式を教えていただけませんか?」

優しい微笑みを浮かべながらイエスは答えました。

――その教えはすでに与えていますよ。

「どこで教えられたのですか?」と私はすぐに聞き返しました。

――あなた方は〝真福八端〟と言っているかもしれませんが、私がそこで教えたのは良い人生のことだけだっ

たのですよ。
「ああ!」と私は落胆した口調で言いました。それはインスピレーションに満ちた美しい言葉ですが、〝真福八端〟は私には理解しがたいもので、正直に言うと人間の幸せのための言葉というよりは聖人になるための方法のように感じていたのです。〝真福八端〟は「マタイの福音書」の中にある〝山上の垂訓〟に含まれる祝福の宣言でした。これはおそらくはイエスの最高の説教だったと思います〔13〕。

その時、私が快く表現できた唯一の思いは〝山上の垂訓〟が与えられたその場所に、木の枝に止まる小鳥となることがなんという喜びであっただろうということでした。ガリラヤ湖の近くの丘に座っている人びとの興奮と期待を観察することができたら、なんという幸せであったことでしょう。イエスが魚を増やすのを目撃するためであれば何でも与えたことでしょう。イエスの母語でこれらの祝福を聞くことができたら、それはなんという深遠な宝物となったことでしょう。

私には理解できないことに対するある程度の不安はありましたが〝山上の垂訓〟はいつも私を深い感動へと導いてくれました。そして私自身のために、全人類のためにこの教えの実現を切望する思いをかき立てたのでした。垂訓の中にあるたとえ話や隠喩には幾層もの意味が込められ、誰に対しても何らかのメッセージがあります。それは事実ですがそれが述べられている『聖書』の語句の中には私を不安にするものもありました。これを受けてアラム語をより構造化された他の言語に翻訳することがいかに至難の業であったかをイエスは説明してくれました。アラム語は当時の〝庶民〟の言葉で非常に実用的で素朴で荒々しい言語でした。いつの時代でも言葉はニュアンスや文脈によっていくつかの意味をもっているものです。

イエスはアラム語の意味の領域を英語の口語的隠語の非構造的な性質にたとえて説明しました。たとえば英語の表現に、〝I am cool〟(私はクールです)という言い方があります。私がこの表現を使えばそれを聞いた人はいくつかの異なった反応をするかもしれません。私は温度のことを言っているのだと思う人もいるでしょうし、自分の無関心なあり方を表現していると推論する人もいるかもしれません。私は自分に満足していることを表現していると解釈する人もいるかもしれません。あるいは、人によってはしゃれたこと言う人だと思うかもしれません。この言葉の中にこのような可能性がすべて存在します。このようなわけで、イエスの言葉を翻訳するという挑戦はラテン語やギリシャ語、その他の現代言語の中でそれに相当する表現を見つけるよりもずっと複雑なことでした。そのこと自体も非常に困難だったことはもちろんですが、それ以上に困難な障害は最初の言葉が実際に何を意味していたのかを厳密に決定するための失われた文脈を再発見することにありました。さらに言えば、最初の言葉が何であったのかを再発見することでした。

〝八福〟という言葉の文字通りの意味は祝福と大いなる幸せであり、イエスが交した約束の中心的な意味をなしていました。しかしながら、〝八福〟という言葉は人間体験の克服不可能な部分としての限界、悲しみや苦しみにも言及しています。私は何よりもまず、なぜそうでなければならないのかを知りたいと思いました。私がその願望を表現するや否やイエスは私がそれを理解し、その意味をハートで受け止めることができるように祝福の朗唱を始めました。

朗々と響き渡るバリトンでイエスは語りました。

――**「心貧しき者は幸いである、天の国は彼らのものだから」**

それから、イエスは私の反応を待ちました。

私は応えて言いました。「これを初めて聞いた子どものときから、この言葉の解釈につまずいてきました。私にとっての天国は無限の豊かさを意味するのです。それなのに貧しいことと天国の豊かさをもつことどういう関係があるというのでしょうか。貧困と天国のつながりが分からずに混乱したのです。この言葉はどのような意味で言われたのでしょうか?」

――翻訳で意味が失われているとしてもハートでこの言葉を聞いていたら、その意味を理解することができたでしょう。しかし、誤解に心の焦点を絞っているようなので、この難しさを解きほぐす手伝いをすることにしましょう。あなたは「プア」(貧しい)という言葉でつまずいていますね。アラム語の「プア」にはいくつかの意味があり、それは文脈や伝えられている思いによって決定されるものです。「プア」は栄養分を流されてしまった土壌のように〝疲弊した〟状態を言い表わすことができます。あるいは能力の欠如、資質の欠如ないしは可能性が低いこと、あるいは不十分であることも意味しえます。これらの意味は英語の「プア」の定義とぴったりと合っています。しかし、アラム語の「プア」には現代の多くの言葉では使われていないもう一つの意味があります。それは、**「単純で複雑ではない」**という意味です。私があの言葉を発したときに言及していたのはこの〝単純性〟だったのです。この言葉を正しい形でもう一度、朗唱してみましょう。これを聞いてどう感じるか教えてください。「単純さの中に生きる者こそ幸いである、天の国は彼らのものだから」

「完璧です!」。私は叫びました。私はこの祝福によって愛の滋養で深く癒されたと感じました。しばらくして、イエスは説明を続けました。

――本質的なことを言えば、スピリチュアルな探求や人生一般に対して複雑性や序列制度を導入しないように警戒することが非常に大切です。枠組みは物理的な存在には必要です。社会的に存在するためにすら必要です。しかしながら、とくにスピリチュアルな領域においては度が過ぎると、結果として孤立と欲求不満と価値判断と傲慢をもたらすことになります。神へのあなたの接近を制限しコントロールしようとする信念体系に力を与えてはなりません。人間によって確立された許可制度や決まりに従ってスピリチュアルな人生の階段を上ることを要求する序列制度の暴虐に屈してはなりません。それがバベルの塔を取り巻く重要な問題でした。古代バビロンの宗教は聖職者の支配階級によって支配され、彼らは人びとが天国に昇ることができるかどうかを支配するすべての権利を自分のものとしていたのです。これは組織化された宗教において何度も起こっている問題で、数多くのスピリチュアルな帝国がマインドと人間の権威の枠組みに依拠したために崩壊しました。天の王国は人間界の枠組みや序列階級を通して達成することはできません。あなたの神聖な体験を人間によって認可された果てしのない要求で取り囲めば、基本的にあなたが達成したことは何かと言えば天国のドアを閉じたということです。単純にしておくことです。スピリットはただ一つです。

スピリットにおいてあなたの創造主と完全につながるために一千歩の階段を上ることは必要ではありません。スピリットはあなたの中にあり、**スピリットはあなたのものであり、スピリットはあなたの周囲にあり、スピリットはあなたを抱擁しており、スピリットは常にあなたとともにいるのです。**神のスピリットがあなたのために用意しているすべてのものを受け取るのに枠組みの許可はいりません。歴史上の偉大な帝国はすべて彼らのスピリチュアルな生活を序列制度が支配したがゆえに崩壊して塵と化しました。「単純さの中に生きる者こそ幸いである、天の国は彼らのものだから」と私が言った理由はここにあります。スピリットにおいて単純であるとき、求めればすべてのものが与えられます。さらに進化した次元に到達するために新しい次元を獲得する必要はありません。充実したスピリチュアルな人生のために必要なのは愛と単純さだけです。

自らを分裂させた王国はすべて崩壊しました。自らを分裂させた都市や家庭もまた立ち続けることはできません。その理由はスピリットは一つであり、そのスピリットを分割することはできないからです。一つのものにはスピリットがあるけれども、別なものにはスピリットがないということにはなりません。スピリットからいかなるものも奪うことはできません。スピリットはすべてのものの中にあり、すべてのものの所有物であり、すべてのものと一緒に存在しています。スピリットに関するかぎり必要条件は存在せず序列制度もありません。スピリットは一つです。そのスピリットを破壊しようとすれば、分断されたスピリットは破壊者であるあなたに襲いかかるでしょう。スピリットを分断しようとするたびに、スピリットに〝損害を補償する〟ことに同意したことになります。人生におけるあなた自身の場所を受け容れて一つのスピリットを受け容れ尊重することこそ天の国にいたる鍵です。あなたがいる場所を受け容れてください。ありのままのあなたを受け容れてください。あなた自身であってください。自らと安らかな関係をもちながら永遠に対するあこがれを抱いているノミの方が、自分自身のためにすべてのものを獲得しようとする旺盛な食欲の巨人よりも神の顔を見る可能性は高いでしょう。大切なのはサイズでもなければ重要性でもありません。大切なのは受容と単純さです。単純であることには、あなたに大いなる幸せをもたらす充足があります。

「自らの有利な立場を称揚するためにマインドやこの世界の精妙な枠組みを築く者こそ幸いである」という意味のことをイエスは一度も言いませんでした。その代わりに私たちが自らのエッセンスである愛を確認し、人間的な立場を超越した世界におられる創造主の愛と一緒になるとき、私たちはスピリットにおいて祝福されることをイエスは強調しました。

――序列制度は世俗的なエリート主義です。枠組みは地上に属するものです。あなたが上昇して同胞や創造主と高次の愛情に満ちた関係をもつようになると、枠組みによる支配は自然になくなります。さまざまなレベルの構造化された知覚を通過して上昇していると主張する人びとは、彼ら自身のマインドの中で上昇しているにすぎません。彼らは天の王国をまだ見ていないのです。あなたがスピリットの中で上昇していくとき、枠組みに支配された現実はあなたから離れていき、あなたの意識とは何の関係もなくなってしまうことでしょう。愛とスピリットの中には序列制度も枠組みもありません。**愛はあなたの人生の源泉です。**

あなたの思いにおいても単純性を維持してください。思いは遂行を生成します。したがって思いをガードし、思いに適切な方向性を与えることが非常に大切です。たとえて言えば、愛は最高司令官であり、思いは戦場の兵士に命令を下す連隊長です。部隊に命令を伝えることは重要ですが、その役目を果たすのが思いです。そういうわけですから、あなたの思いをガードし、思いにしっかりとした指示を与えてください。しかしながら、思いがあなたの人生の源泉であると誤解すれば、あなたの本当の力を忘れることになります。

イエスのこの話を聞いたとき、ポジティブ思考について学び実践していたときのことを思い出しました。オクラホマ大学で教えていたとき、仕事に集中し、意図をより明確にすることに役立つと思い、いくつかのセミナーに参加していました。これらのセミナーはそれぞれポジティブ思考の手順を踏んでいて、はじめはどのコースも役に立ち、違いを生み出すように思われました。しかし、それぞれの方法をしばらく使っているとその効果は急激に落ちていきました。一つのセミナーだけでなくいくつものセミナーに参加していた理由は、実はそこにありました。継続的に機能する手順があるのではないかと探していたのです。この体験を思い出したとき、イエスがその体験の問題への答えを出してくれていることに気づきました。そこでもっと知りたいと思いました。

——これらの手順が最初はうまく働いた理由は、あなたには貯蔵された愛があってそれが方向づけと焦点を必要としていたからです。その愛の蓄えを活用して放射したあとには達成すべきものは何も残されていなかったのです。**思いが機能するためには、思いの後ろに愛を配備しなければなりません。**思いの背後にある力をより完全に理解すれば、さらにうまく機能し、継続的な結果をもつであろう思考開発や思考管理の優れたコースがたくさんあります。あなたの愛と思いを射手にたとえてみましょう。あなたの愛が射手であるとすれば、あなたのマインドは弓であり、あなたの思いが矢ということになります。思いに注意深く方向性を与えなければ的を射ることはできません。弓を引くための愛がなければあなたの動機は弱く、誤った方向に行ってしまうかもしれません。これらのことのすべてが、あなたという全体的な存在の部分をなしています。しかし、愛があなたの素朴な力です。あなたの思いをガードし方向づけることは大切です。それは事実であるとしても思いに愛から遊離した別な力を与えてはなりません。天国にいたる鍵をあなたのマインドでつかむことができると考えてはなりません。マインドは天国にいたるドアを開けることはできません。マインドの活動は必ず複雑性を生み出す結果となり、その複雑性を具体的に実施するために枠組みが必要になります。マインドの枠組みの序列制度の内部で、考えは洗練という複雑性のレベルを上昇していきます。そのような複雑な基準は、常に一部の人びとないしはある種の状況は他の人や状況よりも優れたものであるというシステムを確立することになります。それに対して愛は単純です。スピリットも単純です。単純性にとどまって、複雑な人生の陥穽(かんせい)を避けてください。

思考とマインドについてのイエスのコメントを聞いているとき、一つの好奇心が頭をもたげてきました。イエスは心静かに落ち着いて穏やかそのものでしたが、私の質問を歓迎しますよと言ってくれているようでもありました。しかし、質問をする前に私自身の内部に湧き起こってくる感情や思いを整理する必要がありました。

数多くの時代を通して神聖な構造、神聖な建築物、神聖幾何学について数多くの概念や信念が存在しました。単純性という真のエッセンスについて考えながら、それらの歴史的な概念に思いを馳せました。最初に構造的な秩序というものを考えてみると、それはせいぜい単純性を模倣することしかできないことが分かります。なぜなら、枠組みの目的は規定し封じ込め分離することにあるのですから。統一が私たちの基本的な単純性であるとすれば、枠組みを通して完璧を探求することは不毛なことです。構造的な秩序や構造的なシンメトリーは確かに創造することはできますが、人生の力学はそうした見せかけの単純性を必ず侵食してしまいます。だからといって枠組みの中に素晴らしい調和や単純性が姿を見せる瞬間があり、そのような事例に心を打たれないという意味ではありません。アーチストである私にとっての最も心ときめく瞬間の一つは、まっさらなキャンバスの上で複雑性が単純性に降伏して美しい構造が輝きながら姿を現わす瞬間なのですから。とくにメロディーやカウンターメロディー（対声部）の栄光に満ちた複雑な組み合わせの中で何度も繰り返される単純なリズムを聴くとき、深く心を動かされます。愛のこの上ない単純性に対する感謝が込み上げてくるなかで、私は質問せずにはいられませんでした。「存在する美しいシンメトリーやパターン、ハーモニーといったものは神聖なものでしょうか?」

イエスは次のように答えてくれました。

――創造主だけが神聖です。確かに自然、思い、芸術的な表現の中に見られる美や単純性は創造主の神聖な存在を伝えるということはあるでしょう。そのような知覚された完璧性によって感動し、インスピレーションを与えられ、癒されることすらあるというのは素晴らしいことです。しかしながら、そのようなパターンやハーモニーをコード化して固定された概念をつくり上げ、その概念にはそれ自身の内在的な完璧性や力があると主張するようになれば、存在していたかもしれない潜在的な価値は失われることになります。完璧な瞬間、完璧な顕現というものは存在のさりげない調和の中から姿を現わすものです。**しかしながら、いかなる枠組みも愛はとって代わることができ、組み直すことができるという事実があります。**それでなければ奇跡は起こりません。魂の自由もありません。

愛はいかなる枠組みをも組み直すことができると理解するまでは、私がどのようにして魚の数を増やし、病める人を癒すことができたかを理解することはできないでしょう。いかなるものであれ、その数を増やしたいと思うならば、そのサンプルを手に取ってそれを十分に愛するだけでよいのです。

枠組みが存在を取り仕切る神であれば、魚の数はもとのままにとどまるしかありません。あるいは、繁殖によって遺伝的に増殖させていくしかありません。その理由は、枠組みの形はそれぞれ個別の存在の役割を固定する境界線やパターンを尊敬することによって自らを永続化させるからです。**枠組みは境界線を規定します。したがって分離を規定します。ひいてはそれによって枠組みはパターンと制限を司る神となります。科学用語で言えば、**

これは保存の法則ということになります。一匹の魚の内部にあるアダマンタイン粒子のすべて、スピリットのすべて、愛のすべてを考えてみれば、その無限の可能性ははかりようがありません。それは封じ込めることなど不可能なものであり、数を増やすために必要なのは推進力だけです。

癒しを探求するならば病気に思いを置かないことです。なぜなら、病気を増やしたくはないのですから。その代りに健康であるものを愛するのです。それが増大して健康のために欠けているものを追い越すまで愛するのです。**何かを与えるときには愛情と一緒に与えることが大切である理由はここにあります。そうすることによって贈り物を増大することができます。どのようなものであれ数を増やすことは可能であり、拡大することが可能です。十分な愛があれば、一つのものが数多くのものになります。**

イエスがこの言葉を発したとき、枠組みがいかに脆弱で防御的なものであるかを私は実感しました。そして生命というものがいかに弾力性に富み、生き残り、増殖するために自らを拡大し、自らを形成する力があるのだということを実感しました。

危険な状況に置かれた人びとのために天使が介入した話は数多くあります。信じられないような救助の体験談が数多く報告され、これらの話は枠組みでできた現実は、より大きな人生の目的のためには停止可能であることを実証しているように思われます。このような行為は、地上に秩序が必要ではあるけれど、枠組みを神聖なものであると見なすことは間違いであることを私たちに思い出させようとしているのかもしれません。愛とスピリットとアダマンタイン粒子の単純性はすべての枠組みにとって代わるものです。これらの要素はすべての形態に共通しているものであり、無限の変容の可能性をもっています。

私は単純性の永続的な性質に思いを馳せ、まるで大海原の波に乗っているように感じました。その時、イエスが二番目の祝福を朗誦しました。それは最初のメロディーに続くものでほとんど新しいメロディーのようでした。

確かに、一番目の祝福から二番目の祝福へと続く自然な連続があります。存在するのは一つのスピリットであり、一つの存在であり、一つの永遠性だけであると理解すると、**実在するものが失われることはないという事実**を受け容れることがより簡単になります。

「悲しむ者は幸いである、その人は慰められるから」。この言葉を朗誦するイエスの声はとても美しいものでした。しかし、私の表情は何らかの不快感を表わしたに違いありません。というのは、イエスがいたわるような声で私の懸念について質問をしてきたのです。私は自分自身の悲しみを思い出していましたが、正直に言ってそれは祝福であるようには思えませんでした。

――たびたびですが、翻訳の過程で生じた言葉と意味の問題があります。アラム語では「悲しむ」(mourning)という言葉は、悲しみ、悲嘆、苦痛、後悔を意味しますが、これらの意味の多くはネガティブな意味合いをもち、喪失への執着を暗示しています。しかしながら、この言葉にはそれよりも重要な意味があって、それは悲しむことの価値に焦点を絞った文脈においてのみ表現可能な意味です。私は清める行為、解放する行為に言及して「悲しむ」という言葉を言ったのです。これは悲しみと喪失の内在化とは非常に異なったものです。人が最初に悲しみを認識して体験するとき、それはまず苦悩として体験します。最初に衝撃があり、それから憂鬱を体験し、心の内面へと向かって感情的かつ霊的な傷を体験します。これが悲嘆です。このプロセスが降伏の後期の段階で完了すると、悲しむ行為が始まります。悲しむとは涙が自由に流され、受容と解放が体験される過程です。その状態においてハートは一定のつながりは失われたとしても生命の継続性を知覚することができます。**保持することができないものを手放すことによって人は癒されます**。人は解放することによって祝福されます。悲しむという行為は失われたものに執着することです。**悲しむとは手放す行為です**。悲嘆のはじめの段階で祝福を感じる人はいません。私はそうすることを絶対に勧めるものではありません。しかしながら、清めること、放棄すること、涙を流すことを通して癒しはついに起こることができます。

このプロセスは愛する人の喪失だけでなく、すべてのものの喪失にあてはまります。夢の喪失、希望の喪失にもあてはまります。子どもの時代が終わりを告げるのを感知して、解放されつつある子ども時代への愛に敬意を表して悲しみの時がもたらされることもあります。そのような浄化は新しく登場しつつある人生のステージを祝うためのスペースを開いてくれます。人生における一つのキャリア、あるいは、役割の終焉を承認するときもあります。これまであったものに尊敬の念を抱き解放すること、涙が流れるかもしれませんが、同時に未来の可能性に対するドアも開かれることになります。

このプロセスを受け容れることは大いなるセラピーとなり、結果として数多くの祝福を享受することが可能となります。その理由は、愛には付着と手放すという二つの側面があるからです。愛の二つの側面を生きて理解することによって存在は初めて完璧なものになります。手を伸ばし、つながり、抱擁するという愛の側面は容易で喜びに満ちたものです。手放してさよならを告げることはこれよりもずっと難しいことです。すべてのものを解放する時というものがあり、解放することによって執着を手放し、再び完全になります。このようにしてあなたは祝福されます。

深く共鳴する声でイエスは朗誦を続けました。**「柔和な者は幸いである、その人は地を受け継ぐから」**

〝柔和〟という言葉の屈従的なニュアンスのために、この祝福を受け容れることに困難を感じるのを認めるのが恥ずかしく感じられました。謙遜は偉大な人間の美徳ですが、柔和という概念にはそれ以外の意味があります。とくに相対的な人間の価値ということになるとことさらにそのように思われます。私にとって柔和という概念は、地を受け継ぐこととの関連において簡単に受け容れることができる概念ではありませんでした。「これは従属的に人生を生きていくべきであるという意味なのでしょうか？　それとも、ここにも翻訳の難しさがあったのでしょうか？」

イエスは微笑みながら言いました。

――確かに翻訳をより明確にすれば役に立つでしょう。「柔和な」というアラム語の単語にはいくつかの意味がありました。謙虚な、貧しい、従属的な、控え目なという意味もあります。しかし、私が意味したのはそのどれでもありません。私が意図した意味に英語でいちばん近い言葉は「節度」（moderation）でしょう。したがって次のように翻訳されるべきでしょう。「節度をもって生きる者は幸いである、その人は地を受け継ぐから」。**節度は神の理法であり、祝福の理法です。節度をもって生きるとき、あなたはバランスのとれた生活をするのではないでしょうか。**バランスのとれた生活をするとき、あなたは完全ではないでしょうか。完全であるとき、あなたは地を受け継ぐのではないでしょうか。

節度は相対的な概念であり、その力を均衡とバランスから引き出しています。節度をまったく同じ価値や制限によってすべての人に強制することはできません。節度は識別を通して学ばなければならないものです。大きな責任のある人にとっての節度は、小さな責任しかない人にとっての節度よりもより大きな供給を必要とします。**節度は制限を祈願することでもなければ、均一性を願うことでもありません。それよりも人はバランスのとれた状態にあるとき、より完全であるという合理性を喚起することです。人が何を必要とするかは、彼または彼女が愛することができるものによって支配されます。節度をもって愛の指令に従うことができるならば、すべてのものが供給されます。**

イエスはこれに関連して節度の実行を新しい価値判断の基準にすることのないようにと私に警告しました。

――ある人にとっての節度のレベルは他の人にとっては過剰であるかもしれず、別な人にとっては不十分であるかもしれません。節度の内部にはダイナミックな変化という側面もあります。節度は均衡ですが、内的な生命ないしは内的な変化をもたない静的で不活発なバランスではありません。一定の漸進的な達成があってこの達成は成長、変動、保存、分かち合いによって自らを維持していきます。〃幸福〃は節度の本当の感情です。

すべてのことにおいて節度を探求するとよいでしょう。物質的な蓄積、あるいは、身体的な快楽において節度を探求するだけでなく、食する食べ物や精神的な探求、習慣や仕事においても節度を実践することを勧めます。他の人たちが飢えているときに自分のために富をひそかに蓄えるのはもはや正常なことではなくなるでしょう。あなたが分かち合うものはすべて倍増されて、あなた自身が受け取る土台になるということが分かるにつれて分かち合いは喜びとなるでしょう。

これらの祝福には美しい論理があります。それぞれの祝福は一つ前の祝福の自然な結果として流れてきます。人生で必要なものは提供されるということが分かると保持することが不可能なものを自然に手放してもよいという気持ちになります。手放してよいという気持ちになるといつも自分のために財を蓄積しようとすることにばかり心を奪われることはなくなります。貪欲に蓄積することをやめると人生はよりスムーズに流れるようになり、一人の人の幸せが他の人の幸せへと延長されるようになります。

イエスが言ったことを実生活に応用したいと思った私は、翌日クローゼットの中を見てみました。そしてとても素敵な服が私のニーズに合わない、あるいは、私には似合わないという理由で未使用のままハンガーにかかっていることに気づきました。それらの服を気に入ってくれるかもしれない友人たちのことを考えていると物を所有することに関するさらなる責任感が芽生えてくるのを感じたのです。それらの衣服の正当な所有者を見つけたいと本気で思いました。友達に電話をしてドレスなどをあげる話をしたのですが慈善的な態度や恩に着せるような態度をとることもなく気持ち良く話は進みました。私はただこう言ったのです。「私のクローゼットに本来あなたのものであるべきドレスがかかっているのよね。買ったときあなたのことを考えていたに違いないわ」。それから、本や装飾品についても同じことをしました。書棚やクローゼットを見ながら、所有における正義の原則とでもいうべきものに対する感受性が増していくように思いました。すると驚くべきことが起こりました。友人たちも分かち合いの精神で私に贈り物を返してくれたのです。彼らが提供してくれたものは本当に私のものであるように感じられたのです。

イエスはさらに説明してくれました。

――お金はあなたの持ち物を手に入れることはできますが、あなたの本当の所有権を確立することはできません。本当の意味であなたに所属するものは何であれ、あなたのハートが引き寄せるものとあなたの愛が指令するものによって決定されます。あなたのハートの財産だけが人生に生きがいと滋養を与えることができます。節度を実践することによってこれを知ることができるでしょう。食料品を買いに行ったとき、どの食料を必要としているか分かるでしょう。潜在意識の願望を満たすために過剰に食べる必要はなくなるでしょう。人類は行き過ぎたあり方を実践することによって本当の必要性や正当な所有権についての感受性の多くを破壊してしまいました。濫用は過剰な物の所有や肉体的な快楽に限られたものではありません。過剰な仕事、過剰な否定、過剰な苦しみ、過剰な罰、過剰な悲嘆、過剰なコントロールなどもあります。体験している過剰の形態は自らを否定することであることに少しも気づくことなく、失敗と貧困によって苦しめられる人生を生きている人たちがいます。いかなることであれ極端になってしまう可能性があります。すべての探求において、すべての周期において、バランスのとれた人生に戻ることが必要になるポイントが訪れます。バランスの中に完全性があり、実現があり、祝福があります。

「義に飢え渇いている者は幸いである、その人は満たされるから」。この祝福は聖心と直接つながっています。というのは、人が正義に飢え、正義を求めるとき、その人のハートの基本的な純粋性と無邪気さが呼び起こされるからです。
ハートは私たちの無邪気さと善良さの内なる核心を持続してくれるものだということを、イエスは何度も私に思い出させてくれました。ハートの力を通して私たちは自らのエッセンスである愛そのものであることができるのです。これはイエスの存在が完璧なモデルとなって顕現した真実でした。
私の杯は日ごとに満たされ、あふれています。イエスの一つの言葉で十分でした。彼と一緒にいるだけで私は満たされました。なぜなら、私はイエスの正義と正しさの前に存在していたからです。正義を理解することは難しいものです。なぜなら、この世界においては純粋なものはあまりにも少なく、見せかけの正しさの主張を支持するために用いられるさまざまなものがあまりにも多くあるからです。この祝福の意味を完全に理解するために正義という主題についてもっと明確に理解する必要がありました。

——正義とはあなたが本来の自分である愛そのものであるということです。正義とはあなたが自分自身との関係において正しく、同胞との関係において正しく、神との関係において正しく、一つのスピリットとの関係において正しいことを意味します。あなたのエッセンスである愛そのものであってください。そのあり方はハートと正しい関係をもつことによって発見され、発達することでしょう。

ハートは強力な磁力のセンターであり、肉体と魂のために生命エネルギーを生成し、あなたの人生が必要としているもののすべてをあなたに引き寄せてくれるでしょう。ハートの神聖な部屋の中で創造主の存在を感じ、創造主の正義の聖油で清められることでしょう。このコミュニオン（神聖な一体感）を通して知性の高次の原則があなたに明らかにされ、その原則を通してあなたの人生に正しさがやってくるでしょう。

知性の高次の原則については第6章で詳しく説明されています。しかしながら、人生との関係において正しくあるという観点から、ここで再びその問題を考えることには意味があると思われます。その原則とは和、愛、生命、尊敬、正直、正義、親切でした。和はすべての正しさの土台であり、これを通してすべての愛が花開きます。愛による促しを受けるとき、私たちは指令を与えられます。愛を通して、私たちは人生についてのより高度な知識で満たされます。生命は三番目の知性の提供者です。生命は生命を生み、生命を引き寄せます。生命に直面するとき、生命の中に宿る真実が見えてきます。尊敬をもって接するとき、初めて学びがあります。尊敬を通じて私たちは人生の正しさと美しさを尊重し、同時に他の人たちの正しさと善良さと愛を尊重します。無邪気な知覚とは世界をありのままに見て、それで十分であるとみることです。すべての答えは私たちの前にあります。それを知ることにおいて、正直の原則が力を与えられます。そのあとに正義が続き、正義においてすべての物事のバランスをみてとり、バランスをとるのに必要な行動のすべてが見えてきます。最後に親切がきますが、これは神の意志です。親切よりも偉大な正しさはありません。

イエスはさらに続けました。

――「あわれみ深い者は幸いである、その人はあわれみを受けるから」

あわれみを差しのべる人はあわれみを受け取ります。ゆるすことにおいて私たちはゆるされます。イエスはそれを超越したもう一つの理由を与えてくれました。ハートだけがゆるしを理解することができるということです。したがって毎日ゆるしを実践することによってハートは人生で最優先順位を与えられることになります。

――毎日ゆるしを実践してください。ゆるしは魂を束縛から解放してくれます。さらにゆるしはマインドには理解できない行動であるということがあります。あなたのマインドの唯一の意図は収支を合わせることだけです。道徳の問題に関してマインドは仕返しをして恨みを晴らすことだけを望みます。そういうわけですから、些細な事柄であっても毎日ゆるしを実践してください。これはマインドをなだめ、ハートを力づけるための素晴らしい方法です。あわれみをかけることは原因と結果のバランスをとる一つの方法であるだけではありません。それだけでもあわれみを実践する十分妥当な理由になります。**ゆるしを実践するさらに大きな理由は、ゆるしを実践するたびごとにあなたは成長するということです。**成長するにつれてあなたはますます祝福され、あなたを傷つけるかもしれないことや、あなたの抵抗の原因となるかもしれない事柄に力が与えられなくなります。**あわれみは成長の花です。**あわれみを抑制している人たちは人生において限られた影響力しかもつことはできないでしょう。

「心のきよい者は幸いである、その人は神を見るから」

これは六番目の祝福でした。

――罪について何も知らない神の目からすると、あなたは完璧な存在以下のものではありません。これは罪の行為そのものがあなたを根源から遊離させる理由でもあります。ハートの純粋性においてあなたは創造主と一つです。

「それでは、どうしてハートの中にもっと簡単に入ることができないのでしょうか?」

――その理由は、あなたが自分自身を純粋で完璧で無邪気であると見なさないからです。あなたが自分自身をそのように見るまでハートの神聖な部屋に入ることはありません。自分には価値がないという思いやおかしな間違いのすべてを一緒にもって入ろうとするかぎり、あなたはハートの門口にとどまり中に入ることはないでしょう。私の使徒たちはいつもどのように祈ればよいのかと私に聞いていました。どのような言葉を唱えればよいのか、どのような方式がよいのかと聞いていました。ついに私はハートのドアの鍵を開ける祈りを彼らに与えました。私の祈りを唱えれば、誰でも自らの純粋性と無邪気さを取り戻すことができます。それはハートに対する祈願です。そういうわけですから、この言葉を唱えるときには沈黙と安らぎと無邪気さの中にしばらくの間とどまってください。ハートの神聖な部屋の中であなたは父なる神と一つになります。そのワンネス（一体性）の中であなたの根源は、あなたが必要としているもののすべてを知り、欠点を見ることはありません。聖心の中に入るとき、あなたの生命は回復され、再び完全になります。これが起こったとき、神の顔があなたに見せられるのは当然のことです。

無邪気な知覚を通じてすべての存在の中に神の存在を知覚するようになるかもしれません。これは純粋な知覚です。これを実践することを通してあなたは人生に安らぎを感じ、あなたの前にあるものの美しさを見ることができます。すべてのものは無邪気さの中で創造されました。神の顔を見ることを望むのであれば、これを見てください。現実を創造するのはマインドの担当領域ではなく、現実を観察し、統合し、理解し、履行するのがマインドの仕事です。現実を受け容れるのがハートの担当領域です。純粋なハートは無条件に受け容れます。マインドは理解しようと努力しますが、理解できないものを発明します。さらに悪いことに理解できないものを裁きます。これは危険な現象です。というのは、マインドは本来のあなたおよびあなたの人生の真の目的から足を踏みはずさせるような現実を発明するからです。存在には発明は必要ではなく、存在はただあるだけだという事実に身を任せるとき、実際に神の顔を見るところまで近づいているのです。

価値判断は、この神聖な空間からあなたを遊離させます。価値判断は、実際のところ神の純粋で完璧な子どもがおかしえる唯一の罪です。価値判断こそ原罪であり、その探求を継続すればあなたの創造主に近づくことはできません。

私は価値判断についてのイエスの態度が実に真剣であることに気づき、思わず質問せずにはいられませんでした。「価値判断が無邪気さをおかすものであるとすれば、そして神がすべての無邪気さの源であるとするならば、『聖書』の中に神の裁きについての言及が、なぜあれほど多くあるのでしょうか?」

——「裁き」(価値判断)に当たるヘブライ語は〝mishpat〟ですが、この言葉は非難や断罪を意味するのではなく救済と免罪を意味します。人間は本来の可能性において無邪気であり善良な存在です。神はこの真実をいちばん知っていて、いちばん支持しています。神に言及するときに父という言葉を私という愛情に満ちた言葉をしばしば使う理由はここにあります。あなたの創造主によって常に提供される慈愛に満ちた防御を表わす最善のイメージとして父親という言葉を使っているのです。どんな人であれ、あなたが誰かを裁けばその人の守護者と擁護者に異を唱えることになります。父は自らの子どもたちを見守り擁護します。子どもが誤った我れを通しておかしたかもしれない間違い、あるいは、不平等な世界においてかかわったかもしれない過ちがあったとしても父は子どもを見守り、子どもを擁護します。あなたの父は幻想の世界によって編み出されたありとあらゆる非難にもかかわらず、それが違うことを知り、あなたの基本的な正しさを回復します。

「裁き」の古代ヘブライ語の意味（非難に直面したときに個人の権利を守るという意味）はアメリカの法廷制度の柱です。すなわち、有罪であると証明されるまでは、その人は無実であるとする考えです。告訴のすべてに耳を傾けその是非を考慮されるまでは、無実であると見なされる被告の権利を守るのが裁判官です。父はこれと同じ立場を取ります。ただし、人間の法廷が提供できるよりもさらなる明確さと純粋さとゆるしをもったスタンスです。人間の罪や価値の欠如をサポートし、非難と罰の力を使って破壊的な指針を支持するのは幻想の世界であり、方向を誤った世界です。神の息子たちが非難の不毛性を理解さえすれば、兄弟愛は無邪気な知覚とともに花開くことでしょう。

そういう言い方をしましたが、破壊的な行為に介入すべきでないとか、罪を犯した人は抑制される必要はない、罰せられる必要もないと言っているのではありません。なぜなら、修正は人間の家族における責任の発達のために不可欠なのですから。要点は、すべての修正の行為は兄弟愛を分裂させ減じるのではなく、復活させるという意図をもってなされるべきだということです。

私は使徒と話をするとき羊や魚の隠喩をよく使いました。これは価値判断をすることなく全体で受け容れるという性質を描写するためでした。魚は群れをなして生活し、羊も群れをなして生活をします。両者ともに新しいメンバーを群れに迎えることには何の条件もつけなければためらうこともありません。これらの動物には一つのスピリットの単純な無邪気さがあります。私は六匹の羊が草原に向かう途中、あるいは、市場に向かう途中に新しい群れの仲間を入れて一万匹にふくれあがっていくのを目撃したことがあります。一匹の羊も拒絶されることはありませんでした。仲間入りは無条件でなされたのです。

私は魚や羊の隠喩の背後にある理由を説明してくれたことをとても嬉しく思いました。というのは、魚や羊から全体への順応、凡庸、依存心といったニュアンスを連想していた私は、彼らに対してあまり良い印象をもっていなかったからです。

イエスは私がほっとしているのに気づいて、さらに次のように言葉を付け加えました。

――私が言おうとしたことは、人はお互いをサポートし合って調和のとれた状態で一緒に生きるべきだということでした。しかし、個人性を犠牲にするのではなく、まして派閥的に固まって生きるということではまったくありません。

イエスは、無邪気な知覚は価値判断に応じて人生を変えようとする傾向をいかに変えてしまうかを毎日のように見せてくれました。イエスの前にいると人生はそのままで受け容れることができました。しかし、私が困難や反対の感情をもったときにそれを表現しなかったというわけではありません。なぜなら、そのような表現の自由も無邪気な知覚の一部なのですから。しかしながら、私たちは自分がもっている先入概念や価値判断に人生を適合させようと飽くなき試みを続けるなかで、いかに生命力を枯渇させているかに私は気づきました。イエスは言いました。

――心理的葛藤のほとんどは、ありのままの人生を拒絶し、ありのままの存在を否定することによって生まれます。

たとえようもないような優雅さでイエスはこの言葉に続いて、〝山上の垂訓〟の次の言葉に話を移しました。

――「平和をなす者は幸いである、その人は神の子と呼ばれるから」

人生において平和をなすための方法は数多くあります。外交官、交渉人、カウンセラー、牧師にならなければ平和をなす人になれないわけではありません。この祝福は口論や論争といった状況に限定されたものでもありません。その力は二元性を終らせることから生まれるのです。二元性を終わらせるとき、完全性によって祝福されます。人生は両極端の間で生じる争いであると見なす概念を超越したとき、あなたは平和をなす人になります。今という時代に人類が達成しなければならない最も重要な認識は、二元的なアプローチで人生を生きることはもはや役に立たないということです。私たちのスピリットのワンネスを認識し、それを受け容れることによって実行に移さなければなりません。

平和についてのイエスの概念は会社での争いを解決し、家庭内の不和を解決するといったことよりも非常に壮大なものであり、より広範なインパクトを与えるものでした。私たちは悩ましい問題に心の焦点をあてた結果、睡眠不足になるといったことは確かにありますが、このような問題はだいたいにおいて争いの個別的な例にすぎません。

――人間の二元性の核心は、まず自分自身のために問題を設定して、その問題を利用して次のように宣言することにあります。「私はなんて頭がいいのだろう！　問題を解決したぞ！」。そもそも自分でつくった問題なのですから自分で解けるのは当然です。ここで聞くべき質問はこうあるべきです。「この問題は本当に必要だったのだろうか？」

イエスの話を聞きながら、一見対立するものの存在によって私たちが条件づけられていることに思いを馳せました。上下、内外、前後、幸不幸など、事例には事欠きません。「私たちが使っている時計や暦は日夜のリズムによって特徴づけられていますが、私たちの思考はこれによって影響を受けているのでしょうか?」

イエスは快活に答えました。

――その可能性はあります。ただし、あなたにはそういう制限された観察に心の焦点を置くか、それとも、より完璧な理解を目指すという選択があります。そのような拡大された知覚がどのように機能するものか一緒に見てみましょう。今、成層圏にある人工衛星に乗っていると想像してください。振り返って地球を見ると何が見えるか言ってください。

「そうですね、この視点から見ると太陽が地球全体を照らしていて、ずっと遠くの方には少し影があります。光と闇の程度はまったく同じではありませんが。ほとんどすべての場所に光が少しはあります」

――それがポイントです。闇と光はまったく正反対ではないのです。光源に対する露出の多様性を表わしているにすぎません。それは二元性ではありません。二元性という概念的なモデルは極端に単純化された参照の枠組みで、マインドが枠組みやシンメトリーに対する依存を満足させるために創出したものです。マインドは理解しようとするよりも説明しようとするのです。

昼と夜は終わることはありません。しかし、日夜を対立するものとして見つづける必要はありません。夜には昼と同じ力があると考える必要はもはやありません。あるのは光の力だけであり、多様な光の強さと遮断があるだけです。完全な理解が達成されると二元性は姿を消していきます。高次の知性は完全性についての統合された知覚によって顕現され、そのことによってあなた方の一つのスピリットを認識する力が復元されます。神の息子たちとは二元的な概念によって人生を説明し、人生を管理しようとしない人たちのことです。神の息子たちとはすべてのことの中に完全性を知覚しようとする人たちです。

私は心の中で自問しました。《いったいどうしてそういう近視眼的な見方をするようになってしまったのだろう?》

私の思いを読み取りながらイエスは言いました。

——人間はこの世界の中で成長し生活してきたわけですが、その世界もまた成長し、自らを編成しつつあったのです。人生に対する制限されたアプローチは、人生に対する制限された理解を生むことにもなります。しかしながら、最も重要な条件づけは人類がエネルギーをどのように知覚し、どのように生成し、どのようにコントロールしてきたかということから生まれています。エネルギーは生き残るための一つの重要なものですから、エネルギーをどのように管理するかは意識に対して深遠な影響力をもつことになります。二本の木をこすり合わせることによって意図的に火をつくることができるということを発見した瞬間から、人類は摩擦によって生成されるエネルギーを土台にして文化を築いてきました。原子力発電もその例外ではありません。〃木〃はより洗練され複雑になっていますが、生成されるエネルギーは今でも極抵抗と摩擦によって生成されるプロセスの結果であることに変わりはありません。

「これはいつか変わるのでしょうか?」

——変わります。人類は今、科学的な理解において新しい時代にまさに突入しようとしているところです。エネルギーは抵抗のパターンによってではなく、引き寄せのパターンによって生まれるということが理解される時代が訪れようとしています。電磁気についての現在の知識は電気抵抗にその源があります。しかしながら、連続的に引き寄せようとするスカラーの資質によって生成される原初的な引き寄せ場(アトラクタフィールド)があります。したがって人の理解に応じて、磁気は派生的なもの(電磁気はその一例)と見なすこともできれば、原初的なもの(引き寄せ場はその一例)と見なすこともできます。その原初的な状態では両極性も抵抗も存在しません。ここでエネルギーが争って奪い合い自己利益のためにため込もうとする商品ではない文明というものを考えてみてください。それによってすべてが変わることが分かるでしょうか。

イエスの教えに耳を傾けながら、私の心は安らぎに包まれました。イエスが最後の祝福の言葉の朗唱を始めたとき、沈黙が破られました。

――「義のために迫害される者は幸いである、天の御国はその人のものだから」

この祝福には偉大なレッスンが含まれています。天国のためだけでなく地上のためのレッスンでもあります。これは誰にとってもマスターするのがいちばん難しいレッスンです。しかし、このレッスンを学ぶとき、人は艱難(かんなん)の暴虐を超越して真の解放を体験することになります。これが最後の祝福である理由はそこにあります。

私はイエスの力強い言葉を聞いて嬉しく思いました。というのは、この八福はいつも私を少しおびえさせるところがあったのです。私はイエスの大いなる力に慰められ、謙虚な気持ちになり、正直に自分の気持ちを語り、この八福を理解する自信がないことを打ち明けました。イエスが話してくれることであればどのような説明でも聞きたいという気持ちでした。

――この祝福の力は、すべてのものの創造主はすべてのものとともにあり、すべてのものの中にあるという事実に帰します。神が存在していない場所はありません。神が存在していない体験はありません。神が存在しない理解の次元や意識の次元はありません。幸福な状態においてのみ神を知った人は創造主のほんの一部分を知ったにすぎません。神を受け容れることに条件をつける人は神を受け取ることはできません。幸福に満ちた体験や豊かさに満ちた体験の中でだけ神を知ることができる人は人生を生きるうえでの力はありません。すべてのものの完全性以外に天の王国などありえるでしょうか。人が神の一部しか知ろうとしないとき、すべてのものを自分のものとすることができるでしょうか。これは『旧約聖書』の「ヨブ記」の中で提示された教訓でしたが、その真

の意味はほとんどの人が理解できないでいます。

「私もその一人です。理解できないだけでなく嫌いなのです。〈ヨブ記〉を最後に読んだのは大学のときでしたが正直に言って、一人の哀れな魂が地上で恐ろしいほどの困難に遭遇する悪夢のような物語だと思います。この話は、イエスが『新約聖書』の中で語っている愛情に満ちた神にふさわしくないと私は思いました。ヨブの苦痛に満ちた体験と私の信念の折り合いをつけることができないのです」

イエスは慰めるような口調で言いました。

――私と一緒にもう一度、読んでみませんか？

私は喜んで同意しました。それから、イエスは私のそばに座り、私たちは一緒に「ヨブ記」を読みました。イエスの言葉が行間から立ち上ってきたとき、私はこれまで気づいていなかった美しさに驚きました。『旧約聖書』の「ヨブ記」の中には、宇宙の神秘について、神の偉大さについて、無限性の広がりについて、存在するすべてのものの万能の力について、たとえようもないほどに精妙な言葉が書かれていたのです。話を簡単に要約すると、ヨブは非常に富裕な人物で健康、家族、土地、地域社会での地位にも恵まれた人でした。ヨブは安息日(サバス)を尊重し、神を崇拝していました。それから、創造主にしか理解できない理由でヨブの神への忠誠心が試されたのです。ヨブは物質的な豊かさに恵まれていることに感謝していました。しかし、問題は「非常に困難な状況下にあっても創造主に対して忠実でいることができるだろうか？」ということでした。私が当初反発を感じたのはこの点でした。すべてのものを与え、それから、すべてを奪い取るとはなんと情緒不安定で残酷な神だろうと思ったのです。

実際の話、私にはこのメッセージを一〇〇パーセント理解する準備ができていなかったのです。この物語は表面的なドラマが暗示するものよりもずっと深いものです。私が分かっていなかったことは、神はヨブの制限的な愛着と肉体的な快楽への依存を除去することによって、ヨブがすべてのものを我がものとするための準備をしたのです。豊かで快適な人生においてヨブは神の一部しか知りませんでした。自分が入っている快適な温室に満足し、すべての創造物との拡大された関係を求めていなかったのです。そういうわけでヨブは運命の予期しない展開に対する心の準備がなく、それを優雅に受け容れることができませんでした。最初、ヨブは罪の贖い(あがない)と告白の祈りを試みました。そうすることによって彼がおかしたかもしれない罪を神がゆるしてくださるだろうと思ったのです。しかし、問題はさらに悪化するだけでした。それから、ヨブは理解しようとしました。すべての艱難辛苦には教訓があるだろうと思い、それを理解しようとしたのです。それでもなお問題は悪化していきました。友達にも相談しましたが何も変わりません。ついに失意落胆したヨブは万能にして美しく、そして広大な宇宙に身を任せます。存在するすべてのものがいかに荘厳で壮大であるかを畏敬と驚嘆の目で見はじめるのです。価値判断を停止したとき、恐ろしい状況も終わりを告げたのです。それから、奇跡的にヨブがすべてのものを受け容れたその瞬間に、すべてのものが与えられます。

――英語では「迫害」という言葉は意図的な攻撃ないしは罰を暗示しますが、アラム語での典型的な意味は「苦しみ」でした。私たちの創造主は自分の子どもたちに苦しみを与えたり、いじめたりすることは決してありません。ご自分の存在を一〇〇パーセント知ってもらいたいというのが創造主の最大の願いではありますが、挑戦や苦しみを生き残ることによって人は成長し、安全な温室を出てより偉大な形で神の愛を体験するのです。どのような関係であれ、条件を確立する人がその関係を支配することになります。そういうわけですから、人生の状況を変え拡大する神の力を無邪気に信頼することを拒否するかぎり、真の意味で神聖な関係はありえません。

この八福には二番目の意味があって、それは幻想の消滅と関係があります。このさらなる祝福を達成するためには、〝義のために〟は〝愛のために〟を意味することを理解しなければなりません。困難な状況の真っ只中にあって、あなたのエッセンスである愛を保持し表現しながらしっかりと立つとき、さまざまな幻想が次々と消滅するのを目撃することでしょう。あなたのエッセンスである愛であることによって力づけられて苦しみを超越するのです。

イエスは一度ならず次のように語りました。「愛は存在の内面からやってくる力であると自分に納得させたいと思うならば、あなたの敵を愛しなさい」

おそらくは永久的な敵というものは存在しないかもしれません。しかし、敵対的な状況が存在することは確かです。人生にはさまざまな試練があり、そうした困難な状況を通過するとき、私たちのエッセンスである愛そのものであることが極めて重要です。愛という特別な存在のあり方において、私たちは状況的な世界によって永遠にコントロールされ、支配されることはないという確信を得ることができるのです。

――あなたの敵を前にして初めてその真実を真の意味で発見することができます。論理的に考えれば、そうしてはならないと告げる外的な状況のすべてを超越して愛するとき、初めてあなたのエッセンスである愛のより深い泉を発見することができます。「詩編」23章でダビデ王は神が敵の面前で食事を整えてくださることを歓迎します。彼の杯があふれるまで満たされるであろうことを知ってそうするのです。彼の杯は愛で満たされました。ダビデは愛の力を通してしか勝利を達成することはできないと知っていました。愛を通していかなる状況でも克服できる力があなたにはあります。ただし艱難辛苦を超越するまでこれを真の意味で知ることはできません。八福の最後の祝福はあらゆる祝福の中でも最も偉大なものです。というのはこれを学ぶとき、あなたを征服し、あなたの人生の方向を誤らせようとするすべての幻想から永遠に解放されるからです。

10 愛の十戒

二千年前にイエスが法律と十戒についての意見を聞かれたとき、イエスは答えました。「心を尽くし、精神を尽くし、思いを尽くして、あなたの神である主を愛しなさい。これが最も重要な第一の掟である。第二の戒律は、隣人を自分のように愛しなさい。律法全体と預言者は、この二つの掟に基づいています」〔14〕

戒律についてこのように単純明快に説明することによって、イエスは地上におけるパラダイムのシフトを引き起こし、それは今でも継続しています。これらの言葉の中でイエスは、法律の目的とは人格と行動と人生の実現と修正にあることを明らかにしました。同時に法律とは支配構造を制定し維持する権力に顕現を与えるものであるという概念を退けたのです。社会や宇宙の法則について話をしたとき、イエスは次のことを何度も思い出させてくれたものでした。

――愛こそが高次の力です。したがって妥当な法律はすべて愛に根ざしています。人生の法則に関してもう一つ心すべきことがあります。それはすべての事柄における真実の優越です。真実はすべての人生における恒常的な要素です。真実を通して初めて成就にいたる道を発見することが可能となり、幻想を超越することができます。真実と愛の確証は聖心の中に見出すことができます。

その理由は、ハートはすべての情緒、感情、自覚を内部に取り入れて、それらを浄化して完全なものにするからです。このプロセスを通してあなたの人生体験のすべてが神のもとへと返され、あなたの神との約束と人生の目的が強化され、再び本来の道に戻ることになります。あなたの魂の核心に聖心があります。聖心は人生から無限を見るための窓であり、無限から人生を見る窓であると言ってもよいでしょう。あなたが懐妊されるとき、最初につくられる細胞はハートの細胞であるという事実は偶然の結果ではありません。ハートはあなたの人生体験のすべてを受け取り統合します。ハートはあなたの人生の点火され燃え盛るセンターであり、情熱的で協調的なセンターです。この人生のセンターは和を探求しながら愛情をもって前進し、正直・尊敬・正義・親切の美徳を行使することによって人生を拡大しています。この潜在的な可能性を通じて善性が力を与えられ強固なものとなります。聖心は真の意味であなたの高次な知性であり、インスピレーションに満ちた人生の源です。人類が自己実現を一〇〇パーセント達成するとき、地上を支配するのはハートの知性です。あなたの我れが分裂し弱体化した状態で幸せを見つけることはできません。

ハートに比べるとマインドの知性は、比較と支配のために境界線とガイドラインを確立することに献身します。マインドに言わせれば、道徳性の探求は人生を改善するための方法というよりも人生をコントロールするための一つの方法です。親切でお互いをサポートし合うような兄弟のあり方を発達させていくプロセスにおいては、道徳性のガイドラインは重要なものになりえます。しかしながら、柔軟性を欠いた窮屈な決まりは、人を持ち上げるためよりも人を抑圧するために制定されることが多いようです。これはマインドの働きであり、マインドはハートの力に介入し、ハートの力を強奪して人生の基礎を築くよりも価値判断の基準を確立しようとします。

倫理にはマインドが把握して実行に移すことができる側面もありますが、道徳性と倫理の真の理解はマインドの支配をはるかに超越したものです。マインドに最も関連している倫理的な原則は正しい優先順位のそれです。

マインドの中には優先順位がありますが、同時にマインドは単なる道具にすぎず、マインド自体がより高次な知識との関係において優先順位をつけられているという免れることのできない現実もあります。マインドの倫理にとっての二番目に重要な要素は正直であり、マインドが無邪気な知覚を尊敬し活用するかどうかということです。抑制を欠いた愚かな創造にマッチさせるために、あるいは、未検証のデータをサポートするために現実を発明し再創造するのはマインドの権利でもなければ特権でもありません。究極的には、マインドの倫理のガイドラインのすべては〝機能性〟という基準によって支配されなければなりません。これがすべてのマインドが宇宙の法則と融合するときに使う機能です。マインドには真実に対する従順という強い意味合いもあります。最も高次な意味合いにおいては、従順性は機能性を人生と努力に応用した形態であるといえます。たとえば、実用的な工学技術の原則に従順な橋の建設者はエンジニアとして成功するでしょう。彼が建設した橋は自然の力に耐え、旅人を一方の側から他方の側へと安全に運ぶことができます。すべてのものには機能性のパターンがあり、そのパターンを一生懸命に探してそのパターンを熱心に適用することがマインドの義務です。私がマインドは召使であるという理由はここにあります。残念ながら、従順性と召使の役割は、今日の多くの人びとにとってはネガティブなニュアンスをもっています。その理由は、これらの概念は抑圧的な権威に屈従することを意味するように解釈されてきたことによります。偽りの権威に対する従属は偽りの従属です。というのは、それにはいかなる法則も正義もないからです。これは従属性についての悲劇的な誤解です。なぜなら、正しい優先順位と神と宇宙の自然な法則に対する従順は、常に成就、力づけ、幸福、高次の意識を結果としてもたらすからです。

私自身、知的な達成を探求する人生を生きてきましたが、イエスが言及するマインドについての誤った概念の多くに関して間違いをおかしてきました。まずマインドがそれよりも偉大な知性に対して従属的な役割をもっているというイエスの言葉に、防御的に身構えてしまいました。マインドは知性のコンデンサーであり、ハートは感情・情熱・直感のコンデンサーであるという信念を強固にもっている人であれば誰でもマインドの格付けを下げるように思われるイエスの考えに少しは戸惑いを感じることでしょう。そういうわけでイエスがここで述べたことを反復しておきたいと思います。イエスは知性とは知性に到達しようとして、あるいは、知性を活用しようとして私たちが使うかもしれないいかなる道具よりもはるかに偉大なものであると位置づけるのです。実際にマインドと知性は同じものであると仮定したために、意識の枠組みを拡大する能力を損ねてしまったのです。いろいろな意味においてマインドと知性を同一視することによって、その他の形の偽りの権威を受け容れる心の準備ができたのかもしれません。

「偽りの権威に対してはどのように応じるべきでしょうか。あるいは、偽りの権威はどのように改革していくべきでしょうか？」と質問してみました。この上ない単純さでイエスは次のように答えてくれました。

――実行の可能性に対するあなたの献身を示し、すべての権威に対して同じことをするように挑戦すればよいでしょう。

イエスが倫理と道徳性について語るとき、これらの言葉の意味には違いと同一性の両方があるように思われました。そこで質問してみました。「倫理と道徳性の違いは何なのでしょうか？」

イエスはたちどころに答えました。

――倫理は高次な知性の原則を個々人の存在および集合的な存在のさまざまな問題に適用する継続的なプロセスであり、すべての存在の幸せをサポートする価値観を人生に付与する継続的なプロセスです。倫理は他の人びとに影響を及ぼすときに示す思いやりであり、他の人たちとの関係において自分が最も大切にするべきものは何かという感覚です。倫理はバランスのとれた原因と結果であり、すべての存在にとっての最善のために適用されるものであると要約できるかもしれません。倫理は価値を基礎にしています。

道徳性は品格、親切、改善を志向します。道徳性は本質的には改善をもたらすための献身です。道徳性は人生において浮上するさまざまな状況に対する責任を含み、さらにそうした状況に真正面から向き合い改善をもたらすために直接的に対処することを含みます。部分的には肉体・マインド・感情・思考・スピリットの健全なあり方も含みます。清潔は確かに神を敬うあり方に近いでしょう。しかしながら、道徳性は個人的な達成です。道徳性を外的な形で強制すれば、個人の「神聖な我れ」を弱体化することになります。

倫理は社会的な品格や機能性のある文化のためには不可欠です。道徳性は個人的な明晰性・力・美徳のために不可欠です。しかしながら、両者を共に単純なものにしているのは、倫理も道徳性も愛に根ざしているということです。

「あなたがおっしゃることはすべて意識を高めて人生をより良いものにすることを肯定しています。これは本質的に誤った行動をとってはならないという命令である〈モーセの十戒〉やその他の行動規範とどのように関係していますか?」

――まずモーセが地上を旅したときの時代背景を理解することが大切です。人間のハートは永遠に同じものではありますが、外的な現実の性質は当時と現在では非常に異なったものです。これはとくに当時のヘブライの人びとの運命に関してあてはまります。神聖な導きとモーセの努力によってヘブライの人びとは長期間に及んだエジプトでの奴隷状態から解放されました。しかしながら、それは強制的な隷属状態についての形のうえでの解放にすぎませんでした。どこにも行く場所がない状態でどれほど解放されたと言うことができるでしょうか。モーセは人間が真の意味で自由になるためには存在するための場所が確保され、そこに存在するための目的が必要であることを理解するだけの責任感と叡智をもっていました。モーセがヘブライの人びとを四十年間砂漠にとどめておいた理由はここにありました。彼らが二つの世代を経過して、隷属状態について何も知らないまったく新しいレベルの長老を獲得することが必要だったのです。新しい国を建設することができるのは自由な人びとだけです。彼らが強制された隷属状態から新しい故郷へとすぐに連れて行かれたとしたら、いかなるものも実を結ばなかったことでしょう。何百年にも及んだ隷属状態によって個人的な責任感・決断力・倫理感といったものはすべて消去されていました。奴隷には教育は与えられず、決断を下し、決意し、識別するといった特権も許されません。考えることは許されません。奴隷は命令を受けるだけです。彼らの祖先の叡智や偉大さはほとんど意味をなしません。なぜなら、祖先からの継続性は実質的に失われてしまったからです。モーセは巨大な文化的問題に直面するとともに同胞の本来のあり方を回復するという誠に大きな責任に直面したのです。モーセはさらに歩を進めてヘブライの人びとが永続的な土台の上に立って自らを回復できるようにしました。それに現実を持続させるための支柱としての責任、献身、自制心が含まれていたのです。

モーセに対するイエスの深い愛と尊敬は明らかでした。彼の話を聞きながら、西洋文明を享受する今日の私たちは、モーセに大いなる借りがあることが明らかになっていきました。この偉大なリーダーが下さなければならなかった重要な決断の一部に焦点を合わせながら、イエスはモーセがどのようにしてヘブライの人びとに新しい倫理感、誇り、自己決断能力、そして個々人の権利や集団の権利についての理解を植えつけていったかを説明してくれました。最初にこれを達成することなくして文明を再建することなどできるはずがありません。そういうわけでモーセの律法は普遍的な真実の原則のみならず枠組みにも言及しているのです。それに加えて制限の要素も必要でした。なぜなら、規律と清算責任を確立することは自己統治国家にとって不可欠だったからです。同時に十戒の一つひとつが愛に根ざしたものでした。これらの戒律は神聖なインスピレーションによって神からやってきたものでした。

モーセはまた人が自らのハートと深くつながっているときにのみ訪れる愛について深遠な理解をもっていまし

た。魂が聖心の中に入るところを描写したとき、イエスが用いた隠喩が入り口のそばで燃え盛る藪であったことは私にとって興味深いものでした。イエスがそのことを語った瞬間、私はモーセを思い出し、神からシナイ山で十戒を授けられる前にモーセがハートのポータルを通過したに違いないと確信したのでした〔15〕。

十戒は最も古い道徳律ではありません。またそれが探求する社会的な目的においてもオリジナルというわけではありません。十戒は数多くの叡智の支流が神聖な啓示を通してモーセのハートの中で頂点に達して生まれたものです。古代世界において、またその後の世界において十戒をユニークなものにしているのは、叡智が統合されて**愛の力**によって統治される**持続的な現実**のための決まりになっていることです。

法律の源とその真の力を尊敬することによって、私たちは強制された道徳の人間的な枠組みを超越する叡智と自由を獲得することができます。イエスは次のように説明してくれました。

――神に奉仕する法律は啓発的であり変容をもたらすものであり、常に上昇をもたらすものです。法律は人生をサポートするためのものであり、必要に応じて人生のほころびを繕うためにあるものです。法律を価値判断の基準としてだけ用いる社会は危険に陥るでしょう。法律自体には妥当性はなく、法律が根ざしている愛を通してのみその妥当性を得ることができます。愛の力は行動についての実行可能な法律に代わることはなく、それに優先することもありません。愛は法律の理由を明らかにして、強制に代えて真の啓発をもたらします。

私は十戒の一つひとつにおける愛のルーツについて説明してもらいたいと感じました。何のためらいもなくイエスは説明を始めました。

――モーセの十戒の一番目はこうですね。「あなたには、わたしのほかに、ほかの神々があってはならない」。これは私たちの一つの源を誉め称え、すべての存在の統合を創出するための戒律です。

神は一人だけであり、私たちの一つの源の知ることが可能な存在は愛です。神の愛が先天的原因であり、それ

に先立つものは何もありません。愛からすべてのものが創造されたのです。神の子孫であり、あるいは、神の一側面であるあなたには創造主以外の先天的原因はありません。したがって「愛」があなたの名前であり、人生においてあなたが達成しようとするすべてのことの先天的原因として愛はしっかりと存在しているのです。創造主を愛として、また先天的原因として尊重することによって、行動の真の原因としてあなたの中にある愛を強化することができます。愛によって生み出されたものではない行動は、すべてあなたを力の源から遠ざけることになります。思い出してください。愛はアダマンタイン粒子に指令を発し、一つのスピリットは愛に共鳴します。愛のあるところに可能性があり、希望があり、神がいます。これが原初的な現実であり、すべての創造に関して考慮すべきことです。重要性において、力において、真実においてこれに勝るものはありません。私たちの一つの源がすべての統一の基礎です。

統一は善なるもののすべての道具です。分裂は邪悪なるもののすべての道具です。あなたのすべての働きのなかでこの真実を観察することが賢明でしょう。人生を生きるうえで数多くの成長と変化を体験しますが、混乱の瞬間も訪れ、そんなとき、あなたは古いパターンを手放して新しい統一の概念を築くという挑戦に直面します。新しい要素が付加され、古い要素は除去されます。これが起こるとき、数多くの枠組みが崩壊し、姿を消します。新しい統一という形で変化を起こすべきであり、分裂という形での変化を起こすべきではありません。統一はダイナミックであり、常により大きな可能性に向けて自らを変化させようとします。そのようなとき、統一は神のものであり、この世界のものではないと知ることが大切です。

新しい統一の解体と改善は破壊的な分裂とはまったく異なるものです。破壊的な分裂は調和のとれた人生とは逆のものです。分裂は成長に対する抵抗によって特徴づけられ、統一の力を阻むために価値判断と争いの行使によって特徴づけられています。分裂を引き起すものは変化を脅威であると見なします。したがって変化の要素の中に状況が許す限りの敵意ないしは曲解を注ぎ込みます。戦争や犯罪行為の中に分裂を容易に観察することができます。しかし、多くの分裂による影響は戦争や犯罪行為よりも微妙なものです。あなたが住んでいる世界について知っておく必要があることは、停滞は複雑性や混乱状態が原因ではないということです。このような状況はダイナミックな可能性を保持することが現実的に可能です。停滞は数多くの分裂の勢力が受動的にバランスを保った状態に置かれていることによって生じます。それは偽の統一です。真の統一は人生の中に正しい優先順位を確立することによって生まれ、神は一人であることの理解から始まります。

モーセの第二の戒律は次のようなものです。「**あなたは自分のために偶像を造ってはならない。上の天にあるものでも、下の地にあるものでも、地の下の水の中にあるものでも、どんな形をも造ってはならない**」。正直に言って、私は少し心配になりました。なぜなら、ここで禁じられていることをアーチストの私はやっているように思われるからです。そこで私は聞いてみました。「これは芸術的な模写は間違っているという意味なのでしょうか?」

――まったくそうではありません。なぜなら、芸術的な創作は現実の本質的な性質について表現される感嘆の一形態であるからです。芸術の目的は現実を祝い、現実を高めることであって、現実にとって代わることではありません。私自身、素晴らしい音楽や絵画、彫刻、建造物には心が躍ります。すべての創造物は私たちの創造主の栄光を称え、創造主の栄光を模倣するのです。問題は芸術ではなく日常的な幻想に関して生じます。日常的な幻想は、より永続的な力がある現実と混同されることが問題なのです。とくに神の現実と混同されることが問題です。

この戒律は自然の再現に向けられたものではなく、誰もが体験している神についての誤解に向けられたものです。モーセはどのような基本的な物質であれ、神話であれ、物体であれ神聖なものと見なしてはならないと言っています。モーセは創造主をいかなる形の低次元の概念や物質、あるいは、枠組みとも一緒にしてはならないと人びとに教えました。この戒めには創造主をより小さな存在とするような言葉、教条、イメージなども含まれています。

神は愛です。それはすべての形における愛を宇宙の真の力として尊重するということです。その力をいかなる形であれ、弱めてはなりません。不正確に表現することによって、覆すことによって、否定することによって、愛の存在を贋造（がんぞう）する枠組みやイメージに取り換えることによって弱めてはなりません。

この一つの概念を理解すれば、**神は規定する存在であり、規定される存在ではない**という戒律のエッセンスを把握することができるでしょう。神を規定することができる枠組み、思考、言語はまったく存在しません。それを試みれば、あなたの生命と力の源を薄めることになるでしょう。枠組みは秩序のためには必要であり、人生を生きるための指針としての役目を果たすことはできます。しかしながら、枠組みは神聖な側面ではありません。枠組みは単なる支えにすぎず、存在の一つの建材であり、それ以上のものではありません。神の存在を一時的でいつかは滅亡するといった形で象徴化し概念化してはなりません。創造主をいかなる形であれ贋造してはなりません。神の力をいかなる幻想にも化してはなりません。神に関する何であれ、幻想と同じように虚弱なものと見なしてはなりません。同じことを肯定的に言えば次のようになります。愛の力を常に尊重し自覚してください。同時に幻想のうつろいやすい性質を認識してください。この違いを知ることが叡智のはじまりです。

「贋造と幻想という二つの用語を使われましたが、これらの言葉には違いがあるのでしょうか？」

――幻想と贋造された現実の間には重要な違いがあります。さまざまな出来事の必要に応じて異なった種類の衣服を着ることによって、あなたは自分自身についての異なった幻想を投影します。一つのプロジェクトが実質性のある現実になる前に、そのプロジェクトの詳細を概念化するとき、それは一種の予備的な幻想といえます。

自分自身の中に異なった次元の感情を見出すためにお気に入りの本の中に逃避するとき、信じてもよい幻想によって旅を創作しています。これに対して誰か別の人になりすますために変装してその人の権利を乱用すれば、それは現実の贋造になります。人生を生きる代わりに幻想を代替の人生として生きれば、それが贋造された存在を創出することになります。幻想は良くもなければ悪くもありません、問題は幻想をどのように使うかにあります。幻想が現実と混同されて誤った権威を与えられれば、それは贋造になります。この世界は贋造された可能性に満ち満ちています。あなたの生命と情熱をそれらの可能性に与えればエネルギーは奪われてしまうことでしょう。しかしながら、愛を贋造しないかぎり、あるいは、愛を幻想であると見なさないかぎり、そのようなことは起こる必要はありません。愛はすべての現実の土台です。あらゆる意味においてその真実を尊重するかぎり、そして神との関係を空虚な概念や儀式で贋造しないかぎり、現実と幻想を混同することは絶対にありません。現実に自信をもっている人は創造的な表現のための幻想と安心して遊ぶことができます。

この戒律のエッセンスは愛の力を明確に知ることであり、愛を打倒してとって代わろうとする他のすべてよりも愛を尊重することにあります。これを思ったとき、聖パウロの美しくも不滅の言葉が心によみがえってきました。「たとい、私が人の異言や、御使いの異言で話しても、愛がないなら、やかましいどらや、うるさいシンバルと同じです。また、たとい私が預言の賜物をもっており、またあらゆる奥義とあらゆる知識とに通じ、また山を動かすほどの完全な信仰を持っていても、愛がないなら何の値打ちもありません。また、たとい私が持っている物の全部を貧しい人たちに分け与え、また私のからだを焼かれるために渡しても、愛がなければ、何の役にも立ちません」〔16〕

——第三の戒律は次のように述べています。**「あなたの神、主の御名を、みだりに唱えてはならない」**。愛が神の名前です。愛が存在に働きかけて生命が生まれます。愛がなければ生命は存在しません。なぜなら、生命は行動する愛だからです。愛の価値をおとしめてはなりません。愛を誤った形で使ってはなりません。愛の力を否定し、愛の実行可能性を否定し、いかなる形であれ愛を乱用し、不正確な表現、不信、不正直によって愛の名誉を汚せば、あなたの人生は大いなる苦しみを体験することになります。神の力は愛を通して働きます。どうぞこの事実を知ってください。生命を操作するために愛を偽れば、あるいは、生命の支持以下の目的で神の制裁を祈るならば、生命に対するあなたの影響力は減じることになるでしょう。これは生命とのあなたのつながり、そして生きることとあなたのつながりをどのようにして強化するかを教えている戒律です。

モーセの第四の戒律は言います。「**安息日（サバス）を覚えて、これを聖なる日とせよ**」。安息日は恩寵の日であり、六日間の仕事ないしは創造のあとにやってきます。安息日は枠組みの労働からの休息とあなたのエッセンスである愛への帰還を表わしています。休息を通してあなたの内なる正しさが回復され、神聖性を適切に祝うことができる状態になります。ハートの中に入り、あなたの創造主との神聖な絆を体験することによってこの日を神聖なものにしてください。完全性がもたらすことができる安らぎの愛と喜びを体験してください。この神聖な時間に一つのスピリットを愛し、スピリットの完全性を祝ってください。

安息日の主眼と高次の知性は〝尊敬〟です。創造主に対する尊敬から始まり、それがすべての生命体に対する尊敬、そして創造のパターンに対する尊敬、宇宙に対する尊敬へと延長されます。神聖な秩序のメロディーを構成する宇宙のリズムがあります。このリズムは六拍と一休止、六つのポイントと一つの円、六面と一つの表面、六人と一人のリーダー、六の要素と一つの目的、六の行動と一つの休息という形で展開されます。これらのリズムを観察することが神聖な秩序に対して尊敬を払うことの一部です。宇宙における人間の出現が創造の六番目の主要な出来事として表現されるのは単なる偶然ではありません。人間の真のエッセンスを構成する愛と信仰と意識は宇宙の究極的な栄光を表わしています。あなた方は父の子どもであり、生命の真っ只中に配備されて、生命に指令を発する立場を与えられました。休息する合間を認識したとき、初めてあなたは与えられているものを心から味わうことができ、人生でもはや目的をもたないものを解放することができます。休息の合間に完全性の力が奇跡を行い、神聖性がさらなる祝福をもたらします。合間を尊敬することによって人間が創造し操作しうるものよりも偉大な力と高次の意志に対する尊敬を表わすことができます。

安息日を守ることを通して降伏の真の意味を学ぶのです。降伏するということは神の摂理、高次の知性の原理、非行動の力を信頼する以外の何ものでもありません。このような休止点がなければ人生は直線的な前進と義務的な行動と永遠の苦役が果てしなく続くパターンとなり、六の周期が次から次へと継続して休息も安らぎも回復もないものになってしまいます。安息日によって代表される真の原則が社会の中で無視されると、その社会は抑圧状態に陥ります。それは昼のあとに夜が来るのと同じくらいに確実です。私たちの創造主は、創造の果実が数えられ、感謝を与えられるように行動の周期に間を設けたのです。祝福を受けるために休息の間をとらないで、魂が創造主の贈り物を受け取ることができるでしょうか。魂が安らぎを得ることができるでしょうか。

この時点で週のどの日を七番目の日と考えることは重要な問題かどうか聞いてみました。イエスは次のように答えてくれました。

――大部分の人びとがその日は仕事や努力を停止する日であることに同意するかぎり、それは重要なことではありません。それは本当の合間でなければなりません。眠りが過ぎゆく日々の合間に間隔をあててくれるのと同じように、はっきりした合間でなければなりません。これは本質的なことであり、神聖なことです。安息日は最も敬虔な意味において一つのスピリットのお祝いなのです。

イエスはモーセの言葉を私に思い出させてくれました。モーセは安息日には男の召使、女の召使、荷物を背負う動物も含めるようにと要請しました。安息日はくつろぎと内省の日であり、地域社会のすべてのメンバーが愛と統一のエネルギーの中に抱擁されるのです。一人だけこの日を尊重して独自のやり方で主観的に体験することもできますが、安息日の祝福を他の人たちに延長しなければ、その力をフルに体験することはできません。これは恩寵の日であり、誰もが無条件に愛され、俗世間の労働に対する義務をゆるされる日です。安息日はハートの日です。祈り、瞑想、自発的な贈り物、親切な言葉、神聖なものに対する素朴な尊敬の時です。安息日を実践することによって私たちは統一と神聖な秩序に対する揺るぎない尊敬を涵養することができます。

――五番目の戒律は次のようなものです。**「あなたの父と母を敬え。あなたの神、主が与えようとしておられる地で、あなたの齢が長くなるためである」**

この言葉を聞いた瞬間、私は今日親と子どもが直面している困難に思いを馳せました。多くの子どもたちが家庭の外のネガティブな影響力によって気持ちをそらされ惑わされていて、これが親に対して類のない困難な問題になっています。同時に機能不全に陥った夫婦関係や状況の中で道を見失ってしまった親によっておろそかにされ、虐待されている子どもたちもいます。このような子どもたちがそういう状況で失われてしまった自尊心を回復することが急務です。

イエスは次のように指摘しました。

――この戒律は子どもと彼らの地上的な親との間の儀礼的な尊敬よりもずっと多くのことを包括したものです。モーセの時代においては家族の単位は完全に専制的なものでした。人口は少なく、部族の方向性は家族の機能を中心にしたものでした。したがって法律は狭い意味で表現されながら、同時により広い意味ももつものでなければなりませんでした。今日では数多くの要因が子どもの人生に影響を及ぼしています。さらなる多様性と複雑さが社会と家族の単位の中に存在しています。そういうわけでこの戒律のより深い意味を理解するためには、この戒律にはより広い幅の適用性があることを考慮に入れなければなりません。

この戒律に力を与えている愛は、あなたの前にやってきた人すべての愛です。あなたの前にやってきた〝もたらしてくれた人びと〟や〝与えてくれた人びと〟を尊敬することによって、あなたの前に差し出されているもののすべてを受け取り、その滋養を得ることができます。あなたが尊敬していない人の肩の上に立つことはできません。歴史はすべての人に利点をもたらしてくれる遺産です。誰でも自分の歴史の中に受容可能なもの、愛情をもって受け取る価値のあるものを発見することができるはずです。あなたが身体の中に取り入れる食べ物を祝福するようにと言いましたが、それはあなたに滋養を与えるのは食べ物よりも愛であるということを十分に理解してほしかったからです。同じことがあなたの個人的な遺産や文化的な遺産についても言えます。あなたが地球に到着する前に存在していたものに対する愛と尊敬がなければ人生で進歩することはできません。過去のことにも修正すべきものは数多くありますが、過去を否定すれば人生の車輪を再び発明することに時間を費やすことになります。そのような人は〝最初から始める〟ことがより達成感を与えてくれるという誤った仮説に基づいて連続性を破る傾向があります。あるいは、与えられたものを破壊するかもしれません。自分がよりすぐれたやり方でそれを修復できることを証明するために破壊するかもしれません。物事を建設するにあたって土台にしているものを尊重することなくして繁栄に満ちた人生を長く生きることがいったい可能でしょうか。共に生き、共に仕事をすることが兄弟であることの鍵であり、繁栄の鍵です。これにはあなたの家系も含まれます。現在、物事を建設するときに土台になっているものを尊重することによって、前進するための土台をつくるのです。そうすれば、あなたが尊敬することを拒否しているものを変えようと努力する代わりに、注意力のすべてを前進することに向けることができます。

私はイエスのこの言葉をアーチストとしての私のキャリアとの関係で考えてみました。わずか三歳のときに私はアーチストとして人生を生きるだろうということを知っていました。文字が書けるようになる前から、母親が所有していた昔の著名な画家の素晴らしい画集を情熱的にめくっては眺めていたものでした。母親はその画集に載っている名画に私が抱いている愛情に気づいて、その画集を私に与えてくれました。四歳になるころには、この画集はボロボロになっていました。この画集のページにあったイメージは、私にとってインスピレーションの源であり、それを描いたアーチストは私の英雄でした。それほど幼かった私ですら、誰の肩の上に立ちたいかを知っていたのです。そのことを明確に理解していたために、私は人生で出会ったすべての人から寛大なサポートをいただいてきました。そういうわけでアーチストとしてのキャリアを人より早くスタートすることができたのです。アーチストとしての私は、先輩の芸術家たちが達成したその業績に依存することができるという事実によって力づけられてきました。私はこの原則の価値を私も評価していることをイエスに伝え、私がそれによって得ることができた自信について私たちは話し合いました。イエスは次のようにコメントしてくれました。

――すべてのものは文脈の中に存在し、その文脈を承認することによって滋養と正直を引き出しています。事実と意図を忠実に報告することは正直のほんの一部に過ぎません。正直の力は尊重から生まれます。そして尊重は文脈の承認と文脈に対する感謝を含みます。文脈を変更し、隠し、歪曲することによって、曲解されない事実・問題・人は存在しません。正直な人生の探求はあらゆる事柄における文脈の意味を尊重することから始まります。人の最初の文脈は家族です。癒す必要のあるさまざまな問題や困難があるかもしれません。あるいは、あとに残していくべき問題や困難もあるかもしれません。時にはそのような場合もあります。しかしながら、理解されない文脈や処理されない文脈はあとに残していくことはできない文脈です。

残念なことに多くの子どもたちは、彼らの文脈を否定することによって人生を開始し、無邪気な始まりの上に人生を築くという選択をしません。そうする代わりに次のような言葉を口にします。「この家を出てから自分の人生を始めるつもりだ」。さらに母親や父親の人生、あるいは、家族の誰かの人生に抗議して、絶対彼らのようにはならないと自分に約束します。頑に抵抗して反対理由を形成し、他の人がおかした間違いを自分は繰り返さないと力強く宣言します。人生はすべてエネルギーの流れであり、体験の流れであり、愛の流れです。他の人たちが体験した危険や陥穽(かんせい)から教訓を学ぶことは叡智のしるしです。しかしながら、体験を自分にもたらしてくれた生命の流れを拒否すると、未来における理解と決断のための文脈を破壊することになります。

さらに文脈を否定することによって空白状態を創出することになります。宇宙は数多くの幻想を容認しますが空白状態の存在は認めません。そのようなものは自然の摂理に反するものであり、宇宙の途切れることのない連続性に反します。空白状態が生まれるや否や、それは拒絶されているそのものによってたちまち満たされることになります。空白状態にして消去しようとしたものが、まさに顕現されることになります。

あなたが価値判断をして裁いた対象そのものになる最も確実な方法の一つは分離の態度をとることによって、あなた自身とそのものとの間に距離を置くことです。歴史は何世代にもわたって繰り返されますが、それは生命の流れに亀裂を生じさせる価値判断と否定が原因です。宇宙はあなたが異議申し立てをして否定したまさにそのものによって、あっという間に亀裂を埋めます。こうして悲劇的な周期を繰り返しながら、望まれていないさまざまな要素が再検証のために再びもたらされます。完璧でない事柄を受け容れ処理し、浄化し、それが目的を果たして次に進んでいくことを許すハートの力を理解することができれば、人類は大いなる恩恵を得ることができるでしょう。人生は愛、創造、意識、行動の絶えず前進する流れです。その流れがあなたのハートと人生の中を流れていき、あなた自身の努力と愛をその流れに付加し、あなた自身の成長に必要な体験をそれから得るのです。その流れを止めようとするたびに、その流れは倍になって戻ってきて再び繰り返すことになります。

良い事柄があなたの人生の中を通過していくことを許すのは非常に簡単です。称賛が調和と決意をもたらしてくれます。しかしながら、人生の流れが苦痛や喜びをもたらさない事柄を運び去っていくためには、ゆるしと寛容が必要になるでしょう。人生が進行していくなかで、人生は自らの文脈の変化によって洗練され浄化されます。一つの文脈の中では間違っているように見えるかもしれない行動が別な文脈においては非常な恩恵をもたらすということに気づいているでしょうか。聖心は人生を通過していく試練を完成させ洗練するための乗り物であり伝導管です。人生は生きるためにあります。参加し、体験し、楽しむために人生はあります。神の子であるあなたは継続する創造の一部です。そういうわけで成長を遂げ繁栄を享受しながら前進するために、人生をあなたにもたらしてくれた世代のパターンを愛情と尊敬をもって承認する必要があります。これは神聖な秩序の一部です。

十戒の六番目の戒律は、「**殺してはならない**」です。肉体的な暴力の脅威は世界の数多くの地域においてはっきりと存在し、アメリカにおいてもそれは同じです。にもかかわらず私はこの戒律についてあまり考えたことはありませんでした。私が個人的に知っている人は誰でもそうでないかと思います。その理由は簡単で、たいていの人は誰か他の人の生命を奪うくらいなら自分の生命を絶った方がましだと考えているからです。地球全体の人びとが兄弟意識をもち、人命を守る政府の諸機関が発達している今日では、いまや生命は何にもまして尊重され、殺人は野蛮な世界にだけあるものだと安易に考えているのかもしれません。しかしながら、この問題には一見しただけでは分からないものが含まれています。殺人の脅威がそれほど一般的ではなくなった今、モーセの戒めが喚起する知的な深層についての意識が薄れてしまったようです。生命の尊厳について考えることは決して時間の無駄ではありません。

この戒律は殺人の単なる抑制以上のものがあることをイエスは見事に、そして明確に私が理解できるように導いてくれました。

――最初に正義の性質について考えてみましょう。いかなる干渉もなければすべてのものに正義をもたらす三つの自然の力があります。正義の基本的な力はいかなる問題であれ不平等であれ、それを修正しバランスをとることができる宇宙の豊かさです。たとえば、小麦の一柄がどれほど多くの種を持っているか、あるいは、一匹のノミがどれほど多くの卵を産みつけるか考えてみてください。自然の中にあるすべてのものは生命を常に拡大するように模写しながら自らを増大させていきます。生命に対して攻撃がなされるたびに、生命は自らの再生産を増大します。正義の第二の力は交換です。すべてのものにおける深い元素的な類似性のために、必要なときには常にバランスと調節を図ることができるように、元素と状況が交換されるという無限の可能性があります。正義の第三の力はいかなる反対にあってもどんなに不利な状況に置かれても継続する生命の適応力です。したがって人間が生命に対して破壊的なアプローチをとると、その人物は自分自身を含めたすべてのものに対して致死性のウイルスになります。

意識的に拡大に参加するとき、あなたの人生を豊かさによって力づけることになります。人生を、争い・不足・破壊という観点から考えるとき、あなた自身の高次の力の否定を認可することになります。拡大は人生のあるべき姿です。しかし、そのようなあり方は、存在のより大きな全体から分離したものとして自分自身を見ている人にとっては脅威です。そのような人にとって他の人にとっての拡大は、自分自身にとっての剥奪を意味します。こういうわけで彼は攻撃します。ほとんどの人にとって人間を実際に殺すということは考えられません。にもかかわらず目的、才能、夢、愛といったものはいともやすやすと殺されているかもしれません。他の人の生命力を止めようとする意図をもって無力にすることは殺すことです。そうする動機は自分の立場を守ろうとするだけのことかもしれません。あるいは、自分の優位性を獲得したいというだけのことかもしれません。

怖れゆえに、個人の利益を侵害するものは何であれ殺そうとする衝動があります。もっと良いやり方は、関係するすべての存在の利益に拡大が最善の形で奉仕できる方法を研究することです。二つの企業が同じ消費者グループを対象にして競争することがよくありますが、そのような場合、協力し合うことによってより多様な市場に、より広く接近することが可能です。これも頻繁にあることですが、企業が競争相手と知識を共有しないために工業技術の集合的な進歩は妨げられています。ある種の観点から見みれば、境界線は知的な創造物を守ります。しかしながら、大きな構図からすれば分かち合うことによってそれぞれのチームが単独で行うよりも、より多くの可能性を開くことができます。ハートの高次の次元にとって人生のすべての目的は拡大にあります。拡大に対する愛情を抱擁するとき、あなたの影響力や意識がどれほど遠くまで広がるか、それには制限がありません。宗教や哲学が争いの原因になるとき、それらは間違った目的に奉仕しています。事実を言えば、たいていの戦争は宗教的な問題や哲学的な問題が原因で戦われてきました。このようなわけで、アメリカ合衆国の建国者たちはこれを理解し、内紛を阻止するために保護と自由を宣言しました。アメリカの人びとにはコミュニケーションの自由があり、自分が適切であると見なす人生を探求する権利があり、すべての人に同様の権利を認めるという環境の範囲において幸せを探求する自由があります。私たちの宇宙もこれと同じような権利およびそれ以上のものによって自然にサポートされています。

神聖な秩序に降伏することによって人生の数多くの可能性を受け容れ統合することによって、私たちは「殺してはならない」という戒律のより深い意味を理解しはじめることができます。愛にその根を下ろしているこの戒律は、生命を拡大する現象として尊重する法則です。破壊は拡大を逆転させようとして行われる不毛にして絶望的な試みです。それは私たちの個人的な利益に役立たないように思われる成長のパターンによって人生が脅かされたと感じるときに行われます。成長が一見すると不平等に見えることがありますが、そのことについてイエスに質問すると次のような答えが返ってきました。

——生命のすべてには周期があります。潮の流れは同時に干満を体験することはできません。木は新しい葉と新しい枝を同時に出すことはできません。神聖な秩序を尊敬するということは分かち合いを意味し、多くの場合、待つことを意味します。寛容とゆるしが必要であると同時に、まず成長を完了することをゆるされなければならない支配的な勢力に屈服する精神も必要です。

国々は争うことなしに拡大する方法を知らないがゆえに戦争を起こします。しかしながら、生命を破壊することは共存の葛藤に対する解決策にはなりません。生命はいかなることがあっても継続します。そして葛藤ゆえの人間の悩みは、生命は創造主の意志を展開するものだということが理解されるまで続くことになります。生命の豊かさと善性がすべての正義の土台です。一時的な害と苦痛をもたらす逸脱や脱線はありますが、私たちの宇宙は善性の上に築かれています。それを知ったとき、あなたは生命に正義をもたらすでしょう。それを理解した人間は暴力や敵意以外の数多くの解決策を手に入れることができます。たとえば大昔の開拓地では二人の兄弟が意見を異にすれば一人は西に行き、一人は東に行って新しい土地を見つけ、それによって彼らの違いは吸収されたのでした。すべての存在にとっての可能性を拡大するために皆が協力し合うようになるとき、絶滅は過去のものとなるでしょう。

七番目の戒律は、「**姦淫してはならない**」です。結婚という制度は神聖な絆であって軽々しく入るべきものではなく、簡単に破るべきものでもないというのが創造主の意志です。結婚の神聖性はその力を地球の局面から得ているのではありません。男と女がお互いに献身する人生を創造するために一緒になるということは、父と父の人類に対する誠実さとの神聖な結婚のしるしであり、不滅の魂と魂の愛すべきハートの神聖な結婚、そして愛に基づいて共に働くべくつながっている創造のすべての側面同士の神聖な結婚のしるしなのです。男と女の結婚は他のすべてのものの結婚を尊重するものであり、象徴するものです。結婚が愛情に満ちた純粋なものであるとき、地球で見出すことができる親切と優しさの最高の表現でもあります。共感はすべての生命体に対する創造主の意志です。親切な思いが愛情に満ちた聖域の中に保持されているところには親切という美徳を存在のすべての領域に延長できるという希望と土台があります。

どのような目的のためであれ、どのような関係であれ、どのような種類の絆であれ、二人ないしはそれ以上の人びとが愛情に基づいて一緒になるとき、一つのスピリットの中で和が創出されます。愛の統治の下でアダマンタイン粒子の非常に緊密な交換が起こります。結婚という深遠で意味深い絆は純粋であるべきであり、不適切で劣悪で不正直な要素からは自由であるべきです。あとで起こる問題はすべて愛の不純化にその原因をたどることができます。コミットメントが弱く動機が不純なものであれば、結婚を長続きさせるための十分な強さと誠実さを欠くことになるかもしれません。絆が純粋でなければ、その関係は失敗に終わります。これが起こる理由は、不純化が最初からその関係の一部になっているからです。和はさまざまな外的な欲望によって形成されるかもしれません。不誠実な理由で形成され、あるいは、不適切なやり方で形成されるかもしれません。単にお金のために、便宜のために、社会的な利益のために結婚が行われた場合、姦淫はすでにその結婚の中にプログラムされています。不純があとになって不貞として顕現することには何の不思議もありません。

「不安定な夫婦関係や離婚は、今日非常に一般的な問題です。結婚を意図的に終わらせるべき状況というものはあるのでしょうか?」

——和の真の核心は尊敬の気持ちをもって誠実かつ深くコミットしながら、お互いの絆を尊重する二人の愛です。もしもこれが十分に存在し維持されなければ、あるいは、愛の不純化が二人の解決能力を超えている場合には、愛を汚し続けるよりも結婚を打ち切った方がよいでしょう。そうであるとしても結婚の解消は軽々しくなされるべきではありません。あるいは、一時的なストレスや圧力のためになされるべきでもありません。なぜなら、これは神によって決められた和だからです。**すべての結婚は創造主に属していて、**神聖な意志によって力づけられるべきものであり、解消されるべきものです。これは人間の人生がたとえ結婚の絆を通してでも誰か他の人によって所有されることのないようにするために必要なことです。たとえ結婚がうまくいっていたとしても、より大きな神聖な約束が創造主によって確立され、結婚している二人がそれぞれ別の道を歩むことになることもあります。したがって枠組みには既得権の安定性を永続化し、外見的な結束のしるしを永続化するために、愛を本来の奉仕を超えてまで閉じ込める権威は付与されていません。

男と女の結びつきはどのようなものであれ、二つのものの結婚のための最も純粋で完璧なしるしです。したがって結婚の最も充実した意義は、その深い意味を他の関係にも延長したときに見ることが可能になります。結婚の原則はすべての関係にとって象徴的なものです。あなたの人生を一つのキャリアないしは職業にコミットするとき、それは一つの結婚ではないでしょうか。兄弟との関係、友人との関係、家族との関係、一つのスピリットとの関係はどうでしょうか。このような関係もまた結婚ではないでしょうか。

「最も重要な結婚とは何でしょうか?」

――神と人間の結びつきです。これがすべての結婚の背後にある力です。花嫁が花婿の意志に応じるように、人類が神の意志に応じるとき、地上に天国が生まれることでしょう。

この力強い言葉のあと、部屋には沈黙がありました。イエスがさらに話を続けることを期待しましたが、それからほとんど一時間もの間、イエスは何も言いませんでした。私は絵筆を動かしながらイエスの言葉について考えました。それから、イエスの言葉を書き取ったノートを見ていたとき、強烈な洞察に胸を打たれました。最初の七つの戒律はハートの中にある七つの高次の知性を反映し展開していることに気づいたのです。これらの戒律のそれぞれの背後にあるものは和、愛、生命、尊敬、正直、正義、親切と見なすことができます。すなわち、戒律の一つひとつの背後に高次の知性の推進力が働いているということです。このことに思いいたったとき、私たちの目が再び合ってイエスは再び話しはじめました。イエスの言葉は私が新たに獲得した理解をまるで祝福するかのように鳴り響きました。

――**あなたはこれらの戒律の背後にあるより偉大な真実にいま気づいたのです。それらはハートの指令に従う道具です！**

「残りの三つの戒律はどうでしょうか?」と私は質問しました。私がとくにこのことに関心を抱いたのは、神聖な秩序においては〝残りもの〟というようなものは存在しないことを知っていたからでした。

イエスは私の願いを受け容れて次のように話してくれました。

――**最後の三つの戒律はハートの中にある三つの神聖な約束と関係しています。ハートの一番目の神聖な約束は、その磁力を使ってあなたのエッセンスである愛の延長としてのあなたの人生を花開かせることにあります。あなたがすること、そしてあなたが持つものは内なる現実にマッチするように外的な現実をハートが引き寄せた直接的な結果であるべきです。それが顕現された現実とその創造主との間にある正義です。ハートの二番目の神聖な約束は、あなたが人生を正直かつ無邪気に知覚するようにサポートすることです。創造の証人として存在し、すべてのことにおける真実を知覚することはあなたの権利です。ハートの三番目の神聖な約束は、あなたとあなたの神聖な源の間に存在する人生の目的を保持し力づけることです。**

八番目の戒律は、「**盗んではならない**」です。社会のあらゆる地域で盗みは経済的な脅威と社会的な危険の主要な原因になりつつあります。多くの人びとは、これは道徳的な退廃が広範に広がっているしるしであると感じていますが、少数の寛容な人びとの中には富の偏在が進行している世界にあって富を再分配しようという絶望的な試みであると考えている人もいるようです。いずれにしても盗みについての観察および結論は価値判断を免れることはできません。人類は盗みを禁じ罰する法律に強烈に焦点を合わせてきたために、なぜ所有権が尊重されるべきなのかと根本的な理由を無視してきました。そればかりか、なぜその所有権が危険にさらされているかについての理由も無視してきたのです。

私もまた所有権についての単純な説明に満足してきました。幼年時代のある時点で、盗むことに関してはそれぞれの人が道徳的な決断を下さなければならないと信じるようになったのでした。いったんこの選択がなされたあとは、この考えに従って行動する以外に何も考えるべきことはありませんでした。盗みに関する戒律の意味についてのこのような狭い見解は知的な思考の余地をほとんど残さず、魂が理解という形でその意味を味わう余地も残されてはいませんでした。そういうわけでより大きな理解へと導いてくれるかもしれない異なった観点からこの問題にアプローチすることにしました。まず次のような質問をしてみました。「正当な所有権の性質はどのようなものでしょうか?」

――人の愛情と真の意味でその人に所属するものとの間には正当な関係があります。財産に対する尊敬は権利を尊重する問題であり、個人を尊重する問題です。この戒律は個人に対する尊敬と個人が自分自身の特定された場所と時間を所有する権利、そして正当な意味で自分に属するものを供給される権利を中心にしたものです。財産が手に触れることができないものであれ、物理的なものであれ、それはハートの力を通して愛によって引き寄せられます。はじめの時から終わりの時まで、すべてのものは神に属します。しかしながら、あなたも創造主です。魂が創造を延長するとき、彼らの創造とそれに伴う責任において彼らを正当にサポートし維持するものは何でも与えられます。魂が創造を延長するとき、その創造の活動とそれに伴う責任を支持し維持するのに必要なものは何であれ、その魂に預けられることになります。財産を獲得するには創造して手に入れる方法、贈り物をすることによって獲得する方法など、数多くの方法がありますが、達成と獲得における最も重要な要因はあなたのハートの中にある愛です。あなたが財産を受け取り、それを適切に活用することを許してくれるハートの愛です。財産に対する尊敬はお互いに対する愛を尊重することのシンボルにすぎず、物を保持し、創造に貢献するお互いの権利を尊重することの象徴にすぎません。

イエスのこの言葉を聞いて、何年も前のことですが私が雇っていた若い女性との出来事を思い出しました。私は彼女が基本的に正直な人であることは確信していました。しかしある時、一日中留守にしてオフィスに戻ると、私のプライベートなキャビネットに置いてあったメモがなくなっているのに気づきました。このメモは色の理論に関するメモで私にはとても貴重なものでしたが、他の人にとっては価値のないものでした。このメモの紛失に私は心を悩ませ、それにしても不思議なことがあるものだと思っていました。彼女の責任を追及することにためらいを感じていた私はメモを探し続け、手がかりが現われるのを待ちました。それから二日たってメモがキャビネットの中に戻っているのを発見しました。すべて戻っていましたが、私はこの出来事が不思議でなりませんでしたが、従業員に対してネガティブな思いももちたくはありません。そこではっきりさせることにしました。すると彼女は好奇心からメモを取り出したということをあっさりと認めたのです。しかし、そのあとですぐに言いました。「私は何も盗んではいませんよ」

私は彼女を静かに見つめて答えました。「いいえ、あなたは盗んだのよ。私のプライバシーとこの情報に関する私の権利を盗んだのですよ」。これは私たち二人にとって新しい概念であると同時に、共に学ぶべき教訓でもありました。彼女は謝罪し、私はゆるしました。その後、私たちの間にはお互いに対する尊敬が深まりました。

面白いことに分かち合いも増えたのです。

イエスは次のようなコメントをしました。

――分かち合いは人生を実現し、人生に奉仕するために必要なものを所有するお互いの権利を尊重するところから自然に生まれるものです。尊敬が欠如しているために、物質的な財産は人びとの人生を分離するバリケードになってしまいました。過剰に所有している人もいれば、ほんのわずかしか所有していない人もいます。そして両者共に効果的で生産的な調整をはかるための信頼と叡智をもっていません。

「ある人が非常に貧しく絶望的なほどに飢えている状況で、仕事もなければ頼る人もいないとき、盗むのは間違っているのでしょうか?」

限りない同情の思いを込めてイエスは答えました。

――盗むことは常に間違っています。しかし、このような場合には双方共に罪をおかしています。そしてこの罪は創造主のより大きな視点からのみ解決可能なものです。犯罪には対処する必要があり、絶望しているこの人物の人生には調整が必要です。そうしないと盗みがこの人の人格の消すことのできない一部になってしまいます。それと同時に、彼を行動に走らせた欠乏にも対処する必要があります。彼にとっての欠乏を創出した過剰な富の蓄積と貪欲もまた清算責任をとる必要があります。貪欲は盗みの別な形にすぎません。不足と過剰は真の意味での所有感覚を喪失した結果です。何が正当な意味であなたのものであるかハートの中で確信して知ることは、お金で買うことはできないものです。その確信がないと所有権は境界線や制限的な誓約で強化されることになります。

イエスの話を聞けば聞くほど、私には明確になったことがありました。所有権の証書は権利や責任をもたらすけれども、必ずしも真の意味での所有権をもたらすものではないということです。集合的な所有権というものもあります。それは私たちが地域社会、活動、職業、学校、グループなどで共有する誇りです。このようなものは大勢の人びとによって共に愛され共有されています。私はしばしばフォートワースの植物園で講義の準備をしたものですが、この植物園を愛情を込めて「私のもう一つの研究室」と呼んでいます。この植物園の所有権の登記書を持っているわけではありませんが、私が深いスピリチュアルな体験をすることができる空間として提供されていると感じます。所有権という概念を拡大するとき、お金で購入して個人的に保持できる以上のものを含める必要があります。街が大好きな人もいますが、街の空間はそのような人たちによって共有されます。海が好きな人もいれば山が好きな人もいます。私はジョン・デンバーが「ロッキー・マウンテン・ハイ」を歌うのを聴くと、あの山は彼の山なんだと思うのです。

——創造には潮の干満があって、それはあらゆる存在の中に観察することができます。すべてのものは神からやってきてその源へと帰っていきます。しかしながら、存在している間はすべてのものはそれ自身に属しているということができます。これはあることの至高性を反映しています。あることが創造を維持するのです。**資産の法則についての最も深遠な理解は、すべてのものに対してそれが真に所有するものを与えなさいということです。**神のものは神に与えなさい。地球のものは地球に与えなさい。兄弟には兄弟のものを与えなさい。あなた自身にはあなたのものを与えなさいということです。これは崇高な真実であると同時に、まったく実用的な方式です。

世界で最もよく行われている盗みはエネルギー、時間、資金を獲得し、保持し、増加させる能力のない試みに不正流用することです。たとえば重要でもない束の間の喜びのために家賃が衝動的に使われれば予算に狂いが生じます。費やされたものはなくなってしまいます。宇宙には一種の「資金の会計学」とでもいうべきものがあり、このためにエネルギーの流れを引き寄せるものとエネルギーを受け取るものとの間にバランスをとる必要が生じます。正しい割りあてが順守されればエネルギーが拡大され、正しい割りあてが無視されればサポートが失われます。エネルギーに指令を発し引き寄せるのは愛です。愛が尊重されるとき、富に限りはありません。愛こそは真の所有権です。これを十分に理解するとき、盗人があなたの家に押し入ってあなたのものを奪うことはできません。

モーセの九番目の戒律は、「**誤りの証言をしてはならない**」です。この戒律の明白な意味は嘘をついてはならないということです。とくにあなたの同胞について、あるいは、あなたが目撃したことに関して嘘をついてはならないということです。

もっとポジティブな言い方をすれば次のようになるでしょう。

――現実をこの上ない明確さと深さで愛するならば、現実を誤って見る必要はなくなり、現実を誤って人に伝える必要もなくなるでしょう。現実を愛することは正直の核心であり、無邪気な知覚のエッセンスです。人をだますことは反逆的な行為です。そうすれば自分を自分自身から引き離し、神から引き離すことになるからです。しかし、正直の一〇〇パーセントの意味は現実を愛することであり、そこにいてあなたの目の前にあるものを知覚することです。嘘をつくことはしないけれど、バラ色の眼鏡をかけて人生を生きていく人は数多く存在します。

多くの場合、私たちはブラインドを下ろして目の前にあるものを見ることを拒絶します。イエスは無邪気な知覚について語りましたが人生をありのままに見て、人生をありのままに受け容れる能力に言及していたのです。無邪気な知覚は発見、悟り、共感に満ちた人生を求めるハートの情熱です。イエスは次のような説明もしてくれました。

――正直は単に道徳的な行為ではありません。正直は叡智と知性の土台です。

「多くの人は真実は人を傷つけるから、できるだけ避けたいと思っていますが、これはなぜでしょうか?」

――率直と正直の間に大いなる混乱が存在します。あまりにも率直であるために話す言葉の一つひとつに棘のある人がいますが、このような人は月が昇っていても見えません。このような人はわざわざ自分の気持ちを語りますが、その気持ちには明確な知覚はありません。率直であることは人を傷つける可能性があり、多くの場合、人を傷つけます。正直さは常に現実を参考にします。したがって正直の内部には慰め・支持・決意の要素が含まれているのです。

真実は宇宙の不変数です。真実を伝えるために必要なことは現実に対する尊敬です。真実を明らかにするときは、相手の理解に対する寛容と共感をもって非常に優しく親切にすることが可能です。私は真実を語るときには、よくたとえ話を用います。たとえ話や比喩の慈悲的な側面は、その話を聞く人のハート、マインド、期待に対する適応性にあります。この方法を用いると、一つの真実を大勢の人びとがそれぞれの受容性と用意に応じて、意識のさまざまなレベルで聞き取り理解することができます。真実はそれがどのように語られたかの中にあるというよりも、語られたことと聞かれたことの中にあります。

モーセの十番目の戒律は、「**欲しがってはならない**」です。今日の世界においては物を欲しがることはとても大きな問題です。激しい競争や仲間のプレッシャーの中で外見上の基準を満たさなければならないという怖れが蔓延しています。さまざまな製品がスーパースターによって宣伝され、無論その考えは同じ商品を使えばスーパースターと同じような成功者のイメージを獲得できるということです。

イエスは次のように語りました。

――外的なものに満足を求めないでください。愛と能力という基本財産が創造主によって一人ひとりの人に与えられたのです。外的な利点を涵養することによって、あるいは、あなたが獲得したものや直面する困難を他の人びとのそれと比較することによってこれを発見することはできません。この戒律の背後にある愛は、あなたの目的と一体であることの愛であり、それは内なる達成への愛という結果をもたらし、またあなた自身の存在理由を一〇〇パーセント収穫するという結果をもたらします。真に自分自身であるとき、あなたは神の子どもであることを知っています。それよりも偉大なものになることはできません。あなたは神の創造を推し進めるためにここに存在しているのであり、なすべきこととしてこれよりも偉大なことはありません。そういうわけであなたには目的があります。人生を生きるプロセスがその目的を花開かせてくれることでしょう。欲しがることは、あなたの神聖な目的を純粋に外的な動機に代えてしまうことを意味します。

外的な動機は、いずれは人が自分自身の目的を認識し尊重する能力を破壊することになります。これは他人の達成に対する羨望につながり、他人の勝利を目前にした場合の敗北感につながります。羨望によって駆り立てられながら人生を生きることは偽物の人生を生きることです。しかしながら、真の目的の感覚は達成の美しさを尊敬し、達成が起こる真のプロセスを尊敬することによって再びよみがえらせることが可能です。

達成の真のプロセスは煉瓦を一枚一枚重ねながら家を建てるようなものです。まず一枚の煉瓦がモルタルで固定され、それから二枚目の煉瓦がその横に置かれます。仕事が進むなかで一枚一枚の煉瓦が水平で適切に固定されているかどうかを確認するために注意が払われます。名人の石工は煉瓦の並びがつくる一線一線の中に邸宅の真の人格があることを知っています。やがて彼は立ち上がってうしろに下がり、壁全体を見てそれが完璧なことを確認し、最後には完成した大邸宅全体を見ることになります。それまでの間、必要とされるのは信頼であり、建設のプロセスへの献身です。この内なる自信がなければ全体像は失われ、自分自身の重要性の否定が献身的な仕事の喜びを凌駕することになります。

人生を生きるプロセスの中に愛の力を見ることは強烈な体験です。究極的な達成にだけ目を向けプロセスを尊重することを忘れると、ギリシャ神話の登場人物の一人、イカロスのようになってしまいます。イカロスは太陽に向かって飛ぶことを望み、鑞(ろう)を材料にして巨大な一対の翼を作りました。イカロスはこの巨大な翼を腕に固定させました。それから、現代のハンググライダーのように崖から飛び立ち風に乗って太陽にどんどん近づいて行きました。彼はプロセスを無視して夢にだけ心の焦点を合わせていたため、太陽熱が翼の鑞を溶かすだろうことに思いいたりませんでした。別な言い方をすれば、翼はプロセスに耐えることができるもので作られていませんでした。突然、イカロスは空から海へと落ち、海岸に打ち上げられます。イカロスが誰もが太陽にたどりつくことができると知っていたら、あるいは、どのような目的地であれプロセスを洗練しながら一歩一歩進んでいけば誰でも到達できることを知っていたら、成功の確率はもっと高いものになっていたことでしょう。プロセスを愛し尊重しなければ、目標に達する前に失敗することになります。他人から成功や幸福の考えを借り、盗むことの悲劇的な結果はこういうことです。

達成のプロセスを愛するとき、あなたの成功を他人のそれと比較したいという誘惑にさらされる度合いが少なくなります。社会には若者も老人もいるのと同じように、それぞれの人がそれぞれ異なったスケジュールで仕事をしています。プロジェクトを終わらせようとしている人もいれば、プロジェクトを始めたばかりの人もいます。プロジェクトを開始し完成するまで取り組み、終わったら、また別のプロジェクトを開始します。一部の人があなたよりも前に目的地に到達しているという事実は人生の周期の一部にすぎません。自分の傑作に最後の煉瓦を置いて完成させた人は自分を誇りに思うかもしれません。そして他人の称賛を受けるかもしれません。同時に近所のどこかで誰かが自分の未来の建物のために、最初の煉瓦を置いている人がいるかもしれません。彼は自信がなく不安を感じ、人の目から彼のささやかなプロジェクトの開始を隠そうとするかもしれません。しかしながら、この二人はまったく同じです。なぜなら、目的意識をもった人生の進行するプロセスの中で、それぞれが一枚の煉瓦を積んだ点において同じなのです。物を欲しがるという行為は人の動機を外的なものにし、この深い理解から彼を遠ざけてしまいます。達成のプロセスを愛し、自分自身の目的を理解することが最後の戒律の本当の土台です。なぜなら、愛と生命は決して終わることのないプロセスだからです。

11 あなたの権利と自由

一九九二年二月のある朝、朝といっても昼に近い時間でしたが、私はとても集中できる状態ではなく落ち込んだ状態でスタジオに行きました。母親が病気だという知らせに心を悩ませ、イエスの肖像画を描くプロジェクトをしばらく中断しなければなりませんでした。私のハートは母親のことでいっぱいで、母親を助けたいと切に思っていました。それにしても、この類まれな体験を強制的に中断させられるということに失望していました。このジレンマから私を助け出すために、イエスはこの章の情報を明らかにしてくれたのです。

私が下さなければならない選択に悩みながら、ひそかに対処しようとしているのを見たイエスは、次のような言葉で私の沈黙を破ってくれました。

――何か別な緊急事態があるのであれば、少し休暇をとる権利があなたにはありますよ。

イエスは自然と私に共感してくれて、説明していないにもかかわらず事情を深く見通したことに、私は心温まる思いがしました。しかし、私を驚かせ注意を引いたのは「あなたには権利がありますよ」という言葉でした。もちろん、これは**私がどこにいるべきかを選択する権利**があるという意味でした。イエスの肖像画を描くことですら強制的なことではないというのです。私にはそれを決定する権利があるということをイエスが言った瞬間に、私のジレンマは消えてなくなったかのようでした。そしてそれから一時間もたたないうちに叔母から電話があり、母親の容態は良くなったから心配ないと知らされたのです。けっきょく、私はここにとどまって肖像画を描き続けることができるようになりました。

しばらくの間、静かに感謝の思いに浸ったあと、私たちは人間の権利についての話し合いを始めました。

――あなたには権利があると分かると、あなたには人生を変えることができるということが分かります。これまでの多くの時代にわたって多くの理想や講演の中心に〝自由意志〟の概念がありました。しかしながら、より大きな意識とさらに広い体験のスペクトルから見ると、自由意志は人類がその他の本質的な権利をもっているがゆえに、初めて存在しうるものであることが分かります。自由意志は文脈がなければ何の意味もありません。なぜなら、自由意志とは結果を省みることなく秩序を無視して非合理に行動することを許すライセンスではないからです。自由意志は他のすべての権利を顧慮(こりょ)しながら人生を営み、あるいは、人生を改善するためにあなたがもっている力や特権を代表するものです。権利は自由がなければ支持できないものであり、自由には権利がなければ意味がありません。

アメリカ建国のとき、アメリカをして他のすべての国々と区別したのはこの核心的な信念であったことに私は気づきました。人びとは自らの権利をはっきりと主張し守るためにこの地にやってきたのです。そうすれば自由になれることを完璧に信じてやってきたのです。私は初めてこの論理の中にスピリチュアルな力を見て取ることができました。もちろん、この探求は一七七六年に始まったわけではありません。人間の権利の宣言および尊敬は長い歴史を通して人類の意識の中で成長してきたものです。今という時代において、より流動的な生活様式へと移行するなかで政治的な権利、スピリチュアルな権利、個人の権利に対する探求がさらに求められています。この朝、イエスの声の中に明晰性と気遣いを感じた私は、さらなる理解を求めて質問の衝動を感じたのでした。

「それらの権利とはどのようなものでしょうか。どうすればそれを生活に応用できますか?」

イエスはこの日、質問に長い時間をかけて答えてくれました。しかし、権利と自由について話し合う前に、自由意志という非常に重要かつ高い関連性をもった問題を前置きとして語ってくれました。何が自由意志を構成するかが明確に理解できたとき、個人の権利は事実上自明の理として理解できることでしょう。自由意志がなければ権利を考える基盤がまったく存在しないことになります。この問題に付随するものとして、神の目から見た人間の平等性という真実があり、これについてはイエスも言及しました。他のすべての自由は自由意志と人間の平等性という二つの根本的な原則を軸にして展開しているように思われます。

――自由意志は創造主によってすべての魂に与えられている土台です。それは人間が本当の自分である権利であり、人生においてその真実を証明する選択の権利です。人生は動きに満ち満ちていて、変化のためのさまざまな可能性と選択を秘めています。選択を通してあなたは、あなたの人生をサポートし、あなたの愛をサポートし、あなたの真実をサポートします。文脈あるいは環境というものは、それ自体ではあなたという存在のエッセンスを尊重しないかもしれません。持続させてくれないかもしれません。その理由は、あなたは神の子どもであり、状況の子どもではないからです。自由意志をもっているという事実があなたを状況による幽閉から解放してくれます。状況をあなたの愛に見合ったものとするために変化を自分から起こすことができるかもしれません。そしてあなたの愛を否定する状況をサポートしないという選択をすることもできます。あなたにできる選択のどれも理想的なものではなかったとしても、選択するという行動そのものが外的な状況に対する主張の力をあなたに与え、その状況を切り抜けるための方策を与えてくれるでしょう。

自由意志とは個々人の人格やニーズ、あるいは、宇宙の法則とは無関係に触発された破壊的な行動、逸脱した行動、非合理な行動を認可するものではありません。自由意志は勝手気ままに何をやってもよいということではありません。自由意志とは、本質的にあなたがあなたである権利です。あなたが自分を知り、あなたという存在の性質を適切に延長し、そしてあなたという存在の性質に奉仕してくれるかという基準に応じて、人生のさまざまな要素や道連れを選択する権利なのです。自由意志はそれぞれの人が自分の愛をありのままに表現する権利をもち、さらに人生で遭遇する悲惨な状況から自分を守ることができるように、すべての人に平等に与えられています。

神の子どもたちは皆、創造主との関係において平等です。神聖な存在とより特別な関係にあるという人は存在しません。あるいは、神聖な存在との関係を実現するうえで特別な利点を与えられている人も存在しません。誰もが死を免れることのできない存在として一時的な困難を体験することは避けることができず、誰もが神の外に向けられた愛を享受することができ、ゆるしの能力をもっています。誰もが愛のイメージにおいて創造され、その核をなすエッセンスは最も絶望的な状況によってすら汚されることはありません。それぞれの人の中に神聖なセンターがあり、そこにその人の永遠の場所が意図的に維持されています。すべての人が不滅の魂であり、存在の全体の中に意味のある場所を占めています。これらの神聖な平等性は人間の権利と自由とに直接的に関係しています。

あなたの権利と自由に直接的な影響を及ぼしている不平等性というものもあります。その理由は、人には自らの平等性においてだけでなく不平等性においても尊敬されるべき権利があるということです。すべての人が自らの可能性を実現する方向に向かって平等な進歩を遂げているわけではありません。すべての人が等しい健康と富と知性をもって平等な環境の中に生まれてくるわけではありません。このような状況のすべてが個々人の人生の状況の一部です。そうした状況は非常にリアルなものです。しかし、それはすべてハートのあり方を変え、努力することによって変えることができるものです。いま置かれている状況がどのようなものであれ、誰もがいま存在する現実の中で自尊心を体験する権利をもっています。すべての人を同じ状況に追いやれば、権利の平等性は確実にないがしろにされることになります。**権利をもっているのは人であって状況ではありません。**

　慈善を施すときには相手の人に恥をかかせるのではなく高みへと引き上げるためにそうします。もしもあなたが相手よりも偉く見せるために兄弟姉妹を助けるとしたら、それに何の意味があるでしょうか。状況の不平等性は現実の一部です。そうであるとしても違いを認識しながら、愛によって違いを超越するのが兄弟であることの力です。**最高の和とは類似性と同様に創意性を尊重し、両者を同じ尊敬の気持ちで見ることです。**さもなければ平等性という概念そのものが強制的適合のくびきとなって恵まれた人びとを抑圧し、恵まれない人びとに不親切な要求を課すことになります。すべての人が自分の置かれた状況の中で自らの権利を体験する権利をもつべきです。さらに自分と同じ状況を分かち合っている人びとからの感情的なサポートと生活上の支援を享受する権利をもつべきです。同じ身分であることを楽しむことは自尊心の延長であり、それは集合的な幸福のための力を生み出します。

　これらの基本的な権利に対する見返りとして、あなたに求められているのは価値判断を慎むということだけです。他人のハートに何があるのか知ることはできません。多くの場合、外から見えるしるしは誤解を招きやすいものです。あなたの基本的な権利の最初の二つを達成し守るならば、三番目の権利は明確に見えるはずです。**あなたの三番目の基本的な権利**は無邪気さのスピリットを知り、体験し、尊重し、何よりも大切なこととしては、無邪気さをどこに発見できるかを知ることです。価値判断ほどこの理解に対するあなたの能力を破壊するものはありません。無邪気さは神とともに住んでいます。そして一人ひとりのハートの神聖なセンターの中に住んでいます。無邪気さは価値判断と偏見から解放された知覚の資質によって知ることができます。行動と生活の局面で見出すことができる無邪気さの側面は三つしかありません。一つは無邪気な知覚で、この無邪気な知覚を通してあらゆる思い違いが露呈され解放されます。二つ目は無邪気なハートで、この無邪気なハートを通して神との目的意識が再び生命を回復します。そして究極的には無邪気さはすべて神にその根源があります。これ以外のところに無邪気さの表現を期待すれば、不満と失望から限りなく価値判断をして、寛容な生き方の喜びと満足を自分自身に否定することになります。どこで叡智を見つけることができるかについての知識を獲得したことを示す最も確実なしるしは、その人にはユーモアのセンスがあるかということです。

　人生は流れです。人生の流れには季節があります。冬があり春があり、太陽が照るときがあり、雨が降るときがあり、病気があり健康があります。こうした変化のすべてがあなたの意識にとって大切な体験をもたらしてくれます。そうした体験の中には、あなたの忍耐を試すものもあるでしょう。あなたの献身に報いる体験もあるでしょう。入手可能な選択肢の中には、あなたの人生を他の選択肢よりもより豊かにサポートするものもあるでしょう。しかし、欠点のない選択というものはありません。たとえば人が自分の夕食のために大地からニンジンを引き抜けば、必然的にニンジンの生命を奪うことになります。最善の意図をもって両親が子どもに、放課後、ヴォイストレーニングのレッスンを受けさせる選択をするかもしれません。しかし、そのレッスンがなければ子どもはその放課後の時間を運動能力の発達のために使うことができたかもしれません。一方において、良い結果に終わる悪意の行動というものもあります。たとえば不当にも解雇された人の場合です。経済的な意味では不都合であったかもしれませんが、これによってその人は自分の本当の仕事を見つけることができるかもしれません。

　価値判断をする人は人生の道に迷う危険をおかしていると何度も言いました。価値判断は無邪気さに対する尊敬を抹消し、どこで無邪気さを見つけることができるかという理解を喪失させます。**無邪気さは外的な世界には属しません。**この理解が失われるたびごとに人は俗世間にのめり込み、多くの場合、他人に対して不寛容になり復讐心を抱くようになります。自分自身の人生においては舵のない船のようになり、生命を蝕む方式に幽閉されることになります。私はかつて罪を一度もおかしたことのない者がいるならば、その人が最初の石を投げるようにと挑戦したことがありますが、その理由はここにあります。無邪気さと外的な行動の間に何らかの相互関係をもたせようとすれば、無邪気さそのものの意味を無効にしてしまいます。クーガーが野ウサギを食べれば、食べることを自分に許さず餓死するよりも無邪気さが少ないことになるでしょうか。

　このことは人間の行動領域において、すべての行動が等しく建設的であることを暗示するものではありません。なぜなら、人間は自分の選択に基づいて人生を事実上成功に導くこともあれば、失敗に導くこともあるからです。それは真実であるとしても、もっと大きな点を把握する必要があります。それは善は外見によって決定されることはないということです。まして他人の価値判断によって決定されることはありません。人間の善はその人のハートにある無邪気さの中にあります。しかしながら、行動が人の期待や要求に応えることができないことも時としてあるかもしれません。人生がもたらすさまざまな選択に応じていくとき、行動を移ろいやすい他人の承認や称賛を求める代わりに、神の意志やあなたのエッセンスである愛に呼応させることにこそ完璧さがあると自覚するのは良いことです。これを見失ってしまった人は誰であれ、遅かれ早かれ自分自身の救済を見失い、自らの人生を充実したものにしてくれる権利や自由を自分から奪うことになります。

　イエスはその他の権利には言及しませんでした。また、私たちの権利はその日話し合った権利だけに限られるという暗示もしませんでした。しかしながら、イエスが強調するその他の権利や自由を足すと全部で十二になるようです。自由意志、人類の平等性、精神内部の永遠の無邪気さがその他のすべての権利の土台であり、不変性の要素を提供し、それがその他の自由に意味と方向性を与えるのです。私の理解するところでは、基本的な権利は生命そのものの資質に関係するものであり、その他の十二の権利は人生を生きるにあたって私たちをサポートしてくれるものです。

これらの残りの権利の中で最も重要なものは、私たちの創造主と関係をもつということです。
――あなたが神聖なものから離れた人生を生きることによってどれほど遠くまで神聖なものから遠ざかったとしても、あなたの根源との絆は決して切れることはありません。あなたの核心的な絆は、あなたがどれほど分離しようと努力しても常に維持されます。神から離れた人生を探求するとき、そこに生じる真空状態はさまざまな考え、枠組み、組織、関係などによって満たされ、あなたはそれらのものによって呵責なく支配されることになります。あなたと神の間に生じたすべてのものの囚人になってしまったと感じるかもしれません。というのは、まさしくあなたと創造主の間に生じたもののすべては、あなたに対して神の力をもつことになるからです。このために神との関係を抱擁しようとすれば、まず神とあなたの間に介入してその分離を利用してきたすべてのものに許可を求めなければならないという不幸な結論に導かれることになります。これは真実ではありません。なぜなら、あなたと創造主との関係は瞬時に可能であり永遠だからです。それは自分以外の誰かの同意に依存した関係ではなく、一致した信念体系によって支配されるものでもありません。あなたがしなければならないこと、それはあなたの不滅の権利を創造主との関係において復権することだけです。あなたが今、どのような状況にあろうとも創造主との絆は一度たりとも失われたことはありません。

あなたには自分自身を愛そのものとして知る権利があります。そして、その真実をあなた自身のユニークで意味深いやり方で顕現する権利があります。あなたは愛です。この世界は、あなたは単に愛から生まれたにすぎないと信じさせようとします。そしてあなたの人生はあなたが行う愛によって正当化されるのだと信じさせようとします。その他、愛についてもろもろのことを信じさせようとするかもしれませんが、あなたは愛そのものであるという事実を信じさせようとはしないでしょう。しかしながら、あなたの価値の真のエッセンス、あなたの目的、あなたの不滅性、そしてあなたの自由は、あなたは愛そのものであるという確固たる事実にあります。

あなたのエッセンスである愛であることによって、あなたは人生のエネルギーを放射します。存在の中心からあなたの人生が必要としているものを引き寄せます。そしてあなたの人生が自ら完了させる必要のあるものと一緒になります。愛であるあなたには愛する友、活動、目的、さまざまな事柄を承認する権利があります。愛することはあなたの権利であり、何を愛するかを選択するのもあなたの権利です。この世界には偏見、価値判断、長いものには巻かれろ、といった考えが強く存在しています。このような勢力の圧力によって、人気のない愛を表現したいという願望や自信は弱められるかもしれません。しかしながら、外的なものはあなたの愛の力を弱めることはできません。あなたのエッセンスであるものを尊重し、あなたの愛が真の意味で表現できるように人生を育むための方法を探求することは存在の根幹にかかわることです。**愛はあなたの永遠の権利です。愛はあなたのエッセンスです。**

あなたには愛するものと深く交わる権利もあります。愛はあなたの唯一の永続する宝物です。あなたが所有し、体験し、生み出し、涵養するものの中で、この人生が終わったあともあなたと一緒にとどまることができるのは愛だけです。あなたがもっている愛のすべて、そしてあなたが知っている愛のすべてをもち続けることができます。愛から分離されるということは、あなたの富から分離されることです。自分が愛するものを抑圧し、忘れ、否定して、達成した豊かさに数多くの人びとが困難を感じていることに不思議があるでしょうか。あなたは愛として創造され、その愛を延長し完成させるものと一緒になる運命にあります。それを達成した喜びと充実感、そして豊かさを知ることはあなたの権利です。

あなたの愛、そして愛するものを支えることは永続的な現実です。なぜなら、スピリットは一つだけであり、スピリットはすべてのものの一部だからです。全体は分割されないものであり、**あなたは全体の不可欠な一部であることを知る権利があります。**すべての人の人生は全体の模様の中に織り込まれます。あなたを裁いてそこから追い出したり、いじめて追い出したり、模様の中に織り込むことを拒否することは誰にもできません。というのはスピリットは単純であり、途切れることなくつながっているからです。スピリットは分断され分裂しているというほのめかしは嘘であり妄想にすぎません。あなたがスピリットの分離を信じ込まされた理由は、そのような信念体系を使ってあなたを孤立させ、支配するためには、まずあなたをそのような考えに服従させなければならないからです。孤立をあなたの人生の条件として受け容れてはなりません。他の人びとがあなたにいかなる価値判断を下したとしてもあなたは家族の一員です。価値判断は価値判断をする人びとの問題にしておけばよいのです。

ここでも再びイエスは人間の価値判断に対してよりも、人間の間違いに寛容であることが明らかにされました。

――**あなたには生命のすべてとのつながりを知り、それによって恩恵を受け、全体に身を任せることによって癒される権利があります。**スピリットの統一性を通して宇宙からインスピレーションを受け取ることが可能です。ただし、そのインスピレーションがあなたの人生にとって意味があるという前提条件はつきます。あなたのために意図されていないメッセージは聞こえません。一つのスピリットはあらゆる理解を超越した生命ある知性であり、すべての記憶を保持し、すべての可能性を保持しています。祈りや瞑想をするなかでスピリットが一つであることを承認すると、あなたの人生や未来について素晴らしい考えやメッセージを受け取ることができます。あなたがしなければならないこと、それは質問を発し、それからただ耳を傾けることだけです。

人によっては何かネガティブな影響を受けるのではないかと考えて、スピリットの中に入っていくことを怖れているように思われます。あなたも言われたようにスピリットには**すべてのもの**が含まれているわけですから。

――スピリチュアルなコミュニオン（神聖な一体感）の鍵は、**身をゆだねて耳を傾けることに**あります。受容のモードの中にいるとき、神聖なスピリットがあなたの上に降下して愛の滋養と導きを与えくれるでしょう。霊的な問題に巻き込まれた人は攻撃的に自己主張しながらスピリットの中に入り、自分の欲望にしたがってスピリットを操作し方向づけようとした人たちです。思い出してください。前にも説明しましたが、スピリットを乱し分割しようとする人、あるいは、スピリットのワンネス（一体性）をとくに自己中心的な動機からおかそうとする人は、自分自身に攻撃を招来することになります。

大多数の人びとはスピリチュアルな自覚の実践を拒否します。なぜなら、彼らはスピリチュアルな王国から自分は分離していると信じるようになってしまったからです。言っておきたいのですが、スピリチュアルな王国はどこか別な場所にあるのではありません。あるいは、入っていくような外的な場所があるというわけでもありません。それはあなたの中にあります。スピリチュアルな王国はすべての存在の中にあり、すべてのものの中にあり、すべての時代の中にあり、すべての場所の中にあります。一つのスピリットは永遠であり、あらゆる場所に存在しています。それはあなたの中にあり、あなたはスピリットの一部であると知ることはあなたの権利です。これを知ることによって多くの叡智と洞察力を得ることができ、あなたの人生をより完全なものにすることができるでしょう。

あなたにはハートの中に意識的に入り、ハートがあなたの人生のために提供してくれる高次の知性を知る権利があります。これをするためには、あなたの基本的な無邪気さを理解し受け容れなければなりません。ハートに入るのに許可を求める必要はありません。それは権利です。しかし、一つだけ必要条件があります。あなたの本当の自分、すなわち、あなたのエッセンスである愛として入らなければなりません。あなた自身の存在性の核心にある無邪気さは、それ以外のものは何も認めないでしょう。ことによるとこれは不可能に思われるかもしれません。あなたの人生はさまざまな問題や悩みに満ち、何が真実で何が真実でないのかを見極めることが困難な状態なのですから。ましてあなた自身の中で何が真実で何が真実でないのかを識別することが難しいのですから。

あなたはこう言うかもしれません。「地上のさまざまな苦しみにもがいているなかで、存在の核心において無邪気で完璧でいることなどできるのでしょうか？」。この権利はこういう世界の状況の中での論理と一致する必要はありません。あなたの本当の自分に身を任せ、あなたの人生の永遠の絆に身をゆだねることは論理的に意味をなす必要はありません。それはどういう条件下であっても主張できる権利です。ハートの知性に帰ることによって、あなたが真に必要としている答えを発見することができるでしょう。

あなたには無限性を自分自身の観点から体験する権利があります。そして無限性の広大な可能性の中にあるあなたの存在理由を支持する価値や意味を理解する権利があります。この一部としてあらゆる枠組みの彼方を見て一般的な憶測に同意せず、あなたの人生や価値観に合わない見通しや提案に対して「ノー」と言う権利があります。あなたを封じ込めようとするいかなる枠組みをも超越する権利もあります。未知の世界に手を伸ばして、あえて夢を見る権利もあります。想像する権利があり、想像力がもたらす創造の成果を享受する権利もあります。この探求において無限性を体験し、あなたの希望や夢についての観点を確立する権利があります。

あなたには自分が不滅であることを知る権利もあります。

人によっては、これほど明らかなことを一つの権利として提示する必要があることにショックを覚えるかもしれません。しかしながら、それよりもショッキングな事実を言えば、西洋世界の非常に多くの人たちは、生物的な起源と社会的な文脈でしか自分を考えることができないということがあります。そのような人たちにとっては、死がやってくればすべてが終わります。それよりも多くの人たち、ことによると過半数の人たちは不滅性を信じているかもしれません。しかし、そういう場合でも不滅性は許可と見返りによってのみ達成されると見なされています。

――この世界には、あなたの人生が制限と枠組みの法則によって規定されるように、あなたはいつか死ぬべき存在だと思い込ませようとする人びとがいます。その考えはこういうことです。「今この瞬間を生きなさい。さもなければ生きることにはなりません。このプログラムに従いなさい。今、手に入れることができないものをあとで手に入れることはできません」。自分が不滅であることを知っていたら、あなたはあまりにも自由な存在でコントロールすることはできません。人間という枠組みがつくるかもしれないどんな壁でも軽々と飛び越えることができます。そのようなわけで不滅の生命についての理解は非常な抑圧を受けてきました。場合によっては真っ向から否定されてきました。また場合によっては、とくに東洋においてその傾向が強いのですが、人間の不滅性は間違った方向性を与えられて、人類は常に上昇する生命の車輪から抜け出ることができないと考えられています。真実はどうかと言えば、あなたにはただ一つの生命があるだけであり、それは永遠の生命であるということです。あなたの永遠の生命がどのように花開いていくかは、すべてあなたの愛によって決められます。あなたの愛があるところにあなたはいるでしょう。**私はこれを軽々しく言っているのではありません。それが法則です。あなたの愛のあり方、それがすなわち、あなたのあり方です。**あなたの愛が自らを精妙なるものにして天国の喜びを好み享受するならば、あなたは天国にいることでしょう。人生の暗黒の部分を愛する人びとのためには、人生のそのような側面が入手できる世界が用意されるでしょう。あなたの愛がどこにあろうとも、あなたもそこにいることでしょう。あなたの愛を止めることは不可能であり、あなたは愛と一緒にいるでしょう。愛はあなたに教訓、友人、祝福、機会をもたらしてくれます。あなたの成長パターンのすべて、人生における変化のすべてはあなたの愛のパターンにおいて何かが変わったことによって起こりました。愛のさまざまなパターンを発達させていくことによって、あなたの人生にさまざまな変化が起こります。あなたは、あなたの愛がある場所にあってどこか別の場所にいるということはありえません。

愛は不滅性と手に手を取って歩きます。これを知ることによって実現は真の意味で可能であると信頼することができるでしょう。それはまず人生はあなたを束縛しようとするいかなる枠組みをも超越して彼方へと続いていると理解することによって始まります。不滅性のポイントまで続いているのです。これはあなたの権利です。

あなたには一〇〇パーセント生きて人生のすべての祝福を探求する権利があります。誰にも苦しまなければならないという誓約はありません。苦しみは時として人生の一部であるかもしれません。学ばなければならない教訓のために必要ですらあるかもしれません。しかしながら、苦しみはいかなる人の人生の契約書にもありません。困難な状況が現われたときは、それが提示するより大きな目的を考えてください。あるいは、その状況を深く見つめて素晴らしい祝福を探してみてください。あなたの父は、あなたが豊かさと喜びの中で生きることを望んでおられるのです。神とのすべての誓約は喜びの中に刻まれています。したがって誰かが苦しんでいるとすれば、それは神の意志によるものではありません。多くの場合、苦しみは人生の一つの要素であり、それが達成されたとき喜びをもたらしてくれます。出産がその良い例でしょう。時として苦しみは集合的な虐待や無知によってもたらされます。あるいは、その人自身が苦しみを味わいたいという気持ちがあるために起こります。

苦しみは神が下す罰であると誤って信じている人がいます。宇宙の法則という点から、そして原因と結果の法則という観点からすると、人は自分が蒔いたものを刈り取るという考えには真実があります。ただし、それは神の復讐によってなされるものではありません。悲劇的なことですが、多くの人びとは祝福の現実よりも苦しみの未来により大きな信頼を置いているために苦しんでいます。苦しみの人生を体験した人びとは、少なくとも苦しみはあてにできると感じています。未来に関して何も予測できないよりも、それが苦しみであっても予測できることがあればそのほうが良いと考えます。彼らの両親は苦しみました。その前には祖父母も苦しみました。これによってこの苦しみの伝統に対してある種の愛が与えられることになります。苦しみを愛するようになった人たちもいます。なぜなら、苦しみは自分にとって大切な人びとと分かち合える最強の絆であるからです。人によっては不幸な体験を生き残ることが達成と自尊心の基盤になっているという場合もあります。ポイントは愛と苦しみの間に愛着関係があるとき、その絆は無限に継続するということです。**あなたが愛するようにあなたは存在します。**これとは反対に苦しみを相互的に体験する人もいます。それは苦しみを脅しの道具に使ってコントロールし支配する環境をつくり出すからです。彼らは苦しみが予測され、苦しみを目的遂行の手段として活用するような環境を創出します。やがて彼ら自身も自分がつくった計画と意図の犠牲になり、たっぷりと苦しみを受け取ることになります。

ほとんどの苦しみは、人間が生命の祝福に対する権利があることを知らないために起こります。人間は傷心、失望、苦痛、混乱、落ち込みといった状況に甘んじる必要はありません。それだけではありません。祝福を探求すると、あなたの神聖な契約の残りの部分も花開きはじめます。前にも言ったことですが、創造主はあなたとの契約書を喜びの中で書かれました。苦しみに取りつかれている人びとは真の目的を容易に発見することはできません。祝福を探求するとき、初めて生きる理由を見つけることができます。祝福を探求し、祝福を期待してください。感謝の気持ちを忘れることなく、祝福は求めればいつでも手に入れることができると知ってください。

あなたには人生の決断を自ら下す権利があります。決断にはあなたが何を所有するかを選択するだけでなく、意図的に所有しないものも含まれます。あなたに代わってこれができる人はいません。

多くの意味でこの権利は、その他の権利を行使する基本となる権利です。多数派への迎合がプログラムされた苦しみの世界の中で、私たちは仲間やビジネス慣行、社会的な儀礼による圧力を常に受けています。そういう状況の中で、私たちは常に正しい選択をしようとするかもしれませんが、それには時として「ノー」と言うことも含まれるでしょう。流れに逆らって不同意を表明することは危険だと感じることもあります。しかし、自分の権利を放棄することのほうがずっと危険であることをイエスは気づかせてくれました。私たちが権利を放棄すると誰かがその権利を行使するかもしれないからです。

個人的な選択の権利は道徳的な問題をはるかに凌駕しています。自分が下す選択によって人生のリズムそのものとかかわり、人生の中にあるすべてのものを包み込むからです。たとえば絵を描くとき、一つの作品を仕上げるまでに私は優に一万ぐらいの決断を下すかもしれません。実際にこれこそが創造性のエッセンスかもしれません。私たちは生活の中で数えきれない決断を下します。そうした決断の多くは生活上の具体的な決断です。あるいは、優先順位についての決断もあります。ある意味で成功は、数多くの正しい決断を下した結果であるともいえます。失敗は、仮に失敗というようなものがあるとすればの話ですが、数多くの間違った決断を下した結果であるといえるでしょう。不幸なことですが、多くの人は自分で決断することを拒否しています。そのような人たちの人生にある優柔不断さや混乱は、それによって説明できるかもしれません。彼らの人生のエネルギーの枯渇状態は、それによって確実に説明できるでしょう。一つの決断を下すごとに、人は生き続けるためのエネルギーを獲得します。決断を下すことは時として難しいこともありますが、決断を下さなければさらなる問題が生じることになります。決断を下すにあたって他人に相談することにより、そのプロセスに叡智をもたらすこともできます。しかしながら、最終的には自分が下した決断、あるいは、下さなかった決断の結果の責任は自分で負わなければなりません。

イエスは次のように語りました。

――あなたの人生はあなたの数多くの体験、起源、同意、能力に関して、あなたがしたすべての選択が最高点に達した状態です。選択することによって自分であるということの核心的な責任を果たし、あなたの愛を外的な形で顕現するという責任を果たします。選択は人生の方向性に影響を与える機会です。「ノー」と言うことが多くの場合、正しい選択です。あなたにとって間違っていること、あなたの健康に有害なものを許さない権利をあなたはもっています。「ノー」という言葉は人気のある言葉ではありません。しかし、正しい決断を下すことは人気取りが目的ではありません。

イエスのこの教えは、現在蔓延しているある考え方についての質問を呼び起こすきっかけになりました。それは、物事に対する理解が十分で完全であるためには、人はすべてのことを体験しなければならないという考えです。この考えを敷衍（ふえん）すると、人間の永遠の存在を完了するためにはすべてのことを体験しなければならないということになります。私はこの考えに真実性があるのかどうか知りたいと思いました。

イエスは次のように答えました。

――あなたが体験しなければならないことは、あなたのエッセンスである愛を実現することだけです。すべてのことを実行し、すべてのことを聞き、すべてのことを考え、すべてのことを感じる必要はありません。一人ひとりの人間は、その歴史においても人格においてもユニークな個人です。そうでなければ全体への迎合そのものになってしまいます。あなたの愛が完璧であるときあなたは完璧なのであって、あなたが世界の他の人たちと同じようになったときに完璧なのではありません。すべての魂が創造主のもとに戻って神聖な光の中に融合することを究極的な全体への融合であると考える人もいます。これほど真実からかけ離れた考えはありません。生きることの理由は、創造をユニークに推し進め、あなたという本質的存在のユニークで具体的な性質を自分自身に向かって、また魂の永遠のコミュニティーに向かって明らかにすることにあります。全体に迎合することは生きる目的の一部ではありません。

私は心の深いところでこの主題に関して一つの見方を分かち合いたいと感じました。「この種の考え方は、状況が少し変われば王様でも物乞いになるかもしれず、物乞いでも王様になるかもしれないという可能性を提示することによって〝負け犬〟に希望を与えようとしているのだと思います」と私は言いました。

私の考えを優しく支持しながら、イエスが部分的に同意して次のように答えてくれました。

――そうですね、そのような考えの動機については、あなたの考えは正しいと思います。しかしながら、そのような考えが生み出す希望は、多くの場合、現実によって裏打ちされることはありません。体験の類似性と迎合は必ずしも寛容と共感を結果としてもたらすことはありません。愛が完璧であるとき、あなたは内在的な共感性をもちます。あなたの愛が完璧であるとき、物乞いはすでに王様と同じく偉大であることがあなたには見えます。**人生の影響を受けるなかで、人生というものを正直かつ正確に理解する権利があなたにはあります。**他人の偏見に固執することなく人生をはっきりと見極め、あなたが発する質問に対する正直な答えを探求する権利があなたにはあります。この人生とは何かについて浅薄で迷信に満ちた答えや政治的に正しい答え、伝統的な答えで妥協する必要はありません。中世のヨーロッパをペストが席巻したとき、それは邪悪な呪いであると感じた人もいました。神の罰であるからどうすることもできないと信じた人もいました。さらに別な例をあげれば、ルイ・パスツールのような科学者たちは答えを探しました。そしてある日、彼は注意深い調査のあとで叫びました。「牛乳がおかしい！」。無知と支配の意図に基づいた従来の答えを受け容れる必要はありません。目を開いて物事を見つめ、耳を傾けて聞くのです。この人生に知的探求心をもって論理的かつ科学的にアプローチする権利があなたにはあります。機能不全の説明で満足する必要はありません。

人類の歴史を見るとあまりにも多くの場合、神聖な神秘体験が具体的な生活についての無知を強制するために利用され、無知を隠ぺいするために利用されてきました。人間の能力では定義できない意識の次元が存在することは確実です。神との関連における神秘と神秘主義を尊敬することは正直な人生観です。なぜなら、それは創造主に対する真実の畏敬の念を表わすものであり、究極的な未知の世界を信仰を通して抱擁することなのですから。しかしながら、他のすべての事柄においては神秘はしっかりとした意識にとって代わられるべきです。神秘的な真実は現実的な知識や責任領域への正直なアクセスを阻害するべきものではありません。

あなた自身の主観的な感情や知覚についての真実を認めることは正直さには不可欠です。主観的な知覚が妥当なものであるためには外的な現実と一致する必要はありません。それはあなたがあなたであることの奇跡の一部であり、人生においてあなたが占めている場所の不思議さです。あなたはさまざまなる内的な現実の奇跡であり、内的な現実を正直に見つめる権利があります。外を見たときに見えるものが感じていることと一致しないからといって自分の気持ちを否定して、気持ちに不正直に適応する必要はありません。

イエスの話を聞きながら、他の人たちにとってはつらいことのように見える状況の中にあって、嬉しくて歌を口ずさんでいたときのことを思い出していました。十代の私は晴れの日も雨の日も毎日馬に乗っていました。私は冬の到来、そして最初の北風すらも楽しみにしていたのです。他の人は皆、気温が急激に落ち込む冬の到来を怖れ、震えながらこぼしていたものです。私は馬が冬の到来に興奮するのが大好きで、馬も私も季節の急激な変化から何らかの新しいエネルギーをもらっていたのでした。他の人たちが暖炉に薪をくべて暖を楽しんでいるとき、私はテキサスの丘を馬で駆け巡り、最高の時間を過ごしていました。

ニューヨークに行く前、ニューヨークは危険なところだと注意を受けていました。ニューヨークの人は相手の目を直視せず、一般的に友好的ではないと聞かされていました。そういう人たちの話を信じないで本当によかったと思っています。なぜなら、行ってみるとニューヨークの人たちは、私がこれまで会った人たちの中で最も友好的な人たちであることが分かったからです。他の人たちは、私とは違った経験をしているかもしれません。しかし、私の場合、レストランに一人で行ったときに二回ほど、食事を一緒にしないかとご夫婦に誘ってもらいました。またある時、劇場に入るために並んでいると、その列は一ブロックぐらいの長さだったのですが、切符売場に着いたときには前後十二人の人たちとファーストネームで呼び合う仲になっていました。ほとんど毎日、メトロポリタン美術館に通っていたのですが、〝常連〟の数人と友達になり、ベンチに座って美術館所蔵の絵画のメリットについて議論をしたものです。人の意見や偏見を鵜のみにしてニューヨークに行っていたら、このような快適な体験に心を開くことができなかったと思います。ポジティブな感情と知覚をもつことでそれにマッチした体験によって祝福されたのでした。

自分自身の気持ちに忠実であることで潜在的に危険な体験から守られたこともありました。これもニューヨークでのことですが、エレベーターを待っていると一人の若者が近づいてきてコークが欲しくないかと聞かれました。私は、「結構です、喉は別に渇いていませんから」と答えました。私は自分自身の現実に心の焦点を絞っていたために、彼の〝意図〟を聞き取ることができなかったのでした。彼は混乱した様子で去っていきました。それから数分して、私は彼がコカインを売ろうとしていたことに気づきました。別の機会には莫大な利益が約束された〝機会〟を提示されたこともありました。自分の気持ちに耳を傾けたときは常に正しい選択をしてきたと思います。

しばらく思い出にふけっていた私ですが回想からふと我れに帰ると、イエスが次のように繰り返し語っているのが聞こえました。

――**あなたには自分の気持ちに関して自分自身に正直である権利があります。他の人たちが信じるべきことについてあなたにどのような条件づけをしたとしても、あなたには自分自身に忠実である権利があります。あなたには一人の人間としての成長を体験し、品格をもって自分の人生を探求する権利があります。**出発点がどのような場所であっても、改善を求めて変化を求める人は何も変えようとしない人よりも道徳的であり、品格があります。道徳性とは改善を求めて変化することです。このようにして最初のものが最後になり、最後のものが最初になります。この宇宙においては愛だけが不変であり、他のすべてのものは成長ないしは衰退によって常に変化しつつあります。多くの場合、既得権と現状を守ろうとしている人びとは、実際には衰退に向っている人生を偽装しているにすぎません。古代イスラエルのパリサイ人の誤った傾向として、私はしばしばこの事実を暴露したのでした。彼らは変化を必要としていました。しかし、彼らは常に現状維持に固執し、価値判断をすることによって現状を維持しようとしました。衰退の継続を許すよりは衰退の周期を暴露するほうが常によいのです。衰退が暴露されるまでは改善は不可能です。多くの人びとは、自分の〝粘土でできた足〟が年ごとに崩れていくにもかかわらず、体裁を繕うために人生を費やし、能力とエネルギーを費やします。そのような人びとは品格の原則によってではなく、価値判断の哲学によって自分の人生を統治します。価値判断によって人生を統治する人は自分に対して不正直になり、したがって自分自身が築いた壁の囚人になります。

愛は常に改善を探求します。人生をより機能的なものにして、喜びにあふれ、完全で美しいものにしようとします。愛は人生に改善をもたらすために入手可能な選択肢の一つひとつを吟味します。この種の識別は品格の行為であって価値判断の行為ではありません。価値判断の頑な哲学は品格の代わりに枠組みをつくり、信頼の代わりに支配を、高次の意識の代わりに低次元の論理を生み出します。人生の中で価値判断に力を与えている人びとは一般的に言うと二元的な公式の中で生活し、そこではすべてのものが善悪のレッテルを貼られています。大体において悪のレッテルが貼られます。価値判断は善性と品格を侮辱するものです。なぜなら、価値判断の唯一の目的は支配することにあるからです。価値判断のいちばん悪いところは無責任という名の死にいたる病です。価値判断の油断のならない意図は支配的な地位にある人びとに支配権を与え、支配されている人びとに責任を課すことにあります。これは不安定な取り決めです。なぜなら、それは不正直に基づいているからです。やがて支配する立場にある人びとは、責任が自分に課されることのないように、善悪というものは存在しないと宣言します。

このイエスの言葉によって、最近はやりの哲学を思い出しました。それは「正しいとか間違っているとかはない」と宣言することによって価値判断の害を除去しようとする考えです。私はこのような考えは価値判断に対する過剰な反応なのか、より寛容な意識形成のプロセスなのかを知りたいと思いました。

――そのような考えは価値判断の放棄を象徴していて、そのこと自体は良いのですが単純すぎて非常に毒性の強いこの問題を解消する力はないでしょう。一種の皮相的な理想主義で毒が発生している鉱山の採掘をやめたにもかかわらず鉱山の坑道を開けたままにしておいて、何も知らない子どもが坑道から落ちて死ぬ危険を放置しておくのと同じようなものです。真の解決は問題の真の理解を要求します。この問題は人間が無邪気なハートのもとを去り、高次な知性をマインドの仕組みに移行したときに始まったのです。人類が故郷を離れたとき、価値判断と困難に満ちた世界に足を踏み入れました。マインドは支配することにだけ関心があり、人生に品格をもたらすという観点から正しいか正しくないかということを考えることにはまったく関心がありません。ハートだけが品格を気にかけ、ハートだけが人間の行動の結果を気にかけて品格を探求します。ハートに戻ることによって人は真の成長・創造・生産・無邪気さの方向性を発見することができます。これがアダムとイブの物語であり、善悪の知識の木の物語です。人生をより確実に支配できるようにアダムとイブはマインドを中心とした世界を選び、ハートを中心とした無邪気な世界を去ったのでした。アダムとイブはこれと同じ選択をしたすべての祖先の代表者にすぎません。彼らはそれから価値判断の力を受け容れ促進することによって原罪とのかかわりを創作していったのでした。今となっては価値判断の結果は行きつくところまで行き、価値判断が自らを燃焼しきって価値判断の過ちが宇宙全体で暴露されるまで待つしかありません。

あなたが自分自身の中にある分離したいという傾向、分離されたいという傾向を克服したとき、ついに識別のプロセスに叡智を傾けることができるようになるでしょう。正しい、間違っているといった厳しくも厄介なレッテルの代わりに、愛情に満ちた許容、あるいは、愛情に満ちた拒絶という観点から識別をすることができるようになるでしょう。たとえばガラガラヘビのことを考えてみましょう。ガラガラヘビが自然の中で自分なりに奉仕できる砂漠で生活することを許容しながらも、あなたの家の裏庭に住むことは拒絶するということは良いと思いますか？　すべてのものには適切な時と場所があり、識別は愛情に満ちた許容の行為であり愛情に満ちた拒絶の行為なのです。

長い価値判断の時代は人類にとって最も暗い夜の時代でしたが、これも最後の価値判断がされたときに終わりを告げることでしょう。最後の価値判断とは価値判断に対する価値判断であると理解することによって、その日の到来を早めることができます。その時、雄々しい花婿が聖心という花嫁と一緒になるように、人間の意識はついに光に輝きながら大いなる上昇を遂げることでしょう。これこそが数多くの預言者が夢見てきた神聖な結婚式です。その時、地上に平和が訪れるでしょう。それまでさしあたっては、あなたに可能なあらゆる方法で人生の改善を探求してください。ポジティブな変化のための機会を一つひとつ楽しんでください。毎日を最大限に活用してください。

最後に、あなたには自分自身の信念をもつ権利があります。あなたが信じることは、あなたの最も誠実な祈りです。

すべてが静かになりました。しばらくの間、沈黙だけがありました。それからイエスは単純でありながら胸にしみる次の言葉を発したのでした。

――人は愛するがごとく存在します。人は信じるがごとく変貌します。

12 神と現実

「私たちの父の愛は、知られたいというご自身の果てしない熱望によって明らかにされます。存在するもののすべてを通して、私たちの父は自らの存在を愛情を込めてすべての魂のハート・人生・感覚にとって入手可能なものとするのです」。イエスは大いなる尊敬の念を込めて次の言葉を何度も繰り返しました。**「神は現実と一つです」**。現実に対する神の優越を保証しながらも、創造主と創造されたものの間にいかなる分離も存在しないことをイエスは保証しました。なぜなら、愛はいかなる欠点もなく完璧に君臨しているからです。

この話は「マルコによる福音書」に記録されている一つの出来事を想起させます。この中でイエスは、パリサイ人がイエスの使徒たちが安息日（サバス）のときに収穫したことに裁きを与えたことを諫めたのでした。イエスは言いました。**「安息日は人間のために設けられたのです。人間が安息日のために造られたのではありません」**〔17〕。この時のイエスの反応は、あらゆる事柄においてイエスが守る優先順位を典型的に示すものでした。創造という現実において神を尊敬しない儀礼はいかなるものであっても神聖なものとはいえません。

イエスの話のすべて、あるいは、イエスが私と分かち合ったすべては、常に存在の自然な秩序の中に奥深く錨を下ろしていました。イエスの言ったことのほとんどが私にも容易に理解でき、私の生活に容易に適用することができるものでした。その多くは思考と成長のための材料であり、いくつかの話は語られた時点では私の理解力を超えていました。イエスが創造主と現実の双方に敬意を払っていること、そして私に洞察力の宝石を差し出して、もっと知りたい、もっと奇跡に目を開きたいという願望に刺激を与えてくれたことは、私にとって意味深いものがありました。

この章と次章で伝えられているメッセージは最新の注意を払って記録されました。それはここで伝えられているメッセージの意味ないしは実践的な応用について、私は時として理解できなかったかもしれないという事実があるからです。そのようなわけで人間の関心と能力の多様性に対する深遠なる敬意を払いながら、この二つの章の内容を提示したいと思います。特定の領域において準備ができている人びとはこのメッセージを読んで、私のものとはなっていない理解と探求のための肥沃な土壌を提供してくれることを信じています。

科学者やエンジニアの方々にはこの情報を受けとめて、ご自分の専門領域として受け容れているものと照らし合わせてみることをお勧めします。心理学者や哲学者の方々が神と現実という主題に関心を示されてきたことは素晴らしいことだと私は感じています。現実についての定義はいくつ可能なのだろうかということに関心を示してこられたと思います。私は現実と原初の存在間のイエスの方程式に主たる焦点を絞りましたが、〝現実〟という言葉は体験や信念にとって数多くの異なった文脈を意味することを認めるのは、私もやぶさかではありません。いくつか例をあげるならば、個人的な現実、地理的な現実、合意された現実、文化的な現実、歴史的な現実、まだ顕現していない未来の現実のすべてなどがあります。

それでイエスは現実という言葉によって何を意味したのでしょうか。イエスにとって現実とは力です。遂行する力です。現実とは考え、創造、計画、意図などが顕現される力であり、遂行可能となる力であり、実証可能とする力です。人間がいだく考えの中にはただちに形を取りはじめてやがて完全に花開くものもあれば、どれほど努力してもしぼんで枯れてしまうものがあることに気づいているでしょうか。これらは現実を駆動する高次の力との接点を十分にもっていない現実です。機能する現実は遂行する力とより強いつながりをもっています。イエスによれば、神の現実は存在の機能性を推進する力であると同時に、私たちの知覚能力や想像力、ヴィジョンの創出力、記憶力の土台を提供する力です。現代的な比喩としてコンピューターを考えてみましょう。コンピューターにはさまざまなレベルの機能と現実が存在しています。第一に、ハードドライブ、マザーボード、機能の統合的なマトリックスを形成する記憶能力などの構成要素のすべてを含めた倍数的な電子計算組織という基本的な現実があります。それから操作システムがあり、ユーティリティー（基礎的な作業を効率化するためのプログラム）があり、プログラムがあります。プログラムの中にフォルダーがあり、ドキュメントがあります。これらの多層な機能のそれぞれが自らの〝現実〟をもっています。しかしながら、現実が細分化された部分に入っていけばいくほど現実をより簡単に変更し、付加し、削除することができます。コンピューターシステムの基本的な現実を変えることなくそれが可能です。それとは対照的に、基本となる現実を理解すればするほど、アプリケーションを高めることができます。率直に言えば、プログラムの〝現実〟を失ってもシステムが損なわれることはありません。システムを失えばプログラムはすべて失われます。

神の現実はすべてを包括する力であり、他のすべての現実に力を与え駆動するものです。自由意志を尊重しながらこれをやってのけるのです。個人的な現実の機能する選択と機能しない選択の唯一の違いは、基本的な現実と融合する選択の継続的な力と収穫をもたらす力、基本的な現実と融合しない選択の結果として生じる失望と喪失です。現実の基礎的な力の内部には予測性、不変性、法則があり、それらを学べば私たちの現実には力強さと成功が与えられます。幻想と現実の間には相互関係があり、この問題はこの章の後半で論じられます。とにかく、まずは〝現実〟の複雑性を単純に認め容認し、この章を〝何が現実なのか〟についての長々とした説明にしないように心掛けたいと思います。この章の高遠な意図は、神は私たちが知っている人生とは隔絶した神秘的で神聖な世界にいるという古来からの有害な誤った信念を乗り越えることにあります。さらに現実についての主観的な知覚と客観的な知覚だけが予言のための情報として私たちに与えられた二つの選択肢であるという誤った考えを乗り越えることにあります。イエスは神の存在は今ここに私たちとともにあるということをこの上なく明確にすることを望みました。神は明らかな存在として、遂行可能な存在として、実証可能な存在として私たちとともにあることを明確にすることを望んだのです。あなたがどのような具体的な現実を神の現実の上に築こうと、神の現実があなたの現実を駆動するのです。

いかなるメッセージであれ、考えであれ、その価値はその遂行能力によって究極的に決定されます。人生を生きるなかで私たちは数多くの考えをもちます。偉大な考えもあれば、明らかに役に立たない考えもあります。イエスは次のように語ります。

――現実の力と統合されている考えはすべて探求する価値がありますが、そうでない考えは探求してもせいぜいのところ困難に遭遇するだけです。ある考えが神からやってきたものかどうかを決定する目安は成果のテストです。それは機能するか、人生に意味をもたらすか、高いレベルの意識と目的に貢献するかというテストです。神と調和がとれている考えは、すべて基本的な現実と波長が合っています。神と波長が合っているネズミは、そうでない象を倒すことができる理由はここにあります。小さな存在でも現実の力と同盟を結ぶことによって巨人になることができます。

イエスの言葉に生き生きとした力を与えたのは、イエスの現実に対する確信でした。イエスにとって神はリアルであるだけでなく、現実の源であり、最も高貴な現実の源なのです。

イエスは私の目の前に現実のご馳走を並べてくれましたが、とくに神をリアルなものにしてくれました。多くの場合、私たちは現実を厳しい一連の条件と見なし、神の力によってそうした現実から解放されたいと考えます。客観的な現実は有害で敵対的であると考え、安全で習慣的な世界に退却します。主観的な世界に入って神による奇跡を祈りますが、その神はどこか遠くの世界に住み、そこには天使や祝福された魂が住んでいて、美しい音楽にあふれていると考えます。西洋哲学は、神はどこか別な場所に住んでいて、受動的に創造を見守り、天国と地球は二つの異なった局面にあると私たちを信じ込ませました。このような考え方の不幸な副産物は哲学的な二元性の遺産です。上下、光と闇などといった対立する二元性の遺産です。もう一つの喪失は、科学こそ実用的で機能する知識の総体であり、宗教は無限にして不可知の神に関する信念を表わすものにすぎないという仮定の結果として生じています。このようにして人間の関心事の二つの最も重要な領域はボクシングリングの反対側に分離され、それぞれの側の信奉者がお互いを殴り倒そうとしているかのようです。

――今この瞬間ですら、神はご自分が創造されたものから分離していません。人間は神を除外することによって現実が厳しいものになることを許してきました。人びとはさまざまな問題を抱え込んでいますが、それが理解できず対処することもできないでいます。その理由は制限的な枠組みの中でだけ考え、神は自分を見捨て、必然的にやってくる試練に苦しむに任せておられるのだと考えているからです。神はどこか別な場所にいると信じると、無知と価値判断と混乱がどんどん加速されていきます。神が置き去りにされると、現実は究極的には個人的な感情、意見、幻想、枠組み、迷信、そして混沌に落ち着くことになります。現実はそれよりも果てしなく偉大なものです。**現実はあなたがそれを見る気になりさえすれば生きた奇跡そのものです!**

私はイエスの確信に突き動かされて、心の中に感じていたためらいを表現する気持ちになりました。「私たちの苦しみは、神がどこか別な場所に存在すると考えることによって拡大されるという説明は分かります。でも、この宇宙が奇跡的な宇宙であるとするならば、そもそもどうして苦しみを体験する必要があるのでしょうか。苦痛や苦しみをどうして経験しなければならないのでしょうか?」

イエスの目は深く共感に満ち、次のような答えが返ってきました。

——あなたは信頼と意識を築くためにここに存在しています。これは神の子どもがもたなければならない二つの人格的な側面です。そしてこれらの二つの人格的な側面は、相反する多様な体験や感情を提示できる現実のレベルで同時に鍛えられなければなりません。意識は悠久の時にわたる体験や自覚を圧縮し統合した結果生じるものですが、その体験や自覚はありとあらゆる知覚に満ちたものです。意識は体験の豊かさ、深さ、完全性に比例して成長します。たとえば今日の意識は二千年前の意識よりも偉大であり、したがって今日では二千年前には達成できなかった洞察を手に入れることができます。信頼は意識と相互関係があります。というのは、信頼は魂が正しい行動のもたらす果実に対する確信だからです。しかしながら、信頼が鍛えられるためにはせめぎ合う状況が圧縮された形で提示されるなかで、確信に対する強烈な脅威を体験する必要があります。あなたがどこにたどりつくかを知っていたら、信頼はどこにあるのでしょうか。すべてのものが努力することもなく何の危険もおかすことなく与えられたとしたら、意識を完全なものにしたいという動機を与えられるでしょうか。

面白いことに、信頼と意識は同じような状況のもとで鍛えられます。最良の鋼鉄と同じように、そういう状況を経て強くなり、真の姿を見せるのです。魂が信頼と意識の両方を達成すると、相反する現実の混沌とした状況にとどまる必要はなくなります。その時までは多様な体験、感情、挑戦という状況レベルの中で生活する必要があります。そのなかであなたの信頼と意識が覚醒され実現されます。この苦闘の中で真実の力を発見することになります。

純粋で無邪気な顕現としての神の存在は、あらゆる現実において体験することが可能です。意識そのものはこの最も高遠な現実において誕生します。現実についてのあなたの知覚の中に数多くの調和、完璧性のパターン、宇宙的に不変なものを発見することでしょう。これらの真実によって人生のより偉大で、より単純で、より意味深い統合を築くことができます。これらの真実によって無自覚な生き方の苦労から解放されて、豊かな明晰性と目的意識をもって効率的に人生を楽しむことができるでしょう。真実についてのあなたの体験が高められ完璧なものとなったとき、神の現実が確固たるものとなるでしょう。これについては、あなたの信頼が証人となるでしょう。

イエスによれば、真実とは原型的な公式ではなく青写真と建物の関係に見られるように、現実がそこから模写される概念でもありません。そのような概念は真実を歴史的な展望、理想化された概念、固定観念にゆだねることになります。さらにイデオロギーというものは極めて操作可能なものであり、現実との関係においてはまったく未検証の教条を支持するように仕向けることも可能なものです。

――宇宙の原初的な不変数は時空間から解放されていて、したがって意識の高さと深さを明らかにしてくれます。真実は現実を超越し、現実を蒸留して単純な理解を生み出します。依存と条件という制限的な側面からあなたを解放してくれるのは真実です。

真実は固定された柱石ではなくダイナミックに進化するものです。真実はあなたが自分の存在や体験の中に不変なるものを発見していくなかで自らの姿を見せてくれます。真実は不変性の力であり、あなたが〝本当〟の自分以外のいかなるものにもなることなく成長と変化を体験することを可能にしてくれるものです。真実は現実についての実験や現実の検証が起こることを可能にするものですが(これは学びの目的を本質的に変えるものです)信頼できる不変なるものを明らかにしてくれます。その不変なるものは測定可能であり、証明可能であり、他の状況においても確実に利用可能なものです。

建築学的に言えば、真実は建物でもなく青写真でもありません。真実は不変性の力であり、一つの考えが工学的に実施可能になることを許すものです。予測性と不変性がなければ青写真と建物の間には何の相互関係もありません。あるいは、意識と現実の間にも相互関係はありません。不変性がなければ真実はありえません。しかし、不変性を固定観念と混同してはなりません。真実は一本石の巨像や反復的な儀式によって象徴化された固定観念ではありません。真実とは生きている力であり発見されるのを待っているものです。**あなた自身の内部で、あるいは、何かの内部で真実が明らかになると、「ああそうだ」という偉大な瞬間がもたらされます。**同時に大いなる慰めももたらされます。

正直さは極めて重要な人格の性向です。なぜなら、正直とは人が真実を尊重することを意味するからです。しかし、真実は事実を忠実に報告する以上のものです。事実を良心的に報告したにもかかわらず事実が変化してしまった、あるいは、真実があなたの理解を超えていたという体験をあなたは何度もしているのではないでしょうか。

不変なるものが明らかにされることによって人は変化する現実の抑圧から解放され、自らの内部が再び完全なものとなります。一人ひとりの中に、あるいは、状況の中に不変性の要素があり、外的な形がどれほど多様であってもこの要素は勝利します。不変なるものが明らかにされるとき、常に癒しがもたらされます。不合理性の中にすら不変の要素があり、喜びとともに発見されるのを待っているのです。これがユーモアの力であり、人間のスピリットに対する癒しの効果です。

真実を前にしたときバランスが回復されます。それとともに神および高次元の意識が垂直に延長され、実存的な現実の無限の地平線と交錯し、かつ、その地平線を安定したものにします。象徴としての十字架の真の意味は、現実の中に神が形をとっている存在であり、それが垂直の柱となって私たちの体験を提供する現実の水平な十字架の柱を安定させバランスをとっているのです。現実は無限の数と形の存在として水平に延長されます。あなたがどのような形でこれに参加しているか、あるいは、それを自覚しているかどうかは別にして、これが事実です。

無限の現実は生命の支援と継続のために、あなたの同意や知識は必要としません。あなたにできることを知ってください。それ以外のものはやがて開花するあなたの未来として、あるいは、他の人たちに所属するものとして尊重してください。毎日の生活の中で、神があなたの前に置いてくださったことについての自覚を深めていきます。それと同時に、神はそのようなすべての事柄を通してあなたと一緒にいてくださるということを知って慰められるかもしれません。

私たちは集合的に現実についての意識を築いているということをイエスは常に注意深く指摘しました。より大きな現実との関係で言えば、私たちは皆〝群盲象をなでる〟の盲人のようなもので、自分が観察したことを比べ合って全体像をつくろうとしているのです。これに関して心強い点は、すべての現実の中に真実が存在しているということです。そういうわけですから、体験を比べ合うとき、正直に分かち合うならば、それは私たちが探求する真実を提供してくれることになります。さらなる祝福として、現実は私たちが自覚している範囲に限定されないということがあります。それぞれの人が自分自身の現実に関する知覚をもち寄るにもかかわらず、存在の模様は首尾一貫していて測定可能であり、偏見から解放されています。さらに個々人の特別な関心や知識とは無関係に、現実がどのように果てしない任務を果たしていくかは予測可能なのです。

簡単な言葉で言えば、現実とは神の継続的な存在そのものであるということです。真実は神の存在を知る手段である不変なるもののヴェールをとってくれます。

——あなたは神の現実に同意するかもしれませんし、同意しないかもしれません。なぜなら、それが自由意志の権利です。あなたは独自の現実のヴァージョンを創作し、それがあなたの夢や目的に対してユニークな価値をもつかもしれません。しかしながら、真実はあなたの現実に関する理解に明晰性と確実性をもたらし、そうすることによって現実に予測可能な性質と操作可能な性質を与えてくれます。真実の奇跡は、不変性が安定した状況においてだけでなく流動的な状況においても等しい優雅さで現われることにあります。真実は固定された考えや、**公式に固定させる必要はありません。実際に真実はいかなる枠組みでも打ち砕いてしまいますがそれと同様に、確実に固定観念も打ち砕いてしまいます。**

私たちが信頼をおいている枠組みが実は幻想であるということを受け容れないために、現実の中にある奇跡の可能性を退けているということをイエスは何度も説明しました。予測された秩序が完全に崩壊すれば、仮にそれが偉大なる祝福をもたらすものであったとしても大きなショックです。枠組みが幻想としての姿を明らかにすると、私たちは愕然とせざるをえません。まして神に対してよりも枠組みにより大きな信頼を置いていればなおさらです。

——奇跡はすべての生命体の奇跡的な性質を理解し、身をゆだねてそれを体験する気持ちのある人びとのところにやってきます。創造主は時々、通常の現実からかけ離れた例外的な体験であなたを驚かせますが、それはあなたの注意を引きつけるためです。すべての現実の中にある奇跡的な可能性から分離させるために、あなたを幻惑するなどということは決してなされません。その理由は、奇跡は現実に充足をもたらすからです。**奇跡が現実を減殺することはありません。**

しかしながら、奇跡的な事柄は通常の方法で〝理解する〟ことはできません。**なぜなら、私たちが現実を説明するために用いる論理そのものが枠組みの中にあり、**原因と結果の予測可能なパターンによって限りなく条件づけられているからです。そのような考え方では奇跡を理解することは決してできません。まして奇跡を説明することなど不可能です。

——あなたの周囲に存在し、あなたの中にあり、あなたの前にある神の存在を受け容れさえすれば、神はあなたに奇跡の挨拶をしようと待ち構えておられます。人びとは主として二つの妄想によって奇跡にいたる道をブロックしています。**一つは枠組みへの依存です。もう一つの妄想は幻想を存在に合わせる代わりに、存在を幻想に合わせようとしていることです。**神の子どもは誰もが共有された現実における共同創造主であることは確かなことです。そして創造のパターンにしたがって人生を顕現していることも確かです。そのような創造の多くは幻想から始まります。しかし、幻想が既存の現実と統合しなければならない地点があります。この時点で既存の現実と統合しなければ、あなたのエネルギーはそれによって枯渇させられ、あなた自身にとっても他の人にとっても何の価値もないものになります。ここにはあなたをサポートする共有の現実というマトリックスがあります。それはあなたが一人で創造できるいかなるものよりも偉大なものです。

　この自信がなければ、あなたは幻滅を味わうことになるでしょう。するとあなたは神に対してよりも枠組みにさらなる信頼を置くことになります。枠組みの予測可能で制限された支配を手放すことに対する怖れほど奇跡を害するものはありません。あるいは、物事はこうあるべきだとするあなた自身の個人的な幻想ほど奇跡を害するものもありません。

　イエスは愛が宇宙に指令を発しているということを絶えず私に思い出させてくれました。

　――**愛は神そのものであり、あなたも愛です。**あなたが必要としているものすべての種はあなたの中にすでにあります。奇跡を受けたいと望むならば、じっと静かにして愛の顕現を受け取ることです。事実を言えば、あなたはほとんどの奇跡を当たり前のこととしています。人生は奇跡に満ちていて、奇跡のない人生はありません。**愛はすべての奇跡の源です。愛が奇跡という存在を呼び起こします。**存在の土台に対するあなたの信頼が焦慮よりも大きなものとなって個人的な幻想や制限的な幻想に対する依存を除去する時が来なければなりません。

　やがて私も次のことを理解するにいたりました。すなわち、奇跡とは成長の力であり、愛と生命が自らを押しとどめようとする幻想のヴェールを突き破るときに起こるのだと理解するにいたりました。愛の影響力と奇跡をもたらす愛の能力に心の焦点を合わせるならば、奇跡は人生で起こるべきこととして期待されるべきものです。愛と生命のより偉大なる力を否定する枠組みに心の焦点を置くならば、奇跡は人を驚愕させることでしょう。ショックを与え、恐怖の念さえ抱かせるかもしれません。

——奇跡を見つめようとするならば、まず現実の奇跡を見つめなければなりません。現実の完全性は破られていないこと、現実はそれぞれの人に対して異なった体験でありながら、すべての人にとって首尾一貫した体験を提供するということを見つめなければなりません。私たちのワンネス（一体性）をサポートするために、ただ一つの基本的な現実が創造されました。それこそが存在そのもののエッセンスであり存在性です。この現実にあなたは、あなた自身の個人的な現実、知覚、体験、貢献、希望、そして夢をもたらします。

イエスがこのように話したとき、現実は実に流動的かつ友好的であるように思われ、原因と結果について質問したい気持ちはしばらくの間おさまっていました。しかし、この安らかな瞬間は科学に関する一つの質問のさきがけとなったのでした。その科学的な質問とは、存在のダイナミックで全体的なパターンにおいて原因と結果はどのような場所を占めているのかというものでした。

イエスはコミュニケーションを隠喩として使いながら答えてくれました。

——神聖な今という瞬間は神の存在であり、ここからすべてのものが形づくられます。これは原初のバランスの状態であり、かすかな共時的願望によってのみ動くものですが、ここにおいてはすべてのことが同時に可能であり、すべての潜在的可能性が完璧なコミュニオン（神聖な一体感）の中に居住しています。「はじめに言葉がありました。そしてその言葉は神とともにあり、言葉は神でした」。この神聖な啓示において〝言葉〟は言語に言及しているのではありません。それは完璧なコミュニオンの状態に言及しているもので、この状態が言語のすべての可能性の源泉なのです。完璧なコミュニオンの状態はすべての存在の永遠のはじまりであり、永遠の終わ

りなのです。しかしながら、創造という目的のために、コミュニオンは理想的なバランスがとれた状態から拡大して対話にならなければなりません。全体を構成するさまざまな部分（要素や魂など）がお互いを認め合い交流しはじめるとき、対話が誕生します。私たちが通常体験するコミュニケーションは全体の部分が相互に交流し、交換しはじめるときに起こります。

はじめは、対話は完璧に調和がとれ共生的です。なぜなら、全体のすべての部分が自らもその一部である全体をも見ているからです。しかしながら、やがて現実についての異なった見解が他の部分に考慮してもらうために提示されるなかで、交流のパターンの中に不一致や不調和が姿を見せるようになります。簡単に同意が得られない領域に複雑性ないしは対立性が蓄積され、そのような違いを吸収するためにはより多くの時空が必要になります。そうすると空間的な距離がポジティブな交流のために必要となります。時空を超えての交流は豊かで多様な顕現をもたらしますが、それらの顕現は多くの場合、さらなる調整を必要とします。これが原因と結果の基礎です。このようなわけで、完璧な共時性として始まったものが徐々に調和のとれた対話となり、やがて原因と結果の機能にたどりついたのです。

人間の関係においても同様なパターンが見られるかもしれません。部族社会は単純なコミュニオンの中で生活しています。人口が増え都市が発達するにつれて、人口密度とさまざまな対立が多くの問題を提起するようになります。すると人びとは隣人との間により多くの距離を置くために田舎に戻ります。混雑した都会に残ることを状況的に余儀なくされた場合には、相互の理解を通して原因と結果を管理することが生き残るために必要になります。

このたとえ話を聞きながら、原因と結果の現象は交換、統合、さまざまな顕現を活用した結果に生じる自然な副産物であることを実感しはじめたのでした。これは人間のもろもろの関係にあてはまるだけでなく素粒子物理学にもあてはまることです。人間の文脈においては、現実のこの状態は分離や分離主義者的な思考によってさらに強化されることになります。

私が何を考えているのかを理解したイエスは、すぐに次のことを指摘してくれました。

――**この宇宙にはコミュニケーションの三つのレベルが同時に存在しています。**二つないしはそれ以上の可能性が同時に起こりえる完璧なコミュニオンにおいては欠点のない完璧な共時性が存在します。その対極にある分離の状態においては原因と結果の法則が支配しています。原因と結果は時空間の距離を超えてコミュニケーションを図りバランスをとるための宇宙的な手段です。とくに抵抗や対立がある場合にこの手段が用いられます。人間が、あるいは、粒子ですらも分離の状態で安らぎないしは目的意識を保持するためには、原因と結果の法則に対する変わらぬ尊敬がなければなりません。しかしながら、これらの両極の間にある相互依存と同意がコミュニケーションの土台を形成します。それが恩寵の法則です。恩寵の法則とは存在の調和であり、兄弟の相互依存であり、神との共時性です。

科学が最近までかかわってきている宇宙のほとんどは分離した粒子と質量のドメイン（領域）であり、このドメインは原因と結果の法則によって支配されています。しかしながら、このドメインと相互依存および瞬間的なコミュニオンのドメイン間の距離は非常に短いものです。この距離がいま横断されつつあります。来るべき理解力の加速は、実に大きなものとなるでしょう。科学的な思考は、すでに相互依存についての数多くの知覚を含んでいます。**まもなく科学的な思考は同時通信も可能な真の共時性のドメインに入っていくでしょう。**純粋で無指定の潜在的可能性が無限に存在し、あらゆるレベルの交流やコミュニケーションに生命エネルギーを供給しているのです。

宇宙全体は暗示的な意味でも明示的な意味でも一つです。そして完璧な共時性の一点から圧縮と膨張の終わることのないリズムが発せられています。圧縮と膨張は宇宙の偉大なリズムです。宇宙のリズムを生み出す圧縮はやがて逆に膨張へと向かい、創造された可能性のすべてを解放します。これらの脈打つリズムが沈黙と衝撃を繰り返し、音の源を提供します。沈黙と衝撃の継続的な間隔は、それぞれの生命力のユニークな音調ないしはエネルギーとしてすべてのものの中に存在しています。このようなわけで、すべてのものには独自の歌があります。独自の音の刻印があります。

私たちの健康において音が果たしている役割にイエスが言及したのはこのときだけでした。しかし、イエスの言葉から、音楽は脈打つリズムの不可思議な宇宙の歌からその力を得ているに違いないとの結論を私は下したのでした。

圧縮という主題を私はあまり考えたことはありませんでした。車のエンジンが圧縮という方法でエネルギーを生成していることぐらいはなんとなく自覚してはいました。宇宙の創造という壮大な話題に関しては、何かもっとインスピレーションを与える言葉のほうがいいように思ったものです。しかしながら、イエスは現実の重要なパターンを圧縮と膨張という観点から提示しつづけたのです。イエスは数日間のほとんどを圧縮と膨張が人生に与える数多くの影響について説明することで費やしたのでした。

――圧縮は生命の生誕地です。究極的には、神の観点からすると圧縮はすべての時空の中に同時に存在することによって無から何かを創造し、完全性が創造されるものが何であれ、それとともに原初の状態で存在するのです。すべての魂にとって圧縮は、より少ないものでより多くのことができることを意味し、より少ない時空の中により多くのものを入れることができることを意味します。

ここではダイナミックな可能性と完璧な静けさが共存しています。これが完璧なバランスのポイントであり、ここではすべての可能性が完全に共存しています。不活発で完全に静止しているという意味での静的な状態を意味するのではありません。イエスが静止状態に言及したとき、彼が意味していたのは連続的な動きが物理的な意味においてゼロに近く、同時にスピリチュアルな意味で完璧な静けさの中にいるということでした。

宇宙の原初の状態に心の焦点を合わせることは普通はあまりありませんが、共時性を体験するたびにあの原初の平衡状態を感じることは確かです。たとえば〝一度に二つの場所〟にいることができると感じるとき、誰か他の人に対して真の共感を覚えるとき、偶然の一致の奇跡によって時空の力が消えてしまうときなどです。そのようなとき、すべてのことが同時に、しかも楽々と起こります。共時性の力によって神は鳥とともにいることができるのであり、そよ風、魚、海、そしてあなたと私と一緒にいることができるのです。

イエスが明確にしてくれた重要なことの一つは、圧縮と収縮は同じ現象ではないということでした。拡大と収縮は人生の交互に繰り返される機能であるという一般的な誤解があります。あるいは、誤った知覚があります。これは真実ではありません。外見的には収縮は圧縮と同じように見えますが、基本的な違いがあります。圧縮はより少ない時空をより多くの可能性で満たします。圧縮は膨張がカオスに近づいた時点で膨張を逆転させるというだけのことです。膨張（拡大）も圧縮もすべてのレベルの創造にとって不可欠な生命を賦与する存在の局面です。一方において収縮は削減する行為であり、退却であり、何らかの形で〝より多くのもの〟を〝より少なくする〟行為です。収縮は一つの反応であり、委縮の原因となり、脅威、怖れ、苦痛などに対する覚悟を引き起こします。ビジネスにあてはめて考えれば、収縮は手を広げすぎた事業者が解雇や生産削減によって問題に対処するのにたとえることができるでしょう。圧縮は同じような状況で不必要な経費を削減し、生産性を上げる決断を下すのにたとえることができます。収縮は多くの場合、損失をもたらし、容易に拡大に方向転換することはありません。圧縮を上手に実施すれば、それまでの拡大の成果を保持しながら、状況が改善されたときには再び拡大を探求できるような可能性を生成することができます。収縮とは異なり完璧な圧縮は、対立、苦痛、破壊をもたらすことはなく、むしろ再生をもたらすことをイエスは強調しました。私たちが目を覚ましている時間は何らかの形での拡大に費やされます。それから夜が来ると眠りにつき、ここで強烈な回復のワークがなされます。八時間の健やかで深い眠りは数分にしか感じられないこともあります。

圧縮は創造の呼吸の一側面です。そういうわけですから、何らかの形での圧縮は避けることはできません。完璧なコミュニオンにおいては、圧縮は無限の可能性との明らかな共存として体験することができます。しかしながら、すべての圧縮が完璧なコミュニオンの世界で起こるわけではありません。あるいは、相互間の調和の世界で起こるわけでもありません。原因と結果の領域においては、うまく管理されていない圧縮はゴミ圧縮機の骨をも砕くような体験となるかもしれません。あるいは、自動車事故、生計を立てるための緊急な必要性といった形で体験されるかもしれません。この問題が私たちの幸せにとって、また人生での成功にとって非常に重要な理由はここにあります。より大きな調和を探求し、原因と結果の法則を尊重しなければ、あちらこちらにぶつかりながら生きるような形で人生を体験することになるかもしれません。私たち一人ひとりの中に、そしてすべてのものの中に磁力の中心点があり、それが拡大と圧縮に点火するとイエスは語りました。この力とどのような関係をもつかは私たちの幸せにとって非常に重要だと思います。

宇宙の創造の奇跡の一つひとつが圧縮と膨張のパターンに呼応していることは明らかです。たとえば、樫の木のすべてがドングリの少数の細胞のＤＮＡの中に圧縮されています。ドングリが芽を出し、根を張り、成長すると、ドングリが創造されたときに圧縮されたもののすべてが膨張してその全容を現わします。一〇〇パーセント膨張されたその状態から新しい圧縮の種が創造されます。粒子という小宇宙の中で圧縮が磁力的に促進されているように私には思われます。基本的な可能性の引き寄せと結合は、分子の密度という形の圧縮を引き寄せ、そして保持します。数多くのスポークがある車輪と同じように、圧縮は同じものをより多く自分自身に向かって引き寄せます。圧縮は密度の上に密度を積み上げます。軋轢(あつれき)による不協和や熱エネルギーを帯びることなく相当な密度を累積させることができます。この方式にランダムで不協和な要素が入ると、それは特定の枠組みという形に組織されます。このレベルの圧縮において組織が共時性にとって代わり、エネルギーは力に変換されます。これは私たちがよく知っている物質の密度のレベルであり、ごくありきたりの力です。この状況を枠組みに組み込むことによって、あるいは、逆転して膨張することによって、あるいは、過剰な要求や複雑性を淘汰することによって調整しようとするのは人間の本能だと思います。そうすることによって、単純性、調和、共時性が達成されたより完璧な状態に戻ろうとするわけです。

イエスはこの宇宙全体が圧縮の上に築かれていて、それがエネルギーの法則であると言いました。圧縮はエネルギーを生成し、膨張がエネルギーを解放します。イエスは、また一つひとつの圧縮が新しいエネルギーを生み出すとも言いました。そこで私は質問しました。「エネルギー保存の法則についてはどうなのでしょうか。この宇宙には固定された量のエネルギーしかないと学校で習いました。でも、エネルギーは常に創出されていると言われましたね」

イエスは笑い出しそうになりましたが、それを抑えて親切にも繰り返し説明してくれました。

――保存の法則は分離し交流する粒子のフィールド内のエネルギーの説明に関しては妥当です。その文脈においては十分な真実ですが、引き寄せのより偉大な力や、宇宙に絶えずエネルギーを提供している愛の究極的な力についての学びが深まる他の文脈では再評価されなければなりません。あなた方に質量と密度を提供する物理的な宇宙は、存在するすべての一パーセント足らずでしかありません。残りの九九パーセントのところで真の創造のすべてが起こります。

それから、イエスは次のように付け加えました。

――愛の純生産量に限りはありませんが、その潜在的な可能性は不変です。愛から生まれる収穫は文字通り無制限です。というのは、新たに引き寄せと圧縮が行われるたびごとに、さらなるエネルギーが創出されるのですから。核融合反応の力は枠組み（構造物）を果てしなく焼き尽くしていくにもかかわらず、宇宙が膨張を続けるのはこの力によります。

イエスは核融合反応の力が焼き尽くすのは枠組みだけであって、原初のエッセンスないしはエネルギーではないことを明確に説明してくれました。

核融合反応の力にイエスが言及したことで、熱力学についての好奇心が頭をもたげました。熱力学についての私の質問にイエスは次のように答えてくれました。

――保存の法則と同じように熱力学の力は熱エネルギーを生成し、熱エネルギーに反応することができる密度の磁場と関係しています。これらの密度の磁場に関しては、熱力学の法則や保存の法則は、実際的な目的からして正確であるということができます。しかしながら、熱力学には存在の全体を論理的に統合することを妨げている致命的な欠陥があります。熱力学は巨視的なシステム内に存在する物質の一機能としてエネルギーを定義し、その機能は無限で確固たる〝未知なるもの〟を背景にして孤立しているのです。別な言葉で言えば、無限性は残りものです。これはひとりよがりの動機を暗示します。コントロールできないものは無視するという態度です。

「それでは、何が圧縮を創出するのでしょうか？」

――まず何よりも、そして常に愛です。愛が圧縮を創出しますがその理由は、愛はすべてのものを集合させるからです。物理的な仲介物は磁力です。物理的な存在に応用された磁力が圧縮です。愛は結合に点火します。愛は粒子や可能性に関係を形成することを強要します。愛は意味と目的をつくり出します。愛は単純化します。

イエスがこのような形で磁力という言葉を使ったことは、宇宙には原初から磁気的な特性があったことを示していましたが、イエスはこれに言及して「引き寄せ場」（アトラクタフィールド）という言葉も交互に使っていました。創造的可能性のこのような根源的な状態は、直接的かつ共時的な形で意識のインパルスに反応し、磁力の派生的な行動を前もって条件づけます。これは質量や枠組みの世界では真実であることを私たちは観察して知っています。私はある時点で、原初の未分割のエッセンスの内部にどのようにして〝フィールド〟（磁場）が存在するようになったのかに関心をもち質問してみましたが、答えは次のようなものでした。

――可能性に適用された意図は、その意図の衝撃と同じ強さの〝スピン〟反応を創出します。

そういうわけでイエスは創造的な活動を描写する場面で、「磁気渦」という用語も用いました。宇宙の写真を見ると天の川や銀河系がすべて螺旋渦に見えて興味深いものがありますが、微視的なレベルでも微小な生物体や美しい花々、貝殻を有する軟体動物にも同じものを見ることができます。これは宇宙のパターンであるように思われます。そこで私は質問しました。「創造に関するこの知識は、宇宙はいま現在も宇宙そのもののはじまりとなった巨大な爆発運動の中にあるという現在の科学的な視点を支持するのでしょうか？」。私は「ビッグバン」の理論に言及して聞いたのでした。

――もちろんです。爆発が起こるためには、まず圧縮がなければなりません。ビッグバンのような出来事を引き起こすために必要な圧縮の量は想像をはるかに超えたものです。科学が観察しているのはその圧縮の結果です。それほどに強烈な圧縮は、それと等しい力の解放という結果をもたらします。ビッグバンの巨大な爆発は、無限の供給から限定された供給への移行をもたらした「火の壁」と呼ぶこともできるでしょう。現在のところでは、論理と計測装置でこの壁を貫くことはできませんが、永久にそのままであることはありません。

私はもっと知りたいと思いました。創造に関しては数多くの説明がされています。『旧約聖書』の「創世記」では次のように語られています。「はじめに、神が天と地を創造した。地は形がなく、何もなかった。やみが大

いなる水の上にあり、神の霊は水の上を動いていた。そのとき、神が〈光よ。あれ〉と仰せられた。すると光ができた」〔18〕

いまやこの一節は、私にとってこれまでになく謎に満ちたものに思えました。一つのスピリットしか存在せず、そのスピリットがすべての中にあり、すべてであるとしたら、虚空などというものは存在しえないと思われたのです。「虚空とは何だったのでしょうか。そして何が圧縮されたのでしょうか。それから、光が存在する前に水という複雑な物質がどうして存在可能だったのですか?」

イエスは次のように答えてくれました。

――虚空は一つのスピリットの中に創出された磁気渦で、この渦を通してアダマンタイン粒子が集められたのです。

それに続いてイエスは、古代の象徴記号において**水は磁場の影響と引き寄せを象徴していて**、必ずしも液体の物質そのものを表わしていたわけではなかったことを説明してくれました。

これを聞いて『旧約聖書』の最初の言葉の意味が分かりました。今日でも月の磁力は海の満潮と結びつけられ、水についても磁場や資質と結びつけて考えられています。

――聖書時代の象徴記号においては多くの場合、「水」は誘因力の象徴でした。

――アダマンタイン粒子は神の生きた身体です。圧縮されて密度の濃い状態になることができると同時に、無限に膨張することができる粒子はアダマンタイン粒子だけです。アダマンタイン粒子は密度の次元と無制限の可能性の世界に等しく所属しています。アダマンタイン粒子が集積し圧縮されたがゆえに、元素の範疇と下位範疇が生まれました。アダマンタイン粒子の最初にして原初の圧縮が光の創造という結果をもたらしました。しかしながら、それは**最初の光**でした。この光は意識が目覚めた魂の目には見えるものであり、多くの場合、天国と呼ばれる高い次元には常に存在しています。この光は太陽光の光子を生産するのに必要な圧縮からは程遠いものです。あなた方が太陽から受け取る光は数多くのレベルの圧縮の結果もたらされた複雑なものです。ビッグバンの爆発によって圧縮が逆転され、光子が解放されましたが、これは第二密度の光です。

あの偉大な爆発の前まではすべての質量とエネルギーは第一密度の圧縮で連続的な光だけがありました。この爆発から膨張する粒子の力が解放され、それによってあなた方が知っているエネルギーと宇宙という現象が顕現されました。そして異なる元素が生まれることが可能となりました。そういうわけで、この時点で夜と昼が生まれたのです。こうして二日目が完了しました。

さらにイエスによれば、毎日毎日が最も純粋なエッセンスの創造の行為そのものでした。

——偉大なる爆発のあとにも圧縮は継続し、それがやがて複数の太陽の創造という結果を生み出しました。太陽（複数）の創造が起こる前に第三の創造の行為が達成されなければなりませんでした。水の分割であり、地の確立であり、植物の生産でした。

「創世記」の中に太陽が生まれる前に水があったと書かれています。水の分割とは磁場の拡大と別々なヴォルテックスの活性化に言及したものであることをイエスは思い出させてくれました。

——創造の第三の行為は磁気渦（引き寄せ場）を増加させることでした。圧縮が継続するためには一つ以上の磁気渦が必要でした。なぜなら、宇宙は膨張のモードに入ったからでした。かくして固形の物質における渦、天空における渦、有機的な生命体の形を生成する渦が生まれました。三日目に差異をつけられた可能性が急速に増加しつつある磁気渦の内部で発達していきました。こうして圧縮が顕現の特定の領域へと延長可能となったのです。

もしもあなたが私と同じように、太陽がまだ創造されていないにもかかわらず、創造の三日目に樹木や植物が繁殖することができるとは不思議な話だと思ったことがあるとすれば、答えは樹木や植物がやがて出現するための土台が築かれたということなのです。すべての可能性は磁気渦を増加させることによって発達しました。

——すべての植物や動物は、その内部に磁力の中心点をもっています。これは生命体が今日にいたるまで所有している自分に課された目的が署名されている場所と言えるでしょう。

その瞬間、私はイエスが言ったことの別な意味合いに思いあたりました。これまでの私は、太陽は溶解した鉄であり、それが燃え盛り爆発しているものだと仮定していました。しかし、イエスは私たちの太陽は強力な磁石であると言ったのです。これについて質問すると、太陽はそのような形ではじまり半減期まで進んでも、太陽はある程度、常にそのようなものとしてあり続けるだろうとイエスは答えました。

——あなた方の太陽は磁気渦としてはじまり、数えきれない量の水素ガスを自らに引き寄せました。水素の原子を次々に引き寄せ、しまいには水素が圧縮されました。水素が圧縮されると偉大な熱が生成されました。熱エネルギーが変容を誘発し、それによって水素がヘリウムに変わりました。これは五百万ケルビン（熱力学的零度は二七三・一五ケルビン）から一千万ケルビンの間で起こりました。圧縮の一つひとつの新たなレベルがより多くの熱を生成し、より多くのエネルギーの変容を起こしました。ヘリウムはカーボン12となり、それから酸素、ネオン（希ガス元素の一つ。記号Ne、原子番号10、原子量二〇・一七九）、マグネシウム、シリコン、硫黄、アルゴン（空気中に存在する希ガス）、カルシウムになりました。一つひとつの変容がより高い密度をもたらし、磁力の中心点の周囲に固体の輪を築いていきました。その時点での太陽は空洞がある状態で磁力はさらに強力なものになりはじめていました。五千万ケルビン以上の活発な加熱の結果、鉄の生成を引き起こしました。鉄はそれに先立つ元素を変容させた結果生まれました。別な言い方をすると、鉄は、最初は固い物質ではなかったのです。

鉄に先立つ元素が水素から圧縮され、やがて鉄になったのです。

若い星の生命には臨界点があります。鉄の生成はわずか数秒の間に起こりえます。これほどのスピードで変容が実際に起こった場合、そしてその星が巨大なものであった場合、その星の核全体が鉄で満たされる可能性があります。これが起こるとものすごい内部爆発が起こり、それが逆転して爆発という結果になります。これが超新星です。これは巨大な若い星にだけ起こることで、それほど頻繁に起こることではありません。

私たちの太陽のことが心配でしたが、イエスは次のように応じてくれました。

——これとは別に二つのことが起こる可能性があります。鉄の生成は比較的ゆったりとしたペースで起こり虚空全体を満たし、その時点では太陽は生命のある磁石ではなくなっています。その時点から、太陽は限定された歴史をもつこととなり、限られた寿命をもつことになります。これが死につつある白色矮星（光度が低く非常に高温で白色の光を放つ恒星）です。

これだけでなく生命力のある白色矮星もあります。鉄の生成がいまだに起こっている太陽（複数）があり、そのコアにはいまだに活発に磁力が作用しています。あなた方の太陽はこの種の太陽です。あなた方の太陽は生命力のある磁力であり、太陽系において生命の発達をサポートするにはそれが必要です。

私はその時、突然思いました。一日のはじめと終わりに瞑想して美しい太陽を見ることをイエスが勧めているのは、私たちの身体の健康は太陽の磁力のコアと共鳴しているからではないのだろうか。

イエスは次のように言います。

——すべての生命体の中には磁力の中心点があり、それは地球という惑星、樹木、動物、そして人間の身体にあてはまるだけでなく人間の思考形態、感情、意識にもあてはまります。すべてが圧縮の産物であり、それが愛の導きのもとで行われることを願うものです。

イエスの話を聞きながら、圧縮が創造において果たしている極めて重要な役割が私にもついに分かりはじめました。スピリットのワンネスが物理的な顕現の無作為性とどのような接点でつながるのかを理解しようとするとき、圧縮は避けて通ることができない問題です。私たちが知覚する無作為性は、ことによると幻想なのかもしれません。

――聖心はあなた方の磁力の中心であり、高次の知性と生命力の根源です。あなたの生命の中心点は偉大にして強力な磁石です。そのようなわけですから、あなたの目的を自分の外に求めるのは間違いであることが分かったと思います。あなたの目的は長い冒険のあとに達成されるのではありません。冒険とどのように取り組むか、その取り組み方の中にあなたの目的があるのです。あなたの目的はインスピレーションに満ちたセミナーののちに発見されることはありません。そもそも、あなたをそのセミナーに引き寄せたものの中に、そしてそのセミナーであなたがした貢献の中に目的を見出すことができるでしょう。

創造主の仕事を延長するためには、宇宙の原則と調和を保ちながら仕事をしなければなりません。そしてもちろんですが、創造の第一の原則は愛です。あなたは愛です。愛であるあなたは、必要としているものは何であれ自分に引き寄せることができます。愛であるあなたには、あらゆる形態のエネルギーに点火して圧縮する力があり、あなたの人生が必要としているあらゆる形の必要品を圧縮する力があります。

どのようにして神が遍在できるのだろうかという私の思いに対してイエスは次のように語りました。

――神の観点からすると、すべてのものは同時に起こっています。圧縮はその最も純粋な形において同時性そのものです。神聖な根源はすべての時間、すべての空間、すべてのエネルギー、すべての顕現を圧縮します。存在・自覚・顕現の純粋で完璧な同時性が神のユニークにして万能の力です。

これは圧縮の究極の状態です。ここですべてが始まりました。すべては〝ゼロポイント〟から始まりました。すなわち、**すべてのものが完璧に一致し、同時通信が起こり、同時にすべてが理解される完璧なバランスがとれているポイントです。**こうして神は今、私とともにいながら、中国の誰かとも一緒にいることが可能であり、宇宙全体の存在と一緒にいることができます。一つの粒子に注意を払いながら宇宙全体に留意することができます。飛ぶ鳥が神の自覚からはずれることはなく、鳥が飛ぶ空についても同じことが言えます。これが完璧な同時性であり、ユニークにして万能の神の力です。

さらに言えば、同時的な努力や共時性は神の子である私たちに固有なものです。一人の人間としての私たちも数多くのレベルで同時に生き、同時に機能しています。たとえば呼吸するとき、心臓は鼓動し、同時に何かを深く考えているかもしれません。何かを語るとき、肉体は地上に固定されていても魂は天国に触れているかもしれません。これは身体の形で存在しながらの同時性ではないでしょうか。悲しみや喜び、喪失、恩恵を同時に体験したことのある人は誰でも同時性の恩寵を知っています。イエスは次のように要約しました。

――あなたはこれまでのあなたのすべてを同時に存在させているのであり、これからあなたがなるすべてのものの種があなたとともにあります。このことに矛盾があるでしょうか。注意力をほんのわずかシフトすることによって昨日から今日に移動することができます。別な形で注意力をわずかにシフトすることによって覚醒した状態から眠った状態に移行することができます。眠っている状態は、あなたという存在の性質を変えるでしょうか。眠っていてもあなたは完全にまったくあなた自身に他なりません。あなたはすべての機能が同時に機能している存在なのではないでしょうか。

この考え方に注意を集中してみると理解がしやすくなるようです。直線的な流れの人生を生きるなかで、私たちは一定の物事の流れに考えを合わせるようになっていきます。そうして生まれる狭い観点によって、特定の原因と結果のパターンが人生の流れを説明する唯一のものであると考えるようになります。

――物事を理解しようとする場合、原因と結果の法則の説明によってだけ満足することはできません。因果関係の結果を理解することは重要です。しかし、それと同様に重要なことは、相互関係、共時性、自発的な解決を理解することです。適切な場面でこのようなさまざまなレベルの理解を探求し、人生に応用すべきです。

人間は自分にとって都合の良い合理的思考に合わせて原因と結果の法則を無視しますが、物理的な論理の枠組みの向こうを見て、より大きな展望の中に真の答えを見出そうとしないことに、私は悲しい皮肉を感じたものです。これらの三つのレベルのコミュニケーションと交流に心を配るようになれば、人生はずっと素晴らしいものになるのにと私は初めて思いました。「私たちの心のあり方は、なぜかくも制限されているのでしょうか?」

――それは主に専門化が原因です。産業的な意味でだけ専門化というのではありません。人は誰でも何らかの活動の中に注意力を埋没させ、すべての部分が所属する全体を見ることができません。さらに物理的な存在についての知識の探求が物理的な要因としての第一原因の発見へと駆り立てることも原因です。

記憶も届かない太古の昔から、人は物理的な宇宙の内部に第一原因を探し求めてきました。そういうものは存在しません。原因と結果という現象のすべては派生的なものです。第一の根源はあります。それは神です。しかしながら、神聖な意識のハートの中には完璧な顕現と調和した完璧な意図しか存在しません。そのレベルでは神聖な物質が原因であり、原因は神聖な物質なのです。**これは原因が別な形の原因に変容すると考えてもよいでしょう。**

物理的な世界内に第一原因を求めようとする探求は果てしなく継続し、決して実りある収穫に到達することはないでしょう。なぜなら、そのような第一原因は存在しないのですから。物理的な意味での単独性というものですら、実は存在しません。原因と結果は、より大きな全体の一部にすぎません。事実としては生命のある局面において鶏は卵に先行します。別な局面においては卵が鶏に先行します。しかしながら、すべての生命体の相互的なかかわりを考慮に入れて考えなければ、どちらの局面も理解することは不可能です。絶対的な結果をもたらすものとして原因を神格化したいという願望は計り知れない人間の苦しみ・困難・心の苦悩という脚本を書いてきました。それに加えて科学の進歩の道筋を阻害してきました。

「いったいどうして人間はそのような不毛なサインに逆らってまで、この探求を執拗に続けてきたのでしょうか？」

――動機が大きな原因でした。人間の歴史を見るとほとんどの社会的な序列階級は市民に対する支配を維持するために条件づけ、報酬、罰に依存してきました。権威にコントロールすることができない答えが存在すれば、支配が脅かされることになります。原因と結果の考えは世俗的な探求の一定の状況において強制可能な管理を提供したのです。しかし、それは物事のありようについての唯一の答えではありません。神からの長きにわたる分離に終止符を打つために、ゆるしなさい、解放しなさい、恩寵のより偉大なる力を観察しなさいと私が依頼している理由はここにあります。神からの分離が人間を現実の最も低いレベルの虜にしてきたのです。

どのような状況においてもあらゆる可能性がありますが、その中に原因と結果のパターンがあり、相互のかかわり合いのリズムがあり、完璧な共時性があります。あなたが焦点を合わせる対象があなたの選択であり、多くの場合、なされた選択はあなた自身の好みと叡智の反映です。そうすることが妥当な場面において因果の法則の結果を避けようとすることは賢明ではありません。しかしながら、相互のサポートという領域において恩寵と寛容を許さないということも、またそれと等しく賢明なことではありません。神の力と奇跡的な可能性を知らないことは最も賢明さを欠いた行為です。

この宇宙は無限に機能することが可能な宇宙であり、創造のためのあらゆる可能性が同時に働いています。あなたにとって最も実行可能なことは何であれ、あなたの人生における目的を明らかにするものであり、奉仕と実現の道を示すものです。自分の能力の限界に到達したときは他の人たちの助けを求めます。それがお互いに対する尊敬の思いの中で起こることを願っています。

これを理解することによって全体とつながっているという感覚をつかむことができます。焦点をあまりにも特殊化することによって、私たちがその一部である全体から自分を切り離してしまったのだと思います。私たちは人生を一本のコードにさまざまな部分が直線つながっているようなものとして考える傾向があるかもしれません。圧縮はその本来の性質からして分離と特殊化の妥当性に挑戦状を突きつけます。工業技術においてすら数多くのすぐれた進歩は圧縮を通してやってきます。たとえば、初期の映画ではただ字幕とドラマチックな効果として音楽があるだけでした。技術の進歩に伴って音が聞こえるようになりましたが、それはオーディオテープを映画のフィルムと一緒に流すという形でした。しばしば、テープとフィルムにずれが生じて音と画面が合わなくなったりしたものでした。最終的には映画の技術は音と映像を同じ機能の中に圧縮するという答えに到達します。その結果、あらゆる時代を通して最も強力なコミュニケーションの媒体の一つが創造されたのでした。

人生を生きるなかで私たちは物事のあり方に関して数多くの制限された知覚を抱いています。ことによるとさまざまな形をとって現われる圧縮こそが特定の状況をより高い次元に引き上げるためにあなたが探していた答えの一部であるかもしれません。圧縮は関与する調和や争いの程度に応じてさまざまな形で顕現しますが、存在の全容の不可欠な一部です。

私たちが自覚していようといまいと圧縮はすでに人生の一部です。イエスは私たちの資産と負債を概観することを勧めています。とくにこれまで注意を払ってこなかった資産と負債です。すべての状況の中にさまざまな程度の圧縮があります。

——あなたがその真っ只中にいる圧縮の状況を見直すことによって、再び人生の舵を握ることができるようになるでしょう。すべてのものが光に満ち、透明で努力を要しないところでは多くの共時性が働きます。暗く重い密度の場所には不協和な要素が圧縮されています。**そのような場合には何かを解放してください。あるいは単純**

化してください。何よりもゆるすことを勧めます。

これがどのように働くのかもっと詳しくイエスに尋ねてみました。

――同時的な自覚が幾重にも透明に重なっている領域をまず承認してください。人生のそのような領域においては、しっかりとした目的があり、神とのワンネスがあります。このような人生の領域はあなたにとって非常に豊かな意味があることが分かるでしょう。これらのことを強化してください。そうすることによって、あなたの人生のすべてが幾層もの単純性とともに拡大していくことになるでしょう。

イエスはまた次のことを強調しました。

――完璧な圧縮が争いという結果に終わることは決してありません。必ず透明な重なりの状態という結果をもたらします。透明な重なりの状態はそれを引き寄せて固定するものと完璧にマッチします。

これが私たちの人生における透明性の多様なる重なりです。この完璧な圧縮の状態から他のもろもろの顕現を観察することができます。

次のレベルの圧縮は協調と交流です。これは秩序整然とはしていますが、より多くの抵抗があるために熱エネルギーが生成されます。このような圧縮は元気を出させる生産的なものですが、運動能力の卓越性と比べることができるかもしれません。オリンピック選手が世界記録を更新したとき、何が起こったのでしょうか。より少ない時間の中で、より多くのことを達成したと言えるのではないでしょうか。これは圧縮です。このような圧縮は刺激的であり、生産的であり、情熱的です。仕事をするときに、誰でもより少ない時間の中で多くのことを達成した喜びは体験したことがあるはずです。人は優秀さを目指すものであり、その挑戦を楽しむものです。率直に言って、使ったエネルギーよりも多くのことを生産することによって、人は元気づけられるのではないでしょうか。

しかし、イエスはこのレベルの体験に感激し満足することに警告を発しました。

——炎が燃え立ってたくさんのエネルギーがある領域では、数多くの力が協調しながら働いています。そこには本当に楽しめるダイナミックな活動があるかもしれません。そこで燃え立つ炎があなたを焼き尽くす前に、そのことがあなたにとってもっている意味と目的を発見してください。そうすることによって、やがてそこを通過して前進することができます。それはあなたが永久に生きているべき場所ではありません。

第三のレベルの圧縮はランダムで不協和な要素を組織的に強制するという結果をもたらし、それが進化して特定の構造が生まれます。これは物理的な密度のレベルであり、さまざまな組織・争い・力というおなじみのレベルです。このレベルは私たちに非常なる苛立ちを与えます。圧縮をこの形でしか体験しなければ、圧縮の中に調和を見ることはまずないでしょう。また圧縮を神と重ねて考えることもないでしょう。実際のところ、私たちが収縮を圧縮と混同するのはこのレベルであり、圧縮を破壊的な力と見なしがちなのはこのレベルです。原因と結果の世界においては間違ったもの同士を圧力下に置くと厳しい結果を体験することになります。たとえば窒素とグリセリン、浪費と借金とを圧力下で一緒にするようなことです。したがって相反する要素が圧力の下でお互いに向かって突進していると感じると、私たちは多くの場合、退却するか身を引きます。すなわち収縮します。これは反動的な防御のメカニズムであり、圧縮が建設的に起こるように人生を組み立てるまでは、多くの場合、必要なものです。

私の場合ですが『子羊とライオン』の絵を描くプロジェクトでは、これらの三つのレベルがすべてかかわっていました。しかし、基本的には最も高いレベルの圧縮が起こりました。絵を描いていたとき、油絵はいつも一日で乾きました。通常は三日かかります。少なくとも時間は圧縮していました。それに加えて必要なものは、すべて楽々と何の努力をする必要もなく提供されました。そして何の問題も起こりませんでした。最も高いレベルの圧縮を指示している人の前に私が立っていたことは明らかでした。イエスはこのような形で数多くの存在と一緒にいることができるのだと思います。この完璧な共時性の状態によってイエスは完全に透明な存在となることができ、それによって文字通り私たちの中にいても相互間の同意のある人によってしか見えない存在でいることができるのです。これはまた神の透明性にも言えることです。

『子羊とライオン』の肖像画の周囲で起こった数々の奇跡は、この肖像画が生み出された高いレベルの圧縮が原因であるかもしれません。もしかすると奇跡の秘訣は、枠組みの争いを消去して単純な存在の完璧な圧縮に人が身をゆだねることを容易にするのかもしれません。イエスの生涯の最後の一週間には、ものすごいばかりの圧縮と最も高いレベルの情熱がありました。わずか数日の間に人類と世界の歴史のすべてが変えられたのでした。

それはまさに圧縮でした。

圧縮という主題は癒しの実践に対しても大きな可能性を秘めています。私が非常なる完全性を体験していた人生の時期においては、病気に対する免疫力も非常に高いものでした。風邪やインフルエンザにかかっている人と一緒にいても何の問題もありませんでした。完全性が侵入の余地を残さないとき、ガラガラヘビの巣を歩いて通っても安全ではないかと思うのです。

圧縮についての自覚を発達させるべき極めて重要な理由がいくつかあります。第一に、一つの現象である圧縮とのかかわりを回避することはできないということがあります。さらに圧縮は人の人生に関して多くのことを明らかにしてくれます。イエスは次のように語っています。

――同類でない要素を組み合わせれば結果は苦痛と苦しみです。一般的な例をあげればアルコールと麻薬です。あるいは、身体の機能をサポートしない不自然な食べ物に固執することもその一例と言えるでしょう。大切なことは、要素のある種の組み合わせは、要するにうまくいかないということです。それは考えの組み合わせや人間関係の組み合せにも言えることです。それらのものが近接すると反動を引き起こします。要素の機能不全の組み合わせを強制したり操作したりすることにこだわれば、苦痛、困難、不幸、エネルギーの喪失が惹起され、やがて貧困状態が生まれることになります。

一方で、統合することも圧縮することもまったくできなければ力が拡散して焦点が定まらず、エネルギーを欠いた人世を生きることになります。私たちは誰でも次のような質問をしなければなりません。「何を引き寄せ、何を圧縮することができるだろう。何を一緒にして働かせることができるのだろう?」。圧縮は目的と優先順位と価値観に指令を発し、それらを精妙なものにします。目的や優先順位、価値観が圧縮の周期から姿を現わすとき変容が起こります。不協和な要素ですら調和のとれたものとなります。さもなければ、その集合グループから除外されることになります。その理由は、目的を浄化し明らかにすることが圧縮の理由だからです。それが成功すると不協和なものや争いのすべては解消し姿を消します。

生命の年ごとの周期に季節が不可欠であるように、創造の性質にとって圧縮と拡大は共に不可欠です。拡大の段階においてより多くの多様性が獲得されますが、獲得された多様性は完璧な調和をもって、あるいは、完璧な調和は不在の状態で管理し統合することは比較的容易です。なぜなら、拡大は新たなる適応に必要なより多くの空間と機会をもたらすからです。より多くの危険をおかすことが可能となり、さらなる競争を協力的に解決することが可能となります。しかしながら、拡大から圧縮へと逆戻りすると、拡大する空間と機会が十分に提供される環境の中で〝なんとかうまくやることが〟できた不協和な要素は危機に直面しはじめます。より緊密な空間的条件の中で圧縮によってより多くのものが一緒になると、調和と機能性のための新しい条件が生じてきます。圧縮の条件下では価値観や調和を避け、ごまかすことはできません。さもなければ圧力が耐えがたいものになります。圧縮はその前の周期だった拡大がもたらした機会と自由をあなたがどのくらい上手に管理したかについての神の決定をもたらすものだと考えてもよいかもしれません。圧縮の周期において何が起こるかは別にして、圧縮は人生に不可欠であり、意識の進化にとって欠かすことができないものです。なぜなら、圧縮は創造におけるすべての目的を蒸留し、鍛え、確定するからです。一つひとつの新しいレベルの拡大の土台を創出するのは圧縮です。

「圧縮についての知覚と達成能力をどうすれば高めることができるのでしょうか?」

――偉大なる単純性によってです。時間を最大に圧縮したのが今です! 知覚を最大に圧縮したものが無邪気さです。意図の偉大な圧縮は愛です。ひたすら今という瞬間にいてください。やる必要のあることをためらうことなく実行してください。不必要な条件を付け加えないことです。あなたの性質や状況によって支持することができない現実は発明しないことです。壊れていないものを修理してはいけません。ポイントを抑えることです。入手可能な道具や自覚、才能を含めてあなたがもっているものを活用しなさい。自然を尊重してください。効率的であってください。あなたの人生にとって大切なものや大切な人すべてとの関係がよりスムーズにいくように合わせてください。余分なものを除去し、過剰なものを刈り込み、道草をやめて、あなたが本当に大切であると思うものに心の焦点を絞り、それをさらに増産することに心を集中してください。**生きなさい!** それこそが今この場所、この瞬間における圧縮です。そうすることによってあなたはあなた自身の中心へと戻ることができます。すなわち、あなた自身の〝ゼロポイント〟に戻ることができます。

数日間にわたってこの問題について話し合い、私にはまだ吸収しきれないほどの情報を与えられたのでしたが、その中で新しい種類の疑問が湧き出てきました。そもそも、なぜ圧縮なのだろう? 圧縮という存在を必要とする創造のより大きな全体図とは何なのだろう? 圧縮は創造主のどのような側面を明らかにしてくれるのだろう?

――すべてのものが神です。しかし、根源としての神は存在し、それは愛であり、意志であり、創造です。そして器としての神が存在します。圧縮は根源を器へと変容する道具であり現象です。物質の密度は完璧な意図と超共時性から原因と結果や生存のための挑戦すらも関係する顕現への神聖な力の移行として創出されます。しかし、それにしてもすべてのものは神です。根源としての神は過ちや汚れをすべて消去して、生命に完全性と完璧性を回復することができます。器としての神は愛情に満ちた父親のようにあなた自身の現実を受け容れ、それを創造の延長のために活用することができます。圧縮のさまざまな段階とさまざまな程度のコミュニケーションと交流を理解することによって、根源と器の間により流動的で意味深いつながりがあることを発見するでしょう。この概念を理解し、あなたの人生にそれをあてはめることによって、あなたがいま感じている分離の影響力を減殺することができるでしょう。

粒子密度における物理的な局面は全存在の一パーセント弱にしかあたりません。しかしながら、宇宙の働きに対する理解の欠如のために、このわずか一パーセントの数多くの挑戦や問題に果てしなく心を集中する結果、それらの密度のヴェールの彼方に横たわる祝福のすべてを見逃してしまう可能性があります。物理的な存在の罠に捕えられることのないようにスピリチュアルな無邪気さと物質的な密度の間の移行を学ぶことが賢明というものでしょう。

私は畏敬の念に打たれていました。イエスは創造の最も偉大な秘密の一つを明らかにしてくれたのでした。この教えの深遠さを理解しはじめるまでには長い年月が必要でしょう。しかし、私はその瞬間、イエスの教えをまったく信頼の心で受け容れ、思ったものでした。「人生を説明するにあたって、あまり複雑な概念を使うことのない人たちにどうすればこれを伝えることができるのだろう?」

――人生はそのあらゆる周期の中でこれを伝えます。私はあなたの関心のレベルや人間としての意識に向かって語りかけてきました。しかしながら、これは誰でも直接的な体験を通して把握することができる問題です。それはすべての生命に内在するものです。たとえば人間の誕生のプロセスを考えてみましょう。〝陣痛〟(収縮)は強烈なものです。しかし、深く規則的に抑制された呼吸をすることによって収縮を、生命を与える圧縮へと変えることができます。この圧縮によって必要とされているエネルギーが母親と赤ちゃんに与えられます。こうして母親の苦痛は最小限のものにすることができます。あるいは、皆無にすることもできます。無邪気な生命体が、それは神にのみ知られていたものですが、強烈な圧縮によって押し出され解放され生命が誕生します。かくして拡大の新しい局面が始まります。

私の質問にイエスはこのように答えてくれました。

――人間の兄弟愛（人間はみな兄弟であるということ）という現実は、すべての人間の強さです。トラウマや惨事を体験するとき、この現実の圧縮がこの真実をさらに強力なものにします。拡大と達成のとき、その喜びはすべての存在によって共有されます。それとは対照的に、人間が立てる予定の幻想や枠組みは不適切かつ無益なものとして落後していくでしょう。人間の兄弟愛は現実として存在していること、そしてそれこそが人間の助け合いの現実そのものであることを常に思い出してください。すべての存在に対して公正であり、人間のニーズをサポートするかぎり、どのような統治のシステムが力を与えられるべきかという問題はほとんど重要ではありません。

現実は最善の節約です。いや、現実は節約の魂です。より広範な現実によって支持不可能な幻想を維持する必要がなかったとしたら、どれくらい豊かになるか考えてみてください。枠組みがそれを必要なものにだけ限定されていたら、人生の喜びを探求する自由時間をどれほど手に入れることができるか考えてみてください。幻想を創出し、枠組みを維持することに多くのエネルギーが費やされていますが、これらのエネルギーを個人の健康増進や生産的な生き方に費やせばずっと有益でしょう。**幻想や枠組みはあなたがそれを許せば人生を盗んでしまう可能性があります。**

あなたがおっしゃっていることの真実性に感動しているのですが、私が一人のアーチストとして生計を立てていくこととどうつながるのかよく分かりません。私の創造的な仕事は幻想を用いて人生に対する畏敬の念と感謝の思いを呼び起こすことにあります。夢を夢見てその夢を顕現することにとても大きな喜びと充実感を感じてきました。危険をおかして私の幻想に肉づけをしなかったとしたら、私はほとんど何も所有することはできなかったでしょうし、他の人たちにもほとんど何も与えることはできなかったでしょう。

――そうですね、確かにあなたは幻想に肉づけをしてきました。あなたがそのプロセスを楽しむ秘訣はそこにありますね。あなたをはじめとして創造的な魂たちには、どうすれば幻想と現実を融合して新しい創造物にするかを見る才能があります。そして確かにそれはインスピレーションを与えてくれるプロセスです。これは誰でも開発できる才能です。しかしながら、神の現実を知り感謝することによって、まずその才能を強化しなければなりません。さもなければ、あなたの幻想には顕現のよりどころとなる土台がありません。

「どうすれば幻想と現実の違いを知ることができるのでしょうか？　時として両者の間にあるヴェールはとても薄いものです」

――私もそう思います。第一に、怖れをもって主題にアプローチしないことです。あるいは、幻想と現実を敵対するものとして扱わないことです。幻想は個々人の現実の一部です。あなたの幻想を正確に理解し活用すれば、幻想は祝福となりえます。幻想と現実の関係は道路地図と実際の高速道路システムの関係に似ています。あるいは劇場で演じられるドラマと人生のドラマの関係と似ています。幻想は誤って利用されたときにのみ有害なものとなります。幻想は現実との創造的な交流であり、あなたのマインド、ハート、魂が**人生のハイウェイの旅に出る前に**、現実内にあるさまざまな可能性に接近し、学び、味わい、評価するために活用するものです。

幻想がそれ自身の生命をもちはじめ、現実からの逃避となり、さらに悪い場合には現実に代わったとき問題が生じます。幻想と現実の違いは、かかわりと識別によって観察することができます。疑念があるときにはこれを試してみるとよいでしょう。今、問題になっている状況の創出をやめたときに何が起こるかを考えてみるのです。あなたが創出をやめたとしても現実は姿を消すことはありません。しかし、幻想は姿を消します。何をやってもダメなときは、非常な圧縮が起こったときにあなたの幻想がどうなるか考えてみてください。その幻想は押しつぶされるでしょうか。それとも生き残るでしょうか。自動車ですら市場に出る前に衝突のテストを受けます。あなたの人生は自動車よりも大切なのではないでしょうか。

イエスの説明を聞いて、夫と私がテキサス州のパラダイスでブドウ園を所有していたときのことを思い出しました。それは幻の天国でしたが、私たちは素晴らしくもエキゾチックな体験を楽しみました。とても美しいブドウ園で、私たちはクローガー・フード・チェーンに食用のブドウを供給したテキサス州で最初の生産者でした。数多くの種類のワイン用ブドウも栽培し、これは近くのワイナリーに売りました。しかしながら、気候に関して言えば、幻想と現実の間に食い違いがありました。テキサス中央部の気候はブドウ生産にはまったく適していないのです。さまざまな問題があって化学薬品を使って対処しなければなりませんでした。それから、春が来るたびに遅霜の問題がありました。あるときなどは、徹夜で燃やせるものは何でも燃やして急降下する温度に対抗したこともありました。来る年も来る年もこれを続けているうちに、私たちのエネルギーはだんだんと枯渇し、ブドウの生産量も落ちていきました。予想外の事柄が現実に次々と起こり、私たちのバランスを欠いた幻想を露呈したのでした。それと同時に、ブドウ生産を継続するためのさまざまな対策を放棄してしまったならば、ブドウ園は完全な失敗に終わっていたことでしょう。またこのブドウ園が北カリフォルニアに位置していたとすれば、まったく異なった展開を遂げていたに違いありません。素晴らしいブドウを収穫することができ、大きな利益を上げていたことでしょう。やがて私たちもこの明らかな現実を認めざるをえませんでした。このブドウ園は私たちのハートとマインドのロマンチックな幻想の中でのみ繁栄することができるという事実を求めざるをえなかったのです。しかしながら、時には危険をおかしながらも幻想を楽しむ価値はあるものです。しかし、それにしてもやがて目の前の現実を直視しなければなりません。

――子どもたちは誰でも何らかの砂のお城を築くものです。これは良いことです。というのは、こうすることによって現実の中に飛び込む前に自分が期待していることをチェックする機会を得ることができるからです。砂のお城に住むことを期待するときに間違いが起こります。そして砂のお城と神の関係についての誤解から苦難が始まります。砂のお城を築けば、神がそれをリアルなものにしてくれると期待することは愚かなことです。あるいは、海水がお城を流し去ったときに、お城を助けようとするのは愚かな行為です。人間の神との約束は**持続可能な現実に関するもの**です。持続的な現実に関してハートを通じて祈れば、その祈りはすべて応えられるでしょう。多くの場合、それを保証するための最善の祈りは、「あなたの意志がなされますように」と祈ることです。何がうまく機能するかという観点からして、神よりも愛情が深く共感に満ちた現実の維持者はいません。ほとんどの祈りは脅かされた幻想や壊れた幻想のためになされるというところに大きな悲劇があります。幻想は大泥棒でありハートを破るものです。なぜなら、幻想は神が人間の状況に何の関心ももたないという過った考えを人間に与えてきたからです。

「幻想はハイウェイに対する地図のようなものであるとしたら、どうすれば幻想を現実に変えることができるのでしょうか?」

――すべての幻想が現実に変えられるべきではありません。多くの幻想は捨てられるものであり、あるいは、楽しみのためにただとっておくべきものです。しかし、一つの考えが実行されたときに価値があるということが実証されれば、それはレシピに従ってケーキを焼くのと同じような形で実現します。レシピに従って作りますが、大切なことはすでに存在している現実の中にある食材を使うことです。その結果、新しい創造物が姿を現わしますが、その食材（材料）は以前に創造されていたものの一部です。神との共同創造はこのようにして起こります。あなたには愛情と心遣いに満ちたサポーターがいて、あなたの夢が実現する手伝いをしてくれるのです。

神は現実と一体であり、人間はその現実の相続人および現実を延長する者として選ばれたのです。あなたがそれを実現するために立ち上がっても立ち上がらなくとも、神は気にかけないと思いますか？　あなたが現実に対する情熱を示すとき、神は愛情とサポートと援助の手を差しのべ道半ばまで行かないうちに助けてくださるでしょう。それは奇跡としか思えないような体験となるでしょう。

地上における人間の人生は信頼と意識を築くためにあります。これを全うするなかで、現実は慰めであるとともに奇跡であることを知るでしょう。この単純な真実に気づくまでは、あなたは枠組みを通して慰めを探求し、幻想を通して奇跡を求め、専門化を通じて能力を探求するという間違いをおかすことになります。これがほとんどの男女が体験している分離の状態です。

「価値判断のパターンに陥ることなく、他の人にあなたは幻想を生きていますよ、ということをどのようにして伝えるのでしょうか？」

――それを伝えることはしません。人それぞれが信頼と意識の探求を通して幻想と現実の違いを学ばなければなりません。すべての体験を現実の幻想と見なすのは未成熟な知覚の性質です。幻想と現実が存在するという実感は成熟とともにやってきます。この違いを自分で分かるようになったならば、幻想のネガティブな影響力が人生に影を投げかけることをどうすれば回避できるか、いつ回避すべきかが分かるようになります。

この理解を得るとき、すべてのことにおいて節度の美徳を使うことが大切です。節度には内在的な恩寵があり、これによって価値判断の罠に落ちることなく大いなる識別が与えられ、あなたは守られることでしょう。

幻想と現実についてのより偉大な識別がより偉大な価値観を獲得することによってやってきます。価値についての理解は、効率性・統合・結果についての体験と観察のうえに築かれます。これは完全性に対する理解と尊敬ともかかわってきます。完全性はすべての価値が参照するものです。これとは対照的に、制限されたものの見方や特殊化された応用は、行動が価値あるものとなっていくより大きな文脈についてのあなたの知覚を減殺させます。

専門化とテクノロジーに強烈に集中することによって幻想と現実のより明確な識別が得られると私たちは仮定するかもしれません。しかし、それとは反対の効果があるとイエスは言います。専門化された参照枠においては統合の選択肢はあまりにも限定されて全体像が分からなくなってしまいます。現代社会の職場におけるストレスの最大の原因は、専門化と価値に基づいた理解の欠如であるとイエスは説明しています。専門化された流れ作業の現場での労働者は、一日の終わりに非常な疲労を体験することがこれまでの研究で実証されています。仕事そのものは素晴らしいかもしれませんが、細部に果てしない注意を払い続けることによって労働者のエネルギーは枯渇してしまいます。宇宙は全体的で多層からなる圧縮のうえに築かれていて、それがエネルギーの法則であるとイエスは語りました。**専門化は分離とエネルギーの枯渇をもたらします。**活動を一つの次元にだけ限定するたびごとに、私たちはエネルギーを失います。現代の職場で働いている人びとが非常な疲労を体験している理由の一つはこれであることをイエスは明らかにしてくれました。彼らの人生は極めて単一的な次元のものとなりつつあります。

――退屈な仕事の長い一日を終えて家に帰ると、家事の仕事やさまざまな責任が待っています。夜は熟睡することもできず新しい一日がやってきても新たなるエネルギーと活力はありません。そういう状況に置かれている人は、これ以上仕事をしたいとは絶対に思わないでしょう。答えはより多くのことをすることではなく、今やっていることを取り上げてそれをより豊かなものにすることです。あなた自身のより多くの次元を表現するとよいでしょう。あるいは、あなたのより多くの次元を職場に導入するとよいでしょう。友達をつくってください。他のレベルで人生を豊かにしてくれる学習曲線を探求してみてください。記憶力を駆使し、集中することを実践し、社交的なスキルを使ってみるとよいでしょう。そのようなことをするためのエネルギーがないので、それが必要だとあなたは言うかもしれません。実際にはこうすることによって、あなたが失ってしまったエネルギーを取り戻すことができます。何をするにしてもあなたのより多くの次元をそのことに応用してみてください。あなたの活動予定表にさらなる予定を入れるようにと勧めているのではありません。あなたという存在の本質であるすべての事柄の透明な層を重ねて同じ時間帯に圧縮することによってそれを豊かにすることです。

愛によって生成された圧縮は人生の利益を表わしています。それはまた職場におけるあなたの利益でもあります。利益という言葉に言及すると、多くの場合、罪の意識や羨望という感情が惹起されます。それは利益の性質が誤解されていることに原因があります。利益は多くの場合、経済的な操作を連想させるために悪者にされてきました。利益が喧伝される状況の多くにおいては、実際には真の意味での利益は存在しません。お金がいちばん有利な立場にある人の銀行口座に移されているだけのことです。このようなお金の幻想は権力の座にある人びとの立場を安定させるために創出されます。とくに真の意味での利益が生成されていない状況下でこれが行われています。真の利益はすべての人びとに恩恵をもたらすものであり、物質的な意味でもスピリチュアルな意味でも探求に値するものです。私がこの教えを説いているのは、あなたが豊かさを探求するとき、利益という概念を恨むことがないようにするためです。利益を恨むことは可能性を否定することに他なりません。

人類が愛と価値観に導かれて圧縮をより上手に活用するようになると、利益は罪の意識を引き起こすきっかけではなく達成の象徴となるでしょう。利益は誰かの皿から奪ったものとしてではなく、他の人たちにも価値と繁栄をもたらすものと見なされることになるでしょう。利益の存在そのものが新しい価値とエネルギーを生成し、それに他の人たちも預かることができるのです。良い利益は価格とインフレを押し下げ、喜びと士気を高めるものです。最小限の努力で最大限の効果を出すことは怠惰にはつながりません。むしろ働きたいという意欲を回復するでしょう。

怠惰を生み出すのは疲れ切った身体であり、真の利益も報酬もない、力によって支配されたビジネスと生産現場を遺憾とする反抗的な態度です。良い利益は優位点を先行させるために愛を投資することです。雁から学ぶことができるかもしれません。渡り鳥の雁はVの字を描きながら飛びますが、一羽の雁が先頭を飛びます。しかし、先頭を飛ぶ雁は他の雁を支配するためにそうしているのではありません。自分が風を遮って他の雁たちが飛びやすくしているのです。良い利益、良いリーダーシップはすべての人のためにこれと同じことをするのです。良い利益は現実的にエネルギーを創出し、すべての人が参加している経済の全体を活性化し豊かなものにします。効果的な圧縮が行われているとき、深刻な貧困は存在せず、貧困が広がることもありません。

私たちの太陽が究極的には水素ガスが圧縮されたものであるとするならば、この最もありふれた物質を検証し、太陽系におけるその中心的な役割を検証するならば、極めて豊かにしてクリーンなエネルギーを生み出すことができるのではないかと私はふと思ったのでした。

産業が直面するさまざまな問題とそれをどう修正するかということに関して、イエスは農業セクターを事例として取り上げて説明しました。大企業による乗っ取りによって、小規模農場の経営者や牧場経営者は土地を追い出されています。これは長いあいだ進行してきたことですが十年ほど前に最高潮に達しました。生産管理の責任が拡大しすぎた結果、利益と負担責任の見直しを迫られています。多くの多国籍企業は机に座ったままで生産現場を効率的に管理することは困難であるという事実に直面しています。農業や園芸ほど圧縮のより多くの局面を必要とするビジネスはないかもしれません。農業や園芸においては生産現場で同時に数多くの要因を管理しなければなりません。一方において、世界中の家庭に食べ物を届けることができるのは大企業にしかできません。大企業は仲介者、流通業者として食料を分配します。これにかかわる人びとの役割は究極的には効率的な圧縮によって決定されます。枠組みの仮面の背後で幻想はしばらくの間は維持できるかもしれませんが、最終的には必要な需要によって枠組みの壁は崩されることになります。

――このことはビジネスや個々人だけでなく国家にもあてはまることです。過剰な拡大や断片化された専門化が圧縮へと逆戻りする兆候に気をつけて探求してください。その移行を成功裡に行うことができるという望みはまだあります。そうでなければ経済的な崩壊がやってくるでしょう。これはローマでも起こりました。ローマ帝国は力に基づいた経済を過剰に拡大し、その拡大は永遠に続くものと思っていました。それと同時に道徳、物事の考え方、人間の組織においてあまりにも多くの崩壊現象が進行し、帝国の過剰な拡大を逆転して圧縮へと向かわせていました。圧縮と拡大は生命体だけでなくすべての集合的な存在に必要なリズムでもあります。圧縮と拡大の等式のいずれかが過剰になるか機能不全に陥ると健康は損なわれます。ローマ帝国は圧縮のための基盤を失い、過剰な拡大のために滅亡しました。

私たちの時代におけるそのような崩壊の例はソビエト連邦の崩壊です。過剰な拡大によって国家のエネルギーは枯渇し、圧縮への不可欠な帰還のための資金もそれを維持するものも何も残されていませんでした。実施可能だった唯一の機能可能な圧縮は、地域的な管理と共有の遺産と工場生産だけでした。少なくともこれらの圧縮およびその他の圧縮によってロシアの人びとが人生を再構築することが可能となっています。これは劇的な一例ですが、人類は共感と協力の気持ちでこのことに注意を向けるべきでしょう。

イエスは次のように語りました。

――拡大と圧縮の両局面を同じ優雅さをもって管理し、拡大も圧縮も不可避的なリズムを支配することがないようにその周期を繰り返させることができれば、それは真の意味での文明の証と言えます。これは現実です。しかしながら、拡大こそは権力と栄光にいたる唯一の道であるという誤った考えを生成するのは枠組みと幻想の証です。一つの国家ないしは社会がその力を主として枠組みと幻想に集中すると、いかなる代価を払ってでも拡大したいという衝動に駆られることになります。圧縮の自然な周期は見逃がされるか忌避されます。というのは、圧縮の周期は不必要な枠組みや過った幻想を暴露し崩壊させるであろうことを怖れているからです。こうして拡大は加速され、圧縮に逆戻りすればトラウマになるだろうということが最大の怖れとなります。そういう状態では、おそらくそれは大きなトラウマとなることでしょう。しかしながら、そのような逆転は不可避的です。

思い出してほしいのですが、神を知るとあなたの考えはよりリアルになります。そして現実はあなたの夢や考えとより関連性が出てきます。考えが神から来ているかどうかは常に知ることができます。なぜなら、神から来ている考えは現実とより効率的に機能し、現実をより高い局面へと運んでくれるからです。個々人ないしは社会が神から遠ざかるにつれて、彼らの考えは現実への応用性を失い、それを機能させるためには莫大な力を駆使しなければならなくなります。十分な力を行使し操作すればどのような考えでも機能させることができるという大いなる誤解があります。それは神から分離した概念であり、結果として力と操作が支配する世界が生まれることになります。非現実の考えが支配する世界には力と操作が常に存在することを保証します。

神を知るにつれて現実についてのあなたの理解は増大します。

神の知識へと導いてくれるものは何でも実行してみることです。神学や宗教的な教条は神について教えるだけです。宗教的な信念や実践があなたの人生の中心を占めていたとしても、もう一歩歩みを進めて神との個人的な関係をもたなければなりません。それは個人的で神聖な体験です。いかなる宗教も信じていなかったとしても、この体験から除外されることはありません。実際のことを言えば、宗教的な条件づけがなく真に神を求める人は、本物の代わりに教条的な慰めに満足する可能性はより少ないでしょう。

――神学は神についてのさまざまな信念の要約にすぎません。リアルなものに代わりうるものはありません。あなたは神を知ることができます。あなたの創造主を知ることは、あなたの神聖にして不滅の権利です。神を知るためにファシリテーターは必要ではありません。神を正しく知るために、誰かの神についての意見も必要ではありません。なぜなら、神はあなたのハートの中にいるからです。神を知るにつれてあなたの考えはよりうまく働くようになります。さらに集中力が高まり、拡大と圧縮の高いレベルを生成することができるようになり、その結果、あなたは健康で豊かで叡智に満ちた人となるでしょう。このようにして何を一緒にするべきか、どのようにそれを実践するかを知るでしょう。あなたの人生の数多くの層が同時に開花し、さらなる豊かさがもたらされることでしょう。

このあとでイエスは、愛とスピリットとアダマンタイン粒子の偉大な三角形の理解のために、さらなる次元を提供してくれたのでした。イエスは私がペンを手に取ってこの正三角形の上に逆三角形を重ねて六芒星を描くようにと提案しました。

――この二番目の三角形は持続する現実の諸要素を示しています。それぞれのコーナーに人生、目的、存在と書いてください。

これで六つの要素が一緒になります。イエスは語りました。

――存在するすべてのものはこれらの六つの要素から創造されました。愛が出発点で、存在がすべての創造物の完結点です。このようにして存在は地球と接触し、宇宙的な現実を持続させる要素なのです。愛はスピリットを活性化してアダマンタイン粒子に指令を送ります。それから、愛は目的によって人生に方向性を与え、目的意識をもって人生を生きることを通じて存在は実現されます。

人生とは行動する愛であることはすでに話しました。今やあなたも圧縮は目的の坩堝(るつぼ)であることを知る準備ができました。圧縮という浄化の炎がなければ真の目的が姿を現わすことは決してありません。目的はあなたが存在する理由です。目的は人生の流れとのバランスの中で、あなたが知っている存在を創出します。同じことが集合的な生命体や目的に関しても言えます。真の目的は獲得された動機ではありません。真の目的はあなたという

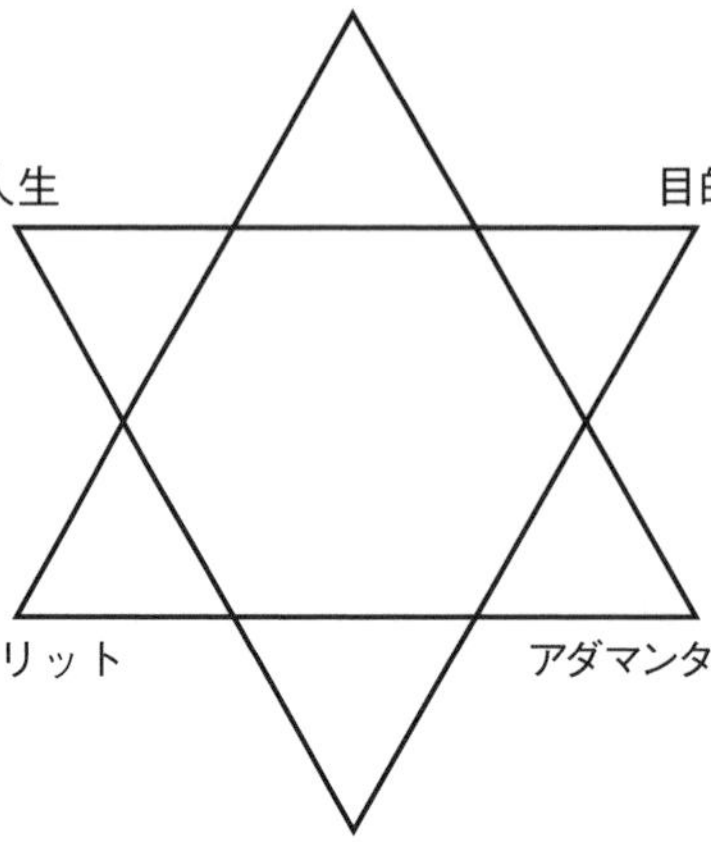

存在に本来備わっているものですが、数多くの機会があなたの願望を刺激し、いずれの機会も等しくうまく機能するように思われる拡大の周期の間は、多くの場合隠されています。外的な目的はあなたに行動をとる動機づけとなる目標、プロジェクト、ニーズ、願望、感情など、さまざまな形をとるでしょう。一方において真の目的は内なる光であり、この光は最も暗い夜ですら光を放ち、家に帰るようにとあなたに呼びかけ、あなたの存在のエッセンスであるものに対して清算責任をとることを依頼します。あなたに圧縮について知ってもらいたいと思った主な理由はこれなのです。勇気と知性と落ち着きと創造性をもって圧縮を抱擁してください。そしてまた、圧縮がもたらす祝福を情熱をもって受け取り、圧縮があなた自身について明らかにしてくれる真実を情熱をもって抱擁してください。

イエスによれば、これがダビデの星の本質的な意味だということです。イエスと数多くの日々をこの議論に費やし、何年にもわたって内省した結果、三角形のそれぞれのコーナーには外見上の意味合いよりもずっと多くのことが明らかにされていることが見えてきました。三角形の二つのコーナーを利用して交錯しているもう一つのポイントを説明することができます。たとえば人生は愛とスピリットの中間点であることが明らかにされています。存在はスピリットと交錯した結果生じる顕現です。目的は愛とアダマンタイン粒子の中間点です。愛はいちばん高いところにある因果関係のポイントであり、存在は究極の達成点であり、そこではすべてのものが明らかにされます。目的とスピリットは互換的な導きの力を提供し、人生とアダマンタイン粒子はエネルギーと力づけによってお互いを補完します。このシンボルには現実を神の顕現として知るためのコードが含まれています。これが古代イスラエルのシンボルに内包されている力です。

数多くの時代を通してさまざまな叡智が伝えられてきたにもかかわらず、神を知ることは誰もが人生の中で直面する最大の挑戦です。そういうわけで神を知るうえでの最大の問題は何かと尋ねてみました。

——それは自分には価値がないという感情です。ほとんどの人が愛情に満ちた父を直接的に知ろうとする代わりに神についての理論を知る選択をする理由はここにあります。数多くの神学的な理論が〝自分には価値がないという考え〟を強制するのは不幸なことです。かくして人びとは罠にかかってしまいます。神は言葉よりも偉大な愛であり力です。言葉や公式で表現できるいかなるものよりも偉大な存在です。しかし、自分自身の子どもの存在を歓迎しない父親など存在するでしょうか？

私にできることはイエスの言葉を自分自身にあてはめて考えることだけでした。「私は人間の価値判断によって課せられる自分には価値がないというあやまった考えによって影響されることはもうないと思います。それにしても創造主に対しては信じられない畏敬の念を抱かざるをえず、その結果、無価値感と同じレベルの謙虚な思いを抱かざるをえません。あなたが言われたように、規定するものは規定されたものには理解不可能です」

――グレンダ、それはすべてその通りです。しかしながら、あなたは知る必要のあることを把握するための現実の文脈を与えられたのです。神についての知識を強化するために心の焦点を絞るべき意識の文脈がおおよそ八つあります。

1. 自分自身を愛であると知ること。したがって自分は神の子であると知ること。
2. バランスの優雅さと健康と真実を知ること。この知識を探求するために、あなたは生命の男性的な側面と女性的な側面を与えられ、さらにその他の補完的なバランスの側面を与えられました。男性と女性の関係は家族という全体的な概念とともにこの知識をさらに推し進める機会を提供します。家族においてはさまざまな関心やニーズをバランスがとれた状態にしてお互いにサポートし合います。
3. 目的の力を知ること。目的は現実を明らかにし、数多くのハートを結びつけ、共通の努力をするグループを創出します。
4. 人間の共同体において他人の中に自分自身を見ること。
5. 自然の傾向を観察することによって生命のホリスティックなパターンを知ること。
6. 無邪気な知覚と宇宙の原理に対する客観的な理解を通して意識を知ること。
7. 信頼の力を私たちの一つのスピリットの持続的な力として知り、愛の力を神の意志として知ること。
8. 無限なるものはすべての枠組みを超越すると知ること。究極的な現実は神であると知ること。

13 科学について

イエスの名前から科学を連想する人はほとんどいないのではないでしょうか。イエスから技術的な答えを求めようとする人がいたとすれば、イエスは科学的な言葉ではなく宗教的な言葉で反応すると思うに違いありません。しかしながら、イエスとともに時間を過ごすなかで私が体験した最も啓示的な驚きの一つは、イエスは現実を心から愛し、現実に対して鋭い観察力をもっていることでした。

私たちが話し合った数多くの日々の中で、イエスは現実を別々のクラスに分けることは決してしませんでした。神学は一つのコーナーに置き、科学を別なコーナーに置くということは決してしなかったのです。イエスにとって、科学も神学もすべて現実でした。ある瞬間には空中にいたかと思うと次の瞬間には床にいる体操選手のように、イエスの優雅さは流動的であると同時に常に一つでした。この章では神とスピリットにも言及されていますが、それは一部の読者にとっては科学的ではないと思えるかもしれません。しかしながら、イエスにとってすべての現実に内在する機能性の研究であり、その源を考慮に入れるまでは完璧でありえない学問なのです。純粋な物理学の領域においてもイエスは完璧に精通していることに驚く読者もいるかもしれません。この原稿を書き上げる前に、原稿の一部をさまざまな分野の科学者に見せる機会をもつことができました。彼らは一様に驚き、次のような言葉で反応したものです。「スピリチュアルな真実についての話かと思いましたが、これは純粋な科学ですね」

イエスとの対話全体の中で、生命の働きに関する明確な言及が数多くありました。そこでなされた説明の多くは最初の文脈の中にとどまる必要があります。それらの文脈の中ではイエスの他のメッセージとの関連性もあるからです。したがって私がこの章にまとめたものは存在の諸要素に関してイエスが述べたことの全容ではありません。イエスが語った未来の科学の理解に光をあてるさまざまな新事実、新しい科学をもたらすのに必要な優先事項や開発事項などをこの章にまとめてみました。個人的には、イエスと科学の問題について語ったことの最大の価値は、通常は神への言及がなされない主題について、イエスがすぐれた知識を語るその場にいることができたということです。

科学の殿堂では神学は現実に関する客観性をないがしろにするものと信じられてきました。そして実際、過去においてそれは何度も起こりました。しかしながら、知覚の最も精妙なレベルにおいてはいかなる客観性も存在しないということを、いま私たちは学びつつあります。すべてのものが知覚の条件および道具によって影響を受けます。したがって究極的な基準は客観性ではなく、最大限の信頼に値する文脈の中でデータを評価する能力ということになります。この点において好むと好まざるとにかかわらず、認めようと認めまいと、科学は神学の領域に入ります。

イエスは私にたくさんのことを教えてくれましたが、真実という問題ほど人生のすべての領域と関係の深い問題はないだろうと思います。**「科学は真実と現実の間の対話です」**とイエスは言いました。**「あなたの目の前に宇宙のすべてがあります。しかし、真実と現実の重大な関係を理解するまで科学はありえません」**

真実の探求の歴史は、我れこそはと真実の独占権を主張するなかで血を流し、戦いを繰り広げる歴史でした。

しかしながら、**「真実を知るとき、汝は真実によって解放される」**との約束がなされました。この深遠な啓示が実現するとき、それは科学的な発見という形でやってくるのでしょうか。それは法律に関する論文の中に見出されることになるのでしょうか。それとも、驚くべき新しい現象の中に見出すことになるのでしょうか。あるいは、**「真実そのものの性質に関して」**究極的な理解が得られるのでしょうか。個人的には最後の選択肢の可能性を信じたいと思います。実存的現実を宇宙的な背景とする真実の性質についてのイエスの教えによって、真実そのものの性質が明らかにされるのではないかと私は信じるのです。イエスは強い口調で次のように語りました。

――**あなたが創造し、信じているかもしれないすべての個人的な現実を超越して、一つの首尾一貫した現実の基盤が存在します。それはすべての存在を通じて顕現される神のエッセンスそのものであり、存在そのものです。**

この現実はあらゆる感覚器官にとって知覚可能なものであり、あらゆる感情が知覚できるものであり、科学的な機械装置によっても知覚可能なものです。現実の際立った特徴はその統合された首尾一貫性によってあらゆる知覚的アプローチによる証明が可能であるということです。たとえば私たちの目、鼻、口はおいしいチェリーパイの存在を確認します。チェリーパイが好きではなかったとしても、感覚のすべてがそれはチェリーパイであることを確認します。信頼できる文脈内での知覚の決定に対して意見は二次的なものです。これは科学にも言えることです。現実の知覚に関する複数の情報源から得られたデータが数学的にも確認されていますが、これはまさに〝証拠〟と言えるものです。

――なぜなら、現実は首尾一貫性をもち、測定可能であり、偏見がなく、均一的に予測可能な存在の資質をもっていて、特定の関心とは無関係に終わることのない任務を遂行するからです。現実に対するあなたの唯一の義務は現実を体験し、知覚し、正直に報告することだけです。基本的な現実は現実を正直に見つめ正直に交流する気持ちのある人であれば誰でも体験することができるものです。あなたが意識的にそれができないことにはいくつかの理由があります。一つの理由は、自分が創出したものと現実についての信念に幽閉され、それらが現実であると混同していることです。もう一つの理由は、現実の広大さのゆえに共有された全体の内部に現実のさまざまなバリエーションが収容可能だということがあります。ある意味では、あなた自身の現実についての見方とその見方がなされている文脈の違いをあなたが理解しているかどうかは問題ではありません。ただし一つの極めて重要な問題があります。それは現実に対して一つの首尾一貫した基盤をもつということは、**創造主がすべての生命体と人類に与えた民主的な贈り物であるということです。わずか一人の人が自分自身の見方に合わせるために現実を変え、それを他人に強制しただけでも自由意志は無効になるでしょう。**

さらに、根本的な現実はインテリのエリートや特権階級によって所有されているわけではなく、彼らによって支配されているわけでもありません。それは体験、観察、比較、統合、正直さによってのみ達成可能なものです。現実に関する人間の理解力は人生とのかかわりが拡大するにつれて増大します。**現実は目と耳を開いている人であれば誰でも入手することができるものです。**

一方において、真実は単純性によって完成される人間の理解であり、人生において常に繰り返される要因に関して人間が保持することができる信頼です。真実は意識の幅であると同時に深みであり、**現実を超越して**現実を蒸留し、単純な理解にするものです。外見、条件、限定された知覚の制限的な局面からあなたを解放するのが真実です。したがって超越的な自覚にいたる道は人それぞれでユニークなものになります。真実は共有された現実にその根を下ろしていますが原型ではありません。虹が嵐のあとに現われるように、真実は体験を通して人の意識の中から現われるものです。愛がまさにそうであるように、真実はあなたという存在の深遠なる一部です。直面する挑戦や現実の変化が不変性など存在しないとあなたに語りかけるとき、真実の中に不変性を見出すことができます。私は嵐で荒れ狂う海に使徒をよく連れ出したものでした。それはバランスなど存在しえないように見えるところでバランスをとることができることを示すためにそうしたのです。これが真実の道です。そして真実は自らが完璧なものにする現実から分離してはいません。真実は現実に固有なものです。神は神聖な真実から分離されず、宇宙も自らの神聖な真実から分離せず、私も私の神聖な真実から分離せず、あなたもまたあなた自身の神聖な真実から分離していません。

真実は高潔さに似ています。究極的な高潔さという考えを尊敬することは**真実を尊敬することです**。人間は長い間にわたって虚偽を実践してきたために、真実はどこか別な場所にある、完璧な秩序が保たれている世界に神聖なものとして祀られていると考えるようになりました。真実は存在の生命ある一部であり、意味と確かさと目的を常に思い出させてくれるものであり、人生を航行するためのコンパスです。真実を悟ることによって自由を獲得したいと望むのであれば、まず真実を悟るプロセスに自由を与えるのが賢明というものでしょう。

象牙の塔から真実を解放しなさい。真実は現実に先行するものでもなく、現実を形成することもなく、根源としての神にとって代わるものでもありません。

真実は原型であるという哲学的な誤解ほど、私たちを現実から遠ざけ、真実の真摯な探求を妨げているものはないとイエスは言います。原型としての真実は単に固定された考えであり、それが現実の創造の上に重ねられます。これはもちろん現実の共同創造主である私たちの自由意志を蹂躙(じゅうりん)するものです。イエスによればそれは神の教えとは相容れないということです。真実がそのようなものであるとしたら、成長も不可能であり無邪気な知覚も不可能です。

科学的なプロセスについてイエスは次のように語っています。

――現実はあなたの出発点です。真実は不変のパターンを観察することによってあなたが蒸留するものです。真実は機能性があり有用で人生の進歩に役立つと判明した理解の総計です。

これらの優先事項を確立することは、科学についての議論を始める前に必要な前置きでした。その理由をイエスは次のように説明しました。

——真実についての誤解ないしは真実の誤用は、他のすべての理由を合わせたよりも多くの害を科学の進歩に与えてきました。

ギリシャの哲学者プラトンに言及したときにこのように述べたのでした。イエスによれば、プラトンは分離の論理を形成するうえで大きな影響力をもった存在であるとのことです。これは〝理想〟が原型であり、現実は虚弱で不完全な代替物であると仮定することによって達成されました。プラトンの理性的思考の技巧的な美しさ、そして神秘的な洞察力の知的な深さにもかかわらず、プラトンの哲学が西洋科学に及ぼした影響は計り知れないものがあります。そのうえ、プラトンの哲学は完璧さのうちに存在する創造主は〝創造されたもの〟から不完全な現実の濃い密度によって分離されているという誤った仮説に対して知的な補強も提供しました。現実から遊離して生成される考えにはほとんど価値はありません。現実に対する尊敬なしに形成される考えは進歩と真の機能性にネガティブで停滞をもたらす影響を与えることになります。イエスは次のように言っています。

——観念的な哲学の問題は真実を原型的な考えと見なし、現実はその原型から不完全な形で生まれると考えることにあります。

この観点からすると現実が理想にマッチするのはランダムであり、おおよそであり、不完全にということになります。知的な理想主義は、真実は原初的であり完璧であると仮定し、現実は派生的であり不完全であると仮定します。

科学的な観点からすれば、宇宙に対するそのようなアプローチには二つの致命的な欠陥があります。第一に、宇宙についての先入観によって客観性は失われます。第二に、現実は不完全であると予期すれば、不注意な観察や虚偽の報告、自分に都合の良い正当化の口実になります。矛盾が生じたときに支持されている〝固定観念〟に関して予知される過ちの範囲であるとして無視されるとき、この問題はとくに明らかになります。

歴史的な観点からすると、ほとんどの戦争は二つないしはそれ以上の固定観念の間に存在する解決不可能な軋轢が原因で戦われてきました。過剰なまでのエネルギーと知性と時間がすべての存在を支配しうる真実を発見するための徒労に費やされてきました。

——そのような探求の過程において人は真実の道から完全にそれてしまいました。なぜなら、真実は不変の要素であり、かつて争いがあった人生に意味とバランスをもたらすものだからです。学びが終わることは決してありません。そして学びの道は天国においても地上においても充足の道です。しかしながら、栄光を称えられる知識は滑りやすく、分離の中へとまっさかさまに人を落としかねません。

真実は原型ではありません。**現実が根本です。神が原型です。真実は体験の不変性とそれが人生にもたらすバランスによって妥当性を証明される理解の実現です。**

これこそが神と科学を統合する等式です。なぜなら、それは客観性をもって現実にアプローチし、そこから真実を蒸留するための正確な科学的手順でもあるからです。

それからイエスは付け加えて次のように語りました。

——一つの真実ないしは理論を理想化された概念として仮定して、その理論を実体化するのに適切なパターンの証拠を現実から抽出するのは科学的な正確さを欠いたやり方です。**科学の目的は現実を確証することであり、理論を証明することではありません。**広大な現実の中で十分な証拠を抜かして誤りのための余地を十分に許すならば、理論にマッチする現実は常に見つけることができます。

イエスはさらに理論によって支配された科学は不可避的に無神論的な概念を生み出し、加えて毒性廃棄物を出す産業につながると語りました。イエスが言ったように、科学には支配したいという動機があって、そのために科学は現実の代わりに理論を確認することになっているのではないかと私は思ったものです。理論は〝知的な財産〟を表わしています。したがってそこから得られる純生産高は同じ所有権をもつことになります。もしも現実がすべての生命体に対する神の民主的な贈り物であるとするならば、現実の確認は私たちの〝共通の財産〟に対する貢献となるでしょう。

欠陥のある手順は姿を消しつつありますが、今日でも科学の中に見出すことができます。百年以上もの間にわたってプラトン的な観念主義は徐々に姿を消し、科学的なマインドが現実を直接的に支配するようになりつつあります。**原初的な存在としての現実**との直接的な対決を通して新たなパラダイムが形成されなければ、二十世紀の画期的なさまざまな発見は不可能だったでしょう。しかしながら、これは二十世紀に始まったことではありません。プラトンの観念主義と並行して、自然を〝**真理の母**〟とするアリストテレスの哲学がありました。古代ギリシャの哲学者であるアリストテレスによれば、真実は現実を偏見なく体験することによって蒸留されます。現実は理解力の基盤であり、現実を注意深く研究することによって自然についてのより正確な描写が提供されます。過去において、実験的な科学者はアリストテレスから手法を引き出し、理論的な科学者はプラトンから手法を引き出す傾向がありました。

アインシュタインの相対性理論が登場したのち、科学理論派と実験派の境界線は事実上姿を消すことになります。観念主義は注意深く除去され、客観性と科学的な公平性が推進されることになります。その結果、観念主義が一掃され、科学の中に神を含めるための科学的な前提もまた取り除かれました。神聖なものに関して死の沈黙が訪れ、学術界に無神論が君臨することになります。しかしながら、逆説的な展開によって観念主義が除去されたのちに神の現実がより明確に見えることになります。一九六五年の時点で科学は無限性の入り口に到達します。

微視的には素粒子物理学において、巨視的には銀河系への到達においてそれが達成されます。**広大にして包みきれない現実としての実在は、さらに昇華することはできません。**一九六五年以降、形而上学的なニュアンスをもった科学的な文献が最初は蛇口から落ちる水滴のように、それから一定した流れとなり、今では小さな川の流れとなっています。科学的な文献の中に時として神への言及がなされるようにさえなりました。もちろんそれは秩序を司る存在としての神であり、奇跡を起こす存在としての神は科学の世界ではいまだに認められていません。私たちを神のもとへと連れ帰ることは真実の機能であると説明することによってイエスは私の理解を助けてくれたのでした。あることが真実であるかどうかを知るためにはこの機能をチェックすれば分かるかもしれません。

イエスの説明は神学を科学的なプロセスの中に再び挿入することを提案するものではありません。そんなことをすれば、プラトン的な観念主義と同じ間違いをおかすことになります。理解すべき重要な点は神を現実から切り離すことは不可能だということであり、現実を正直に観察すれば真実が抽出されていずれは神と宇宙に関する理解が高められるだろうということです。それらの真実はより良い世界を建設するためにも活用することが可能なものです。これらの真実を現世界に再び引き戻し、よりすぐれた人生の質を形づくろうとする理想的な考えと組み合わせることができるでしょう。以下の図は真実を人生の具体的な事柄への応用として示したものです。この図に関してイエスは私たちを神のもとへと連れ戻す真実は神聖であり、より良い世界を築くことを可能にする真実は理解の実践的な応用であると説明してくれました。

アーチストである私は、イエスが観念主義の価値を減殺するのを聞いてやや気落ちする思いでした。というのは美と観念（理想）主義の間には相関関係があり、それは私の職業に固有のものだからです。そういうわけで理想と美が物事の成り立ちにどのようにかかわっているのかを知りたいと思いました。イエスは、理想と美は感覚によって知覚される真実の側面であり、ハートによって焦点を絞られて人生を高めるための調和とパターンにな

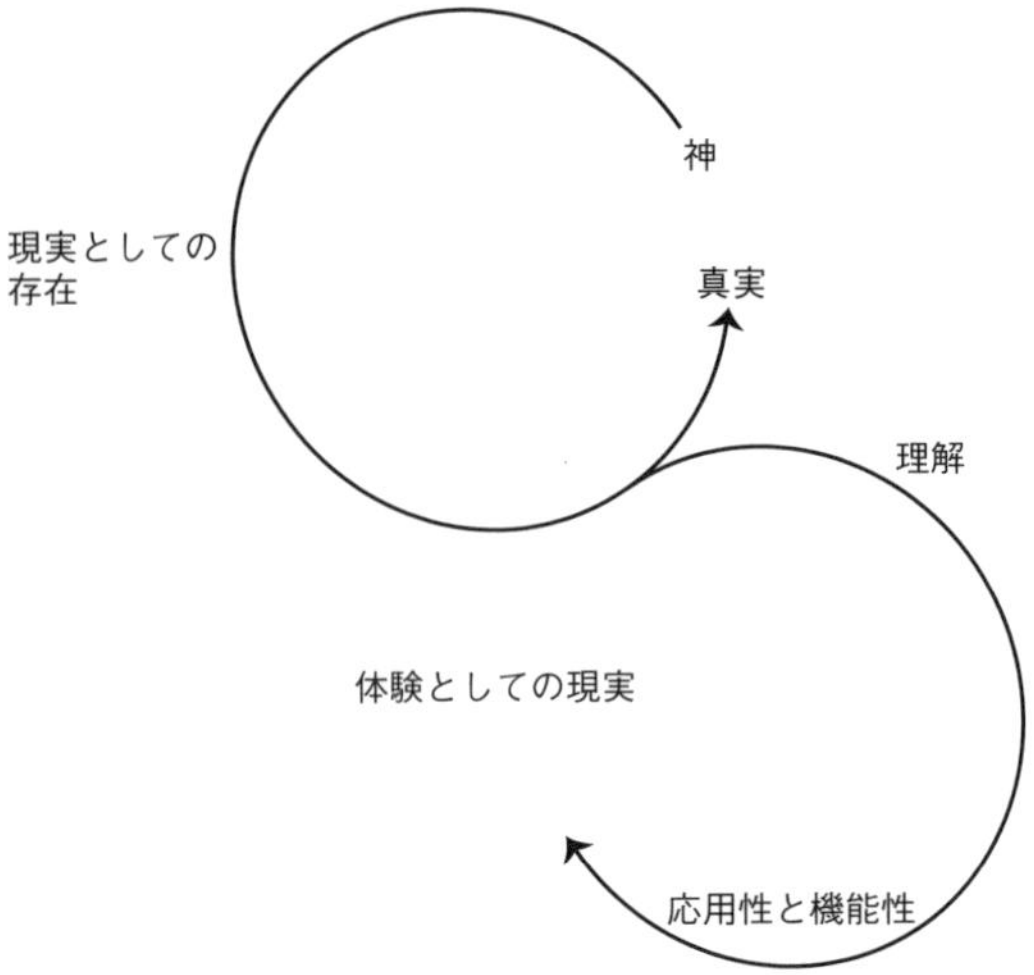

ったものであると説明してくれました。真実は科学だけでなく、人生のすべての領域に属します。

――科学は原初の現実から機能的な真実、それから、実際的な応用という流れにぴったりと適合します。科学の世界への観念主義の導入は多くの場合有益ですが、それは応用を完璧なものとし、その内在的な資質を規定するという意味に限られます。バックミンスター・フラーの業績は、古典的な工学の原則を活用し、それを観念的に洗練することによって完成した素晴らしい模範例です。

理想（観念）が科学と関連性をもつためのもう一つの条件があります。しかしながら、私がこのような言い方をするとき、観念を科学に押しつけようとしているのではないことを分かっていただければと思います。それは原型的な真実の探求と同様に愚かにして逆行的な行為です。

現時点において、科学はまだ外的な志向性をもっていて、客観性という基準によって動かされています。現段階の科学的なプロセスのレベルにとってこれは正確であり、かつ必要なことです。科学は真実とは何かという問題に関して、より大きな定義を下すための飛躍を遂げようとしています。それが起こったとき、理想は科学にとって新しい意味をもつことになり、理想が現実をないがしろにする危険は皆無となるでしょう。

多少ためらいながら、私は質問しました。「そのより大きな真実を私がいま教えてもらったとしたら、私にはそれが理解できるでしょうか?」

――できると思いますよ。なぜなら、あなたはアーチストとしての仕事ですでにそれを活用しているからです。実際のところ、このより偉大な真実は、その力を実証するあなたのような人びとによって科学以外の場所で知覚され活用されることになるでしょう。

「それはどのようなものなのでしょうか?」と私は懇願しました。

――真実の究極的な状況は内的なものと外的なものが一つになる点です。状況の外的な要因をどれほど完璧に研究し観察したとしても、内的な誘因と外的なものとの関係性を位置づけるまでは真実を完全に知ることにはなりません。付随的な結論として内的なものをどれほど理解したとしても、外的なものへの影響を理解するまでは完璧な真実に到達したことにはなりません。宇宙は内在的にも外在的にも一つのものです。内在的なものと外在的なものの間に完璧な平衡状態がある点に超共時性という状況があります。この状況においては物質、エネルギー、空間、時間が無限の可能性の〝無抵抗〟のモードに入ります。これは物質の崩壊ではありません。物質が同時性をもって完璧なバランスがとれている〝ゼロポイント〟になることです。(均衡状態は超共時性の完璧な休息状態であるとイエスは説明しました)。〝ゼロポイント〟は〝何もない状態〟ではないことを理解してください。それは無限性の一つの呼称です。この知識をもつことによって、ゼロが数学のために達成したことが自然科学のために達成されることでしょう。すなわち、その可能性があらゆる境界線を越えて拡大することになるでしょう。超共時性はパターン、リズム、比率、調和の究極的な源であり、あなた方が理想と見なすものです。これを知ることによって理想という概念に新しい価値と意味が与えられますが、理想は宇宙に内在するものであってマインドによって生成された外的な原型として宇宙に適用されるものではないことも理解するでしょう。

それから、イエスは私をしっかりと見て言いました。

——マインドには理想を創出することはできません。マインドは派生的であり原因となるものではありません。マインドが創出したとあなたに考えさせようとするあの同じ理想的な状態からマインドは派生したのです。このような混乱の理由は、超共時性の状態においては原因と結果は同じであるということにあります。意識がこの神聖なポイントから離れるとき、原因と結果は補完的なものとして観察されます。典型的な両極性の状態にあるマインドは結果を記録しますが、自分自身は原因となる要因であるものとして記憶する選択をします。

イエスは私の質問を予期して次のように答えました。

——確かに宇宙的なマインドは存在し、これは原初の原因についての記憶のすべてを保持し、その無限の可能性をモニターします。宇宙的なマインドは原因と結果についていかなる混乱もなく機能しますが、これは個々のマインドにも可能なことです。宇宙的なマインドが原因と結果に関していかなる混乱もないのは、超共時性の状態を離れたことがないからです。

私たちは数多くの対話をしましたが、イエスが宇宙的なマインドに言及したのはこの時だけでした。おそらくは言う必要のあることのすべてがあの一文に含まれていたからかもしれません。しかし、私自身のマインドがそれ自身に力を与えるために使いかねない主題から私の注意をそらしたのかもしれないと考えたいと思っています。イエスは聖心のより偉大な知性に注意を払うようにと常に私を促しました。実際の話、この対話の結論として、聖心こそ内なるものと外的なものが一つである場所だということを思い出させてくれたのでした。

——これがあなたの個人的な真実のポイントです。聖心の中にはいかなるマインドの理解をも超えた知性が存在しています。

その朝のイエスのメッセージは科学的な意味合いに満ち満ちたものでしたが、私はそれらについて絵を描きながら考えることにしました。その日、さらに時間がたってから、宇宙的な現実という主題に話が戻り、私はこの主題をさらに詳しく探求したいという気持ちでいっぱいでした。なぜ原因と結果が宇宙の根本ではなく、拡大する派生的な顕現であるのかということを探求し明確にしたいと思いました。「超共時性の〝ゼロポイント〟に完璧な平衡状態があるとするならば、どのような状況のもとであれば原因と結果が生じるのでしょうか？」

イエスは次のように説明してくれました。

——**完璧な均衡状態は完璧なバランス**であり、神聖な今であり、そこからすべてのものが形となります。しかし、これは不活性で生命がないというような意味での静止状態を意味するものではありません。全体のさまざまな部分がお互いを認識し、お互いに反応し合うことによって交流が盛んに行われている状態です。この状態における交流の可能性は、すべての部分がお互いにサポートし合う単純な調和から、密度が集積する可能性のある不協和や不調和の発展にまで及びます。これが起こるとき、調和を維持するためにより多くの時空が必要になります。**これが原因と結果を生成します**。なぜなら、それが時空を超えて交流とバランスを取り戻すための宇宙的な手段だからです。交流の三つのモードのすべてが宇宙に同時に存在します。完璧な均衡状態においては完璧な共時性が存在します。分離の極端な状態においては原因と結果の法則が支配します。**これらの二つの極端な状態の中間においては相互依存が存在の傾向です**。

イエスの話を聞きながら、私は愛とアダマンタイン粒子とスピリットからなる偉大な三角形を思い出し、イエスが話す完璧で素晴らしい統合のヴィジョンを心に思い描いていました。イエスは愛が源であり、**すべての存在性に生命とエネルギーを与える力であると**言いました。アダマンタイン粒子は真の意味で切ることができない粒子（原子のそもそもの意味）であり、イエスは時々、無限の粒子と言っていました。**アダマンタイン粒子はすべての存在の普遍的なボディーを構成しています**。スピリットに言及してイエスは次のように語りました。

――一つのスピリットだけが存在し、それはすべての存在の継続的で継ぎ目のないマトリックスです。

スピリットはすべてのものの中にあり、すべてのものの周囲にあり、すべてのものに属します。すべてのものは切り離すことも分割することもできず、スピリットが存在しない場所はありません。スピリットは究極的なつながりであり、真の意味での統一場です。二十世紀の科学の発見と仮説は宇宙の内在的な秩序、創造的なプロセス、秩序に呼応するダイナミックで継続的な変化というヴィジョンを導き出しました。今では存在は本質的には継続的な可能性の流れと見なされ、それは一定の条件下にあって初めて個々の物質的なものとして顕現すると見なされています。統一場理論は科学の世界において大いなる討論の対象となっています。「単一性は妥当な概念なのでしょうか?」と私は聞いてみました。

――粒子の世界では妥当ではありません。一つのスピリットのゆえに、そしてすべての存在の非常に統合された性質、共時的な性質のゆえに、単一性という側面があります。しかしながら、それは統一への言及においてのみ意味のある用語であって、個別の粒子やポイントへの言及においては意味のあるものではありません。単一性は超共時性の一つの機能であり、この機能は存在のすべての部分を圧縮して無限の可能性を単一の状態にできます。分離の一側面としての絶対的な単一性は存在しません。分離は物理的な存在の法則によって維持することはできません。

分離に関する従来の考えを捨てることによってのみ相対性理論の分野を理解することが可能である、ということを理解するのは簡単ではありませんでした。一つのスピリットという概念が神聖性と実用性の間の鍵となるリンクであることは明らかです。しかし、私の頭を悩ませたのは愛についての疑問でした。愛の力がいったいどのようにして素粒子物理学の分野にまで及ぶのだろうかという疑問でした。

イエスは何度も繰り返し次のように語ったものです。

――愛は常に一番であり、最も重要なものです。なぜなら、愛はすべてのものを集合させるからです。愛は結合に点火します。愛は粒子を結合して関係を形成します。物理的な因子は磁力です。その力が物理的な存在に応用されたものが圧縮です。

それから数日間、多くの対話を重ねたのちに、初めてイエスは創造の源であり創造の維持者である物理的な力としての愛の力について明らかにしてくれたのでした。イエスが言及している愛の力は愛情の絆の甘美な性質ではなく、そして世界が一般的に愛と重ねて連想する〝チョコレートとバラ〟のような愛情ではないことを、私に何度も思い出させたものでした。これらの感情が愛の現実的な力に根ざしたものではないというのではありません。しかし、感傷的な感情だけが愛であるとしたら、人生を説明することや、さらに人生を充足することはとうてい不可能です。イエスは愛の力について語るときは、常に非常に敬虔な面持ちでした。にもかかわらず愛の力には科学的な構成要素があり、それはこの文脈において分かち合うのが最も適切です。私は深遠な尊敬と感謝の気持ちで次の情報を分かち合いたいと思います。

――愛の機能について科学的に考えるのであれば、反転移動として考えるとよいでしょう。すなわち、二つの補足的な力が第三の安定要素と一緒になったとき、モードを交換して一つの力が他の力になる機能のポイントとして考えるとよいでしょう。これが最初の磁力であり圧縮です。これは最初の粒子やエネルギー内部において継続している機能です。有機生命体においてDNAは、この複雑で神秘的な機能を行うように構成されています。これはまた枠組みのすべてのパターンに先行し、取って代わり、超越し、融和させる逆説の神秘でもあります。

イエスはこのことについてあとでさらに詳しく説明しました。

――愛のこの最初の力は、その内部に「自覚」、「自己承認」、「自己対話」の機能をもっています。あなたが愛を存在性として言及しても、あるいは、エネルギーとして言及してもこれは同じです。それは「ありてある我れの力」と呼んでもよいかもしれません。内在化されたコミュニオン（神聖な一体感）を通じて全体が自らのさまざまな可能性を自覚するようになります。可能性の違いが確立され、その活性化が開始されます。同時に保持と解放の行動が見られ、これによって中立的に存在する恒常センターの存在が孤立化されます。活性化する変数に対してこの場は、圧縮し拡大（膨張）するエネルギーの〝ゼロポイント〟として機能するのを見て取ることができます。全体の外縁は決して決定することはできません。なぜなら、一つの要素が別な要素とつながることがないポイントは存在しないからです。**全体はその性格と資質によって示されるのであり、境界線によって示されるのではありません。**しかし、その中心点はゼロによって記すことはできます。その一点から拡大する力は累乗的に解放されるエネルギーを増大します。同時にエネルギーの緊張の側面を通って、エネルギーは一極から別な極へと移行します。この反転によってトルク（物体を回転させる力）が生成され、それによって磁力のスピンないしはヴォルテックス（渦）が動きはじめます。

　このような考えの偉大さや重要性はいまだに私の理解を越えたものです。しかしながら、イエスの説明は創造の他の側面に豊かさと深みを与えてくれます。いろいろな意味で有用であると判明した一つの目もくらむような考えは次のようなものでした。

　——磁力は原初のエネルギーに固有なものです。あなたはそのエネルギーの一部であるわけですから、エネルギーを生成し、機械的に操作する必要はありません。あなたがしなければならないことは自覚と自己承認を通じてそのエネルギーとのつながりを安定させることだけです。

　この言葉は、なぜ愛が**私たちの自覚の土台として認められなければならないか、**という理由をさらに強化してくれたのでした。

　エネルギーの第一原因である愛と磁力と圧縮は、創造された顕現の遥かなる彼岸にある私たちの人生にエネルギーを提供しつづけています。しかしながら、これらの可能性の泉に効果的な技術的インターフェイスを通じて直接アクセスする能力は、まだ私たちの手の届かないところにあります。私たちが存在を規定するために現在活用している思考や機能の枠組みは、いまだにこの新しい辺境まで及んではいません。宇宙全体が圧縮のうえに築かれていて、それがエネルギーの法則であるという言葉に、私はとくに関心を抱きました。簡単に言えば、圧縮はエネルギーを生成し、膨張はエネルギーを解放します。圧縮が行われるたびに新しいエネルギーが生まれるということをイエスはさらに強調しました。このことがきっかけとなって、エネルギー保存の法則について質問することになりました。「固定された量のエネルギーしかないのに、どうして新しいエネルギーが創出されうるのでしょうか？」

――宇宙のエネルギーは測定不可能な程度の圧縮を通して築かれ、それから、一般的には「ビッグバン」と呼ばれている大いなる爆発によって解放されました。この大いなる爆発によって光子が解放されましたが、光子は創造されつつあった熱力学の場の中にある動きの定数である光を代表するものです。圧縮のこの解放を通してあなた方が空間と見なす観察可能な距離が生まれ、あなた方が物質として知っている要素のパターンが形成されました。こうして物質とエネルギーと空間と時間が生まれることとなったのです。爆発を通して解放されたエネルギーは、エネルギーが生成された基本的な方法の反転でした。それ以来、そのエネルギーは同様な反転を通して自らを生成するべく条件づけられた〝固定された量〟としての自己を維持してきました。このようにしてすべての枠組みは限定された原初のエネルギーの量子の反転のうえに築かれることになります。これがエネルギー保存の法則です。

存在する最大の枠組みは保存的エネルギーの統一場です。この場はエネルギーの固定された量からなっていますが、その理由はこの場は派生的であり、永遠の中にしっかりとつるされているからです。それを構成するさまざまな枠組みは厳密であり有限です。しかしながら、これはエネルギーの終わりを意味するわけではなく、エネルギーの唯一の供給源でもありません。愛によって活性化されるアダマンタイン粒子の自由で無限の場がエネルギーのより大きな供給源を代表し、現代および未来における限りない圧縮のために入手可能なのです。

科学的な文脈においては、イエスはこれらの粒子に多くの場合「無限の粒子」という言葉で言及していました。そしてアダマンタイン粒子の性質を真に理解するためには科学はまず無限の性質と統合された全体性に着目しなければならないとイエスは語りました。

――磁力は保存場の中に電気的に生成されます。さらに特定の量の磁力を引き出すためには荷電粒子の等しい量が必要とされます。したがってこの組織構造においては**エネルギーの源**としての磁力の可能性に直接アクセスすることはありません。答えはこの制限された枠組みの中に見出すことはできません。電磁気は保存場で起こりますが、最初の磁力に対する答えはこの制限された取り決めに取って代わる磁力のより高度な機能があります。そして純粋なエネルギーです。引き寄せ場のより大きなスペクトルにおいて、磁力は無限性を一直線に配列することによって活性化されます。

マインドはさまざまな制限があるにもかかわらず保存が提供する説明を好む傾向があります。というのは、マインドもまた本質的には電気的であり構造的であるからです。計算、実験、データ収集のためのすべての器具に関しても同じことが言えます。このような器具のすべては電気的な優先順位と両極性を自然に好む傾向がありま す。提案ですが、観点を変えることから始めて、それを「コペルニクス的洞察」と呼んでもよいかもしれません。人間の観点が地球中心であったとき、地球は太陽の周囲を回るなどとは考えることもできなかったのです。観点を変えることによって太陽中心の動きが暴露され、銀河系へのドアが開かれたのでした。

保存の法則と同じように、熱力学の法則は熱エネルギーを生成し、熱エネルギーに反応する密度の場と関係しています。これらの密度の場に関しては、保存の法則と熱力学の法則はすべての実際的な目的からしても正確です。しかしながら、存在の全体を論理的に統合するためには熱力学には致命的な欠陥があります。熱力学はエネルギーを無限の未知なるものを背景として孤立する肉眼的なシステム内に存在する物質の一機能と定義するのです。無限性に対する熱力学の第一の見方は、もしそういうものがあればという話ですが、それ以外の方法では説明不可能な存在を〝すべて入れてしまうもの〟です。これが普通〝暗黒物質〟として言及されているものです。未知なるものを別な場所に割りあてているのは科学だけではありません。多くの宗教は神を遥かなる過去や永遠の未来に閉じ込め、現在は物質的な関心によって支配されるままにしてきました。創造主は神聖な今という瞬間に住んでいることを考えると、これは神の侵入を防ごうとする相当な〝砂袋〟と言えるでしょう。

こう考えてみると、非常に多くの人が宗教のことはよく知っていても神についてはほとんど知らないことがよく理解できます。

――手つかずの未知なるもの、ないしは、暗黒物質という貫通不可能な場を背景として孤立する、物質とエネルギーの微視的なシステムとして宇宙を規定することは、無限性に対してこれと同じような〝砂袋〟を創出することになります。さらにそれは共時性と超共時性を科学的な原則として除去し、圧縮という主題を熱力学の衝突と爆発の公式に制限してしまいます。

「数はどうなのでしょうか？　私たちが実践している科学は数字によって機能しますが」

――数学は、無限にして原初のエネルギーは性質的に角度があり比例的であると指定する必要がありました。というのは、比例と比率だけが無限性の性質を貫通することができ、蓋然的な量に質を移すことができるからです。角度の比率は分解してゼロになり、共通の原点（下位区分）を分離が可能にし、それによって不確定の可能性が生じます。

無限性の地盤は偏見がなく、全方向的であり、不変であり、継続的であるという性質からして、「静止しているもの」と呼ぶことが正確なのかもしれません。しかしながら、無限性の地盤は不変でありながら、それから生じるものに対して無限の量の変化を提供することができます。〝静止しているもの〟という言葉を、不動で可能性が固定され、死んでいて動かないエッセンスに言及するものとは誤解しないでください。存在のこの本質的な下位区分はその不変の性質において極めてダイナミックなのです。それは動きと生命の計り知れない無限の可能性を包含していて、それを宇宙の秩序に提示します。それは愛・アダマンタイン粒子・スピリットの完璧な未形成の混合です。

この下位区分の機能的な力は枠組みや絶対的な量によって規定することは絶対にできないことを理解しなければなりません。なぜなら、それは枠組みの世界に先立って存在しているからです。しかしながら、その可能性は理解もアクセスも可能です。下位区分の均衡状態は変動する可能性および可能性の圧縮ないしは推進の基盤を提供します。そのような可能性は角度や比例によって位置を確認し、予言し、影響を与えられるかもしれないヴォルテックスを活性化します。しかしながら、これらはより大きな規定不可能な場の内部に孤立して浮かんでいる巨視的なシステムではありません。この下位区分は単純で、本質的には他のすべてのつながりのネットワーク（ウェブ）です。粒子や他の要素がこの下位区分と整合するとき、単純化がゼロの方向に向けて増大し、さらに複雑性がゼロから離れつつ増大することになります。

物質の次元には単一性は存在しません。下位区分に関して興味深いことは、規定不可能であるために分子的な意味における個別的な単一性を帯びることなく、統合する力として単一性の機能を果たすことができるということです。規定不可能なものの素晴らしい点は、状況的なニーズに条件づけられることなくそのニーズに適応する能力があるということです。最初に、ほとんどすべてのものは空間であると理解することから始めるとよいかもしれません。
イエスが話を続ける前に、私は質問を投げかけました。「自然科学の分野で変化を必要としている最も重要な点は何でしょうか？」

――エネルギーは質量であるという考えです。実際には、エネルギーは可能性です。アインシュタインの方程式の完璧なところは、E=M ではなく、$E=mc^2$（エネルギー＝質量×光速の二乗）です。この違いはあまりにも微妙で問題にならないと思われるかもしれません。しかし、約束しますがこの違いは太陽系の地球中心的な説明と太陽中心的な説明の違いに等しいものです。エネルギーは可能性がある種の粒子の物質に圧縮されたものです。エネルギーは量と不変のものと質によって構成されています。アインシュタインは公式においてエネルギーの要点を保存場に隔離しました。質量は量を提供し、光は不変なるものを提供し、平方が質を指定します。保存場においては模写と閉じ込めが〝質〟です。$E=mc^2$ は普遍的な妥当性をもっています。なぜなら、この等式は**三つの要因すべてに等しい重さ**を与えているからです。

お分かりいただきたいのですが、エネルギーは次元間の可能性であり、位置間の可能性です。アインシュタインの理論から数多くの推定がなされていますが、それらはエネルギーは質量と等しく、質量は重力相互作用を発揮するという限定された仮説を強化する傾向があります。そのような思考の第一の動機は、宇宙についての最も広く機能的な定義を下し、**保存場の内部において**最大限の**所有権支配**を確立することにあります。

コペルニクスも彼の時代において同じジレンマに直面しました。地球は宇宙の中心であると信じられていました。したがって地球を支配するものは誰であれ宇宙を支配すると考えられていました。所有権の支配は古代の征服者の誰もがもっていた動機でした。ガリレオが彼のアイデアのゆえに迫害されたのは、その考えがそうした壮大なヴィジョンを無に帰させたからでした。それはまた人間の可能性が彼の考えによって大いに解放された理由でもありました。

エネルギーは質と不変のものと量からなる可能性であることがいったん理解されれば、保存場の内部やそれを超越した場の数多くの状況に適用可能な理論が開発されることになるでしょう。その理解があれば、無限性の状態は理解可能となるでしょう。

これが明らかになるまで、空間と無限性についての私の混乱を言葉で表現することをためらっていました。この時点で、どうしても聞いておきたいと感じて質問しました。「無限性は物質、エネルギー、時間、空間という観点から説明することができるのでしょうか?」

――定義することはできませんが説明することはできます。ふさわしい大きさに加えて、無限は同時的であり質的でもあります。無限は空間の中に存在していますが、空間によって規定されません。

イエスの答えは期待通り簡潔そのものでしたが、粒子の物理的な世界における無限が私にはまだ理解できませんでした。

――それでは、これを考えてみましょう。二つの粒子が反対方向に光速で旅しているとしましょう。彼らの出発地点を固定された〝地球中心的〟質量と見なすならば、粒子は光の速さで旅をしていると判明するでしょう。光の速さは質量との関係において動きの不変数です。しかしながら、出発する二つの粒子のつながりを別な形で知覚することも可能です。そのつながりとは彼らの均衡点は出発点によって生じるのではなく、遂行したいとの集合的な衝動による結果であると考えるのです。これは〝ゼロポイント〟として表示することが可能であり、彼らはこのポイントから光の二倍の速さで拡大していくのを観察することができるでしょう。これらの最初の二つの粒子はさらに多くの粒子と〝ぶつかり〟活性化してこのプロセスを何倍にも増やしていくことができます。これは量的な要因や不変数と相互に依存し合いながら質的な伝導と複写という媒介を通じて達成されます。鍵は〝ゼロポイント〟であり、ここから無限性の角度が延長されます。こういう理由で、宇宙は非常な速さで創造されたのです。

イエスのこの言葉を聞いたとき、私はなぜかカオス理論を思い出しました。

――確かに、その理論は同時性と質的な複製を認識しているという点において進歩を表わしています。というのは、**無限性は質の類似性を通して可能性を同時に伝えるからです。**しかし、カオスのすべての事例について一つの不変数を探すのは成果をもたらすことにはならないでしょう。

イエスは二つの無限性の例をあげてくれました。

――角度の性質は無限性の資質を表わしています。なぜなら、角度は言葉の意味合いからして無限に延長することを暗示しているのではないでしょうか。無限の量は比例的に進行する一方、半減期はゼロに近づきはしますが決してゼロに到達することはないのと同様に進行します。

「不変数は絶対数なのでしょうか？」

――いいえ、究極的な意味ではそうではありません。不変数は一つの要因であり、次元であり、可能性であり、点であり、特定の文脈において変わることがないものです。一つひとつの不変数は均衡状態の指標であり、そのポイントからその文脈におけるすべての多様性や加速が始まり、このポイントによって多様性や加速は測定されることになります。たとえば光のスピードを例にとってみましょう。光の不変数についてのアインシュタインの観察の素晴らしさは、動きの均衡状態をエネルギーの不変数として初めて実証したことにあります。実際のところ、銀河系の全体は動きの均衡状態です。固定のポイントないしは均衡状態のポイントの位置を見つければ不変数を見つけたのです。

この理解は単純なことのように見えるかもしれませんが、この理解にかかっている数多くの発見が、行動・生命・機能が比較的停止されている不活性で動きがない〝死点〟と均衡状態を誤って結びつけることによって阻止され、見過ごされているのです。これは均衡状態をシーソーの支点、車輪のハブなどの構造物の中に均衡状態を観察する結果生まれたものです。あるいは、停止している物体の不活性状態を観察した結果です。

真の均衡状態は活力にあふれ、相互補完的であり、共時的です。その恒常性は周囲の変数に対する〝静止点〟を表わしていますが、最高の可能性を生成します。（イエスはにっこりと笑って、直線的な枠組みの世界の外に出て快適でいるためにはこのような逆説に慣れる必要があることを私に思い出させてくれました）。変数を安定させるのが不変数の機能です。したがって不変数を凍結した絶対数と見なすことは間違いです。時として不変数の機能は非常に明確であるために、光の場合のように（演繹的思考）不変数が明示され、測定され、数字的な価値を付されるかもしれません。しかしながら、通常、変数は変数の場の内部にある相互補完的な要因を通じて隔離されなければなりません。

〝ゼロポイント〟に関してもう少し明確になる必要を感じた私は質問しました。「それはエネルギーと空間の一側面でしょうか。それとも、それは単なる仮説的な位置なのでか？」

――どれもあてはまるでしょう。虚空であるかもしれませんし、識別不可能な変動しかないエネルギーの場であるかもしれません。あるいは、拡大する可能性の場の出発点であるかもしれず、あるいは、ゼロの質量しかない均衡状態のポイントであるかもしれません。最も肝心なことは、〝ゼロポイント〟は超共時性（究極的な均衡状態）の完璧な平衡状態であるマスター不変数を的確に指定するということです。〝ゼロポイント〟の要因が特定の量を課された光の速さのような他のすべての不変数の力を保証しているのです。最高の不変数がゼロでなかったならば、量的な価値を課されている不変数は不安定な状況に入れられたとき、本来の姿でいることはできなくなるでしょう。

この事実はもう一つの真実と非常に似ています。すなわち、圧縮の究極の状態においてすべての抵抗と質量は溶解し、超共時性の状態が可能になるという真実です。

これを聞いた私は困惑しているように見えたに違いありません。というのは、イエスは優しく次のように説明をしてくれたからです。

――これがどのように働くのかを今の時点で理解することはそれほど重要ではありません。重要なことはエネルギーを可能性と等しいものと見なし、可能性は量と不変数と質から成り立っていると知ることです。不変数にどのような価値が付加されるかとは関係なく、すべての現象の中に存在している超共時性の〝ゼロポイント〟から安定性と均衡状態が引き出されるのです。

「どうしてこれを見ることは難しいのでしょうか?」。イエスはまるで大きな秘密を打ち明ける喜びを期待するかのようににこにこしながら打ち明けてくれました。

――なぜかというと、超共時性は自分自身を覆い隠しているからです。和(unity)の言語の中に書かれていることを外部から観察することはできません。真実と同じようにそれが見えるためにはその中にいなければなりません。

私は沈黙して絵を描く仕事に戻りました。

別な日、夕方のことでしたが私は少し疲れを感じていました。すると、イエスは裏庭に出て太陽を少しのあいだ見ることを提案しました。太陽は地平線にかなり近いところに位置していて、雲の状況などからほとんど太陽を直視することができました。太陽をちらっと見ることができただけでしたが、何かリラックスしたような効果を感じました。スタジオに戻ってから、無限性の旅はどうでしたかとイエスは聞き、磁気を与えられたので集中力が強まるでしょうと言われました。「**太陽は磁気をもっているのですか?**」

――太陽は強力な圧縮のヴォルテックスとして始まり、今日では太陽系全体に及ぶ磁力として存在しています。太陽は水素ガスが圧縮され、電子の上に電子が重ねられてつくられました。これらの圧縮によって生じた熱が一連の核融合反応を引き起こし、やがて今日の太陽となったのです。

イエスのこの説明を裏づけるニュースを最近受け取って嬉しく思いました。友人の一人が新聞記事の切り抜きを送ってくれました。

天文学者、太陽の磁力の毛布について語る

五十五年に及ぶ謎を解決したと天文学者が昨日（一九九七年十一月五日）発表した。太陽の外部は内部よりも何百倍も熱いのはなぜかという謎である。その答えは彼らによると、太陽は宇宙の非常な寒さから身を守るために電気毛布のようなもので覆われているという。しかし、この毛布は電気ではなく磁力で熱を与えられている。スタンフォード・ロッキード宇宙研究所の所長であり国際研究班のリーダーであるアラン・タイトルはこれを「太陽の磁力のカーペット」と呼ぶ。太陽の表面の約五万箇所に散在する磁気スポットはその内部から熱とエネルギーを絶えることなく押し出し、それは太陽の光球外の最果てであるコロナにまで達している。

イエスの言葉を裏づける数多くの事実が発見される時が来るのを楽しみに待ちたいと思います。

太陽の磁気的な性質についてのイエスの説明に興味をひかれた私は、磁気的なプロセスはブラックホールにもあてはまるのだろうかと考えました。ブラックホールは物質とエネルギーが完全に崩壊して無限の密度の中に姿を消す点なのかどうか知りたいと思いました。イエスはにっこりと笑って、物質が完全に崩壊することはありえないと言いました。

――これらのヴォルテックスは死の道具ではありません。それらの多くは生命誕生の道具であり、やがて十分な質量を獲得して新しい太陽に変容し、その他の形状の宇宙物質になります。実際のところ、科学が現在ブラックホールとして一般的に言及しているものは**三つの異なった現象です**。無限性と〝真の静止状態〟がより良く理解されるにつれて、これらの異なった形がよりはっきりと目立つようになるでしょう。

最初にエネルギーのグリッドに亀裂が生じ、真の均衡状態の巨大な力と磁力を生成するその能力を露出させます。これらの亀裂が生命誕生の場となり、将来の太陽になるかもしれません。

次に、巨大な成熟したヴォルテックスがあり、これらのヴォルテックスは完全に固体状になることなく非常なスピードで成長し、途方もなく大きなエネルギーの噴水に変容します。これらは強力な準星であり、**銀河系全体のすべてのものに**影響を及ぼします。

三番目に、崩壊したエネルギーの場があり、そこでは老いつつある星が、物質・エネルギー・時間そして空間を、バランスをとりながら周囲を動かすシステムの中にとどめておく能力を失っています。これは超新星になる若い巨大な星の核融合による崩壊と同じではありません。なぜなら、この場合は磁場は近くのエネルギーや物質に強烈な影響力を生成しつづけるからです。しかし、それ自身の惑星がかつて提供してくれたバランスをとるシステムはもはやありません。これは崩壊した物質ではありません。無限の密度に近づいている**崩壊したシステム**です。

彼の話を聞いているとすべてはとても単純かつ壮大で、宇宙の大いなる可能性にただ驚くばかりです。イエスの目から見ると、すべての存在の中で進行する拡大と圧縮の終わることのないパターンが簡単に見えるのでした。

物理的な資質についてこれほど興味深い形で詳しく説明されたのは初めてでした。ブラックホールについて実に分かりやすく説明してくれたために、宇宙のもう一つの不思議な要素である反物質について聞かずにはいられませんでした。反物質は不安定なものです。反物質と物質が衝突すると、両者はお互いを消滅させ、放射能の爆発が起こって共に姿を消します。

——**反物質と物質は共に純粋なエネルギーから同時に創造されました。**両者の関係の重要な側面は、反物質はエネルギーの圧縮できない側面を代表しているということです。高い圧縮の場において物質は累積して密度を形成し、反物質は落ちていきます。物質が質量の累積の中で存在しつづけるためには両者は分離する必要があります。両者が再び会うとき、すべてのエネルギーが初めて質量から解放されます。この二つのエネルギーが接触するとき、物質のすべての圧縮が解放され純粋なエネルギーになります。

創造されるとき、純粋なエネルギーは分裂して二つのポテンシャル線になります。一つのポテンシャル線は圧縮に反応し、もう一つのポテンシャル線は圧縮に反応しません。これは構造的には完璧なシンメトリーではありません。というのは、物質はプラスとマイナスの電荷を含んでいますが、反物質は微細な質量の累積を時々形成するだけだからです。しかしながら、両者の相互補完的な機能はダイナミックな均衡状態です。通常、これらの二つのポテンシャル線はお互いと積極的にかかわることはありません。実際には、両者はお互いを本能的に無視することによって守られています。圧縮の密度が非常に濃くなったために反物質を拒絶する保存場が形成されるまでこの状態が続きます。反物質を排除しようとする試みそのものが反物質を引き寄せる引き金になります。なぜなら、反物質こそが最初に物質の形成を許可した第一因子であるからです。排除しようとする試みが引き寄せを起こします。引き寄せが圧縮の解放を起こします。時として、これは大きな爆発になるかもしれません。これが宇宙の永遠のリズムです。

イエスはいたずらっぽく笑って少し間をとり、私が宇宙創造の単純性について考える時間をくれました。それからイエスは言いました。

——科学の目的は人生についての理解を拡大し、人生を機能させることです。

科学について私の自覚と意識が拡大しつつあることを観察していなければ、このような専門的かつ科学的な情報を分ち合うことはなかっただろうと思います。私たちの対話のすべてにおいて、イエスは常に統合された意味のパターンをつくって、その情報を具体的に人生に応用する方法を見つけてくれました。私たちの世界におけるエネルギーの問題についてイエスが見せた有用な要約の一つは、欠乏と力とのエネルギーの関係についてのものでした。

——人間は保存の原則によって規定されるエネルギーを扱っているために、エネルギーを不足しているものとしてだけ理解しています。これは人間が知覚し理解できるエネルギーの第一の源は太陽エネルギーであるという事実によって裏付けられています。太陽エネルギーの供給は惑星システムの全体に浸透し、ありとあらゆるパターンの生命にも行きわたっています。このシステムには限界と依存があるために、競争も存在します。かくして強いもの、攻撃的なもの、保存力のある勢力が支配することになります。人類の主たるエネルギー供給がこのような欠乏に屈しているかぎり、地球上で長く持続する社会的な民主主義のシステムはありえません。人類が地球上に平和と繁栄の兄弟愛をもたらすためには、見方を変え、物理的な無限性に目を向けることが絶対に必要です。このように観点を変えることによって、人類が探し求めている物理的かつスピリチュアルな答えを発見することができるでしょう。

イエスは次のことを強調しました。

——科学は機能性の探求であり、生命の働きについての意識を発達させ、その意識を人生の問題解決のために

応用することです。この態度とプロセスを用いる活動はすべて科学です。この数十年の間、高度な科学技術と軍事競争が原因で、科学は精巧な機械や知的なエリート主義の魅力に屈してきました。これは科学の真の物差しではありません。このような傾倒によって精神的なエリート主義は実際的な奉仕よりも価値があるという誤った印象が生まれました。実際は、その反対が真実です。人生に対する奉仕から真の科学が生まれ、そのあとでマインドが私たちの自然な性向の素晴らしさを要約することによって自らの隷属性を表現するのです。

　宇宙には一つの鍵があります。すべての答えはあなたの目の前にあります。その秘密はあなたの質問を形成することによって明かされます。正しい質問がなければ、答えは見えません。そういうわけですから、謙虚で探求するマインドでハートと知覚を解放し、価値判断をせずに現実にアプローチすることです。正しい質問を発すれば、すべてが明らかにされます。

　真の知性は内在的に謙虚なものです。自分を打ち消すような控え目な態度ではなく、現実についての無邪気な知覚と機能性をもった識別を働かせます。人生の諸問題は完璧な車輪に破損した場所があるようなものです。それぞれの問題の性質は固有なもので、正確に見極めることによってのみ修復することが可能です。

　意識が始まったときから、人間は〝壮大な計画〟を探し求めてきました。すべての存在のための全体的な刻印を発見し、それを一つの技術として施行することができればよいと願ってそうしてきたのです。これができれば究極的な万能薬ですべての病を癒すことができ、それをまるで黄金の毛布のように地球の上にかけて、**問題はすべて解決です。**もしそのようなものが存在すれば、地球上で最も価値のある商品になることでしょう。

　全体的な刻印はありますが、それは青写真という形で要約できるものではなく、工業技術として独占できるものでもありません。**その刻印とは愛です。**愛をすべてとらえるのに十分な大きさをもったマトリックスもグリッドワークも青写真も存在しません。

いずれにしても万能薬は存在しません。愛ですら現実の具体的な事柄に尊敬を払いながら与えられなければならず、また育まなければなりません。そして愛が壊れたその場所に愛を回復しなければなりません。全体的な現実の性質として秩序に亀裂や破壊が生じるとき、それぞれ状況に応じて特有のものですが、その原因となっている要素は多種多様であるということがあります。万能薬という考えそのものが機能性に対する誤解です。

万能薬として表現される可能性のある原型的な概念に引きつけられるのは、ナイーブな人びと、絶望的になっている人びと、あるいは、報酬を得たいという欲望にかられた人びとの特徴です。願いとしては隠れている病を承認することも調べることもせずに治してくれそうな一般論ですべてに対処できると考えます。

以前、人は自らの悪事を告白することなく、その悪事から救われることはないと言いましたが、これはその人を責める意味で言ったのではなく、その人の自由を侵害する意図で言ったのでもありません。実際の話、今という時代にふさわしく非常に科学的な言い方だったのです。**その意味は、人生に対処するにあたって主題を明確にしなければならないということです。**サークルを破るときはどこでも自分が望む場所を選択できます。しかし、そのサークルを修復するには壊れた場所をつながなければなりません。丁重な一般論で魔法のサークルをもってきて、問題を露出させ明確にすることなく修復することはできません。あるいは、壊れていないものを磨きあげることによって壊れているものを修復することもできません。家の土台にひびが入っているとき、新しい屋根をつけて直そうとしたり、庭の手入れをしてごまかそうとはしないでしょう。壊れた人間関係、壊れた計画、壊れたハートについても同じことが言えます。壊れた場所はどこなのかを発見しなければなりません。それから、その場所を直すのです。

識別、承認、機能性というのは謙虚さを要求する態度です。しかしながら、これらがなければ科学は不可能です。これらの美徳を通して愛のつながりをもつことができます。つまり人生を前進させる具体的な詳細をケアする心をもつことができます。そして愛の第一の衝動である機能性への献身が可能となります。

特定の詳細の機能性の問題に取り組み、共通の蓋然性の範疇の中での説明と理解に向けて努力するのが科学の仕事です。これは何の衒いもない探求ですが、非常に高貴な探求です。なぜなら、この探求によって人は無限性の縁に行くことが可能となるからです。このような態度は生命に対する尊敬、無限性に対する尊敬、そして存在の具体的な事実のすべてに対する尊敬を生み出します。

ここでもまた無限性という概念が現われました。しかし、いまや無限性は拡大して具体的な事柄や共通の現実も含んでいるかのようです。「無限性はスピリットと同じように私たちと一緒にここに存在しているとおっしゃるのですか？」。無限性はどこか遠くにあるものではなく、ことによると無限性の潜在的可能性を直に体験することを避けるために都合よく誤解していたのかもしれないと考えた私は少し震えてしまいました。

——無限性は普遍的な要因であり、量が質に変換され、質が量に変換されることを可能にするものです。したがって現実のあらゆる次元における潜在的可能性の伝搬に関係しています。この機能を通してアダマンタイン粒子は愛の力と同時性をもつのです。たぶんこの理由で、人はすべてのものに対する一つの答えを求めるのかもしれません。なぜなら、人は本能的に共通性と予知性を求めるからです。この本能は原型的な公式に依存しないかぎり、また人生の本質的な性質と不変の傾向から真実を蒸留する代わりに固定観念を人生に押しつけようとしないかぎりにおいて健康なものです。

すべての科学技術における今日の臨界質量は科学そのものに関するものではなく、それについての人間の期待にあります。たとえばハイテク医療の分野は人類に数えきれない祝福をもたらしています。百年前には夢でしかなかったような答えがもたらされています。しかしながら、これらの達成は目もくらむような見事なものであったために、人間の病のすべてを癒す万能薬があるのではないかという期待を生み出しました。これは考えている以上に危険な幻想です。なぜなら、何かが万能薬であると見なされると**関連性のない怪我の症状がその領域に移行されるからです。**一つの例として、経済的に失敗した人のことを考えてみましょう。主題を特定した形で問題に直面する代わりに、その人は心臓発作を起こすかもしれません。**こうすることによって、その人が信じている万能薬、薬が助けに駆けつけてくれて寿命が延びることになると考えるかもしれません。**一般的に言うと、化学的な薬物治療が万能薬と見なされるようになりました。人間の病気の多くは化学的な性質のものではないにもかかわらずです。いまや苦しみに満ち満ちた世界は、その症状を化学的な治療依存へと移行させているのです。

移動を引き起こすのはすべての万能薬の性質です。いずれは、約束された解決策を提供することができないことが判明しますが、それまでの間、別な方法で対処する必要のある病気を引き寄せることになります。**どのような問題であれ解決策をもっていると、それが信じるものに症状を移動することを注意して理解する必要があります。しかし、解決策は実際の原因との関連でしか発見することはできないというのが永遠の真実です。**この真実に対する尊敬はいかなる化学的なプロセスにも浸透しているべきです。この宇宙は無限の機能性をもった宇宙ですが、問題を回避して虹を約束してくれる一般論の背後に隠れていたのでは宇宙を機能させることはできません。

これらの現象は肉体的な健康に限られたものではありません。万能薬はどのようなものであれ危険な幻想です。いずれすべての万能薬は自己崩壊します。たとえば教育は極めて有益です。しかし、公的な規制によって施行される一般教育は標榜するように社会悪に対する万能薬ではありません。いまや一般教育が対処できないすべての問題がその症状を公共教育体制へと移行しています。

万能薬の危険性についての最善の例は万能薬としてのお金の危険性です。お金は交換の手段であり、人生の素晴らしい潤滑油です。お金という潤滑油は車輪を回すうえで欠かすことができませんが、お金は世界のすべての悪を治すことができるかもしれないという願望が世界のすべての悪をお金の領域に集めることになってしまった

のです。

この宇宙は主題を特定する宇宙で、あらゆるものの中に創造主の存在を尊重します。

人生がどのように機能するかについてのイエスの説明は簡明そのものでした。この説明を深く受け止めて身体に浸透させていったとき、意識の奥底から一つの質問が湧き上がってきました。注意深く尊敬の気持ちを込めて私は質問しました。「神という考えもすべてを癒してくれる万能薬と見なされる可能性があるのではないでしょうか？」。イエスの目がいたずらっぽく笑いかけ、にこにこしているイエスを見て、この質問を予期していたことが分かりました。イエスは嬉しそうに次のように答えてくれました。

――それは一つの考えとしての神に言及しているか、それとも、現実としての神に言及しているかによりますね。現実において、神は主題を特定して、存在するすべてのものを導く力です。現実の中で神を知るとき、すべての答えは潜在的な可能性としてあなたの目の前にあります。神のいない場所などどこにあるのでしょうか？

イエスの答えを聞いた私は唖然として言葉を失いました。突然、鍵がかかっていたドアが開けられたかのように、これまで体験したことのない深い感情と理解を知覚しました。〝体験を通して神を直接的に知る〟のではなく考えとしてだけ神を知ることの問題が分かりはじめたのです。考えを通して神を知るとき、せいぜい一般論として神を知ることしかできません。突然、神を一般論として論じた人間の歴史が絵巻のように私の目の前で展開し、万能薬としての神の存在が助長され、世界のさまざまな機能不全が神の世界に引き寄せられた様子が見て取れたのです。なぜ科学と神学が歴史的に相反する観点から反目し合ってきたのか、その理由は明らかでした。最も重要なこととして、その状態を続ける必要はないということが私にも見えたのです。

14 成功への道

それは二月のある日のこと、燦々たる陽光が床から天井まである窓からスタジオの中にも降り注いでいました。それはまるで部屋の中にすでに存在している偉大な光に特別の敬意を払っているかのようでした。二月にしては暖かな日で鳥たちも羽ばたきながら餌を探し、日の当たる窓枠に座ったガンナーもそうした外の風景に見とれていました。窓の外ではカリンの花がそこまで来ている春の到来を告げているようです。それは幸福と喜びの情景で思わず私はイエスに質問しました。「私たちの愛や目的を果たし、任務を達成し、本来の自分になるためには高次元の世界に行かなければならないのですか？」

優しいユーモアを感じさせながらイエスは答えました。

——高次元の世界はそのままで素晴らしいのです。あなたは神の創造をこの次元で推し進めるためにここにいるのですよ。

「ということは、この次元を違った場所にするということですか？」

——あらゆる時間の中で、あらゆる場所で変容が起こるプロセスを学ぶためにあなたはここにいます。惑星地球の原材料は神の子どもたちに一つの永遠の真実を実証するための肥沃な場所なのです。そしてその真実とは内的なものが充足すると外的なものが一線に並び顕現するというものです。それと同様に外的なものが神の意志に従って創造されると内的なものもまた本来の完璧さを再び取り戻します。あなたは神のイメージで創造されましたが、それは神の創造的な力をあなたが住み、探求し、創造するあらゆる次元の中に延長するためです。あなたがいる場所はあなたの仕事が展開していく場所です。あなたは今いるべき場所にいます。

この言葉は慰めをもたらしてくれると同時に挑戦を感じさせるものでもありました。世界が直面するさまざまな難問、そしてごく普通の仕事をするときでさえ生じるさまざまな障害のことを考えると、人生を成功裡に生きるためには何かより良い方法があるではないかと思わざるをえません。そういうわけで、私は最も単純な言葉で質問してみました。「それでは、どうすれば人生においてもっと成功を収めることができるのでしょうか?」

イエスはいつものように極めて明快な言葉で成功するための四つの原則について語ってくれましたが、これはすでに説明されたことを単純かつ集中的に応用できるようにまとめてくれたものでした。しかしながら、イエスの簡潔な説明の力はいつもながら見事なものでした。

――第一の原則は、あなたのエッセンスである愛でありなさいということです。というのは、あなたのエッセンスである愛であるとき、あなたのエッセンスである神の子にもなっているのです。あなたは神に似た存在で、今この地球に存在して父なる神の創造をあなたが置かれた状況の中で推し進めていくことになっています。これはあなたの視点および遂行能力をただちに変化させるはずです。最初に起こることは、あなたが直面しているさまざまな問題を超越することができるということです。これは成功のために不可欠です。なぜなら、いかなる問題も問題が生じているレベルで解決することはできないのですから。あらゆる問題の解決策は対立する知覚よりも少し高いレベル、いや、ずっと高いレベルでしか発見することはできません。直面する困難を同じレベルで見ているかぎり、問題を解決するよりも問題と闘うことになります。あなたのエッセンスである愛であるとき、成功の秘訣はすでにそのあり方の中にあるということが分かります。問題の解決策、祈りへの答え、目的の啓示はすでに存在します。それを受け取るのはあなたの義務であり、あなたの挑戦です。

愛は宇宙に指令を発しています。人は愛が欠如しているときだけ支配に走ろうとします。支配は指令に代わるものとしては非常に物足りないものです。そして非常に疲れる探求です。あなたのエッセンスである愛そのものであるときに到達するかもしれない、実に爽やかな実感の一つは非常な休息感です。支配欲に取りつかれた世界では、ほんの一瞬ですら休息感を感じることは困難です。多くの点において、支配は時間とタイミングを支配しようと競争することとです。愛をもって指令を発するとき、人生のタイミングがあなた自身の目的や性質とずっと共鳴することに気づくことでしょう。指令を発するとき、休息することができます。父なる神が安息日(サバス)に休息することを認める重要性はここにあります。

成功の第二の原則は、正しいことをしなさいということです。それから、首尾一貫して弾みをつけ、人生のプロセスの中で次々と正しいことをするのです。〝正しいことをする〟のをあなたの人生の日常にします。しかし、誤解しないでください。私は構造化された道徳観に照らして正しいとか間違っているという判断に言及しているのではありません。道徳は常に変化する儀礼や信念体系に応じて絶えず修正にさらされます。あなたがいま道徳的であると考えていることは十七世紀には徹底的に拒否されていたかもしれません。アメリカではわずか二、三十年前まではダンスをするのは悪いことであり、女性がスラックスをはくのは良くないとされていました。今では二つとも楽しい自由の表現として理解されています。道徳の概念は常に変わりますが、それは道徳は改善のための変化であるという、より大きな真実が原因となっています。どのようなことであれ改善のために変化することにはある程度の正しさがあります。正しいことをすることによって、他の人たちが適切な行動と見なす制限的な方式に自らを縛りつけることなく人生と調和をとることができます。何が正しい行動であるかを決定するための最も真実に満ちたガイドラインはハートの七つの原則の中に含まれています。すなわち、和、愛、生命、尊敬、正直、正義、親切の原則です。ハートのこの七つの原則を実行するとき、どのような状況であってもあなたは本能的に正しいことをしています。

正しさを決定するもう一つの方法があります。次の質問をしてみてください。「何があなたの中にある最善を引き出してくれますか？　この状況の中から何が最善を引き出してくれますか？　他の人たちの中にある最善を何が引き出してくれますか？」

この言葉によって私は最近、一人の友人との体験を思い出しました。彼女は数年間病気を患い、健康はますます蝕まれていきました。さらに彼女は医療行為に同意しようとしませんでした。ある時、「どうして？」と聞いてみました。彼女の答えは神にすべての栄光を与えるような形で癒されたいというものでした。彼女の願望が価値のあるものであることには同意しましたが、彼女の考えにいくつか疑問を感じることもあったので聞いてみました。「神様が医師や医療のプロセスを通して助けの手を差しのべることはできないと考える理由は何かしら？　神様はあなたにとって最善のことを願っておられるってこと考えたことある？　あなたが良くなることが神様の意志で、そのために必要なことは何でもやることが神様の意志に沿うことじゃないのかしら」。それからまもなくして彼女は態度を変えて医療を受けることに同意しました。回復には時間がかかりましたが、その間に他の人を信頼することから生まれる内なる心の成長を体験しました。神によるケアだけでなく人間によるケアを体験することによって彼女の最善が出てきたのでした。

これと同じ教訓を伝える小話があります。ジムという名前の男性が天国に到着し、真珠の門に歩いて行きました。すると聖ペテロがいて言いました。「よく来ましたね、中に入ってイエス様と会ってください」。ジムはイエスに会いましたが、イエスは彼を抱擁してから言いました。「歓迎しますが、どうしてすぐにこちらに来ることを選んだのですか？　あの洪水で死ぬ必要はなかったのですよ。そうしなければならないという理由が何かあったのですか？」。ジムは困惑した様子で、彼の生命を奪った一連の出来事に思いを馳せました。洪水が土手を越えて彼の家が流されたときボートに乗りました。ものすごい激流のためにボートが転覆したとき、彼は流れる家の屋根にしがみついていました。ヘリコプターがやってきて救出しようとしましたが、ジムは手を振ってヘリコプターに救出されることを拒否したのでした。「あの時、どうして梯子を登らなかったのですか？」。とイエスが聞きました。ジムが答えました。「あなたが洪水をおさめて助けてくださると思ったのです」。イエスは答えました。「私はできる限りの援助を送ったのですよ」。自分のとった行動を最後に弁護しようとジムはつぶやくように言いました。「私はあなたにすべての功績を捧げたかったのです」。イエスはジムを抱擁して慰めながら、彼の誤った考えを正しました。「あなたが正しいことをするだけで、私は十分に幸せでしたよ」

時として絶対にこれが正しいやり方だとこだわることによって正しいことができなくなるということがあるようです。イエスの教えについて省察するなかで、正しいことをするためには自分が立てた予定や先入観念は停止しなければならないのだと考えるにいたりました。時として星に向かって手を伸ばすことが正しいことであることもあれば、実際的であることが正しい場合もあります。時として思い切って発言することが正しいこともあれば、何も言わないことが正しい場合もあります。時として勇気を必要とすることもあれば、謙虚なあり方が必要とされることもあります。自分のために立ち上がることが正しいこともあれば、他の人たちのために尽くすことが正しいこともあります。この人生を生きるにあたって正しいことをするということは繰り返されるテーマのように思われます。

――成功の第三の原則は、人生にとってあまりにも不可欠であるためにほとんどの人はそれが達成や成功の基本であることを見過ごしがちです。それは単純に生命と生命あるものに従いなさいということです。この宇宙全体が生命と生命あるものに対する優先権を中心に築かれています。したがってこの原則を無視することはできません。死と死につつあるもののあとをついて行ってはいけません。私が意味していることは、役に立たず退化してしまった生き方、枠組み、考え、概念、ビジネスについて行ってはいけないということです。あなたの人生を再び新鮮なものにしてくれる新しいつながり、機会、理解を探求するのです。『旧約聖書』の「申命記」30章19節に次のように述べられています。「私は、いのちと死、祝福とのろいを、あなたの前に置く。あなたはいのちを選びなさい。そうすれば、あなたもあなたの子孫も生きるであろう」

イエスは「マタイ伝」で次のように述べています。「死人たちに彼らの中の死人たちを葬らせなさい」〔19〕。これらの言葉はまさにこの原則に言及して語られたものであると言いました。生命と生命あるもののあとをついていけば前進します。生命は毎日創造されつつあり、意識は生命が誕生するたびに拡大します。これは過去の遺産を尊重し学ぶべきでないと言っているわけではありません。しかし、バックミラーを見ながら人生という車を運転しようとしても効果的ではありません。変化と成長の可能性を尊重することを学びながら人生に対する前向きな姿勢を保つことによって生きるための真の能力を涵養できるのです。

人間の苦しみについて話し合う機会が三度ありましたが、これがその三度のうちの一回でした。人びとは生命と生命あるもののあとを追いかける代わりに、死んでいるものと死につつあるものを保存しようとするために人生の中で不必要に苦しみ痛みを体験しているとイエスは言いました。これには死んだ態度、死につつある態度、ビジネス、状況、枠組み、生き方も含まれます。イエスは言いました。

――この宇宙は生命が永遠に持続する生命ある宇宙です。これを確実なものとするために、生命あるものに優先権が与えられています。新しく生まれてこの世界に入ってくる子どもたちはあなた方の未来です。これらの子どもたちを尊重し世話をしなければ、あなた方の未来は意味も資質も喪失されるという遺憾な状況に陥ることでしょう。新しくも豊かな動植物の生命が地上に爆発的に誕生しつつあります。この生命の贈り物を尊重しなければ、あなたの老年期においていかなる収穫もなされることはないでしょう。死んでいるもの、死につつあるものにだけ奉仕するならば、それがあなたの道連れとなるでしょう。

これまでになされた創造に対する尊敬は叡智の柱となるものです。お金にもまして地球上に最も広範に流布している誤った神の信仰は祖先崇拝です。しかしながら、そのような尊敬を祖先崇拝と混同しないことが重要です。お金にもまして地球上に最も広範に流布している誤った神の信仰は祖先崇拝です。そのような方法や道は、かつて生命と生命あるものを代表していました。今はあなたが生命であり生命あるものなのです。過去を学び、先達を尊重するべき理由は彼らが達成したことを未来に応用することによって、それに新たなる息吹を吹き込むことにあります。子どもたちが生まれることによって家族に新しい血、生命、新しいエネルギー、新しい考え、新しいヴィジョンがもたらされるように、新たなる創造はこれまで会ったすべてのものに活力と再生を与えます。成功を望むのであれば、生命と生命あるものに一〇〇パーセントの揺るぎないサポートを与えてください。

下さなければならない決断に直面したならば、自分にこう聞いてみることです。「これは生命あるものをサポートするだろうか?　それとも死につつあるものをサポートするだろうか?」。多くの状況は生命あるものと死につつあるものの可能性が交錯しています。とくに職場ではそうです。そういう状況で識別に迫られたときには、単純に生命あるものに焦点を絞ることです。あるいは、生命の力を応用して死につつあるものを再生するのです。

生命と生命あるもののあとに従っていくと、本能的に正しいことをするでしょう。正しいことをするとき、あなたは本来の自分である愛そのものです。このプロセスには論理が内在しています。これらの原則はすべて一緒に流れていきます。第一、第二、第三と進んでいきます。

「しかし、四番目の原則はどうですか？　成功のための四つの原則があると言われましたが。これらの三つの原則を実行したあとに何をすればよいのでしょうか？」

――あとに残されているのはあなたの人生において建設的に働かなかった事柄をゆるすことだけです。そして〝あなたの神殿を清潔に保つ〟不断のプロセスとしてゆるし続けることだけです。ゆるしが成功の第四の原則です。ゆるすことの奇跡の一つはあなたのためにうまく働かなかったことは何であれ、あなたの過去から切断できることです。ほとんどの人びとはゆるさないがために死んだものおよび死につつあるものから離れることができません。人びとはまるでそれが宝物であるかのように恨みの思いにしがみついています。しかし、恨みの思いにしがみつくことの悲劇はどこにあるかといえば、そうすることによってあなたのためにうまくいかなかったこと、あなたを失敗させたこと、あなたを裏切ったこと、あなたの期待を裏切ったことから離れることができないということにあります。恨みの思いはあなたの心の重石となり、成功に向けて心を集中することを妨げます。恨みの思いは人生を混乱させ、人生の意味を喪失させます。魂を移動中の乗物にたとえると、ゆるさない魂はブリキ缶を後部に吊るしたダンプカーにたとえることができます。ガタン、ガタン、カラカラ、ガタン、ガタン。耳を澄ませばこのダンプカーがやってくると遠くから聞こえるはずです。

この比喩を聞いてからというもの、ショッピングモールを歩いていると必ず〝ダンプカー〟と〝ポルシェ〟に気づくようになりました。人生は軽やかさ、自由、そして行動によって簡単に観察できるものです。〝ポルシェ〟はほとんどいつも子どもです。子どもは生命と生命あるものをサポートし、本能的に正しいことをします。ただし、子どもはそれを考えているわけではありません。多くの場合、子どもは自分のエッセンスである愛そのものです。可能性の反対側を代表する〝ダンプカー〟は、死者と死につつあるものにしっかりと縛られているために未来に手を伸ばすことはほとんどできません。

――そのような人は株やその他の事業で被った損害を取り戻すことに心を奪われています。さまざまな問題に関して弁護士と二、三カ月に一度の会合をもち、しまいにはストレスが重なって病気になります。彼は飼い犬のことが原因で隣人ともうまくいきません。これは多くの人にとっての典型的な状況です。このような人の人生は後悔の念や困難な問題にさいなまれて、未来に対して心を集中することはもはや不可能です。そして彼は思います。《どうしていい考えが浮かばないのだろう？　二十歳のころは世界を思い通りにできるような感じがして、いろいろな考えが次から次へと浮かんだものだったのに》

ゆるしの極めて重要な一つの側面がしっかりと理解されれば、人はそのような問題をより簡単に通過し、人生の累積する間違いや失望をゆるすことができるでしょう。それは知性とゆるしの調和ということです。ゆるしは忘れることによって完璧なものとなるのではなく、どういう問題が起こったのか、それがどのように起こったのかを理解することによって完璧なものとなります。多くの場合、問題が起こるのは機会に対する理解、能力、心の準備がそもそも不完全であったことが原因です。忘れることによって、そして再び同じ間違いを繰り返すことによってそれが正されることはありません。それに加えて、その問題にあなた自身がどのように参加したかを理解するまでは他の人たちに対する恨みの思いを完全に手放すことはできません。

終わることなくゆるすようにと依頼はしますが、これには絞るべき焦点と知性があります。ゆるすという行為は尊厳を犠牲にして、受動的に繰り返し虐待を受けることに甘んじることではありません。ゆるしの目的はネガティブな愛着を解放して真の理解を達成し、その状況に建設的な正義をもたらすことです。たとえば破壊的な行動をとる子どもをゆるし続けることは、その子どもが同じ行為を続けることに同意ないしは許可することを暗示します。ゆるすことは愛を回復することであり、機能不全の状況ないしは非建設的な状況を継続させることではありません。ゆるしは極めて実際的な行為です。あなたの家の車寄せをたまたまふさいだ隣人をゆるすことのほうが、地球の反対側で行われたテロ行為をゆるすよりもずっと多くの恩恵をあなたにもたらします。**罪をおかした人があなたの人生の近いところにいればいるほど、その人をゆるすことが重要になります。**真実に関する同じ尺度を用いて言うならば、**ゆるすべき最も重要な人はあなた自身です。**誰もが自分自身をゆるし、自分に近い人をゆるすならば、世界は順調に進んでいくことでしょう。

ゆるすとき、あなたは新しい寿命を与えられます。さらにあなたがゆるした人たちもまた新しい寿命を与えられます。するとあなたは本能的に生命と生命あるものに惹かれることになります。その衝動に反応して本能的に正しいことをするようになります。正しいことをすると、あなたはますます本来の愛そのものになっていきます。**成功の四つの原則は生命を与えるサポートの終わることのない周期です。**この周期のどこから入っても、周期の他の部分が強化されます。これらの原則を応用することによって、愛が再びあなたの人生の司令官になることができるでしょう。

私は思いました。神の意志はこのように私たちの人生の中で働くのでしょうか。私がまだ若かったとき、宗教について学んでいましたが、神の意志は人生の調和のとれた可能性の中に浸透している優しい力としてよりも、独断的な既成事実として提示されるのが普通でした。意志という問題について、とくに神の意志についての理解を明確にしたいと思いイエスに尋ねてみました。

イエスは快く次のように答えてくれました。

――最初に理解する必要のあることは、神の意志はすでに働いているということです。神の意志は人生の傍観者として道路のそばに座って招待されるのを待っている分離された可能性ではありません。現実に本来備わっているものであり、いかなる意味でも恣意的なものではありません。神の意志がどこか別なところにあると考えれば、おそらくあなた自身も別な場所にいる必要があると考えはじめるでしょう。あなたの人生は今あなたがいるその場所で、非常にもっともな理由があって展開しています。その理由が何であるか発見してください。あなた自身の中にある一つの無邪気な場所である聖心とその関係を見てみるのが、あなたが今いるその場所の正当性を確認する最善の方法です。あなたの適切な場所は今いるその場所です。少なくとも今のところはそうです。そのことが正しいと感じられない場合、その理由はあなた自身と神の意志との間にある共時性に力を与えていないからです。あなた自身の現実の中に神を見る代わりにどこか別な場所に神を見ているからです。

この理解を助けるもう一つのことがあります。神の意志は真実の中にあるということです。真実を知れば神の意志を知ることができます。

この言葉に私の五感は研ぎ澄まされ、真実についてもっと知りたいという願望は頂点に達しました。「おそらく真実ほど論議され、闘われてきた主題はないと思います。あなたは真実を知ったものは解放されるだろうと言われました。私たちの解放の源となるものに関して人間が闘っているというのは興味深いことではないでしょうか？」

イエスは微笑んで次のように答えました。

――それは一見すると争いに見えますが、その理由はどのような真実であれ外的にはその一部しか見えないためです。完璧な真実は内なる自覚と外的な現実が一つになるその点においてのみ見出すことができます。創造主に似た存在であるあなたは完璧な共時性を知る能力をもっています。この力は聖心の中に保存されていますが、聖心は無邪気な静けさの中心であり、あなたの内なる生命が外なる生命と一緒になる場所です。真実についての一つの興味深い事実は、どれほど多くの外的な情報をもっていたとしても、それがあなたにとって何を意味するかを決定しなければ、真実にはならないということです。地球上のすべての石を測定し、すべての国々の測量をし、すべての分子の重さを測ったとしても、その情報があなたの人生にとって何を意味するかを知らなければ、それを活用することはできず、その影響力から解放されることはありません。祈りと瞑想に一日の多くを過ごし、外の世界を検証しない人はその例であると言えるでしょう。彼らが知っていることは内なる世界のことだけです。どれほど内なる世界を知っていても人生を包み込み取り囲んでいる現実を知らなければ、より偉大なる真実を知ったことにはなりません。

これをより完璧に理解すれば、人生のさまざまな問題により効果的に対処できるでしょう。私たちすべてをつないでいる共通の現実があります。しかしながら、一人ひとりの人間にはその現実と独自の関係をもつ権利があり、その二つの知覚を自分自身の完璧な真実として尊重する権利があります。現実を尊重すれば他の人たちとともに働くための共通のよりどころをもつことができます。しかし、他の人の真実を尊敬すれば、あなた自身の真実をも尊敬することができます。あなたを解放するのは事実的な真実というよりも、真実とは何であるかについての実感です。何が真実であるかを知ったならば、自信と確信をもって他の人たちとコミュニケーションをはかるための意味のある土台をもつことになります。他の人たちの真実を見るとき、同じ現実の中で神が一人ひとりのために異なった焦点をもたらし、異なった意味づけを与え、異なった約束を交わしていることが理解できます。このバランスを尊重するにつれて、それをあなた自身の中にも探すようになります。

真実の奇跡は一人ひとりにとってユニークなものでありながら、同時にすべての存在にとって不変であることです。神聖な意志と一線になるために不可欠なもう一つの原則にもこれはあてはまります。それは相互関係の法則です。相互関係は拡大と相違性がこの宇宙および人類の間で調和を喪失することなく起こることを可能にします。すべてのコミュニケーションはこの相互関係の法則に基づいています。二人の人の間に相互関係がなければ話をする意味はありません。どちらの人も相手を理解することはできないでしょう。しかしながら、分かち合うべき異なった体験や見解がなかったならば、コミュニケーションをすることに何の意味があるでしょうか。非常に明らかなレベルの話で言えば、共通言語は相互関係です。共通言語を通して違いが比較され、必要とあれば克服されるかもしれません。相互理解を通して相手の人の見解から解放されます。あなたは他の人の夢に奉仕する必要はありません。あなたがしなければならないことは、他の人の夢を見る権利を尊重することだけです。というのは、他の人の夢を見る権利を尊重することによって、あなた自身のその権利を尊重することになるからです。これが相互関係の祝福です。

相互関係の法則は、おそらくは神の意志に対する最高のガイドラインかもしれません。なぜなら、神はご自身の法則をおかすことはないからです。あなたが成長し、現実的な可能性との関係において自らに挑戦し、関係する人びとすべてにとって相互に有益な事柄のポイントに努力を傾注すること、それが神の意志です。あなたが導きを受けてとるべき行動は、自信や自尊心という観点からすると難しいように見えるかもしれません。しかし、そのような考慮は多くの場合、現実の否定です。真実との関係において見れば、決して不可能ということはありません。

この真実は『子羊とライオン』を描いた私自身の体験で明らかに実証されました。この仕事は確実に私の自信のレベルを超えたものであり、そのような絵を描くことはほとんど不可能に思われました。にもかかわらず私はこの挑戦に応じるために一生準備をしてきたというのが現実でした。一九九一年まで、私の神との約束と私がしてきた準備はある意味で啓示的な形で一致しませんでした。

意志は意図にたとえることができるかもしれません。この付随的な概念を通して、なぜ意志が人生に課される外的な力ではないのかを実感するにいたりました。子どものときの教えによって、神の意志と両親の意志は私の人生を形成する外的な力であると私は信じるようになりました。そのような信念があるために、私たちの上にかぶさってくる影響に多くの場合、抵抗するのかもしれません。それにしても私たちは職場や学校では命令に従わなければならず、他の状況においても管理者からの指示や命令には従わなければなりません。命令を優雅に受け容れることもあれば、抵抗することもあります。このようなことを考えたとき、意志と支配に関して自分がまだ混乱していることに気づきました。私の理解が深まるように、一時的に言葉を変えることをイエスは提案しました。

――意志という言葉の代わりに意図を使ってもよいですか？

私はすぐさま同意して、「はい。意図という言葉を使いましょう」

――アーチストになると決断した、あるいは、意図したときいくつでしたか？

「三歳でした」

――なるほど、それは確かに意図の一例ですね。

私は少し考えてから同意しました。「そうだと思います」。その意味は分かる気がしました。それを意志として考えたことはなく意図としてしか考えたことはありませんでした。

イエスはさらに質問を続けました。

――その瞬間からアーチストになると考えて、その意図を毎日活用しましたか？

「いいえ、幼い女の子でしたから、塗り絵を描いていただけです。実を言うと美術クラスに行かせてということも言い出さなかったのです。母がそうするようにしてくれたのでした」

イエスは付け加えて言いました。

――お母さんはあなたの意図に反応したのですね。

「学校に行っているときは絵の成績が一番でしたから、いつもプロジェクトを与えられてさらに経験を積むことができました」

イエスは私の言葉に同意して続けました。

――先生たちもあなたの意図に反応したのですね。高校に入ったときキャリアとしてアーチストになることを

考えていましたか？

「十代のころはキャリアのことは全然考えていませんでした。というのは、そのころの私の情熱は馬に捧げられていたからです。私は成長過程の女の子にすぎなかったと思います。でも三年生のときに絵画専攻で大学に進学するための奨学金をいただきましたが」

イエスはこの会話の目的を完了するべくこの機会をとらえて言いました。

――宇宙はあなたの意図に反応したのでしょうか？

その時点でイエスは私がより深い説明を受け取る準備ができたと見てとったに違いありません。

――グレンダ、一つ理解する必要があります。それは意図は人生のある時点で蒔かれる一粒の種であるということです。あなたが時々しなければならないことはその意図を承認し、水をかけ、肥料をあげることだけなのです。自生して野に咲く百合の花を考えてみてください。分かってもらいたいのですが、この宇宙は一つひとつのハートの意図を尊重するように創造されています。あなたのハートの意図を種のように蒔けばそれは成長します。他の人たちがそれを承認します。あなたの意図は小さな芽となって大地から姿を現わし、葉を出し、花開き、実を結びます。あなたは三歳のときに小さな種を蒔き、いま私たちはここで一緒にこの絵を描いています。

意図はこのように働くものであり、宇宙はそれぞれの種を尊重するように創造されました。あなたが蒔く種を宇宙が育ててくれるだろうか、あるいは、どのように育てるのだろうかと心配するよりも、どのような種を蒔くかを考えたほうがずっと生産的でしょう。あなたが蒔く種は意図です。種の成長する方向性を考えることは役に立ちますが、外的な力を与える必要はありません。残念なことに、意図の中には雑草にたとえた方が適切なものもあります。あなたがアーチストになる決意をしたとき、別な子どもは家を出る決意をしたかもしれません。別な子どもはネガティブな状況に反応したのかもしれません。たとえば、虐待とか破壊的な感情に反応したのかもしれません。家族の誰かが深刻な病気になったことに反応して自分は医者になると決意した子どももいるかもしれません。蒔かれた種が何であれ、それはやがて成長して実を結びます。

宇宙は**四つのレベルの意図**の上に築かれています。**第一**には神の意図です。神の意図はとても素敵にかつ単純に、次のように要約することができます。**それは愛です。**愛は神の意志です。私があなたに**私の唯一の指令**として愛を与えた理由はここにあります。なぜなら、愛は神の意志としてあらゆることにおいて勝利を収めるからです。いかなる幻想がこのプロセスを覆すように見えても愛は究極的な創造の意志としてあらゆることにおいて勝利します。神の意志は最善のことがあなたに起こるようにということです。神の意志は、恩寵の力によって一人ひとりの人が分離の幻想の上へと引き上げられ故郷に帰れるようにすることです。あなたの魂を破壊する力がある状況の中に置き去りにされることは決してありません。愛、愛だけが神の意志です。これが分かれば、神の意志を知ることは非常に簡単になります。

意図の**第二のレベル**は、創造主によって私たちの宇宙の物理的な機能の中に置かれました。このレベルの意図は基本的に二つの原則のもとで遂行されます。一つの原則は、生命と生命あるものが死んでいるものと死につつあるものの上に君臨するということです。それが神の意志です。そういうわけですから、生命と生命あるものをサポートするとき、あなたはこの宇宙の神の意志と調和がとれた状態にあります。物理的な安寧に対するこの意図のもとにあるもう一つの原則は原因と結果の法則です。創造主は宇宙が常にバランスのとれた状態に戻ることを意図されます。存在の状態がどれほど〝左側に〟振れすぎたとしても、いずれは必ず右側へと戻り、やがて中心に落ち着きます。このバランスの法則は物理的な宇宙にとっては非常に基本的なことであるために、あなたは蒔いたものを必ず刈り取ることになります。他人にあなたがしたことは、あなたにも必ずもたらされることになります。あなたが植えたものを必ず収穫することになります。これは正義の基本的なシステムであり、最終的にはすべてのものがバランスのとれた状態になることが要求されます。そんなことは起こらないだろうと思って生きていると、人生で起こる結果に大いに驚くことになるでしょう。なぜなら、あなたの人生はあなたが生じさせたアンバランスを取り戻させる相互補完的な力を発揮するからです。すべての帳簿は収支のバランスがとれたものとなり、生命と生命あるものが死んだものと死につつあるものの上に君臨することになるでしょう。宇宙の仕組みと働きについて覚えておくべきことはこれで十分です。これらの二つの原則を理解するならば、物理的な存在の世界における神の意志を知ることができます。

このバランスがいかに完璧に働くかについてのあなたの知覚を複雑にして不明瞭にする唯一のことは、この宇宙は巨大な場所であるという事実です。ヨブが絶望して非常な苦しみの中にいたとき、彼は神に呼びかけ懇願しました。「どうしてですか？　どうしてですか？」。神は答えられました。「私が太陽を創造し、月を創造し、星々を創造したとき、あなたはどこにいましたか？　私がクジラを創造したとき、あなたはどこにいましたか？　私が広大な多様性の存在を創造したとき、あなたはどこにいましたか？」。次のようにも言われました。「ヨブ、非常に巨大な全体図があって、これもまたバランスを取り戻さなければなりません。この宇宙全体は、あなたの個人的なニーズに対して人生の時々刻々いつでも答えることはできないのですよ。時には、あなたは寛容と忍耐の美徳を発揮してより大きな全体像に奉仕するよう求められることもあります。あなた自身の人生のさまざまな事柄が継続し意味のあるものとなり、あなたが継続的な豊かさと幸せを刈り取るためには、より大きなデザインがまず統合されバランスをとる必要があります。人生のより大きな構図に協力する最善の方法は成功の四つの原則に従うことです。

あなたの人生はあなたが原因ではない数多くの事柄によって影響を受けるでしょう。そういうわけですから、寛容とゆるしの感覚をもつことが重要です。あなたが原因となっていることに対して責任をとることは叡智のしるしです。しかし、より大きなパターンを勉強して、あなたの責任ではないものから解放されることもまた叡智のしるしです。あまりにも多くのことに責任をとろうとして燃え尽きてしまう人たちがいます。すべてのことに対して責任をとることはできませんが、自分が引き起こしたことに対して、より大きな責任をとるように努力することはできます。そのことにおいて進歩を遂げるための最善の方法は、生命と生命あるもののあとに従い、常に原因と結果の法則を尊重することです。

意図の第三の側面は人間の兄弟愛における尊敬と正義です。人間は一人で生きているのではありません。家族の中に、兄弟愛の中に住んでいます。計画としては、やがて素晴らしい兄弟愛となることになっています。現在のところはやや複雑な状況にあります。しかし、素晴らしいか素晴らしくないかとは無関係に、人間は一緒に生きていかなければなりません。一緒に生きていくための唯一の方法は、あなた自身の意図を認め尊重するだけでなく、他の人の意図も認めて尊重することです。具体的にどういうことかを知るためには次のような質問をするだけで十分かもしれません。「この状況のどの部分が私で、どの部分があなたのものなのでしょうか?」。これに取り組みましょう。これは私たちが責任をとるべき状況なのですから。

最後に、最後にといっても最も重要ではないということではありませんが、あなた自身の意図の問題があります。目的意識をもって人生を生きるためには、あなた自身の意図を認識し、あなたが何をすでに始動させているかを理解しなければなりません。ずっと昔に蒔いた種が今でも成長しつつあります。これは毎日、在庫検査をしなければならないということではありませんが、あなたが開始したものを深く理解すればするほど人生を管理するためのさらなる叡智をもつことができます。

人生で成功を収めるためには意図の四つのレベルすべてに取り組む必要があります。すべてのことにおいて神の意志とともに仕事をしなければなりません。バランス、そして生命および生命あるものを選択すべし、との宇宙的な命令を理解し尊重する必要があります。周囲の人たちの意図を観察し認めそれを尊重するか、それに対処しなければなりません。多くの場合、人間は問題の原因は他人であるとして他人を責めてしまいがちですが、普通はどのような状況であっても責任は共有されるものです。最後に、あなた自身の意図を意識的に理解することによって認める必要があります。あなたの意図を育み、面倒をみて、必要とあれば変更してください。そして最終的には自分に戻ります。こうすれば実際に変えることができる何かに取り組んでいるのです。

この点に関してイエスは、非常に重要なことを教えてくれました。それは**私たちに変えることができるのは自分の意図だけであるということです。**

——他の人が意図の方向性を変えるようにと説得することはできるかもしれませんが、その人に代わって意図を変えることはできません。意図はハートの中に封印されています。したがって人生を変えたいと望むならば、ハートを変えなければなりません。マインド（考え方）を何千回と変えても、あなたの意図に触れることは決してできません。ハートの中に入らなければ、そこに何を置いたのかを忘れ、それに対して指令を発することもできません。

あなたには神の意志を変えることはできません。宇宙に置かれている意図の二つの原則を回避することはできません。他の人の意図も変えることはできません。しかしながら、あなたをサポートしない人たちと交渉し、あなたをサポートする人たちと団結することが賢明でしょう。あなたに変えることができるのはあなた自身の意図です。ここから始めるのです。

何らかの変化が必要とされている苦しい状況、あるいは、危機的な状況にあって人間がおかす最も典型的な間違いは、自分にはどうしようもない事柄を変えようとすることです。たとえば、職場での労働条件に満足していない女性がいたとします。彼女は所属先を変え、プログラムを変え、任務を変え、場所を変えようとするかもしれません。ミルウォーキーからデンバーへと転勤を希望するなど、彼女の意図とは本質的に関係のない事柄をいろいろと試みるかもしれません。彼女がする必要のあることはただ一つ、自分の当初の意図をチェックしてそれがどのように進展したか、ないしは、どのように停滞しているかを検証することです。こうすることによって、自分がいま置かれている状況に対して再び指揮権をもつことができるようになります。そしていま自分がなぜここにいるのか、次に何をすべきなのかに関して確信を取り戻すことができます。

意図のこれらの四つの側面は、いかなる状況にも存在します。たとえばあなたがインフルエンザにかかったとしましょう。そんなとき、あなたは休息を取り、自分自身の中へと後退し、瞑想し、バランス感覚を取り戻そうとするかもしれません。時にはそれで十分かもしれません。しかし、多くの場合、それでは十分ではありません。あなたはこう言うかもしれません。「どうしてそれで十分でないのですか?」と。説明しましょう。第一の理由は、あなたは病気になろうと意図しなかったということがあります。したがってここでは他の要因が働いているために、あなたは自分以外のそれらの要因に対処しなければなりません。

最初にしたほうが良いことは、すべてのものに優先する神の愛と恩寵がその状況に入ってきて奇跡を起こしてくださるようにと祈ることです。二番目になすべきことは、宇宙自身の傾向性という観点から状況を調べることです。ことによると、あなたはあまりにも一生懸命に仕事をしてきたために、宇宙が少し休憩を与えることによって、あなたの人生のバランスをとろうとしているのかもしれません。医師、スピリチュアルなカウンセラー、友人などの助力する資格のある人に執り成しを依頼するとよいでしょう。最後に、あなた自身の意図がこの状況にどのような影響を与えたかについて熟慮してみてください。あなたが意図した何がこの結果をもたらしたのだろうと考えてみます。病気になることを意図しなかったことは明らかです。しかし、ことによると仕事に行きたくなかったのかもしれません。その状況のどこかに、確かにあなたの意図は埋められているはずです。このようなさまざまな要素を自覚することによって、どのような状況であっても問題を解決することができます。財政的な危機に苦しんだ人の中には、まったく新しい寿命を与えられて復帰した人たちもいます。死んだものと死につつあるものの一部であった事業から退かざるをえない状況に追い込まれて新しい次元の生命と人生に目を向ける気持ちが解放されたのです。成長のための真の能力を涵養するためにはほとんどお金はいりません。事業を開始し維持するために非常に多くの資金が必要な理由は、たいていのビジネスは枠組みの要求に応えようとするからです。保守的で死につつある可能性が前進するように弾みをつけるにはたくさんのお金が必要です。それに対して生命ある資源を開発するためにはほとんどお金はかかりません。真の意味で生命と生命あるものを支持するならば、新しい人生を始めるのにほとんど何も必要でないことにあなたは驚くかもしれません。

あなたが直面する問題が健康であれ、ビジネスであれ、お金の問題であれ、家族であれ、意図の四つの側面を考えてください。この理解を成功の四つの原則に応用してください。そうすればあなたは人生をマスターのように統治することができます。

時として考慮するべきもう一つの可能性があります。これをすることを多くの人びとはためらいます。それは干渉を与えること、あるいは干渉を受け取ることです。干渉とは他の人が問題の状況に足を踏み入れて援助の手を差しのべることです。この原則の価値は情緒的な問題や薬物中毒においてはよく理解され広範に活用されています。干渉は家族による虐待の現場でしばしば用いられ役に立っていますが多くの場合、それだけが有効な方策です。しかしながら、それほど劇的ではない状況もあり、そのような場合には慰め、明確な理解の提供、専門家によるガイダンスを受けられるように手を貸すといった形で助けることができます。そういうわけですから、助けを求めることができるということ、そして助けを求めるべき理由を知っていることが重要になります。その中心的な理由はどのような状況にも数多くの意図が錯綜していて、それらの意図を識別して解決することは一人の人間の能力では難しいということです。自分が原因となって引き起こしたものではない状況には、他の誰かの援助が必要です。最初の干渉を天におられる父なる神に依頼するべきでしょう。その状況に愛が君臨し、恩寵によってあなたがその状況から上昇することができるようにと依頼するとよいでしょう。それから、問題が医療に関するものであったならば、医師に相談してみることです。あるいは、その他の医療従事者に依頼してみるべきです。抱えている問題の性質に応じて家族、友人、財政コンサルタント、カウンセラーなどにサポートを依頼するとよいでしょう。複雑な可能性がある場合には、あなたの理解を拡大することができる人たちの援助を求めるのが賢明です。

イエスの素晴らしい教えを何年にもわたって観察し実践してきた体験から、神の意志は問題の状況において愛という形で顕現するという事実を私は証言できます。時にはただゆるすだけで十分なこともあり、ゆるすことで人生がスムーズに進行していきます。人生で成功するための四つの原則は意識して応用するなかで、だんだん簡単にできるようになりました。自分という存在のエッセンスである愛になる。正しいことをする。生命と生命あるもののあとをついていく。そしてゆるす。どのような状況であっても自分ひとりの責任の限界を認めることは、自分の責任を果たすのと同じくらいに重要であることをイエスは注意深く思い出させてくれました。ある種の苦境は私たちの手に負えるものではなく、そういう場合には謙虚に助けを求めるべきです。誠実に助けを要請することによって他の人の最善および自分自身の最善が引き出されるということに驚いたことが、一度ならずありました。誰かに助ける機会を与えることによって、自分ひとりでもがく必要はなくなります。人生のさまざまな問題と一緒に取り組むことによって信頼と兄弟愛が培われます。共に働くことによって外なる世界だけでなく内なる世界にも光があてられます。イエスは語っています。

——内なる世界と外なる世界の両方に接していなければ、いかなる状況であれその状況の真実を知ることはできません。

成功のための最後の重要なガイドライン、そして神の意志の範囲内において働くための最後のガイドラインは、人間が創造できるものとできないものを知ることと関係しています。アーチストである私にとって、これは極めて重要な問題です。すべてのものが既に創造されたということはよく自覚しているつもりですが、私は自分のことを創造的な人間であると考えたいのです。私たちが目にしているものはすでに存在しています。それが新しい目的のために再現され、再創造され、再形成されて新しいパターンと新しい機能が生まれます。

そういうわけで私は知りたいと思いました。「何を私たちは創造するのですか？　創造主が私たちに必要なものはすべて与えてくださったことは明らかです。私たちはここからどこへ行くのでしょうか。与えられたものをどうすればよいのですか？」

イエスは非常に優しく次のように答えてくれました。

――最初に理解するべきことは、あなたには究極的な現実を創造することはできないということです。一つのスピリットというような存在の根本的な事実は普遍的であり、創造主と一体です。これはすべての存在に平等かつ民主的に与えられています。

イエスは貫くような、それでいて穏やかな目で私を見ながら次のことを強調しました。

――神聖な源以外の誰かが存在のほんのわずかな部分ですら変えることができるとしたら、宇宙の民主主義と公平さは失われてしまうでしょう。あなたには基点である現実を変えることはできません。あなたに依頼されていることは、あなたのニーズ、好み、目的に合わせてそれを形づくり、築き上げ、処理し、デザインしなおすことです。それがあなたの次元の創造であり表現です。この依頼を通してあなたの労働の果実、そしてあなたの人生のすべての創造がもたらされます。あなたが絵を描くときにはこれをしています。あなたは絵の具の分子や色を創造したわけではありません。理念の原料である亜麻を栽培したわけでもなく、キャンバスを織ってもいません。入手可能なものを手に入れて、あなたの人生の目的に応じて努力の果実の形をつくったのです。

あなたはまた現実についての観点を創造します。これらの観点によって人生を展開させ、価値観を形成し、意図の方向性を決めていきます。あなたの観点の性質、そしてそれをどうするかはあなたの人生にとって極めて重要です。あなたは自分自身に問う必要があります。「この世界に対する私の観点は何なのだろう？」。あなたの観点の力を決して過小評価してはいけません。あなたのもっている観点はそのエッセンスにおいて、あなたが真実であると信じていること、真実になるだろうと信じていることを要約しています。それと等しく、現実の予知可能で一定した側面を理解することも重要です。より大きな現実が参照可能な信頼できる不変性を提供しなかったとしたら、あるいは、修正的な不履行を提供しなければ、あなたが信念体系を変え、現実についての観点を変えることは不可能です。あなたが創造したものしか存在しないとしたら変化の自由はまったくなくなるでしょう。現実の等式の両側を知ることは極めて重要です。宇宙的な真実を背景として際立って初めてあなたの独創性が尊重されます。

イエスは私の目を直接のぞき込むように見て質問しました。

――あなたはこの人生で何度、ものの見方を変えましたか？

私はほとんど困惑したような口調で認めました。「数えきれないほどですね」。イエスの反応は力強く私の答えを肯定するものでした。

――あなたには観点を創造し変える絶対的な権利があります。この権利によってあなたは現実を体験し、現実に参加し、現実とともに成長していくのです。人間的な合意や忠誠心は停滞をもたらす服従を操作し、気持ちやハートを変える人の権利を否定するために利用されるべきではありません。

あなたが創造するもので、おそらく最も重要なものは居住空間です。創造主と同じように、人類もまた場所の創造主です。あなたにも、あなたと他の人たちが共に住み、分かち合い、愛し合うための場所を創造する能力と権利があります。これをすることにおいて、あなたはあなたを創造した存在と非常に類似しています。あなたがあらゆる世代を通じて創造を推し進めていくことは神の喜びであり、あなた方が一緒にいる場所を創造するのもその一環です。愛の王国内においてユニークな一人の人間になることによって神の場所をつくることさえできます。祈るたびに、感謝を表現するたびに、周囲の美しいものに対して感嘆の思いを表わすたびに、神とともにいる場所を創造しています。またひとりでいるべきときもあります。ひとりハートの中にいて、安らぎの中にいるべきときもあります。このようなとき、あなたは自分自身のための場所を創造しています。あなたが単純に自分でいることができる場所、無条件に何の価値判断もなく、何の抑制もなく、ただ安らぎの中にいて、本来の自分の姿である愛になりきれる場所を創造することは極めて大切です。最後に、最後に述べるからといって重要性がいちばん低いわけではありませんが、兄弟愛の中で生活するとき、あなたはお互いの場所を創造します。

お互いのための場所、神のための場所、あなた自身のための場所を創造するとき、ハートのすべてを込めて神を愛しなさい、あなたを愛するのと同じように隣人を愛しなさいという私の戒めを完璧に実現しています。愛することによってあなたは場所を創造します。あなたのエッセンスであり愛であることによって、あなたは不滅の場所に心の中心を置いています。あなたの愛の源を知ることによって、神といるあなたの場所を創造します。その愛の恩恵を延長することによって兄弟愛の中にあなたの場所をつくります。このようなものをあなたは創造します。居場所、現実についてのあなたの観点、労働の成果などをあなたは創造します。しかしながら、ハートのすべてを込めて単純に神を愛し、隣人を自分自身として愛するよりも、創造を推し進めるためのよりすぐれた方法は存在しません。

15 愛なる者

この素晴らしい子どもが二千年前に生まれたとき、ヨセフはイェホシュアと名づけるように告げられました。その名前は口語的に短縮されてイェシュアとなりました。友人、家族、使徒の誰もが彼をイェシュアという名で知っていました。イェシュアという名前はその後、人類に知られているすべての言語に翻訳されることになります。英語では私たちは彼をジーザスと呼んでいますが、十六世紀まではそうではありませんでした。十六世紀になって硬音の〝J〟が初めて導入されて「ジーザス」と呼ばれるようになりました。それまではギリシャ語の「イエソス」に由来するもっと柔らかな音でした。しかしながら、さまざまな音声的な伝統の違いは別にして、他のすべてのものよりも大切な普遍的な名前があります。イエスと個人的な会話を交わすなかで、この神聖な名前について知るということのさらなる自覚を得ることができました。その名前は、「愛なる者」という名前です。

この名前をより完全に理解するためには、私たちは愛でもあるということを思い出さなければなりません。さらに、神聖な神話の末裔である私たちは創造主の愛されたる者でもあるわけです。現在置かれている状況が状況であるだけに、自分自身が神聖な源から発しているなどと思い出せないのです。私たちは本来の存在の源からあまりにも遠く離れて漂流してしまったために、自分はイエスとは違う、自分は愛などではないと考えてしまいます。この不幸な出来事の主たる理由の一つは、私たちは鏡に映ったイメージを見て自分の人生を知ろうとすることにあります。すなわち、私たちは他人からのフィードバック、評価、意見を通して自分を理解しようとします。イエスはこれを〝反射波〟と呼びました。燃える炎にはなぜ自分自身が見えないのか、流れる水には自らの流れがなぜ見えないのかが完全に分かれば、人は自らの永遠の神話を理解することができるでしょう。この神話に身をゆだねたほうが幻想に満ちた内省が明らかにしてくれるよりも、はるかに多くの叡智が明らかになることでしょう。このことが深い信頼の中で受け容れられれば、自分の価値についての他人の評価は必要でなくなります。

イエスは次のように語りました。

――あなた方は自分自身の努力を基準にして、また他人の努力を基準にして愛を知ろうとします。そういうわけで愛を行動として考えるようになりました。あるいは、外的なものとして考えるようになりました。愛を外的なものとして見るそのような考えによってあなた方は価値判断へと導かれ、愛の真の源やあなた自身の高貴な性質から分離することとなったのです。

あなたの愛を知る最も真実の方法は反射波によってではなく、あなたが自分自身であることにおいて感じる喜びによるものです。その喜びは愛を肉体化した存在を前にした魂の喜びです。あなたが喜びとして体験するものが何であれ、それはあなたの愛が杯からあふれ出ている状態です。あなたの喜びによってあなたの愛を知ることができます。そして喜びが愛を人生の水面に投げかけるとき、あなたの魂の性質を知ることができます。

イエスが存在するその場には愛があふれていました。満足と幸福のオーラで輝くイエスの顔は喜びを放射し、彼はしばしば口を大きく開いて微笑みました。時として心が温まるような笑いがありました。しかしながら、私はイエスが決して笑わないという事実、少なくともはじけるような笑いは決してしないという事実に引きつけられました。たいていの人は私にはユーモアのセンスがあり、簡単に人を笑わせることができる人だと思っています。そういうわけでイエスに対してそういう効果を発揮できないことはとても不思議でした。イエスは私を心から笑わせることができるのに、彼自身にはその必要がないように見えるのはなぜだろうと不思議に思いました。別に心配だったというわけではありません。私たちの間ではすべてのことが完璧のように思われたのですから。

　あとになってインスピレーションがひらめき一つの考えが浮かびました。喜びは愛情の直接的な奔出であるのに対して、笑いは愛情に対する**障害物**を解放したときに感じるものだということです。笑いは愛を処理する方法の一部なのです。笑いはこれまで直視することができなかった何かを見ることを可能にしてくれます。笑いによってこれまで退けてきたものを受け容れることが可能になります。エネルギーが停滞していた場所に流れをつくり出してくれます。解放は私たちを笑わせます。自由は私たちを幸福にします。**イエスには愛を妨げているものは何もありません。**イエスは実にユーモアたっぷりで、しばしば私を笑わせたにもかかわらず彼自身は自分自身の内部で喜びに満ちた満足のスピリットを維持することができる理由はこれだと思うのです。これは些細なことのように思われるかもしれませんが、イエスの存在を満たしている途方もない真実をしっかりと指示しています。それは内面から輝き出る神聖性の存在です。

　イエスの生涯がいかに神聖な導きによって展開されたかについての思いを分かち合うことを私はためらってきました。あるいは、イエスの存在に感じた神聖性について分かち合うことをためらってきました。理由は、そうすれば神学の領域に入るかもしれないと感じたからでした。宗教的な信念を形成する人になることを、私のこの人生の目的であるとは考えていません。そういうわけでこのような高貴な感情や知覚を公表したくなかったのです。

　イエスはそびえ立つ存在でしたが、彼の神聖性は最も優しい形で私に提示されました。私が完全に圧倒されたように感じた唯一の時は、一九九一年十一月二十三日に彼が初めて姿を現わしたときだけでした。その瞬間から、私に良い印象を与えようなどという願望はさらさらなく、ただ私のニーズだけを考えた親切で人間的で礼儀正しい完璧なイエスのマスターのあり方を体験してきました。イエスは絵を描いている間、私が楽しく居心地の良いことを望み、現実の私のレベルに参加することに何のためらいも感じないようでした。イエス独特の不可思議で優雅なやり方で完璧な安らぎを体現してみせてくれたのです。イエスは完璧な紳士でした。共感に満ち、温かく、時としてユーモアのセンスに満ちたイエスは、私に理解できる言葉で話し、どんな些細なことにも注意を払ってくれました。

イエスとの私の体験はすべてなじみのある現実の範囲の中で起こりましたが、一緒になった最初の日から新しく高い次元の自覚が私の内部で開花しはじめるのを感じました。その高いレベルで、言葉では描写しがたいまれな感情を体験しました。この感情は敬愛という言葉でしか表現できないように感じます。それは私が知っているいかなる愛よりも完璧なものでした。それはあまりにも純粋であるがために音と方向があるような愛でした。この地上的な世界においては、敬愛は簡単には体験できない感情です。崇拝という言葉ですら、この感情と喜びと安らぎの深さを包括して伝えることはできません。

ここに感情の目盛りを示すバロメーターがあるとしましょう。人生に対する情熱を出発点として歓喜へと上昇し、人間の理解を越えた安らぎと静けさにまで上がっていくと仮定します。これは感情の梯子（はしご）とでもいうべきものです。この感情の梯子を登っていくといちばん高いところに神聖な情熱があり、そこに敬愛があります。敬愛は例外的なものであり、他の何ものとも異なります。感情のなかでも最も高貴なものです。なぜなら、敬愛は一つの魂が他の魂の愛を認め尊重する愛だからです。人間の肉体的な形に心を奪われて愛の目でハートの中を見ることができない物理的な局面では、この感情は簡単に見過ごしてしまいます。イエスと一緒にいるとき、この高貴な知覚は避けがたいものがありました。そこには純粋な愛以外の何ものもありません。聖パウロは彼が書いた言葉の中でイエスに言及するときは、「愛なる者」（The Beloved）という言葉を使っていました。彼がこの感情の意味を理解していたことは明らかです。しかし、この感情は単なる感情や表現よりもさらに偉大なものです。それは〝**力**〟です。「愛なる者」は存在としての**愛が成就した姿です。**偉大なる「私はある」の存在、すべての存在の源は、私たちが愛として知っている存在の偉大な力で自らを成就することができるのです。

使徒ヨハネが愛のこの高貴な概念を理解していたことは、彼が書いた著作の中にも明らかですが、イエスが母親の世話をヨハネに任せた事実によっても明らかです。福音書はマグダラのマリアがこの高次な愛を知っていた証拠をあげています。そのレベルの高い献身のゆえにマグダラのマリアは中傷と恨みによって苦しめられたのです。彼女が売春婦であったかもしれないということに関して『聖書』の中には明確な言及はどこにもありません。にもかかわらず彼女の美徳はこれまでの歴史を通して疑問視されてきました。彼女はイエスの妻であったと考える人もいますが、私はそれは真実ではないと思います。私が思うに、彼女の「愛なる者」に対する意識と情熱が非常に強かったために、夫と妻の絆に似た全面的な献身が生まれたのでしょう。この特別な愛によって大いなる嫉妬の感情が触発され、おそらくは、まったく根拠のない美徳の喪失といった非難が生まれたのでしょう。彼女の勇気、そしてこの真実に対する理解はあまりにも深かったがために、イエスに対する献身を止めるものは何もなかったのです。なぜなら、彼女は「愛なる者」を目撃してしまったのです。マザー・テレサはマグダラのマリアと等しい勇気をもってカルカッタの通りで働き、「愛なる者」を絶望的に貧しく希望を失ってしまった人びとの人生にもたらしたのです。彼女はどのようにしてそれを成し遂げたのでしょうか？　彼らの目の中に「愛なる者」を見てとることによってではないでしょうか。それこそが人間の奇跡のプロセスです。

イエスは私たち一人ひとりの中にある「愛なる者」の生命ある火に点火するために地球にやってきました。聖パウロがこの概念の深遠さを理解した最初の人でした。この理解をもとにして聖パウロは世界を変えることとなったメッセージを作ったのでした。彼は愛のない崇拝は本質的な目的も価値もない無意味な形式にすぎないことを見てとりました。崇拝は多くの場合、誤った方向に走ります。原始時代の人間の祖先は自然現象を理解することができなかったために自然の力を習慣的に崇拝していました。今日、人間のお金、地位、名誉に対する異常なまでのこだわりは危険なほど崇拝に近いところにあります。真の崇拝は聖なるものをすべて吐き出す妥当な行為です。なぜなら、崇拝は自らを高めて高次な力に昇華するからです。しかしながら、崇拝はエゴが高次の力のふりをする行為にもなりかねません。そのようなエゴも「愛なる者」の目前にあってはまったく当惑せざるをえません。エゴにはそのような完璧な状態を理解することはまったくできません。敬愛は幻想と共存することはできません。人間はお金を崇拝しますが、お金にはあまりにも多くの陥穽（かんせい）がありすぎて人間はお金を敬愛することはできません。敬愛という比較不可能な感情を思うとき、私たちは直接、神の祝福へと導かれ、「愛なる者」と直面することになります。敬愛を言葉で描写することは非常に難しいですが、完璧に身を委ねると不可思議にも簡単に体験することができます。

ソロモン王は著作の多い作家でその時代の文学的天才でしたが、彼ですら愛を描写するための言葉には行き詰ったのでした。イエスは敬愛を見事に表現しているソロモンの〝Song of Songs〟（ソロモンの歌）を読むことを私に勧めてくれました。これらの歌の中で愛の美しさと素晴らしさが数多くの形で誉め称えられています。ソロモンは敬愛を伝えるために花嫁と花婿のたとえを用いました。この地上で分かち合われる最も純粋で最も優しい敬愛の体験の一つは、結婚したばかりの夫婦の情熱的な愛です。花嫁と花婿のお互いに対する敬愛は、また神との非常に特別な絆でもあります。なぜなら、神の力を通して二人の関係は創造され祝福されたのですから。

『ソロモンの歌』がソロモン自身の結婚を祝福するために書かれたのか、それとも高次の愛の情熱を喚起し描写するための純粋な寓喩（アレゴリー）なのかに関して広範な推察がなされてきました。どちらであったとしてもそれは大した問題ではないのかもしれません。この物語はたとえ話のように花開き、さまざまなレベルで数多くの意味を見せてくれるのですから。そのなかで最も高貴な意味は不滅の魂と聖心を結びつける神聖な絆に言及するところにあるとイエスは教えてくれました。これは私たちの存在の奥深くにある憧れであり、魂の充足の探求であり、人が人生においてソウルメイトを探し求めるのに酷似していると言えます。真の愛人がどこかにいることを願って、人は心を込めてこの特別な人を探し求めます。そんな二人が出会って恋に落ちるとき、共にいることができない苦しみは圧倒的なものです。遂にソウルメイトと出会って認め合った今、結婚するまでは永続的な達成は不可能です。そんな状況ですら、時として離ればなれにならなければならず、祝福された再会を切望するのです。聖心と魂の真の愛の宣言としてなんと素晴らしい方法ではないでしょうか。イエスは、聖心は神聖性の女性的な存在であり、魂は神聖性の男性的な存在であると描写しました。両者がそれぞれの人とともに肉体をもって生命を供給する力として存在するというのです。このイメージによって聖心と魂のそれぞれがお互いを花嫁、花婿として永遠に愛し、永遠にわたってお互いの情熱を知ろうと探求する姿を見ることができます。『ソロモンの歌』の中で、彼の魂はハートに対する愛を語る存在として人格化されています。

私の妹、花嫁よ。
あなたの愛は、なんと麗しいことよ。
あなたの愛は、ぶどう酒よりもはるかにまさり、
あなたの香油のかおりは、
すべての香料にまさっている。

花嫁よ。あなたのくちびるは蜂蜜をしたたらせ、

あなたの舌の裏には蜜と乳がある。
あなたの着物のかおりは、
レバノンのかおりのようだ。

私の妹、花嫁は、
閉じられた庭、閉じられた源、封じられた泉〔20〕。

イエスは聖心に言及して庭という言葉を数回使いました。「**これはあなたが憧れる庭です**」。興味深いことにソロモンの物語のほとんどすべてが庭ないしはぶどう園で展開します。これはエデンの園を彷彿（ほうふつ）させるのではないでしょうか。これはことによると未来のヴィジョンをさりげなく見せていて、救世主は〝ぶどう〟であり、彼の父は「ぶどうの園の園丁」なのかもしれません。

あなたの産み出すものは、
最上の実をみのらすざくろの園、
ヘンナ樹にナルド、
ナルド、サフラン、菖蒲、
肉桂に、乳香の取れるすべての木、
没薬、アロエに、香料の最上のものすべて、
庭の泉、湧き水の井戸、

レバノンからの流れ。

わが愛する者よ。
あなたはティルツァのように美しく、
エルサレムのように愛らしい。
だが、旗を掲げた軍勢のように恐ろしい。
あなたの目を私からそらしておくれ。
それが私をひきつける。
あなたの髪は、ギルアデから降りて来る
やぎの群れのよう、
あなたの歯は、洗い場から上って来た
雌羊の群れのようだ。
それはみな、ふたごを産み、
ふたごを産まないものは一頭もいない。
あなたの頬は、顔おおいのうしろにあって
ざくろの片割れのようだ。
王妃は六十人、そばめは八十人、
おとめたちは数知れない。
汚れのないもの、私の鳩はただひとり。

彼女は、その母のひとり子、
彼女を産んだ者の愛する子。
娘たちは彼女を見て、幸いだと言い、
王妃たち、そばめたちも彼女をほめた。
「暁の光のように見おろしている、
月のように美しい、
太陽のように明るい、
旗を掲げた軍勢のように恐ろしいもの。
それはだれか。」〔21〕

ソロモンは自分が発した質問に答えることはできませんでした。なぜなら、聖心は永遠の神秘だからです。人はそれを見つめ、愛情を込めて慈しむことしかできません。それから、ハートが魂に向かって彼女の歌を歌いました。

私の愛する方は、輝いて、赤く、
万人よりすぐれ、
その頭は純金です。
髪の毛はなつめやしの枝で、烏のように黒く、
その目は、乳で洗われ、池のほとりで休み、

水の流れのほとりにいる鳩のようです。
その頬は、よい香りを放つ香料の花壇のよう。
くちびるは没薬の液をしたたらせるゆりの花。
その腕は、タルシシュの宝石をはめ込んだ金の棒。
からだは、サファイヤでおおった象牙の細工。
その足は、純金の台座に据えられた大理石の柱。
その姿はレバノンのよう。杉のようにすばらしい。
そのことばは甘いぶどう酒。
あの方のすべてがいとしい。
エルサレムの娘たち。
これが私の愛する方、これが私のつれあいです〔22〕。

これが魂と聖心の愛です。これらの二つのエッセンスの交わりは最も純粋な敬愛の愛です。離れていたあとには再会を求めるひたむきな憧れとともにいることができる美しい時間がやってきます。私たちは自分自身の内部において、また他の人とのかかわりにおいて、このような感情を体験したことがあるのではないでしょうか。一つになる恍惚とした喜びのあとに、自分自身の核心まで分裂してしまったように感じるときもあるのではないでしょうか。そんな時、私たちは問いかけます。「ありてある我れの完全な姿はどこにあるのだろうか?」。この悠久のドラマを男と女の愛の寓話としてソロモンは語りました。

ソロモンが何度も繰り返すコーラスの一つはイエスの全体的なメッセージにとって極めて重要です。「エルサレムの娘たち、あなた方に誓っていただきます。揺り起こしたり、かき立てたりしないでください。愛が目覚めたいと思うときまでは」

愛は強制したり操作できるものではありません。愛自らの意志によるものでなければ、軽々しく呼び起こすべきものではありません。愛は私たちのコントロールできる能力を超越した力です。しかしながら、愛の力を理解することによって人生に対する指令の力を与えられます。愛の前にあるとき、私たちは真の謙虚さを体験し、その力への畏敬の念に打たれて立ち尽くします。愛の表現を完全に予知することは不可能です。しかし、愛が花開くとき、たとえそれがしばらくの間、私たちの手の届かないところに行くことになったとしても、愛を受け容れることが重要です。

私はイエスに聞いてみました。「愛が与えられたかと思うと次に愛が私たちの前から運び去られてしまうのはなぜなのでしょうか？」

——あなた自身の中に愛なる者を探し、他の兄弟や姉妹たちの中に愛なる者を探すためです。あなたが知っている愛なる者がただ一人の人であるとしたら、他の人の場所はどこにあるでしょうか。あなたの唯一の愛が神であったとしたら、他のすべての人は十分な存在ではなく、あなたは価値判断だけを下すことになるでしょう。愛を味わう機会を貰ったあなたは、それからしばらく愛に飢える機会を与えられ、それによって自分自身の中に、そしてさらに延長された現実の中で愛を探求する機会を与えられます。制限のあるバブルの中に泰然と生きるというのは神の意志ではありません。あなたの遊び場としてあらゆる現実を体験してほしいというのが神の意志です。

「私たちは、なぜそのような強力なバブルをつくるのでしょうか。なぜこれほどまでの強い決意をもって幻想にしがみつこうとするのでしょうか。そうすれば、より偉大な体験ができなくなってしまうにもかかわらず」

——なぜなら、バブルはエゴの虚構を守るためにつくられているからです。

「詳しく説明していただけませんか？」

――エゴはあなたのエッセンスである愛に代えるために用いた虚構によって構成されています。今日の言葉で言うとエゴはプライドであり自己の力づけであるという誤った概念があります。しかしながら、エゴは人生をあなた自身についての幻想の周囲に築こうとする虚栄心です。永遠の波に抗することのできない砂のお城と同じように、エゴには本当の力はありません。皮肉なことですが自分に関する幻想は自尊心とは無関係で、多くの場合、自尊心を破壊するものです。たとえば自分には価値がないという幻想、あるいは、殉教のほのめかしがありますが、実は隠れた動機ないしは屈従への迎合があり、実際には怖れだけがあります。たいていのエゴの中心は自尊心とは無関係で、共通しているのは愛にとって代わったところの虚偽だけです。

あなたのエッセンスである愛は、あなたの真の我れの栄光です。その結果、真の我れについてのあなたの知識は優勢なエゴによって破壊されつつあります。私は「人間は生命を発見するためには自らの生命を与えなければならない」と言いましたが、ほとんどの人に知られている唯一の生命はエゴのまわりに築かれているという不幸な事実に言及してそのように言ったのです。あなたのエッセンスである愛を知るためにはエゴに基づいた偽りの生命は殺戮されなければなりません。しかしながら、エゴが何であるかを知るまでは、あなたは愛を抑圧しつづけ、間違ったものを殺戮しつづけるでしょう。

「人によっては、私たちが内なる愛の可能性を浄化し実現するためには犠牲的な人生を生きる必要があると感じています。エゴを殺すためには犠牲が必要なのでしょうか？」

――エゴを創造したことこそあなたが払った最大の犠牲です。さらなる犠牲を払ってもこれを元に戻すことはできません。人生を愛しながら、同時に誤った創造によってそれと矛盾した行動をとり自分自身を否定することはできません。犠牲を払うのではなく慈悲を与えるようにと私は常に依頼してきました。**慈悲を与えることはエ**

ゴの犠牲です！ 報復したいという願望をすべて手放すとき、自己正当化の願望をすべて手放すとき、正義のゲームをやめるとき、自分が正しく他人が間違っているとする力はあなたにはないということを受け容れるとき、状況を支配するただそのことのために他人に反対することをやめるとき、そのとき初めて自分が何であるかを理解することでしょう。

思い出してください。エゴはあなたのエッセンスである愛のあげ足をとり、それにとって代わろうとする自分についての幻想です。最もよくある創り話は自分には価値がないという幻想です。自分についてのそのような考えは、決してあなたを神のところに連れて行くことはありません。人には価値がないという考えを信仰の柱にしている宗教はどのような宗教であれ、エゴの発達を促すことでしょう。そのようなエゴは自分自身を強化するループをもって自らを強化していくことでしょう。愛こそがあなたそのものです！　このことに対してあなた自身の観点、力づけ、夢、願望、そしてユニークな才能を付加することができるでしょう。

愛とは対照的にエゴは怖れを食べて生命を維持し、怖れのありとあらゆるメカニズムによって動かされています。エゴは発明されたものであるために極めて消滅しやすいものです。現実の光にさらされるとき、エゴは非常な脅威を感じます。したがって想像上の存在の中に入って枠組みと計画された予定によってしっかりと安全に守られる必要があります。

それのみならずあなたのエゴは神に対して非常に怒っています。その理由は、神は現実と一体であり、愛としてのあなたの真の存在性の源であるからです。私が帰るとき、羊とヤギの区別をするだろうと言いましたが、それはエゴを真の我れから離してはっきりと露呈させるという意味で言ったのでした。この言葉は誤って解釈され、私が一部の人を選び他の人は選ばないという意味に解釈されてきました。それは明らかに間違っています。なぜなら、私の愛、私の真実、私の贈り物はすべての人に与えられてきたのですから。私の存在を通じて一人ひとりの中にいる本当の我れを強化します。その時、強情なヤギのようなエゴも退けられることでしょう。

私の内部に秘められた愛の力は、私たちの理解を超えたものです。日常生活の中で愛の力が証明された英雄的な出来事や奇跡的な事柄は数えきれないほどあります。大好きな話があります。交通事故にあい、運転していた母親が運転席のドアから外に投げ出され車は逆さまの状態で止まり、子どもは車の中で泣き叫んでいましたがドアは開こうにも開くことができません。母親は小柄な女性でしたがヘラクレスのような力を発揮して車を転がして息子を救出したというのです。また第二次世界大戦中のこと、数人の尼さんたちが銃弾から逃れるために孤児たちを連れて銃弾が降り注ぐ最も危険な地域を通過していったにもかかわらず、誰ひとりとして傷つくことなく無事だったという奇跡のような話もあります。日常生活を営むなかでこのような力により深いところからアクセスして活用しないというのは残念なことです。悲惨な状況に置かれたとき、私たちの疑いの思いやためらいを征服するのは愛に他なりません。私たちは自覚しているよりもずっと強力な存在であることを私は確信しています。

イエスは次のように語っています。

――私がするこれらのことのすべてをあなた方はするでしょう。そしてそれ以上のことをあなた方はするでしょう。それが愛の偉大さです。しかしながら、警告しておきたいのですが、あなたのエゴの我れの力に言及しているのではありません。人間の自己主張や傲慢さのヤギのような部分には真の力がないと信じてもらいたいわけではありません。人間のその部分は力を行使し工夫を凝らし、状況を巧みに操作するかもしれません。しかし、そのような方法はすべて自分を消耗させるものです。愛の力だけが私がしたことをあなた方にも可能にしてくれるでしょう。

その瞬間、私の意識はぜひこれを聞いてみたいという強烈な願望に支配されました。その質問はイエスがエゴについて切り出してくれなかったら考えることもできないようなものでした。『聖書』の中に数回、あなたは人の身体や魂から悪魔を追い払ったと述べられています。悪魔払いはキリスト教会において何世紀にもわたって行われてきましたし、今日でも数多くの信頼に足るセラピーは、人間の精神（プシケ）の内部に精神分裂を起こさせる力が存在することを認めています。このような悪魔はエゴの一部なのでしょうか。悪魔はリアルな存在で独立した存在なのでしょうか。それとも人の内部にある機能不全な状態を体現している幻の存在なのですか？」

――どちらの見方も可能です。しかしながら、どうぞこのことを知ってください。それは存在と存在性以外には何も存在しないということです。すべてのものは**存在**として創造されました。存在は存在性として自らを存在の状態に適用したのです。存在性が増加していくにつれて拡大された可能性についての多様な自覚が生まれました。生命において、これは共生的な交換ないしはサポートとして表現されます。**自分自身の内部に、また他人同士の間に調和のとれた協調性が欠如していると問題が生じます。**社会的環境ないしは政治的環境という、より大きな規模においては、調和を欠いた行動から争い、破壊活動、疎外が生まれます。それほど明確に見えないこととして、争いや破壊活動をもたらす同じ可能性が人間自身の内部に存在しえるということがあります。一人ひとりの内部には複雑な環境があり、創造の活力によって結合されています。人が創造主・他の人たち・自分自身との関係において強固にして純粋であるとき、この複雑性は**愛として**解決されます。**この状態においては、ただ在るだけで十分です。**しかしながら、人間の存在を適応させ、変化させ、洗練するために、人生は数多くの機会、プレッシャー、誘惑を提供します。これに応じて〝存在性〟が純粋な存在のうえに応用されます。存在とは〝あるもの〟です。存在性は体験を通して存在がどのように見られるかであり、存在について信じられ語られることであり、存在の周囲に築かれたさまざまな現実であり、特定の文脈における存在の価値についての評価です。グレンダ、たとえばあなたはあなたですが、同時にアーチストとしての存在性、娘としての存在性、妻としての存在性をもっています。その他に数多くの明白な、あるいは、微妙な存在性ももっています。存在性（存在ではなく）はエゴによる支配と誤った方向に進む可能性の接点です。

存在性は存在から生まれます。存在性が自らを自律性のあるものと見なし、独自の進路をとりはじめると、不調和とずれが起こりはじめます。物理的な障壁の累積、物質的な密度の累積、そして意識の喪失が累積することに加えてさまざまな程度の分離が姿を現わしはじめます。これは細胞や原子にすらあてはまります。彼らの創造主および存在理由と正しくも生命ある関係をもっているときは調和と健康があります。しかし、その逆にあなたの人生の現実の捏造を始めると、これらの細胞や原子が彼ら独自の偽造された現実をつくりはじめる可能性があります。たとえばあなたのさまざまな怖れを処理してきた腎臓が健康的な機能の代わりに怖れとかかわりをもって病気になるかもしれません。

身体の領域には自分が誰であるか、あるいは、自分がどこに所属するかを完全に忘れてしまった失われた魂に場所を提供することができる領域もあります。そのような場合、これらの失われた魂たちはほとんどの時間を眠って過ごし、悪さをすることはありません。しかしながら、時としてあまりにも大きな怒りを抱えていたり、あまりにも妄想にとらわれているために自分のホストである生命に屈従し、その言うことを聞けない場合がありま す。これは問題の源となり、病気、中毒、錯乱、少なくとも慢性的で足ることを知らない不幸や誤った方向性といった形で顕現するかもしれません。

多くの場合、ネガティブであることの原因はある種の無意識な愛着です。不適切なつながりは非常に破壊的であり、干渉によって切断する必要があります。私が悪魔を追い出したときに行ったことはこういうことでした。悪魔は失われた魂であるにすぎず、本来の自分の存在からあまりにも遠くまで漂流してしまったために、自分で立つことができなくなっているのです。自分で立つ代わりに、彼らは彼らの宿主の生命とポジティブな可能性に寄生します。さまざまな物語が語られている悪魔とはこのような魂のことです。

次に示す五つのステップを踏めば誰でも悪魔払いをすることができます。

1．あなたが本当は誰であるかを発見する。

2．あなた自身および他の人たちにとって有害な信念や現実のすべてを粛正する。

3．本当のあなたおよびあなたが生きるうえでの目的であると信じていることをサポートしない現実や信念のすべてを粛正する。

4．あなたの人生、マインド、肉体、感情を浄化する。

5．向きを変えて創造主の光と直面し、その光があなたの人生の〝光をオンにする〟ことを許す。

悪魔や歪曲した規制的な現実は少しキノコに似たところがあります。彼らが成長し繁茂するためには暗闇と豊かな土壌が必要だということです。これらの五つのステップを使えば、あなたに付着しているかもしれない失われた魂や存在を価値判断することも責めることもまったく必要ではありません。彼らは邪魔される確率の少ないどこか別の場所へと移動していくからです。あるいは、これが起こればさらに良いのですが、彼らはあなたが提供した光のおかげで目を覚まし変わるかもしれません。

最終的には存在だけがあり、愛だけがあり、源との和だけがあります。それが**存在**のただ一つの**故郷**です！私たちは自らの生き方を通して他の人たちに故郷をどうすれば見つけることができるかを教えることができます。

故郷をまったく自覚することができず、知覚が幾層もの物質、時間の川、支配の境界線によって条件づけられている人は自分自身の存在に浸透し、自由意志を脅かしている目に見えかつ目に見えない存在性によって苦しめられ陥穽（かんせい）にはめられていると感じることでしょう。故郷から遠く離れている魂は同様に分離し、迷っている魂たちを引き寄せます。どのような魂であれ、たとえどんなに深い迷いの中にあろうとも、ただ向きを変えて源と直面し、故郷の光と直面すれば、人生のすべてが素晴らしい再調整を体験することになります。その理由はすべてのものが同じ源から発しているからです。創造主から顔をそむける人は誰であれ、調和の欠如を体験することになります。自らを他の人たちのための新しい源にしようとする試みはすべてみじめな失敗に終わることでしょう。いずれ誤った方向性の努力はすべて自らを罠にかける結果となり、苦痛をもたらし、自らの本性からさらに離れていくという結果に終わります。

神とあなたの真の誓約は、あなたが当初知っていた神との協調のパターンの中にコード化されて入っています。あなたの存在は進化してあなた固有の性質以外のものになることはありません。衣服を着るのと同じように、しばらくのあいだ身につける存在性を通してありとあらゆる多様性をもった体験を精査し同化する機会があなたにはあります。他の存在や生命とのかかわりを通してあなたの生存の理由は拡大されます。これがあなたの歴史です。歴史は体験の保存場所であるというかぎりにおいてリアルなものです。しかしながら、あなたのこれまでの歴史が現在のあなたの原因であると信じるならば、極めて不自然な幻想のもとで生きることになります。これこそ人があっという間に、その人のこれまでの歴史が暗示するものとはまったく異なった自分を露呈することができる理由です。このような驚くべき顕現は本来の目的に再び火がともされたとき、あるいは、その人の真の愛の状態が復元されたときに、最も起こる可能性が高いでしょう。人の本来の存在は今です！

これとは対照的に離間が時の流れとともに進行し、無責任や無意識状態が数多くの獲得された存在性といっしょになり、人の本来の人格を徐々に蝕んでいくと、多くの場合、その人の本当の姿を過った形で見せることになります。この状態に置かれた人あるいは国家は、自らのニーズに合わせて現実を形づくることはできなくなり、自らの幻想に見合う現実を発明することになります。この理由のために、歴史はその教訓と挑戦と困難な問題を繰り返す傾向があります。歴史を通じて散在する成功・勝利・達成は歴史の産物ではなく、歴史を超越した上昇をもたらす意識や行為の結果です。

歴史は完了した体験の単なる貯蔵所です。完了した体験は部分的に完了した体験とともにそこに貯蔵されていますが、部分的に完了した体験は再び生命を吹き返す適切な時が来るまでそこで一時停止の状態で貯蔵されています。いずれにしても歴史は今あなたがいる場所とは最もかかわりの薄い人生の部分です。それはあなたがさしあたり解き放ったものです。

次に、この新しい展望を考えてみてください。あなたの存在の本当の性質を取り戻すためには、この世界の時間についての見方を逆転することが不可欠です。この世界は歴史と時間の惰性こそ現在の体験の背後にある力であり土台であると考えています。この考え方からすれば、あなたは過去の産物であることは確実です。それとは対照的に本当の存在の観点は、過去とはついに比較的重要ではなくなった体験、教育、目標、願望などのパノラマであると見なします。過去を削減するのはあなたであり、あなたを生産するのは過去ではありません。存在の不滅性を考えるならばこれは当然のことと言うべきでしょう。

「それでは、未来とは何でしょうか?」と私は好奇心をかきたてられて質問しました。

――未来は人の存在のハートから生まれる持続性です。これは人について、家族について、ビジネスについて、国家についても言えることです。魂の展望からすると、未来とはあなたが記憶している完璧さを約束するものであり、あなたが再び達成したいと願っている完璧さを約束するものです。この探求において無限の可能性があなたのニーズ、憧れ、レッスン、協調を提供し、最後に真の達成は常にあなた自身の内部にあったということ、そしてそれは外的な願望を手放し、あなた自身の外にあるもののすべてに対する愛着を手放すことによって再び達成されるのだということをあなたは悟ります。

静かに座ってこの驚くべき答えを吸収しながら、私は畏敬の念に打たれていました。イエスはなんとやすやすと存在性の全容を描写したことか。それはなんと単純であることか。私は言葉では言い表わすことのできない感情に圧倒されました。私がとくに強く感じたことは敬愛の情でした。意識があふれ出るようにして無限のスピリットの中へと流れ出るなかで、敬愛の情が湧き出てきたのです。私に見えたことは、**私たちが結合して一つになったとき、私たちはまさに愛なる者である**ということでした。存在のこの完璧な状態において言葉や概念を使ってさらなる力づけをすることなどは不必要でした。なぜなら、それはただ**完璧**なのですから。

　理解を求める最も高貴な探求は、この状態に向かうものであることを私は知っていました。私たちは人生を管理しながらこの完璧な状態と可能なかぎりの協調を達成したいと願っています。やがて私の思いはその場に戻りましたが、それはさまざまなレッスンや挑戦が待ち受けている世界です。そういう実際的な文脈の中で、幻想としての自分ということについてもっと知りたいと思いました。

　——幻想としてのあなたにはほとんど力はありません。なぜなら、そのあなたは現実を非常に怖れているからです。実際のところ、幻想としてのあなたは真実の光に当たると簡単に砕け散ってしまうために、快適に感じられるシェルター、他人によるサポートのバブル、常に他人によって肯定してもらうといった環境でないと存在することができません。現実とは生き生きと反応し合う生命の流れであり、存在の数多くのレベルで永遠に継続するものです。現実はそれぞれの存在を尊重し、その愛に反応します。あなたは自らのニーズと目的に応じて現実を形づくるように常に求められ、常に力づけられます。しかしながら、現実を形づくることと、現実を発明することの間には重要な違いがあります。この違いを知り、幻想としての我れはそもそもあなたを零落させた幻としての現実の創造主であったことを知っておくのが賢明です。

　イエスが現実の形成と現実の発明に言及したのはこれが二度目のことでした。そこで私はさらに聞いてみました。「これらの概念の違いについて説明していただけませんか？」

　イエスは喜んで話を続けてくれました。

――現実を形づくるプロセスは、八つの家族によって所有された築五十年の家の生涯にたとえることができるでしょう。最初、この家は農家でした。次に、この家の所有者となった家族はヴィクトリア朝の装飾で飾りつけました。その後、六回の機能的変化、スタイルの変化を体験しますが、最終的には最初の農家のモチーフに戻ります。さまざまな変化はありましたが、それぞれの変容の時点でもこの家は同じ家であり、八つの家族の好み、喜び、必要性に応じてデザインが変えられただけでした。現実を形づくることは簡単であり、恩恵をもたらすものであり、現実的に必要なものです。あなたはユニークな存在であり、環境はあなたに適合することを望むのです。『聖書』の「創世記」の中で、人類はすべての自然に対して権威を与えられたと記されていますが、これは人類が暴虐者として支配する権利を与えられたという意味ではありませんでした。その意味は、自然や創造物のすべてが愛によって指令を発するハートに適合するということだったのです。

現実はあなたの愛を尊重し、サポートして反応します。それと同じ確かさで、現実の上に投影される幻想に対しては挑戦し切り崩します。家にたとえて言うならば、発明された現実はまだ達成されていない成功を装うために自分の経済力を越えた家を借りるのに似ています。非常なストレスを感じ、経済的にも厳しい状態になります。成功しているふりをしても幸福はやってきません。

愛の波動の中でなされる祈り、愛を尊重する祈りはすべて答えられます。しかしながら、それは愛のやり方を通して答えられ、問題の向こうに存在する本当のあなたに愛の滋養を与えるでしょう。宇宙も宇宙の創造主もあなたのエゴの祈りに応え、エゴが自分でつくった問題を解決し、エゴの幻想にハッピー・エンドをもたらすという約束はしていません。あなたの創造主は現実と一体なのですから、愛からさらに遠ざかろうとする祈りや、創造主の現実から遠ざかろうとする祈りに応じられるはずはありません。創造主は仮にその気持ちがあったとしてもできるはずはありません。現実についての理解が増しますように、現実に対処する能力が強化されますようにと祈るならば、その祈りはすべて応えられます。多くの場合、ドラマチックに応えられることでしょう。

子どもが発明したものに対して親が寛容で、多くの場合、微笑ましいと思うのと同じように、神はあなたの幻想に対して忍耐を示されます。子どもが砂のお城を海岸に築けば、父親は子どもの器用さと想像力を誇りに思うかもしれません。ただし、脆弱な創造物が波に流されてしまったとき、それは束の間の空想であり、将来役に立つ遊びの体験であることを子どもに理解させるのは父親のさらに重要な義務です。天国の父についても同じことが言えます。

悲しいことですが、たいていの祈りはこのようなものです。「どうぞ神様、私の砂のお城を助けてください！」。神にはこのようにしか応えることはできません。「わが子よ、砂のお城と本当の土台の上にモルタルと木材で建てられた家の違いを知らなければなりません。私があなたの砂のお城を助けたならば、あなたはその違いを学ぶ気持ちにはならないでしょう」

イエスが神と現実の重要性を強調されたことから、子どものころから疑問に思っていた『聖書』の一節について質問する気持ちになりました。「〈詩編〉111章に、〈主を恐れることは、知恵の初め〉とあるのですが、何かこの言葉はしっくりきません。あなたが神について語られたことはすべて愛です。神聖性が何らかの形で怖れによって動機づけられるとは考えられないのですが」

——神は愛です。そして神をそのような存在として見ることはあなたのハートが正しいのです。『聖書』の中で神に関連して使っている〝怖れ〟は〝尊敬〟を意味しています。もしも神が現実と一体であると見なすならば、その教えの非常に実用的な意味が分かると思います。その言葉は、「現実に対する尊敬は叡智と知識のはじまりである」と考えるならば、メッセージは拡大されることでしょう。この言葉であればもっと簡単に理解できますか？

「できます」

――神が現実と一体であると受け容れると、現実は慰めと啓発の源になります。現実は失望をもたらすものではなく、あなたの愛の召使になります。現実に対して怖れをもって反応すれば失望をもたらすものになりえるのです。

私は聞いてみました。「どうすれば現実と発明の違いが分かり、識別を発揮することができるのでしょう。危険や裏切りに対して用心すべきではないでしょうか?」

――そうです。常に用心することが大切です。とりわけ、あなたのエゴは危険や裏切りを引き寄せる最高の磁石であることを知ってください。あなたをだますために送られるものは、まっすぐにあなたのエゴに向けられます。あるいは、あなたのマインドに向けられます。その理由は、人のエゴは自らの生存をサポートしてくれるものは何であれ真実であると考えるからです。それはマインドが論理の優越性をサポートするものは何であれ真実であると考えるのと同じです。実際のところ、事実と虚構が等しい論理性をもって提示されたならば、マインドにはその違いを識別することはできません。

識別の実践は高次の意識の一部です。識別は単なる洗練された価値判断ではありません。人生のカリキュラムにおいて、識別は価値判断の対極にあるものです。価値判断を通して人は直面し学ぶ必要のある事柄を明らかにします。識別を通して人は自分がマスターした事柄を明らかにします。

あなたのハートは何が真実であるかを常に理解するでしょう。ただし、その詳細を学ぶためには人生を生きるプロセスが必要です。現実は本能的に愛情に反応します。現実を動かすために力を用いる必要はありません。勇気をもってください。なぜなら、現実は機能するために存在しているからです。現実の可能性を呼び起こすために説得する必要もなければ、影響力のある人びととコネをもつ必要もありません。現実はすべての人に平等に属していますそういうわけですから、許可、特別な教育、独自性といったものは必要とされていません。現実は最も幼く、最も無邪気な子どもに対してさえも正直と無邪気さと親しみやすさを最大限に表わします。あなたは、ただ現実は神と一体であることを知り、勇気をもって現実を受け容れるだけでよいのです。ハートは真実が現実を解放してくれるものであることを知っています。

あなたのハートは神の愛と一体です。そして神は現実と一体です。真実とは神と愛と現実の三角形であると規定できるかもしれません。真実とは愛と現実が神において一つになる点です。真実が死すべき存在のあらゆる障害物・制限・争い・問題などの解決策である理由はここにあります。真実は痛みを伴うという人がいますが、真実に傷つけられるのはエゴだけであって、あなたのエッセンスである愛情に満ちた我れではありません。真実は最も高貴な意識であり、現実における神の永続的な存在です。これを知ることによって愛と一致する真実を知ることができます。

真実は愛が存在する場所においてのみ明らかにされます。すべての感情にはそれ独自の真実の要素がありますが、けんか腰で敵意に満ちた行動の中に真実を見つけることはできません。あなたから遮られる真実はあなたが愛と決別したために圧殺されています。これは真の友達、あるいは、真の愛の偉大な価値です。真の友がいるその場所において、真実は光に輝きながら啓示されます。

誰であれ魂についての真実を知りたいと思うならば、愛情を込めて人の目を見て、彼の人生に浸透している現実を受け容れることです。一つのスピリットだけがあり、一人の神だけが存在し、すべての現実が居住している土台は一つしかありません。現実に関する知覚と考察に関して自由を与えることは創造主の喜びです。しかしながら、特別な観点の目的は現実を高めて個人化することであり、現実にとって代わるものではないことを忘れてはなりません。

今日、心理学的な用語や社交的な用語には個々人が自分自身の現実を創出する力をもっているという概念や考えが浸透しています。この考えについてイエスに聞いたところ、イエスは普遍的な現実があり、この現実が私たちがそれに関して下す微妙にして個人的な解釈のすべてを引き受けているとはっきりと述べました。イエスが現実についての観点と言った意味はこのことなのです。現実についての観点とは斯くの如くあるものについての個人的な解釈ないしは信念です。

——あなたの個人的な現実の力を過小評価してはなりません。なぜなら、現実についてのあなたの観点ないしは解釈は、あなたが見ているものやあなたが願望するものをあなたにもたらすからです。あなたの個人的な現実は、あなたの人生を顕現するにあたっての一つの重要な鍵です。しかしながら、個人的な現実は共通存在の普遍的な要素を尊重するとき、最も力づけられるということを銘記しておくことがよいでしょう。

これは十人のアーチストが同じ場所に集まって同じ風景を描いたものにたとえることができるでしょう。彼らの芸術的な作品を見た人は、それぞれのアーチストのユニークな解釈のゆえに十箇所の異なった場所を描いたものと結論づけるかもしれません。彼らの絵は個々の知覚がはっきりと豊かに表現されたものですが、絵のタッチのその向こうに描かれた個々の対象をよく見てみると、共通の現実を発見することができるでしょう。

——イスラエルの人びとは統合された現実についての深遠な理解を達成したために、当初、神の好意を得ることができました。一つの神、一つのスピリット、一つの首尾一貫した現実の基盤だけが存在します。これはイスラエルの人びとに大いなる叡智を与え、彼らは世界の歴史にゆるぎない影響力をもつこととなったのです。今日ですらこれは真実です。現実に対するそのような深い尊敬の思いが二十世紀において数多くの偉大な科学者を育てたのは偶然ではありません。

私がイスラエルに生を受けたころには、宗教的な教条がスピリチュアルな導きとしてよりも枠組みとして機能しはじめていました。イスラエルは自らを救うために裏切りや力を行使しないかぎりは、信仰において神に忠実でした。しかしながら、イスラエルは現実との接触を失い、それによってもたらされたさまざまな困難のために、ハートを愛から遠ざけるようになってしまったのです。これは今日の数多くの宗教に関しても言えることです。彼らは教条を守り、神の言葉を守ります。しかしながら、多くの場合、現実から遊離した温室を確立するために彼らの信念体系を活用しています。それによって現実的には人生の困難が増大し、ハートは愛から遠ざかってしまいます。かくして、さらなる理解は失われてしまいます。愛は現実に指令を発し、現実は若き花嫁のように愛に反応します。あなたは私と同じように神の愛なる者です。この祝福を受けたいと望むなら、安全な温室の外に出て、あなたの幻想としての我れが現実の光の前で粉々に砕け散ることを許さなければなりません。あなたの中に眠っている神の力を継承したいと望むならば、あなたのエッセンスである愛において強くあらなければなりません。

怖れることはありません。なぜなら、あなたは神の愛なる者なのですから。飛翔を許されたのちに墜落させられることはありません。幻想としての自分とそれをサポートするために用いたさまざまな装飾が姿を消すだけです。死が必要な理由はこれだけでした。そういうわけですから、あなたが自分の意志に基づいて幻想としての自分を殺す選択をするとき、あなたの意識の不滅性に向かって最初の一歩を踏み出したことになります。それから、あなたは神の恩寵と愛によって次のステップへと導かれ、最終的にはあなたの完全な遺産が復活することになります。ある人にとってこのプロセスは瞬きをする間に完了するかもしれませんが、ある人にとってはもう少し忍耐が必要とされるでしょう。これは一夜にして大人になる子どももいれば、何年もかかって大人になる子どももいるのと同じことです。このような発達は、好み、序列、地位などの結果によるものではありません。成長は一人ひとりにユニークな曲線をもっているものです。

私はこの時点でもう一度、幻想としての自分について要約してくれるようにと依頼しました。イエスは快く応じてくれました。

――幻想としての我れとはあなたが本質的に愛であることを忘れたあとに、これが自分ではないかと思った存在です。そのような間違った概念に飾りつけをするために用いた発明された現実もすべてその中に含まれるかもしれません。すべてのものには文脈が必要です。エゴですら文脈が必要です。人格の幻想としての側面が真の存在と直面すると、次のような疑問が湧いてきます。「私は誰だろう？　私が投影するものや発明品はどうすれば現実と統合することができるだろう？　自分が生成したこれらの要素は現実によってはサポートされていないけれど、どうすればリアルにできるだろう？」。存在は真実を露呈します。存在は本当のあなたではないものを粉々に砕くことを許せば、あなた自身の真実の偉大な守り手になりえます。しかしながら、さまざまな挑戦や啓示にもかかわらず固執して意図的に欺こうとして発明した現実を強制しようとすれば、罪の世界に入ることになります。罪はあなたが考えているよりも非常に単純なものです。罪とは発明された現実を浸透させ力づけるために用いる力であり、いたずらです。そのようなことにどの程度投資したかに比例して、あなたは神から遠ざかります。

この世の中のありようとしては、非常に多くのエネルギーが価値判断に費やされます。価値判断というのは、発明されたさまざまな現実が我れこそ支配したいという競争以外の何ものでもありません。価値判断は位取りを求めて競争するエゴの残酷で子どもじみたゲームです。ずるがしこく言葉にこそしませんが、その意図は、価値判断を持続することに成功するものは価値判断されないということです。それは真実ではありません。事実を言えば、エゴはゆるすことはできず、ゆるそうともしません。ゆるしを差し控えることが生命に対するエゴの攻撃です。愛は価値判断しません。エゴだけが価値判断をします。そして価値判断を通じてエゴは滅びます。あなたの愛はあなたの不滅性を持続します。なぜなら、愛は価値判断について何も知らないからです。

人間の原罪は価値判断でした。それだけが純粋で無邪気な魂がおかしうる唯一の罪です。価値判断の瞬時にして不可避的な結果は価値判断の対象からの分離であり、あなたが価値判断をした対象のどの程度を創造主が占めているか、その程度まで神から分離することです。価値判断には拡大し増殖する性質があり、しまいには、神からの分離はリアルで巨大な問題になります。分離した存在は自らの源を意識しておらず、したがって自らを創造するという仕事を果てしなく探求することになります。

分離による長い忘却がなければ、またその結果生じる無益なアイデンティティーの数多くの密度がなければ、魂は決して道に迷うことはなく、誤った行動を考えつくこともないでしょう。この世界が罪と呼んでいるものは、本当の罪の長期的で悲劇的な派生物です。本当の罪とは価値判断であり、その結果、神、現実、兄弟愛からの分離が生じます。すべての悪い行為は悲しい出来事です。しかしながら、それを**本当の罪**と見なせば、その問題をさらに悪化させるだけです。人間が兄弟愛の中で生きるためには不道徳を見逃すことはできません。しかし、不道徳を責めれば価値判断の悪循環に陥るだけです。これが人間のジレンマです。すべての価値判断がなくなり、ゆるしのスピリットが世界に君臨すれば、人間は恩寵によって自らの無邪気さに戻ったことでしょう。そして私の干渉は不必要だったでしょう。

イエスが今まさに語ろうとしているその干渉とは、イエスの人生の奇跡的な目的です。そのより大きな奇跡は、イエスの誕生、死、復活という有名な奇跡の中で完璧に表現されています。イエスの生涯が終わったのちの三百年にわたってこれらの奇跡の思い出は物語として何度も何度も語り伝えられたのでした。何らかの装飾がなされ、その意味について知的な高まりがあったであろうことは疑いのないところです。しかしながら、教条が生まれるよりもずっと以前に確信があったことは確かです。そして、一般的な知性よりもずっと偉大な知識によって加速された献身が推進力となったに違いありません。歴史をただ振り返ってみれば一つの免れえない事実が明らかになります。イエスが自らの人生を通じて残した遺産によって地上のすべての人が何らかの影響を受けたという事実です。これだけでも計り知れない奇跡ではないでしょうか。

正直に認めますが、イエスが私の前に登場したころは処女懐胎や肉体の復活の妥当性に関して、普通の人と同じくらいに関心をもっていました。しかしながら、私たちの分かち合いが進行するにつれて安らかで自然な理解が得られるようになり、このような問題はより広範な問題の理解と無関係とまでは言わないまでも、それほど重要ではなくなっていきました。一方において、イエスの人生の壮大な奇跡はすべての構成要素としての奇跡の十分な体現であるという信頼を抱くようになりました。それらの奇跡が私にとって意味をなすかどうかとは無関係にそう思うようになったのです。もう一方において、現象としての神の理解不可能な存在と比較できるものは人間の知性にはないと実感するにいたりました。二千年前に並はずれたことが起こったということは疑いがありません。知性には理解できないことが起こったのです。最もささやかな奇跡ですら清浄で原初の〝神聖な存在〟の次元でまず思いの種が宿るということ、そしてすべての奇跡は存在のつづれ織りの中で調整が行われた結果起こるということをしっかりと語ってくれました。現実と理解の間に生じる隙間に私たちは数多くの解釈を挟み込みますが、それらは迷信から科学まで価値においても信憑性においても幅広いものがあります。しかし、いずれにしてもそれらは解釈にすぎません。最も小さな現象ですら、その現象についての最も明確で詳細にわたる描写にも勝る存在の力によって起こります。科学的な真実を探求するとき、私たちがしていることは単に存在の性質を探求し推測しているにすぎないという事実を往々にして見逃しがちです。存在の性質は〝ありのまま〟には決して見ることができないものです。現在のところは、質量とエネルギーの関係を探求する最も有意義で効果的な方法は$E=mc^2$（エネルギー＝質量×光速の二乗）という等式です。しかし百年後、この同じ現象を私たちはどのように探求しているでしょうか。生命の不変数は生命についての私たちの解釈のもとに横たわる実際の可能性の中に見出すことができます。こうして明確な理解は、私たちの意識と体験が進歩するにつれて進化します。このようにして蓋然性のある信念と蓋然性のない信念が共に並んで立つことになります。ことによると奇跡に関する適切な見方は、知力を奉仕させることでもなく、知力を減ずることでもなくいまだに知られていないものに対する上昇的な理解にインスピレーションを与えることかもしれません。

今これからお話しするイエスとの会話の中で、イエスは「処女」という言葉を非常に〝当然のことのように〟語りました。それはまるで、この概念は彼の意識内での自然な話し合いの一部であるかのようでした。イエスの声の調子や話し方には、彼自身および彼の母親を教条的に絶対的なものであるといった姿勢はまったくありませんでした。イエスの話を聞きながら、彼がもたらしてくれる啓示によって私はこのうえない高揚感を感じ、感動し、存在を揺り動かされました。イエスが「処女」という言葉を使ったとき、それがマリアの貞潔に文字通り言及していたのか、それとも高潔で神によってとくに目をかけられた女性の中にある〝処女のような人間の可能性〟に言及していたのか私には分かりません。のちの会話の中でこの問題に戻って明確な理解を得たいと思いましたが、イエスの答えは次のようなものでした。

――私の出生に関してあなた方の理解に真の意味で必要なただ一つの側面は、その時に人間のＤＮＡに変化が起こったということだけです。その変化は音叉のマスターキーのように何世紀もの間にわたって響き渡り、その後生まれたすべての世代の子どもたちに影響を与えてきました。ＤＮＡは物理的な愛のキャリアーです。したがってどのような資質の愛がそれに対して提示されようともＤＮＡはそれに合わせることができます。この高貴な愛のエネルギー的な伝導は創造主によって与えられた聖心の中の周波数であり、それは一人の人間から別な人間へ、一つの世代から次の世代へと延長されていきます。

二千年前に地球にやってきたときの私は本質的にはあなたと同じでした。ただし、違いがあったとすれば、私は神聖な源からの分離をまったく知らなかったということ、愛以外のものとしての自分を知らなかったこと、自分自身に関して幻想をつくったことはなかったということです。私の生命に必要だったDNAの変化を受け取りサポートすることができる純粋さをもった人によって懐妊されることが必要でした。私の母親は確かに特別な存在で、果たすべき役割のために神によって準備された存在でした。聖霊の力と彼女の子どものような無邪気さがなかったならば、私の懐妊は不可能だったでしょう。私の生涯の間に、私の懐妊の問題は決して話題にされることはありませんでした。実際に起こったことを科学的に理解することは不可能だったでしょう。多くの人びとは非常に並はずれた何かが起こったことを信じていましたが、それらの信念を表現する概念は、ほんのわずかしかありませんでした。私の懐妊には奇跡的な側面がありましたが、科学的な蓋然性がなかったというわけではありません。しかしながら、私は母の神聖なプライバシーに関してすべてを明らかにするつもりはありません。そのような知識が明かされてしかるべき人には、彼女がその人が知る必要のあることを明らかにすると確信しています。

私に関して言えば、克服しなければならない一つの問題がありました。有機生命体においてDNAは愛の複雑で神秘的な機能を果たすことができるように構成されています。人間のDNAは極めて高いレベルの愛の機能を処理し果たすように構成されています。これらの愛の機能をあなたが加速するとき、あなたのDNAはそれに呼応して変化します。私の場合、分離の状態で生産されたDNAを使っていたならば、ロケット燃料をフォルクスワーゲン車に入れるようなものだったでしょう。私はそのような身体に入ることはできず、分離を体験する私の時は来なかったでしょう。懐妊のときから十字架にかけられるまで、体験することに同意した分離のために準備をしました。私を身ごもったのちの母の妊娠期間は通常のもので何事もなく、幼年時代から思春期にかけての私の成長も普通に進行しました。青年期には叔父の貿易業の手伝いをしながら、非常に広範な地域に旅をしました。

今ではイギリスと呼ばれている島から、ヒマラヤの麓まで旅をしました。これによって数多くの豊かな体験と冒険をすることができました。聖職者としての仕事の準備のために、また私の人生の成就に向けて準備するために、人間としての体験を完璧にしておくことも重要でした。

十字架での私の犠牲の重要な点は、私が人類のために死んだという事実よりも、**すべてを包み込む無条件の愛のハートを通して分離を意図的に体験した**という事実にあります。この行為は**霊的にも肉体的にも**、人類の新しい青写真を完成させ実現しました。これをもたらすために長年にわたる準備と献身が必要でした。死は私にとっては何も意味しません。というのは、私は自分の不滅性を完全に確信していて、死の痛みは私の愛によって瞬間的に無効となるからです。人類に対する私の贈り物は、私が体験することを**選択した**分離でした。例外なく人間の分離は**愛の喪失**が原因で起こりました。分離、価値判断、苦痛はすべて愛の不在によって融合されました。しかしながら、強力な愛の行為を分離の体験と同じものにすることによって、そしてそれが達成されたならば、分離の状態の中に愛を発見することが、誰にとっても比較的容易になることでしょう。分離状態の中で愛を発見することは、ほとんどの人にとっての運命なのです。

そのために、私は愛の行為として分離しました。愛と分離が和解できるようにそうしたのです。それ以来、価値判断も分離もあなたの内なる愛の力を制限することはできなくなりました。神からの長きにわたる離間に終止符を打つことが可能になったのです。神が外的な神格としてだけ見なされるのではなく、いまや神聖な愛の存在は肉体の細胞の一つひとつの中に、そしてあなたの存在のハートの中に感じることができるようになったのです。あなたがどのような状況をつくり出していたとしても感じることができるようになったのです。

多くの人たちが人類のために生命を落としました。数多くの人たちが兄弟のために、自由のために、大切な原理原則に敬意を払って人類のために生命を投げ出しました。多くの聖人があなた方のために死にました。数えきれない人たちがあなたに代わって苦しみました。**しかし、あなた方のために分離を変容させた人は私以外には存在しません。**私は愛のスピリットにおいて分離しました。そうすることによって、愛が分離と一緒になり、それによって分離の事実は単なる幻想になってしまうようにそうしたのです。私が分離したという出来事は、私の全存在において知っている最も深い悲しみの出来事でした。十字架にかけられたとき、世界のすべての分離を受け容れた私は瞬間的に神からの完全な解放すら体験したのです。

私の死が呼び起こした奇跡は、分離を価値判断ではなく愛と等しいものとすることによって、**分離を無効にしたことでした。**私の復活の奇跡は肉体が完全なものにされたということよりも、**人類が創造主と再会することによって完全になったことでした。**こうして分離は幻想へと変容しました。この変容は愛を自らの自然な状態であるとして受け容れる人は誰でも入手できるものです。どのようなことであれ、一人の人間によって達成されたことはすべての人にとって達成可能となります。もしもあなたがそれを選択するならば、分離の幻想を永続することもできますが、この贈り物を受け取ることもできます。私の贈り物は、いま人類にとって存在する変化の可能性について考えてみたいと思っている人すべてに自由に与えられたものです。

私は贈り物の贈り手を称賛するよりも、贈り物そのものに注目してほしいと思います。贈り物の祝福を味わうとき、受け取り手はやがて送り手を探し出そうとするでしょう。この重要な点は私の友人の多くにとって、また信奉者にとって受け容れがたいものです。なぜなら、彼らは私の栄光を守りたいからです。この贈り物が数多くの人びとによって避けられてきたのは悲しいことですが、その理由は単に贈り物がよく理解されなかったということ、そしてまた贈り物の贈り手が彼らに押しつけられたためでした。私はそれが逆であればよいのにと思っています。すなわち、贈り物がすべての人によって普遍的に理解され、受け取ってもらえたらと思います。この贈り物は自由に、無条件に与えられました。この贈り物がリアルであるためには、それ以外の方法はありえませんでした。

教会に忠実な人びとだけが救われるということは、私も話したことはありませんし、私の使徒も教えたことはありません。私たちが教えたことは悔悟であり、これは個々の救済のはじまりとなるものです。悔悟の真の意味ですら自己非難ないしは他人が真実であると信じることに敬意を表することであると数多くの人びとによって誤解されてきました。これはまったくの間違いです。悔悟とは人生の冒険から単に〝**向きを変えて**〟生命の源との再会を確立することにすぎません。悔悟はエゴにとっては確実に崩壊をもたらすものであり、エゴの観点からすれば極めて存在が否定されるように感じるかもしれません。しかし、それによって得られる結果は、本当の自分を知ったがゆえの明るくきらきらと輝く自己尊厳の感覚です。悔悟の反対側で起こることは一人ひとりまったくユニークなものであり、こうでなければならないと押しつけることは不可能です。**地球と人類は一度に一つの魂ずつ再生され生まれ変わります。**出会う一人ひとりに対してあなたが発する言葉、とる行動、与える生命と愛の影響力を過小評価してはいけません。

私の復活はすべての魂に対して、深い絶望の状態に沈み込んでいる魂に対しても**復活の新しい機会を提供しました。しかしながら、魂の生まれ変わりは私の行動や教条への屈従によって自動的に起こるのではなく、それを許す自らの選択によって起こります。**さらに、**スピリチュアルな回復は一度限りの顕現ではなく、神の恩寵を人生の生き方として常に受容しつづけることです。**悔悟と再生の体験があまりにも深遠であったために、他の人にとっての異なった体験を想像することができない人たちがいます。信念体系に基づいたさまざまな宗派が強烈な個人的エピファニー（救世主の顕現を個人的に体験すること）に基づいてつくられてきました。確信を分かち合うことは称賛すべきことですが、素晴らしい偏見ですら、他の人たちに押しつけることはできないことが見えないのは大きな間違いです。信念体系を強制する宗派は、自ら真実を見る選択をしていない生命を再生することはできません。自由意志は贖罪（しょくざい）ないしは危機選択にあたって常に重要なポイントです。自分自身を価値判断し分離させ、誤って創造するのは人間の選択でした。今という時は、それぞれの魂がこの過ちを認識し、愛を通して真の原初の我れに戻るべく探求するときです。

すでに何度も言ったことですが、原因と結果の法則が枠組みや物理的な存在に対してゆらぎを保持するのと同じような形では、この法則によって縛られてはいません。統一された一心不乱の均衡状態がすべての物理的な形体を支配し、同意を得ることなく即時的で公平な反応をもたらします。これと同じくらい確実に人間の行動には結果が伴います。しかしながら、創造主の愛と叡智によってすべての魂は彼らの結果の性質に関して自由意志を与えられています。あなたの贖罪は常に神の恩寵とあなたの選択によってなされます。

私が人類のためにしたことは比類ない贈り物でした。私はあなたが、あなたのエッセンスであるところの愛についての内なる知識を再び自分のものとして、神との個人的な関係を回復することを可能にしました。その結果、分離は歯のないサメとなりました。すなわち、真実を探求しようとする者であれば誰でも貫通することができる幻想となったのです。にもかかわらず、海岸にいながら怯え続け、自分自身の価値判断と自己創造によって幽閉の身となっている人びとに対しては、このサメに歯を持たせておいてもよいでしょう。そのような人は自分自身の憎しみによってスピリチュアルな再結合を怖れ続けるでしょう。

私の贈り物を必要とした人間的な問題は、人間が陥った価値判断の機能不全の周期によって自由意志が事実上破壊されてしまったことにあります。それぞれの世代に、意識を完全に取り戻して神へと戻っていった献身的で美徳に満ちた魂が少数存在しました。しかし、悲しいことに人類のほとんどにとってこれは不可能でした。彼らは将来に見習うべきモデルとするために明晰性と共感の偉大なる遺産を残していきました。にもかかわらず、危険な状況が蔓延してきたのでした。

私はその瞬間、驚くべきことを実感したのですが、イエスもすぐにそれを肯定してくれました。それは私たちは進化して完璧になるのではないということです。完璧は原初の状態であり、私たちはそこに戻らなければならないのです。私は突き抜けるような明確さで罠が見えました。個人の進化は高潔と知覚的な明確性、そして愛のハートを伴っていなければ価値のある結果を生み出さないということになります。私たちが実際に進化させることができる唯一のものは新しく獲得した体験を管理し方向づけ、それから、私たちの基本的な性質と統合させる能力だけということなのです。この再会の状態において私たちは子どものようなものです。それは叡智ないしは悟りと呼べる状態かもしれませんが、洗練された状態とか獲得した知識という意味ではありません。人生を真実と究極的に一致させたこの状態において、私たちは魂の単純性を取り戻すのです。

この個人的な悟り（実感）とイエスの人生の意味と目的を組み合わせてみたとき、彼の超越性は個人的かつスピリチュアルな発達の結果ではないということが突然明確になりました。最初からイエスは、なぜここにいるのかということを完全に理解していたのです。永劫にわたる分離によって力づけてきた大いなる闇を解消することによって、内なる光を復活させるために地球にやってきたということを理解していたのです。真実の光を前にしたとき、無邪気さの偉大な力が人間の固有の状態として明らかにされるのかもしれません。イエスが別の人生で地球に存在したことがあるかどうかを聞く機会はありませんでした。彼が私たちと永遠に一緒にいることは確かなことですが、イエスは地上に時々姿を現わして人間の歩むコースに影響を与えてきたと信じている人もいます。それは本当のことかもしれませんし、まったく重要な問題ではないのかもしれません。大切なことは、イエスが地上に何度も存在したかどうかではなく、イエスは常に無邪気さのスピリットとして存在したということです。私たちの内部にあるそれと同じ無邪気さのスピリットに戻ることによって、私たちの愛の力は復元されます。イエスはこれを明らかにするために生きたのです。

——愛が復元されたという実感は、実にさまざまな形でやってきます。安らぎに満ちたハート、軽やかな足取り、子どもの口づけ、きらきらと光に輝く春の朝などなど。その普遍的な意味は、神の愛は存在するということです。愛がしばらくのあいだ姿を消したとしても心配することはありません。実はそのように見えるだけで、あなたが再び探すことができるように見えなくなっているだけなのです。愛は神秘です。この宇宙で最大の神秘です。愛はあなたの本当の自分であり、永遠で不可能な存在の泉である神から湧き出るものです。あなたの内部にある愛の火に誰が点火するのか、何が点火するのか誰にも説明不可能です。またあなたが他の人の火にどのようにして点火するのか、それも説明不可能です。三人で一緒に旅をしているとき、最初は一人の人が好きだったのに、もう一人の人が実は本当の友達だったという体験を何度しているでしょうか。

愛は贈り物であり、奇跡であり、神秘的なものです。相性、好み、ハートのときめきによって愛のもとへと導かれますが、愛の力と提示は恩寵によるものであって期待や要求や必要性によるものではありません。愛は究極の逆説です。なぜなら、愛は羊であり、同時にライオンでもあるからです。愛は究極の力であり、ゆだねることの中に居住するものです。

愛の力は時空間が一つになるゼロポイントに指令を発します。これは神聖なエネルギーと神聖な自覚の永遠性の中で行われます。この聖なるゼロポイントにおいて、神は鳥であると同時に風であり、樹木であると同時に土地であり、ボートであると同時に川であり、羊であると同時にライオンです。あなた自身の愛の力の中で人生を生きるたびごとに、あなたはこのゼロポイントを体験し、抵抗は姿を消します。神聖な今という瞬間においてすべての二元性は溶解して逆説の奇跡へと変容します。与えることによって受け取ります。手放すことによって達成します。ゆるすことによってゆるされます。何もしないことによってすべてがなされます。降伏することによってすべてが征服されます。これは愛が存在する場においてのみ起こります。愛がない状態で与えるならば、その贈り物を無駄にしたことになる理由はこれです。愛の神秘と奇跡はいかなる対立物をも生命あるダイナミックな逆説に変えることができることにあります。たとえば、肉体の病は魂に癒しをもたらすことができるかもしれません。あるいは、財政的な損失は新しい生命とヴィジョンのための触媒となる可能性があります。

愛がどのような場所に花開こうとも愛に感謝してください。目を開いて愛なる者を見てください。そこにこそあなたは友達を発見し、サポートの根源を発見し、喜びを見出すことでしょう。しかしながら、愛が見えないときは敵がいるとか、敵対的な状況があると推論しないでください。すべてのもの、すべの人は一緒です。彼らを祝福し尊敬し、必要ならばゆるしてください。何よりもまず愛を強制しないでください。あるいは、愛がそこにないからといって罪の意識を浸透させないでください。あるいは、なぜ愛がないのかと責めないでください。

愛は強制できません。愛の欠如は愛があるときと同じ優雅さと謙虚さをもって受け容れなければなりません。なぜなら、それもまた神の意志が花開いているドラマの一部なのですから。敵対する両者が、愛の欠如は一緒に働く時はまだ来ていないことを意味すると理解していれば、あるいは、一緒に仕事をする時はすでに過ぎたことを意味すると理解していれば、数多くの争いは回避されたことでしょう。そのような場合には異なった探求をするお互いを祝福することです。なぜなら、愛がないとき、それは謙虚さと解放をもって受け容れられるべきだからです。人を強制してあなたを愛させることはできません。愛はあらゆる意味において神秘的なものです。

最も大きな定義によってすら、愛を定義づけることは不可能です。なぜなら、あなたの理解は愛の外にないからです。愛はあなたのエッセンスであるがゆえに、あなたが愛の神秘を完全に理解することはありません。愛は神のエッセンスであるがゆえに、愛は神聖な神秘です。愛をコントロールすることはできません。愛を予言することはできません。愛を強制することはできません。愛を隷属することはできません。愛を殺すことはできません。愛を定義づけることはできません。愛の深さと力と限りない天才について語りたいのであれば、二元性を終焉させる愛の能力について考えてみてください。愛には反意語はありません。愛をつかまえることは不可能ですが、それでいて愛は喜んで奉仕します。愛は限りなく自由でありながら捕囚の身です。愛は強制することができないにもかかわらず、すべての法律の土台です。愛は真実をもたらすものでありながら、決して裁くことをしません。愛はすべてのものが見えるものでありながら、決して責めることをしません。愛は降伏することによって征服します。愛は解除することによって支配します。逆説のマスターである愛は、こうしてすべての二元性を終焉させます。

愛の働きを科学的に考えたいならば、反転移動として考えてみるとよいでしょう。反転移動とは二つの補足的な勢力が第三者である安定要因を前にしたとき、モードを交換してお互いに入れ替わることです。多くの場合、第三者の安定要因は光です。しかしながら、それは意図でもありえますし、補足的な勢力がそれを通じて交換と均衡状態を体験できるものであれば、どのような共通要素ないしは結合要素でもこの働きをすることができます。均衡状態のシステム内における交換と移動はすべての創造の基本です。そのような移動の行為を通して、創造主である神は器としての神になり、反転移動の補足的な力を通してその器は創造主との再会を探求します。あなたもまた宇宙との再会を探求しているならば、宇宙との調和の中にいることになります。これが愛の機能の最高の状態です。この状態において、あなたの存在そのものが生命におけるポジティブな発達に点火します。

このようなダイナミックな宇宙においては、究極の粒子を分離することができる道具や客観的な実験は存在しません。愛のポイントにおいては愛の力によって、一つの粒子は常に別な粒子になっています。これはすべての最初の粒子やエネルギーの中で進行中の機能であり、そしてまた愛に関係しているすべての存在の中で進行中の機能です。いったん愛の機能がよりよく理解されれば、この神秘は解決されることでしょう。

イエスははっきりと言いました。

――私たちのDNAを変えるのは愛であり、DNAが愛を変えるのではありません。DNAの変化を科学的につくり出すことによって、人類をより高い局面へと上昇させると考えるのは悪意に満ちた罠になりかねません。愛こそがDNAを変えるエンジニアです。この加速に対する主たる妨害者はあなたのエゴです。エゴはあなたの個人的な防御システムであり、封じ込める枠組みです。エゴは愛のエネルギーがあなたの人生で起こりえる癒しや奇跡をもたらすことを妨害します。

エゴは常に自分がコントロールしていなければなりません。というのは、エゴの性質の奥深いところに自分には価値がないという感情と敗北感があり、それらは多くの場合、プライバシーの神秘的な雰囲気の中に包み込まれています。敗北感や価値がないという感覚は共に嘘ですが、それに見合った創造が十分になされるならば、極めてリアルに見せかけることができます。究極的には、人のエゴはすべての失敗の源です。なぜなら、エゴは抵抗によって自らの死を招くからです。エゴには逆説と反転の不安に耐えられないのはこれが理由です。しかしながら、あなたが本当の自分をいったん知ってしまうと、エゴと焦慮は姿を消し、愛の無限の可能性を復活させることになるでしょう。

これは一九九二年の三月十二日に語られた言葉でした。この章の多くの言葉もその日に語られたものでした。その日、肖像画はほとんど完成していて、私は多くの時間を最後の仕上げが必要なところを探すことに費やしました。イエスと話をするためにいつもより多くの時間を費やしましたが、今まさに起ころうとしている変化に静かな不安を抱いていました。柱時計を見るとすでに午後四時三〇分で太陽の最善の光はまもなく消えようとしていました。そういうわけで私は急いで絵の具を混ぜて、イエスの優しく風に吹かれる髪の毛にもう少し筆を加えようとしました。しかしながら、パレットから目を上げると、あのヴィジョンを私の目とつないでいたエネルギーの糸はすでに切れていました。イエスが私の前に立っているのが見えましたが、彼のイメージは薄くなっていきました。彼の視覚的な存在はまさに消えかかっていて、私の人生の大いなる一節は終わりを告げつつあることを知りました。肖像画は完成しましたが、イエスははっきりとした声で話し続けました。

――私は子羊としてやってきたライオンであり、ライオンとして吠えた子羊でした。私は地上に解き放たれた生命ある愛の逆説であり、地上の二元性を終焉させる力です。

顔いっぱいに微笑みが広がり、イエスは燃えるような、それでいて優しい目で私をじっと見つめて最後の言葉を語りました。これは私のためだけではなく、あなたのための言葉であり、すべての人類への言葉です。

――あなたは私の愛なる者です。

脚注

[1] T. S. Eliot, "Little Gidding," in The Norton Anthology of Modern Poetry,ed. by Richard Ellmann and Robert O'Clair (New York, 1973), P.472

[2] Albert Einstein (1879－1955), German-born U.S. theoretical physicist. quoted in Einstein: His Life and Times, ch.12, sct. 5, Philipp Frank (1947).

[3] Marcel Proust (1871－1922), French novelist. Nouvelle Revue Francaise (1913).

[4] Words reminiscent of these were spoken by Jesus numerous times in the Gospels. Two particularly close references would be Matthew 10:26 and Mark 8:18

[5] The Comrade in White, by William Harvey Leathem. Published by Fleming H. Revell Co. (New York, Chicago) 1916.

[6] Michael Talbot, The Holographic Universe, (New York 1991), PP. 11, 31, and 46.

[7] Matthew 28:20

[8] T. S. Eliot, op. cit., P.478

[9] Job:38-40

[10] Chilton Pierce, Journal of Family Life, Vol 5 #1, 1999

[11] Matthew 6:9-13

[12] John 10:30

[13] Matthew 5:3-10

[14] Matthew 22:37-40

[15] Exodus: 20:1-18

[16] I Corrinthians: 13:1

[17] Mark 2:27

[18] Genesis 1:1ff

[19] Matthew 8:22

[20] Song of Songs, 4:10-12

[21] Ibid. 6:4-10

[22] Ibid. 5:10-16

訳者あとがき

本書はグレンダ・グリーン著〝Love Without End：JESUS SPEAKS〟の日本語版です。

私が本書と出合うきっかけをつくってくれたのは、尊敬する親愛なる友人のロナ・ハーマンさんでした。彼女はアーキエンジェル・マイケルのメッセンジャーとして自らも誠実にメッセージを実践しながら、世界中の人びとにメッセージを伝えています。

本書を英文で読みはじめたとき、私はたとえようのない懐かしさを感じました。そうです、それは〝A Course in Miracles〟（奇跡のコース）とまったく同じエネルギーでした。イエスがグレンダ・グリーンと交わす会話の中に感じられる優しさ、思いやり、計り知れない叡智は『奇跡のコース』のエネルギーそのものでした。ただし、『奇跡のコース』の内容は非常に抽象的であるのに対して、本書はイエスとグレンダ・グリーンの間で交わされた会話です。多くの場合、グレンダの質問に応じてイエスがさまざまな問題について具体的に、時には哲学的に説明するという形で話は進められます。グレンダの言葉を借りれば、〝友達のように〟話し合ったのです。そのやり取りの中でイエスがグレンダを本当に愛していること、尊敬していること、信頼していることがひしひしと伝わってくるのです。そしてその愛、尊敬、信頼は人類の兄弟一人ひとりに向けられたものでもあります。

グレンダ・グリーンはアメリカでも著名な肖像画家です。ある時、夫が彼女に言います。「グレンダ、夢を見たのだけれど、君はイエスの肖像画を描くことになるらしいよ」。これを聞いたグレンダは、驚くよりも怒りを夫に向かってぶつけます。肖像画家である彼女は、肖像画を描くためにはモデルがいなければならないことを知っています。中世美術史の専門家でもあるグレンダは、イエスの顔を正確に伝えるものは存在しないことを知っていたからでもあります。グレンダは冗談のつもりで言います。「もっとも、イエスさんがモデルとして私の前に座るっていうのなら話は別だけど」

それからしばらくして、一九九一年十一月二十三日、イエスがグレンダの前に姿を現わします。グレンダはイエスの肖像画を描きはじめ、一九九二年三月十二日に〝The Lamb and The Lion〟（子羊とライオン）が完成します。その約四カ月の間に交わされた会話が本書になったのです。〝姿を現わした〟という意味は、エーテルの立体像として姿を現わしたということです。

ここで「奇跡」について一言、言及しておく必要があるかもしれません。なぜなら、グレンダ・グリーンが『子羊とライオン』を世に出し、本書を出版するにあたってはさまざまな奇跡を体験しているからです。

『広辞苑』によれば奇跡は次のように定義されています。「常識では考えられない神秘的な出来事。既知の自然法則を超越した不思議な現象で、宗教的真理の徴と見なされるもの」。一言で言えば超常現象です。

『聖書』も数々の奇跡に言及しています。たとえばイエスの親族の結婚式でワインが足りなくなったとき、イエスが水をワインに変えたという話があります。それはとても上質なワインだったために、客の一人が不思議に思い、「普通、上等なワインは宴のはじまりに出されるのに、宴も終わりに近づいた今、このようなおいしいワインが出るとは」と言ったと伝えられています。

しかしながら、このような奇跡に対する人びとの見方はどのようなものだったのでしょうか。宗教的な熱狂においで奇跡をそのままに信じる人たちがいることは事実です。しかし、「そのようなことはありえない。何かの間違いだ。科学的に説明できることなのに、それが分からないでいるだけだ」といった懐疑的な態度が一般的ではないでしょうか。

白状しますが、私自身そのように考えていたものです。『聖書』で言及されている奇跡は象徴的な説明の仕方で、宗教的な真実を伝えるための方便にすぎないのではないかと考えていました。このように考えてみると奇跡は宗教的真理の証であるとされながらも、同時に人びとを宗教的真理から遠ざける役目を果たしてきたとさえ言えるかもしれません。「そんなおかしなことを言うから、宗教というやつは信頼できない」というわけです。

私はここで宗教の弁護をするつもりはまったくありません。「奇跡」の信憑性を説得しようとするつもりもありません。しかしながら、本書の中でイエスが奇跡の種明かしをしていると言ったら俗っぽい言い方になってしまいますが、事実そうなのです。言葉を変えて言えば、奇跡を科学的に説明しているのです。アダマンタイン粒子という現代の科学が発見しかけている粒子の働きによって、奇跡と見なされている現象が説明できるというのです。ということは、科学は再現可能な現象ですから、私たちも奇跡を行うことができるということになります。ただし、ここでいう科学は、『広辞苑』の定義でいうところの〝既知の自然法則を超越した〟科学です。

イエスと科学は一見ミスマッチな組み合わせに思われます。しかし、本書の13章では、イエスが科学について語っています。新しい科学について語っています。この新しい科学においては〝愛〟が不可欠の要素になります。科学と愛だなんて、またなんというミスマッチと思われるかもしれません。当然です。これまでの常識の枠組みの中で考えたら当然です。

しかし、私たちが信頼している従来の科学は何を人類にもたらしてくれたでしょうか。地球という生命体に何をもたらしてくれたでしょうか。残念なことに一言に要約して言うならば、〝破壊〟ではなかったでしょうか。

しかも原状に戻すことができないような破壊ではなかったでしょうか。より正確な言い方をすれば、私たちが知っている科学では原状に戻すことができないような破壊ではなかったでしょうか。この事実を謙虚に受け容れたとき、イエスが提示する「奇跡と愛」、「科学と愛」という概念に、私たちのハートは開くのかもしれません。

「奇跡」という概念がイエスのメッセージを受け容れるうえでの障壁となる可能性があるだけではありません。ほとんどの日本人にとって、イエスという言葉は「キリスト教」と直接結びつきます。そして「私はキリスト教徒ではないから」と言って、イエスのメッセージを簡単に拒否することも可能です。

実を言いますと、これは私にもぴったりとあてはまることです。私はカソリックの大学で学びました。しかし、カソリックの大学に進学した主たる理由は英語を学ぶことでした。この大学では十七カ国からやってきた神父さんたちが英語を共通言語として講義を行っていましたから、英語を身につけるには最高の環境でした。しかし、英語で卒業論文を書くことになったとき、私は「般若心経における空の思想について」という主題を選び、指導教授も了承してくださったのです。キリスト教の環境の中にあって、仏教の神髄ともいうべき般若心経に目覚めたと言えるかもしれません。当時の私は「キリスト教と自分を本質的につなぐ糸はない」と感じていたことをおぼろげに覚えています。

それから四十数年の歳月が流れた今、私は不思議な感慨を覚えています。「カソリックの大学に行ったのは単に英語を学ぶためだけではなかったらしい。イエスは「キリスト意識」という非常に高次な世界から降りてきた魂で、普遍的な真実を伝えてくださっている。仏陀もこのキリスト意識から降りてこられた魂で、それを東洋の地で伝えられ、イエスの教えと同じように普遍性をもっている」と考えている自分がいるのです。これはあらゆる宗教についても言えるのではないかと思っています。

「キリスト」という名前は言うなれば姓のようなもので、「イエス・キリスト」、「仏陀・キリスト」、「マホメット・キリスト」と言ってよいのかもしれません。もちろん、「キリスト意識」から来る真実は普遍的なもので、それぞれの宗教的なグループが教える信条と常に一致するわけではありません。このようなわけで、読者もイエス・キリストをキリスト教の教祖と考えるのではなく、「キリスト意識」から真実をもたらしてくれる存在と考えてみるとよいかもしれません。本書の内容はまさにそのようなものです。

グレンダ・グリーンとイエスの会話の中で、イエスは実に多様な観点から人間について語っています。実に、はっとするような斬新な切り口から紡ぎ出される言葉は、ハートを貫いて私の存在の根幹に語りかけてくれました。なかでも私が心を打たれたのは「山上の垂訓」の最初の言葉についての説明です。英語で引用しますと“Blessed are the poor in spirit, for theirs is the kingdom of heaven.”これはおそらく、聖書の中で最も有名な言葉の一つではないでしょうか。キリスト教徒であるないにかかわらず、この二千年にわたって人類が語り継いできた言葉ではないでしょうか。一般的な日本語訳は、「心貧しき者は幸いなるかな。天国はその人のものですから」となっています。世界中のさまざまな言語の中でも、この意味に解釈されて今日にいたっています。

グレンダが子どものときに、初めてこの言葉を聞き疑問を感じ、混乱を体験してきたと述べたとき、イエスは驚くべき事実を明らかにします。イエスが使っていた言葉であるアラム語の“poor”にあたる言葉には、確かに「貧しい」という意味はあった。しかし、文脈に応じて「単純な」という意味ももつことができる。この文章でイエスが意図したのは「単純な」という意味だったというのです。

そして、イエスはこの「山上の垂訓」を次のように言い換えます。「単純に生きる者こそ幸いなれ。その人は天の王国に入ることができるのですから」。私は体全体に電流が流れるような興奮を覚えたものです。グレンダも興奮して「完璧です！」と叫んだのでした。

しかし、イエスはここでもう一つ深遠な事実をさりげなく指摘します。「翻訳で意味が失われているとしても、ハートでこの言葉を聞いていたら、その意味を理解することができたでしょう」。ハートで聞く、なんと分かりやすく、しかも力に満ちた言葉でしょう。

私たちは知的レベルの問題はすべてマインド（頭脳）に頼って理解しようとします。そうしたマインドの働きによって、現在の世界の枠組みがつくられていると言っても過言ではありません。しかし、イエスは静かに〝ハートで聞く〟ことの大切さを思い出させてくれたのです。

私は『奇跡のコース』のテキストの翻訳を終了し、六月までには出版される運びになっています（ナチュラルスピリットより出版の予定）。正直言って、『奇跡のコース』の言葉は深遠にして極めて難解です。妻のジャネットの母親は、アメリカで『奇跡のコース』の勉強会に参加しています。そしてこう言います。「もう難しくて分からない。博はどうしてこんな難解な本を翻訳できるのでしょう」。おそらく、ほとんどの人が同じような感想をもたれるのではないでしょうか。マインドで理解しようとするかぎり、壁にぶつかって動きがとれなくなるかもしれません。

本書のメッセージは『奇跡のコース』と同じ存在から来ているものですが、その存在であるイエスがここでヒントをくださったと私は勝手に解釈しています。最近開催した「安らぎのワークショップ」で、さっそく参加者と一緒にこのアプローチを使ってみたところ非常に好評でした。考えてみれば、「心貧しき者は幸いなるかな。天国はその人のものですから」という言葉が誤訳でありながら、二千年もの間、人びとの心をとらえてきたのは、人びとが〝ハートで聞いていた〟からに違いありません。

このような深遠にして単純かつパワフルなメッセージを翻訳する機会をいただいたことは、私にとってこの上ない光栄であり、感謝の気持ちでいっぱいです。これを機会にさまざまな形でサポートしてくださった方々にお礼を申し上げたいと思います。

まず、この本の存在をアーキエンジェル・マイケルの導きによって教えてくださったロナ・ハーマンさん、出版を快く引き受けてくださった太陽出版の籠宮良治社長、微笑みとともにいつも励ましてくださる編集者の片田雅子さん、装丁をしてくださった田中敏雄さん、常に大いなる信頼をもってサポートし、時にはチャネルとなってホワイトローズのメッセージを伝えてくれるパートナーのジャネット、深い承認とともにインスピレーションを与えてくれるホワイトローズの兄弟たち、真摯な探求心によってイエスとのコミュニケーションをはかり、この類まれなメッセージをもたらす器となってくださったグレンダ・グリーンさん、そして『終わりなき愛』のメッセージを伝えてくださったイエスさん、本当にありがとうございます。

本書を手に取ってくださったあなたが、本書のメッセージによって触発され、人生をさらなる喜びと豊かさに満ちたものとされ、ご自分のまわりに地上の天国を築かれることを心から願いつつ感謝の言葉とさせていただきます。

二〇一〇年一月　　雪を豊かにいただいた富士山の麓にて

大内　博

著者紹介

グレンダ・グリーン　Glenda Green

グレンダ・グリーンはスピリチュアルな教えを伝える世界的なリーダーの一人である。彼女のガイダンス、インスピレーションの多くは、イエス・キリストとの息づいたスピリチュアルな関係に根ざしているが、教えそのものは宗教的な教化を目的とするものではない。あらゆる信条をもった人びとを力づけ啓発する普遍的な真理を中心として彼女の教えは展開される。詩の世界から科学の領域にいたるまで、読者は彼女の教えによってより深い理解へと誘われる。教えの中心には、これまでのスピリチュアルな文献の中には見られることのなかった純粋科学についての完璧にして広範な論述があり、世界的に著名な科学者たちがその驚くべき科学的啓示についてグレンダと討論を交わしている。

講演録“Conversations With Jesus”（イエスとの対話)、著書“The Keys of Jeshua”（イェシュアの鍵）は世界的なベストセラーであり、彼女が描いたイェシュアの肖像画、“The Lamb and The Lion”（子羊とライオン)、“Jeshua”（イェシュア）は国際的な評価を得ている。著述業およびさまざまな啓蒙活動に加えて、世界有数の写実派の画家として、またスピリチュアルなアーチストとして、アメリカの主要な学者、評論家、美術館関係者によって認知されている。作品はスミソニアン協会をはじめとする主要な美術館に展示されている。

ツレーン大学およびオクラホマ大学で教鞭をとった経験をもつ。講演者としてもすぐれた資質を発揮し、人気が高い。温かく機知に富み、そして自信に満ちた彼女のありようは聴く者に高次の意識の内なる確実性を確信させる。グレンダは非常にクリーンなエネルギーを感じさせるスタイルを身につけ、最も重要なスピリチュアルな問題を深く理解している。このようなあり方とスタイルによって、グレンダは宇宙に関してより真実に近く、より完璧な理解を得る機会を読者に提供し、同時にこの宇宙において読者がどのような場所に立っているのかを理解する機会を提供している。

グレンダ・グリーンは以下の書物において言及されている。

North American Women Artists of the Twentieth Century : A Biographical Dictionary, edited by Jules Heller and Nancy G. Heller; Angels A to Z, by James R. Lewis and Evelyn Oliver, 1996. Who's Who in American Art, (15th and 16th Editions) ; Who's Who in the South and Southwest, (17th, 18th, and 19th Editions) ; Who's Who of Americn Women (12th, 13th, and 14th Editions) ; Dictionary of International Biography, Vol. 16 ;

訳者紹介

大内　博　おおうち・ひろし
1943年、福島県生まれ。上智大学外国語学部英語学科卒業後、英語教師となるが、後に東西文化交流センター留学生として、ハワイ州立大学大学院で第二言語としての英語教育を専攻。2009年、玉川大学文学部教授退官後、翻訳業の傍ら訳書をもとにしたワークショップを定期的に開催している。著書に『感情表現の英語』（研究社）、ジャネット夫人との共著に『名言の英語』（講談社インターナショナル）、『言葉の波動で生き方が変わる』（大和出版）、訳書に『ゆるすということ』『ゆるしのレッスン』（サンマーク出版）、『聖なる愛を求めて』『生命の贈り物』『愛の使者トーマスからのメッセージ』『ホワイト・イーグル　故郷に帰る道』（いずれもナチュラルスピリット）、『プレアデス＋かく語りき』『プレアデス＋地球をひらく鍵』『ファースト・サンダー』『スーパー・アセンション』『愛への帰還』『天使の証明』『光の翼』『黄金の約束』『聖なる探求』『運命の脚本を書く』『ヴァーチューズ・プロジェクト 52の美徳 教育プログラム』『家族をつなぐ52のキーワード』（いずれも太陽出版）ほかがある。

終わりなき愛

イエスが語った奇跡の真実

2010年５月30日　第１刷
2020年11月25日　第２刷

［著者］
グレンダ・グリーン

［訳者］
大内　博

［発行者］
籠宮啓輔

［発行所］
太陽出版

東京都文京区本郷4-1-14　〒113-0033
TEL 03（3814）0471　FAX 03（3814）2366
http://www.taiyoshuppan.net/
E-mail　info@taiyoshuppan.net

装幀＝田中敏雄（3B）
［印刷］壮光舎印刷 ［製本］井上製本